最新

最新中华人民共和国法律配套解读与实例系列

12

中华人民共和国

民事诉讼法

配套解读与实例

单丽雪 编著

法律出版社
LAW PRESS · CHINA
北京

图书在版编目(CIP)数据

最新中华人民共和国民事诉讼法配套解读与实例 / 单丽雪编著. --4 版. --北京 : 法律出版社, 2022
ISBN 978-7-5197-7217-8

Ⅰ. ①最… Ⅱ. ①单… Ⅲ. ①民事诉讼法-法律解释-中国②民事诉讼法-案例-中国 Ⅳ. ①D925.105

中国版本图书馆 CIP 数据核字(2022)第 197813 号

最新中华人民共和国民事诉讼法配套解读与实例
ZUI XIN ZHONGHUA RENMIN GONGHEGUO MINSHI SUSONGFA PEITAO JIEDU YU SHILI

单丽雪 编著

责任编辑 张红蕊
装帧设计 李 瞻

出版发行 法律出版社
编辑统筹 法规出版分社
责任校对 冯高琼
责任印制 耿润瑜
经　　销 新华书店

开本 710 毫米×1000 毫米 1/16
印张 29.75 **字数** 501 千
版本 2022 年 12 月第 4 版
印次 2022 年 12 月第 1 次印刷
印刷 永清县金鑫印刷有限公司

地址:北京市丰台区莲花池西里 7 号(100073)
网址:www.lawpress.com.cn
投稿邮箱:info@lawpress.com.cn
举报盗版邮箱:jbwq@lawpress.com.cn
销售电话:010-83938349
客服电话:010-83938350
咨询电话:010-63939796

书号:ISBN 978-7-5197-7217-8
定价:78.00 元

凡购买本社图书,如有印装错误,我社负责退换。电话:010-83938349

出 版 说 明

"最新中华人民共和国法律配套解读与实例系列"丛书由相关领域法律专家编写,收录法律标准文本,解读法律重点条文,并对与法律条文相配套的法律、法规、部门规章、司法解释、审判政策和典型案例予以精要分析。丛书自2014年出版以来,得到了广大读者的关注与厚爱,连续再版。

近年来,随着我国立法的完善与发展,国家出台或者修改了与丛书各个领域联系紧密的法律、法规、部门规章及司法解释,如《民法典》《安全生产法》《民事诉讼法》《道路交通安全法》《刑法修正案(十一)》《土地管理法实施条例》等。为了进一步适应新的形势需要,编者再次对丛书进行了较为系统的修改和完善。

丛书此次修订,重点吸纳最新的配套规定,精选近年来最高人民法院公报案例、最高人民法院和最高人民检察院指导案例及典型案例,旨在提高案例的典型性和代表性,增强案例的针对性。

丛书编写以实用、易用为原则,编写体例如下:

1. 法律适用提要。分册皆由该领域法律专家撰写适用提要,帮助读者对立法背景、主要内容、注意事项有更全面深入的理解。

2. 重点法条注释。对重点法条进行条文解读,且给每个条文都提炼条文主旨,帮助读者准确理解法条内容。

3. 配套法规解读。对与主体法重点条文配套的其他法律、法规、部门规章、司法解释、审判政策进行解读,使观点更为鲜明、准确,语言更为通俗、精练,主体法更便于读者理解和适用。

4. 关联法规索引。详细列出与主体法条文相关联的法规的名目,方便读者查询使用。

5. 典型案例精选。重点条文下精选典型案例,以案说法、以案析法。

6. 附录法规实用。 书末收录与本领域紧密相关的法律、法规和司法解释，增强法律法规的实效性。

需要说明的是，本丛书的“适用提要”“条文主旨”“条文解读”“法规解读”等内容皆是编者为方便读者阅读、理解而编写，非国家正式颁布的法律文本，不具有法律效力。

总之，我们所有的付出都旨在提高本书的实用性，以满足广大读者的需求。书中不足之处还望读者在使用过程中不吝赐教，提出宝贵意见，以便本书继续修订完善。

法律出版社法规中心

2022 年 9 月

目　　录

中华人民共和国民事诉讼法

《中华人民共和国民事诉讼法》适用提要

《民事诉讼法》[1]是规范民事诉讼活动的基本法律。我国现行《民事诉讼法》是1991年4月9日第七届全国人民代表大会第四次会议通过的。2007年10月28日，第十届全国人民代表大会常务委员会第三十次会议对《民事诉讼法》进行了第一次修正，主要对审判监督程序和执行程序的部分规定作了修改。2012年8月31日，第十一届全国人民代表大会常务委员会第二十八次会议对《民事诉讼法》进行了第二次修正，修改决定共60条，涉及基本原则、管辖、回避、诉讼参加人、证据、送达、审判程序、执行程序等多个方面，修正后的《民事诉讼法》由原来的268条增至284条。2017年6月27日，第十二届全国人民代表大会常务委员会第二十八次会议对《民事诉讼法》进行了第三次修正，在第55条增加一款关于检察机关提起民事公益诉讼的规定。2021年12月24日，第十三届全国人民代表大会常务委员会第三十二次会议对《民事诉讼法》进行了第四次修正。

本次《民事诉讼法》修正的原因是：近年来，随着经济社会形势的发展变化和信息化时代的全面到来，人民群众司法需求日益多元，矛盾纠纷数量持续高速增长，民事审判工作需要进一步优化司法资源配置、提升司法效能。习近平总书记在2019年召开的中央政法工作会议上指出，“要深化诉讼制度改革，推进案件繁简分流、轻重分离、快慢分道”，为民事诉讼制度的发展完善提出了明确要求，指明了改革方向。2019年12月28日，第十三届全国人民代表大会常务委员会第十五次会议作出《关于授权最高人民法院在部分地区开展民事诉讼程序繁简分流改革试点工作的决定》，授权在15个省（区、市）20个城市的人民法院，就优化司法确认程

[1] 为方便读者阅读，本书中的法律法规名称均使用简称。

序、完善小额诉讼程序、完善简易程序规则、扩大独任制适用范围、健全电子诉讼规则等开展为期两年的民事诉讼程序繁简分流改革试点工作。经过近两年的试点改革实践，相关程序规则已被证明切实可行，所涉重点、难点问题也基本达成共识，修改《民事诉讼法》的条件已经具备。

本次《民事诉讼法》修改新增条文 7 条，作出 26 处调整，一共涉及 33 个条文，其中 13 处修改是为了与《民法典》相统一，另外 20 处修改均与民事诉讼程序繁简分流改革试点相关，属于针对试点工作所作的专项修改，其主要内容是：

一、完善在线诉讼和送达规则

第一，明确在线诉讼与线下诉讼具有同等法律效力，激发互联网司法模式更大的制度活力，推动民事诉讼方式与信息化时代相适应，为未来在线诉讼发展拓展制度空间。规定在线诉讼须经当事人同意，尊重当事人程序选择权。

第二，完善电子送达规则。在遵循当事人自愿原则的基础上，将判决书、裁定书和调解书也纳入电子送达的范围，加大电子送达适用力度，优化送达方式，细化生效标准，提升电子送达的有效性，切实保障当事人的诉讼知情权。

第三，合理缩短公告送达时间。顺应互联网时代经济社会发展变化，将公告送达期限由 60 日缩短为 30 日，进一步缩短审理周期，降低诉讼成本，防止诉讼拖延。最高人民法院将建立统一、权威、规范的公告送达平台，大力推进电子公告，全面提升公告送达的覆盖面和精准度。

二、扩大独任制审理模式的适用范围

第一，建立普通程序独任制审理模式。本次修改之前的《民事诉讼法》规定，独任制审理模式只能适用于简易程序。本次修改后的《民事诉讼法》规定，对于基层人民法院审理的“基本事实清楚、权利义务关系明确”的第一审民事案件，可以由审判员一人适用普通程序独任审理，从而解除了独任制审理模式与简易程序的严格绑定，推动独任制审理模式与审理程序灵活精准匹配，适应基层人民法院案件类型多元的工作实际。

第二，建立二审独任制审理模式。中级、专门人民法院对一审以简易程序结案的上诉案件和裁定类上诉案件，满足“事实清楚，权利义务关系明确，经双方当事人同意”条件的，可以采用独任制审理模式。在合理控制二审独任制审理模式适用范围的基础上，推动二审案件繁简分流，防止所有案件“平均用力”，提升司法整体效能，兼顾效率和程序保障。

第三，加强对独任制审理模式适用范围的制约监督，"独任不放任"。在扩大独任制审理模式适用范围的同时，明确适用标准，划定适用边界，确保适用独任制审理模式的案件的质量。规定不适用独任制审理模式的"负面清单"，明确六类案件不得适用独任制审理模式。保障当事人异议权，强化当事人对独任制审理模式适用范围的制约监督。完善独任制审理模式向合议制审理模式转换机制。

三、完善简易程序和小额诉讼程序

第一，完善了简易程序的审理期限。原来《民事诉讼法》规定简易程序的审理期限为 3 个月，并没有对该期限能否延长作出规定。2015 年《最高人民法院关于适用〈中华人民共和国民事诉讼法〉的解释》规定，在满足"双方当事人同意"和"本院院长批准"条件后，简易程序的审理期限可以延长至 6 个月。本次《民事诉讼法》修改取消了"双方当事人同意"这一条件，缩短了可以延长的期限，明确规定可以延长一个月。

第二，完善了小额诉讼程序的适用范围、审判方式、审理期限和程序转换。关于小额诉讼程序的适用范围，将适用案件类型限定为"金钱给付"案件，适用标的额仍然采用比例制，但从原来的"各省、自治区、直辖市上年度就业人员年平均工资百分之三十以下"提升到"百分之五十以下"，新增当事人合意选择适用模式。同时，为了避免小额诉讼程序的不当适用，规定了不适用小额诉讼程序的"负面清单"。简化小额诉讼案件审理方式，可以一次开庭审结并当庭宣判。将小额诉讼程序的审限与简易程序的审限相区分，规定小额诉讼程序的审限为两个月，同时规定可有条件地延长一个月，进一步降低当事人的诉讼成本，提高审理效率，及时有效地维护当事人的合法权益。赋予当事人程序异议权，加强对程序适用的制约监督。明确了审理中发现不宜适用小额诉讼程序、当事人异议成立两种情况下应当适用简易程序的其他规定审理或者裁定转为普通程序。

四、优化司法确认程序

第一，合理扩大司法确认程序的适用范围。将司法确认程序的适用范围由原来的仅限于"人民调解协议"，扩展至"经依法设立的调解组织调解达成的调解协议"。

第二，优化司法确认案件管辖规则。在根据调解主体和调解类型的不同，明确了司法确认案件的管辖规则。在邀请调解的情形下，由作出邀请的人民法院管辖。调解组织自行开展调解的，在原来《民事诉讼法》规定的向"调解组织所在地"的基层人民法院提出之外，增加了向“当事人住所地、标的物所在地”的基层人民法院提出。允许中级人民法院和专门人民法院受理符合级别管辖和专门管辖标准的司法确认申请，进一步发挥司法确认制度对多元解纷方式的促进保障作用，丰富人民群众纠纷解决渠道，推动矛盾纠纷源头治理。

《民事诉讼法》的修正是我国深化司法体制和民事审判方式改革的重大成果，是完善中国特色社会主义法律体系的重大进展，对于完善民事诉讼程序运行机制，保证人民法院公正、高效解决民事纠纷，保护公民、法人和其他组织的合法权益，具有十分重要的意义。《民事诉讼法》和相关司法解释立足多年来民事司法改革取得的经验，着力解决社会普遍关注和审判实践迫切需要解决的问题，落实中央深化司法体制和工作机制改革的要求，兼顾公正与效率，对于保障公民权利、更好地解决民事纠纷具有十分重要的意义，有力地推动了我国社会主义法治建设的进程。

中华人民共和国民事诉讼法

（1991年4月9日第七届全国人民代表大会第四次会议通过　根据2007年10月28日第十届全国人民代表大会常务委员会第三十次会议《关于修改〈中华人民共和国民事诉讼法〉的决定》第一次修正　根据2012年8月31日第十一届全国人民代表大会常务委员会第二十八次会议《关于修改〈中华人民共和国民事诉讼法〉的决定》第二次修正　根据2017年6月27日第十二届全国人民代表大会常务委员会第二十八次会议《关于修改〈中华人民共和国民事诉讼法〉和〈中华人民共和国行政诉讼法〉的决定》第三次修正　根据2021年12月24日第十三届全国人民代表大会常务委员会第三十二次会议《关于修改〈中华人民共和国民事诉讼法〉的决定》第四次修正）

第一编　总　　则

第一章　任务、适用范围和基本原则

本章介绍

民事诉讼法是由国家立法机关制定的规定法院、当事人以及当事人之外的所有诉讼参与人进行民事诉讼活动和执行活动的法律规范。民事诉讼法既是人民法院处理解决民事案件的操作规程，又是当事人起诉、应诉，进行诉讼和申请执行的行为准则，还是其他诉讼参与人参加诉讼活动必须遵循的法律规范。民事诉讼法是国家的基本法，是指导民事诉讼活动的程序法。本章规定了民事诉讼法的立法依据、立法任务、适用范围、空间效力、基本原则和基本制度等内容。2012 年《民事诉讼法》增加了诚实信用原则，完善了检察监督原则。2021 年《民事诉讼法》增加了确立在线诉讼法律效力的规定。

第一条　【立法依据】中华人民共和国民事诉讼法以宪法为根据，结合我国民事审判工作的经验和实际情况制定。

第二条　【立法任务】中华人民共和国民事诉讼法的任务，是保护当事人行使诉讼权利，保证人民法院查明事实，分清是非，正确适用法律，及时审理民事案件，确认民事权利义务关系，制裁民事违法行为，保护当事人的合法权益，教育公民自觉遵守法律，维护社会秩序、经济秩序，保障社会主义建设事业顺利进行。

第三条　【适用范围】人民法院受理公民之间、法人之间、其他组织之间以及他们相互之间因财产关系和人身关系提起的民事诉讼，适用本法的规定。

条文解读

第 3 条是关于民事诉讼法适用范围的规定。

第 3 条明确了民事诉讼的主体包括公民、法人和其他组织。公民，是指具有中华人民共和国国籍的自然人。法人，是指具有民事权利能力和民事行为能力，依法独立地享有民事权利和承担民事义务的组织，包括企业、机关、事业单位和社会团体法人。其他组织，是指不具备法人资格的社会组织。以上主体之间发生的因财产关系和人身关系提起的民事诉讼，适用《民事诉讼法》的规定。这里的“财产关系”是指基于《民法典》等民事实体法的规定而形成的具有物质财富内容的关系，如物权关系、债权关系、知识产权关系。人身关系则是指基于人格和身份（如基于身体权、名誉权及婚姻等）而形成的相互关系。

第四条　【空间效力】 凡在中华人民共和国领域内进行民事诉讼，必须遵守本法。

条文解读

本条是关于《民事诉讼法》空间效力的规定。

《民事诉讼法》的空间效力是指民事诉讼法适用的领域范围，即在什么地方有效。依据本条，凡在我国领域内进行民事诉讼，都适用本法。我国领域，包括我国的领土、领海、领空以及我国领土的延伸部分，如驶往公海的我国船舶或行驶在外国领空的我国航空器。只要在我国领域内进行民事诉讼，无论民事纠纷是否发生在我国，无论主体是否为我国公民、法人和其他组织，都必须适用我国《民事诉讼法》的规定。

适用本条需要注意两点：其一，我国是一个多民族国家，《民事诉讼法》第 17 条规定，民族自治地方的人民代表大会根据宪法和本法的原则，结合当地民族的具体情况，可以制定变通或者补充的规定。自治区的规定，报全国人民代表大会常务委员会批准。自治州、自治县的规定，报省或者自治区的人民代表大会常务委员会批准，并报全国人民代表大会常务委员会备案。其二，根据《香港特别行政区基本法》和《澳门特别行政区基本法》的规定，我国民事诉讼法并不适用于在我国实行"一国两制"地区进行的民事诉讼。

关联法规索引

《香港特别行政区基本法》附件三；《澳门特别行政区基本法》附件三

第五条　【涉外民诉同等原则、对等原则】 外国人、无国籍人、外国企业和组织在人民法院起诉、应诉，同中华人民共和国公民、法人和其他组织有同等的诉讼权利义务。

外国法院对中华人民共和国公民、法人和其他组织的民事诉讼权利加以限制的，中华人民共和国人民法院对该国公民、企业和组织的民事诉讼权利，实行对等原则。

条文解读

本条共有2款，是关于涉外民事诉讼同等原则和对等原则的规定。

本条第1款规定了同等原则。同等原则是一项国际惯例。这一原则意味着，外国人、无国籍人、外国企业和组织依据我国民事实体法、程序法与我国公民、法人和其他组织有同等的诉讼权利能力和诉讼行为能力，其在我国起诉、应诉享有与我国公民、法人和其他组织同等的民事诉讼权利，承担同等的民事诉讼义务。并且，在人民法院的审理过程中，不能因为当事人是外国人、无国籍人、外国企业和组织而对其予以歧视或照顾。

本条第2款规定了对等原则。外国人、无国籍人、外国企业和组织在我国法院起诉、应诉的，外国法院对我国公民、法人和其他组织的民事诉讼权利加以限制的，我国法院对该国公民、企业和组织的民事诉讼权利加以同样的限制。这是一项国际惯例，也是国际关系中的一项基本原则，体现了主权国家之间的平等原则，有利于保护我国公民、法人和其他组织在外国参加民事诉讼活动时的合法诉讼权利。

第六条　【审判权】民事案件的审判权由人民法院行使。

人民法院依照法律规定对民事案件独立进行审判，不受行政机关、社会团体和个人的干涉。

条文解读

本条共有2款，是关于民事案件的审判权的规定。

本条第1款规定民事案件的审判权由人民法院行使。民事案件的审判权是指人民法院对民事案件进行审理和裁判的权力，是人民法院为了解决民事主体之间有关权利义务关系的纠纷而行使的权能的总和。我国《宪法》第128条规定，“中华人民共和国人民法院是国家的审判机关”，明确了我国的审判权统一由人民法院独立行使。

本条第2款规定人民法院依照法律规定对民事案件独立进行审判，不受行政机关、社会团体和个人的干涉。民事审判权的良好运行，必须以审判独立为前提条件。我国《宪法》第131条规定，“人民法院依照法律规定独立行使审判权，不受行政机关、社会团体和个人的干涉”。人民法院是独立的司法机关，任何行政机关、社会团体和个人都不能以权代法，或通过其他不正当手段、途径干涉人民法院行使审判权，这既是司法公正的重要保证，也是法治文明的标志。对于非法干涉人民法院独立行使审判权的行政机关、社会团体和个人，要依法追究法律责任。

关联法规索引

《宪法》第 128、131 条

第七条 【审理原则】人民法院审理民事案件，必须以事实为根据，以法律为准绳。

条文解读

本条是关于以事实为根据，以法律为准绳审理原则的规定。

以事实为根据，以法律为准绳审理原则是人民法院进行审判活动的基本原则，这一原则包含两个方面的内容：第一，人民法院审理民事案件必须以事实为根据，即案件的处理以人民法院查明的案件事实为基础，忠于事实真相。这里的“事实”，是人民法院查明的案件事实，即能够以现有证据证明的案件事实。因此，当事人必须提高证据意识，认真履行举证责任，积极向人民法院提供支持己方诉讼的证据，否则将承担败诉的后果。人民法院也应当依照法定程序，全面、客观地审查核实证据，防止主观臆断。第二，人民法院审理民事案件必须以法律为准绳，即在查明案件事实的基础上，按照国家法律的规定确认当事人之间争议的权利义务关系，制裁民事违法行为，保护合法权益。这里的“法律”指的是广义上的法律，既包括全国人民代表大会及其常务委员会制定的法律，也包括行政法规、地方性法规、司法解释等。以上两方面内容是相互联系、不可分割的整体。以事实为根据是以法律为准绳的前提，如果没有查明案件事实，就不可能正确适用法律；以法律为准绳是以事实为根据的必然要求，如果处理案件不以法律为准绳，查明案件事实便毫无意义。

第八条 【诉讼权利平等原则】 民事诉讼当事人有平等的诉讼权利。人民法院审理民事案件，应当保障和便利当事人行使诉讼权利，对当事人在适用法律上一律平等。

条文解读

本条是关于当事人诉讼权利平等原则的规定。

这一原则的具体内容包括：第一，当事人的诉讼地位平等，即当事人在诉讼中不因家庭出身、社会地位、经济状况、文化程度、民族等因素的不同而有差别。第二，当事人有平等的诉讼权利，人民法院应当保障和便利当事人行使诉讼权利。当事人诉讼权利的平等，既包括所有当事人依法平等地享有诉讼权利，也包括双方当事人之间行使诉讼权利的手段相同或对等。保障当事人平等地行使诉讼权利，是人民法院的职责，人民法院应当为此提供保障和便利。第三，人民法院对当事人在适用法律上一律平等。对一切诉讼当事人，不分民族、种族、性别、职业、家庭出身、宗教信仰、受教育程度、财产状况、居住期限，在适用法律上一律平等，不允许有任何特权。

关联法规索引

《宪法》第33条；《人民法院组织法》第5条

第九条 【调解原则】 人民法院审理民事案件，应当根据自愿和合法的原则进行调解；调解不成的，应当及时判决。

条文解读

本条是关于人民法院调解原则的规定。

人民法院调解，是指在人民法院审判人员的主持下，诉讼当事人就争议的问题，通过自愿协商达成协议，解决其民事纠纷的活动。调解有利于及时、彻底地解决当事人之间的民事纠纷；有利于化解矛盾，促进当事人团结；有利于法治宣传，预防和减少诉讼。人民法院在诉讼的过程中，应当根据自愿和合法的原则进行调解。自愿原则，是指人民法院在以调解方式解决纠纷时，必须在当事人自愿的基础上进行，包括调解活动的进行和调解协议的达成，都必须以当事人自愿为前提。否则，不仅不能实现调解解决纠纷的目的，而且有可能激化矛盾，浪费时间、精力，还达不到良好的社会效果。合法原则，是指人民法院的调解活动必须依法进行，调解的过程和达成调解协议的内容，都应当符合法律的规定。这里的“法”，既包括程序法，也包括实体法。如果调解不成，应当及时判决。

关联法规索引

《民事诉讼法》第96条；《最高人民法院关于适用〈中华人民共和国民事诉讼法〉的解释》第145条

第十条　【审判制度】人民法院审理民事案件，依照法律规定实行合议、回避、公开审判和两审终审制度。

条文解读

本条是关于民事审判基本制度的规定。

本条规定了民事审判的四大基本制度，即合议制度、回避制度、公开审判制度和两审终审制度。合议制度，是指由3名以上为奇数的审判人员组成审判庭，以人民法院的名义具体行使民事审判权，对民事案件进行审理并作出裁判的制度，也称为合议制。合议制与独任制相比，更能发挥集体智慧，提高案件审判的质量；更能体现审判的形式公正。回避制度，是指在民事诉讼中，审判人员以及其他可能影响案件公正审理的有关人员，在遇有法律规定的情形时，退出该案诉讼程序的制度。回避制度能够有效防止利益驱动和感情约束对案件审理的不良影响，确保案件能够得到公正审理。公开审判制度，是指人民法院在审理案件时，应当将其审判活动向社会公开的制度。具体包括：在开庭审理前，公告当事人的姓名、案由和开庭审理的时间、地点；在开庭审理期间，除了法律有规定的以外，公民可以旁听案件的审理；允许新闻记者对案件进行采访报道；人民法院对案件的判决应当公开宣告。公开审判制度的意义在于将民事审判活动置于社会的广泛监督之下,通过社会的监督制约,保障审判的公正。两审终审制度,是指民事案件经过两级人民法院审理和判决即告终结的制度。当事人对第一审地方各级人民法院作出的裁判不服的,可以在法律规定的有效期间内,向上一级人民法院提起上诉,经过上一级人民法院审理裁判后,对该案件的审理宣告终结,裁判发生法律效力,当事人仍然不服的也不能再次提起上诉。已经生效的判决确有错误的,可通过审判监督程序加以纠正。

关联法规索引

《宪法》第 130 条;《人民法院组织法》第 7、29 ~ 33 条

第十一条 【语言文字】 各民族公民都有用本民族语言、文字进行民事诉讼的权利。

在少数民族聚居或者多民族共同居住的地区,人民法院应当用当地民族通用的语言、文字进行审理和发布法律文书。

人民法院应当对不通晓当地民族通用的语言、文字的诉讼参与人提供翻译。

第十二条 【辩论权】 人民法院审理民事案件时,当事人有权进行辩论。

条文解读

第 12 条是关于辩论权的规定。

民事诉讼中的辩论,是指在人民法院主持下,当事人有权就案件事实和争议的问题,各自陈述主张和根据,互相进行反驳和答辩。理解本条需要注意以下内容:第一,辩论的主体只限于当事人及其诉讼代理人。第二,辩论的形式包括书面和口头两种。第三,辩论的内容应当主要围绕案件如何进行处理的实质性问题展开,但也包括案件涉及的诉讼程序问题,如受诉人民法院有无管辖权、审判人员应否回避。辩论原则的确立,有助于当事人诉讼权利的实现。当事人通过行使辩论权,积极参与诉讼,向法庭充分阐明自己的主张和理由,反驳对方的主张,有利于人民法

院查明案件事实,正确适用法律,保证案件的质量。正确认识辩论权应当做到以下几点:第一,辩论权贯穿于诉讼的整个过程,而不仅限于法庭辩论阶段。第二,审判人员在辩论活动中要发挥主持、指挥和引导作用,使当事人的辩论围绕案件的实质性问题和争议焦点进行。第三,审判人员应当保障各方当事人的辩论权,不能介入当事人的辩论。第四,审判人员要正确处理辩论与裁判的关系,只有经过法庭辩论认定的事实才能作为裁判的依据。

第十三条 【诚信原则、当事人处分原则】民事诉讼应当遵循诚信原则。
当事人有权在法律规定的范围内处分自己的民事权利和诉讼权利。

条文解读

本条共有 2 款,是关于诚信原则和当事人处分原则的规定。

本条第 1 款是关于民事诉讼应当遵循诚信原则的规定。民事诉讼法中的诚信原则的含义是人民法院和诉讼参与人在审理民事案件和参与民事诉讼活动中,应当本着诚实和善意进行。诚信原则的确立有助于规制审判权的正确行使,防止当事人滥用诉讼权利,保证诉讼的顺利进行,促进诉讼公正,提高审判效率。

本条第 2 款规定了当事人处分原则,即民事诉讼中当事人有权在法律规定的范围内处分自己的民事权利和诉讼权利。处分原则的核心内容是当事人对自己所享有的民事权利和诉讼权利的支配决定权,即当事人可以自行决定是否行使以及如何行使自己的民事权利和诉讼权利。

第十四条 【法律监督权】人民检察院有权对民事诉讼实行法律监督。

条文解读

本条规定了人民检察院有权对民事诉讼实行法律监督。

人民检察院实行法律监督的内容主要有:第一,对人民法院作出的生效判决、裁定认为有错误的,或者发现调解书损害国家利益、社会公共利益的,可以通过提出检察建议、抗诉的方式实施法律监督。第二,对审判监督程序以外的其他审判程序中审判人员的违法行为,有权提出检察建议。第三,对民事执行活动实施法律监督。2012 年《民事诉讼法》扩大了检察监督的范围,增加了监督方式,强化了监督手段,有利于加大对当事人诉权的保护力度,强化对审判权、执行权的制约,防止审判权、执行权的不当行使。

关联法规索引

《宪法》第 134 条;《民事诉讼法》第 215、216、242 条;《人民检察院民事诉讼监督规则》第 3 条;《最高人民法院、最高人民检察院关于民事执行活动法律监督若干问题的规定》

第十五条 【支持起诉】 机关、社会团体、企业事业单位对损害国家、集体或者个人民事权益的行为,可以支持受损害的单位或者个人向人民法院起诉。

第十六条 【在线诉讼】 经当事人同意,民事诉讼活动可以通过信息网络平台在线进行。

民事诉讼活动通过信息网络平台在线进行的,与线下诉讼活动具有同等法律效力。

条文解读

第 16 条是 2021 年《民事诉讼法》新增加的条文,确立了在线诉讼的法律效力。

互联网技术的高速发展和互联网法院、智能法院的建立,为在线诉讼提供了充分的技术保障,使在线庭审与线下庭审能够达到同等效果。在线诉讼具有不受空间限制,可以减轻当事人的负担,方便法官庭审排期的优点。本条明确:第一,在线诉讼需经当事人同意。这里的“经当事人同意”,并不是要求所有当事人都同意,而是谁同意谁线上、谁不同意谁线下,极大地方便了当事人和尊重当事人的程序选择权。第二,在线诉讼与线下诉讼具有同等法律效力,推动民事诉讼方式与信息化时代相适应,为未来在线诉讼发展拓展制度空间。

第十七条　【变通规定】民族自治地方的人民代表大会根据宪法和本法的原则，结合当地民族的具体情况，可以制定变通或者补充的规定。自治区的规定，报全国人民代表大会常务委员会批准。自治州、自治县的规定，报省或者自治区的人民代表大会常务委员会批准，并报全国人民代表大会常务委员会备案。

第二章 管 辖

本章介绍

民事案件的管辖，是指各级人民法院之间和同级人民法院之间受理第一审民事案件的分工和权限。正确确定民事案件的管辖，对审判实践具有重要意义。民事诉讼法确定管辖的原则是：便利当事人进行诉讼，便于人民法院审理案件，均衡各级人民法院的工作负担，保证案件公正审判，有利于维护国家主权。本章规定了民事诉讼的级别管辖、地域管辖、移送管辖、指定管辖和管辖权的转移。2012年《民事诉讼法》增加了公司诉讼管辖的规定，完善了协议管辖，限制了管辖权向下转移。

第一节 级别管辖

第十八条 【基层法院管辖】 基层人民法院管辖第一审民事案件，但本法另有规定的除外。

关联法规索引

《人民法院组织法》第25条

第十九条 【中级法院管辖】 中级人民法院管辖下列第一审民事案件：

（一）重大涉外案件；

（二）在本辖区有重大影响的案件；

（三）最高人民法院确定由中级人民法院管辖的案件。

条文解读

本条是关于中级人民法院管辖的第一审民事案件的规定。

按照本条的规定,中级人民法院管辖下列第一审民事案件:(1)重大涉外案件。涉外案件是指民事法律关系中主体、内容、客体三者之中具有涉外因素的民事案件。重大涉外案件是指争议标的额较大,或者案情复杂,或者居住在国外的当事人人数众多的涉外案件。(2)在本辖区有重大影响的案件。在本辖区有重大影响的案件,是指案情复杂、涉及范围广、诉讼标的的金额较大,案发后案件处理结果的影响超出了基层人民法院的辖区范围,基层人民法院已不便行使管辖权,而由中级人民法院作为第一审管辖法院比较适宜的案件。(3)最高人民法院确定由中级人民法院管辖的案件。这类案件具有特殊性,主要包括除专利行政案件以外的其他专利纠纷案件和海事、海商案件。专利纠纷案件一般由知识产权法院、最高人民法院确定的中级人民法院和基层人民法院管辖。海事、海商案件由海事法院管辖,海事法院与普通中级人民法院同级,我国在上海、天津、广州、武汉、大连、青岛、海口、厦门等口岸城市均设有海事法院。各海事法院的管辖区域,由最高人民法院规定。

配套法规及解读

《最高人民法院关于适用〈中华人民共和国民事诉讼法〉的解释》(2022年4月1日)〔1〕

第一条 民事诉讼法第十九条第一项规定的重大涉外案件,包括争议标的额大的案件、案情复杂的案件,或者一方当事人人数众多等具有重大影响的案件。

第二条 专利纠纷案件由知识产权法院、最高人民法院确定的中级人民法院和基层人民法院管辖。

海事、海商案件由海事法院管辖。

※法规解读:上述条文是对级别管辖的细化规定。第1条将《民事诉讼法》规定的由中级人民法院管辖的重大涉外案件具体解释为三类:第一类是争议标的额大的案件;第二类是案情复杂的案件;第三类是一方当事人人数众多等具有重大影响的案件。第2条明确规定专利案件由知识产权法院、最高人民法院确定的中级

〔1〕 本书中的时间为法律文件的公布时间或最后一次修正、修订时间。

人民法院和基层人民法院管辖,海事、海商案件由海事法院管辖。

关联法规索引

《人民法院组织法》第23条

第二十条 【高级法院管辖】 高级人民法院管辖在本辖区有重大影响的第一审民事案件。

第二十一条 【最高法院管辖】 最高人民法院管辖下列第一审民事案件:

(一)在全国有重大影响的案件;

(二)认为应当由本院审理的案件。

条文解读

第21条是关于最高人民法院管辖的第一审民事案件的规定。

最高人民法院是国家最高审判机关,其主要任务是对地方各级人民法院和各专门人民法院的审判工作进行指导,对审判中遇到的疑难问题作出司法解释,对下级人民法院的请示作出批复,审理因不服高级人民法院一审裁判而提出上诉的案件。最高人民法院是最高级别的法院,实行的是一审终审制。以上因素决定了最高人民法院管辖的第一审民事案件只能是极少数的特别重大案件。因此,第21条第1项规定了最高人民法院管辖在全国有重大影响的案件。此外,第21条第2项规定了最高人民法院可以管辖认为应当由其审理的案件,即只要最高人民法院认为某个案件应当由自己审理,就可以直接受理。这一规定表明,为了适应审判实践中的复杂情况,法律赋予了最高人民法院管辖第一审民事案件必要的机动权。

关联法规索引

《人民法院组织法》第16条

第二节 地 域 管 辖

第二十二条 【一般地域管辖】 对公民提起的民事诉讼，由被告住所地人民法院管辖；被告住所地与经常居住地不一致的，由经常居住地人民法院管辖。

对法人或者其他组织提起的民事诉讼，由被告住所地人民法院管辖。

同一诉讼的几个被告住所地、经常居住地在两个以上人民法院辖区的，各该人民法院都有管辖权。

条文解读

本条共有3款，是关于一般地域管辖原则的规定。

地域管辖又称区域管辖，是指同级人民法院之间受理第一审民事案件的分工和权限，它是按照人民法院辖区和民事案件的隶属关系来划分的管辖。一般地域管辖，是指以当事人住所地与法院的隶属关系来确定管辖权的诉讼管辖。依据本条规定，我国民事诉讼一般地域管辖的原则是“原告就被告”，即由被告住所地人民法院管辖，这也是一般地域管辖的通行做法。

公民的住所地，是指该公民的户籍所在地。如果被告住所地与经常居住地不一致的，由经常居住地人民法院管辖。经常居住地，是指公民离开住所地至起诉时连续居住一年以上的地方，但公民住院就医的地方除外。法人或者其他组织的住所地，是指法人或其他组织的主要办事机构所在地或主要营业地。被告如果是没有办事机构的公民合伙、合伙型联营体，则由被告注册登记地人民法院管辖。同一诉讼的几个被告住所地、经常居住地在两个以上人民法院辖区的，各该人民法院都有管辖权。实行“原告就被告”原则不仅有利于抑制原告滥用诉权，使被告免受原告不当诉讼的侵扰；也有利于人民法院传唤被告参加诉讼，对诉讼标的物进行保全或勘验，促使判决顺利执行。

配套法规及解读

《最高人民法院关于适用〈中华人民共和国民事诉讼法〉的解释》(2022年4月1日)

第三条 公民的住所地是指公民的户籍所在地,法人或者其他组织的住所地是指法人或者其他组织的主要办事机构所在地。

法人或者其他组织的主要办事机构所在地不能确定的,法人或者其他组织的注册地或者登记地为住所地。

第四条 公民的经常居住地是指公民离开住所地至起诉时已连续居住一年以上的地方,但公民住院就医的地方除外。

第五条 对没有办事机构的个人合伙、合伙型联营体提起的诉讼,由被告注册登记地人民法院管辖。没有注册登记,几个被告又不在同一辖区的,被告住所地的人民法院都有管辖权。

第六条 被告被注销户籍的,依照民事诉讼法第二十三条规定确定管辖;原告、被告均被注销户籍的,由被告居住地人民法院管辖。

第七条 当事人的户籍迁出后尚未落户,有经常居住地的,由该地人民法院管辖;没有经常居住地的,由其原户籍所在地人民法院管辖。

※法规解读:上述条文是对民事诉讼法中使用的住所地、经常居住地等术语进行的具体解释,并针对实践中的疑难情况,如注销城镇户口、户籍迁出等如何确定管辖法院进行了明确规定,便于审判实践中进行具体操作。

关联法规索引

《民法典》第25、63条;《公司法》第10条

第二十三条 **【特别规定】**下列民事诉讼,由原告住所地人民法院管辖;原告住所地与经常居住地不一致的,由原告经常居住地人民法院管辖:

(一)对不在中华人民共和国领域内居住的人提起的有关身份关系的诉讼;

(二)对下落不明或者宣告失踪的人提起的有关身份关系的诉讼;

（三）对被采取强制性教育措施的人提起的诉讼；
（四）对被监禁的人提起的诉讼。

条文解读

本条是关于一般地域管辖原则的例外规定。

一般地域管辖的原则是“原告就被告”，但在某些特殊情况下该原则无法适用或者适用后将对原告和管辖法院都极为不便。为此，本条规定了一般地域管辖原则的例外：由原告住所地人民法院管辖；原告住所地与经常居住地不一致的，由经常居住地人民法院管辖。这些例外情况是：(1)对不在中华人民共和国领域内居住的人提起的有关身份关系的诉讼。如涉及婚姻关系、亲子关系、收养关系等案件。(2)对下落不明或者宣告失踪的人提起的有关身份关系的诉讼。在被告下落不明或者已经宣告失踪的情况下，根本无法确定其住所地或者经常居住地，由原告住所地或者经常居住地人民法院管辖，可以方便原告行使诉权。(3)对被采取强制性教育措施的人提起的诉讼。被采取强制性教育措施的人，人身自由受到一定的限制，在确定管辖法院时如果仍然采取“原告就被告”原则，对原告来说十分不便。(4)对被监禁的人提起的诉讼。被监禁的人，包括已决犯和未决犯，都丧失了人身自由，脱离了住所地或者经常居住地，在确定管辖法院时如果仍然采取“原告就被告”原则，不仅不便于原告向被告监禁地人民法院起诉，而且由被告监禁地人民法院管辖，很可能造成其工作量过大。

2012年《民事诉讼法》将2007年《民事诉讼法》本条第3项中的“劳动教养”改为“采取强制性教育措施”，主要是考虑到与《治安管理处罚法》等其他法律条文规定相协调。2013年12月28日，全国人民代表大会常务委员会通过了《关于废止有关劳动教养法律规定的决定》，而曾经纳入立法规划的行为矫治法能否出台尚不明确。

配套法规及解读

《最高人民法院关于适用〈中华人民共和国民事诉讼法〉的解释》（2022年4月1日）

第八条 双方当事人都被监禁或者被采取强制性教育措施的，由被告原住所地人民法院管辖。被告被监禁或者被采取强制性教育措施一年以上的，由被告被监禁地或者被采取强制性教育措施地人民法院管辖。

第九条 追索赡养费、扶养费、抚养费案件的几个被告住所地不在同一辖区的，可以由原告住所地人民法院管辖。

第十条 不服指定监护或者变更监护关系的案件，可以由被监护人住所地人民法院管辖。

第十一条 双方当事人均为军人或者军队单位的民事案件由军事法院管辖。

第十二条 夫妻一方离开住所地超过一年，另一方起诉离婚的案件，可以由原告住所地人民法院管辖。

夫妻双方离开住所地超过一年，一方起诉离婚的案件，由被告经常居住地人民法院管辖；没有经常居住地的，由原告起诉时被告居住地人民法院管辖。

第十三条 在国内结婚并定居国外的华侨，如定居国法院以离婚诉讼须由婚姻缔结地法院管辖为由不予受理，当事人向人民法院提出离婚诉讼的，由婚姻缔结地或者一方在国内的最后居住地人民法院管辖。

第十四条 在国外结婚并定居国外的华侨，如定居国法院以离婚诉讼须由国籍所属国法院管辖为由不予受理，当事人向人民法院提出离婚诉讼的，由一方原住所地或者在国内的最后居住地人民法院管辖。

第十五条 中国公民一方居住在国外，一方居住在国内，不论哪一方向人民法院提起离婚诉讼，国内一方住所地人民法院都有权管辖。国外一方在居住国法院起诉，国内一方向人民法院起诉的，受诉人民法院有权管辖。

第十六条 中国公民双方在国外但未定居，一方向人民法院起诉离婚的，应由原告或者被告原住所地人民法院管辖。

第十七条 已经离婚的中国公民，双方均定居国外，仅就国内财产分割提起诉讼的，由主要财产所在地人民法院管辖。

※法规解读：上述条文是关于一般地域管辖特殊情况的补充规定。其中，第8条是关于“原告就被告”原则的补充规定。第9条考虑到追索赡养费案件方便原告诉讼，在适用“原告就被告”原则的同时增加了原告住所地法院的管辖权。第10条考虑到监护关系案件的特殊性，既不就被告，也不就原告，可以由被监护人住所地人民法院管辖。第11条是关于双方当事人都是军人的民事诉讼由军事法院管辖的特殊规定。第12条是关于夫妻一方或双方离开住所地的离婚诉讼管辖的补充

规定。第13～17条是关于中国公民涉外离婚诉讼如何确定地域管辖的规定。

关联法规索引

《最高人民法院关于军事法院管辖民事案件若干问题的规定》

第二十四条 【合同纠纷管辖】因合同纠纷提起的诉讼，由被告住所地或者合同履行地人民法院管辖。

条文解读

本条是关于因合同纠纷提起诉讼管辖的规定。

本条至本法第33条是关于特殊地域管辖的规定。特殊地域管辖，又称特别管辖，是以诉讼标的所在地或引起民事法律关系发生、变更、消灭的法律事实所在地为标准确定的管辖。依据本条规定，因合同纠纷提起的诉讼，由被告住所地或者合同履行地人民法院管辖。合同履行地，是指履行合同所确定义务的地点。当事人可以在合同订立之时，或者合同成立之后履行之前，在合同中明确约定合同履行地点。当事人在合同中没有约定履行地或者履行地约定不明确的，可以协议补充。不能达成补充协议的，按照合同有关条款或者交易习惯确定。如果还是不能确定履行地，给付货币的，在接受货币一方所在地履行；交付不动产的，在不动产所在地履行；其他标的，在履行义务一方所在地履行。

配套法规及解读

《最高人民法院关于适用〈中华人民共和国民事诉讼法〉的解释》(2022年4月1日)

第十八条 合同约定履行地点的，以约定的履行地点为合同履行地。

合同对履行地点没有约定或者约定不明确，争议标的为给付货币的，接收货币一方所在地为合同履行地；交付不动产的，不动产所在地为合同履行地；其他标的，履行义务一方所在地为合同履行地。即时结清的合同，交易行为地为合同履行地。

合同没有实际履行，当事人双方住所地都不在合同约定的履行地的，由被告住所地人民法院管辖。

第十九条 财产租赁合同、融资租赁合同以租赁物使用地为合同履行地。合同对履行地有约定的,从其约定。

第二十条 以信息网络方式订立的买卖合同,通过信息网络交付标的的,以买受人住所地为合同履行地;通过其他方式交付标的的,收货地为合同履行地。合同对履行地有约定的,从其约定。

※法规解读:上述条文是对合同纠纷管辖规定中合同履行地的具体解释。第18条对合同履行地确定的一般规则作了规定,对合同约定了履行地点、没有约定履行地点或履行地点约定不明、合同没有实际履行三种情况下如何确定合同履行地予以了明确。民事诉讼法创造性地规定了合同对履行地点没有约定或者约定不明确时,以"争议标的"的内容确定合同履行地。即合同履行地的确定不再根据合同性质来判断,而根据当事人争议或者案件纠纷所针对的合同项下的某项特定义务来确定,从而较好地解决了司法实践中合同履行地难以确定的问题。第19、20条特别对财产租赁合同、融资租赁合同和以信息网络方式订立的买卖合同履行地如何确定进行了细化规定。

关联法规索引

《民法典》第510、511条

典型案例

魏某荣诉唐山建科房地产开发有限公司返还借款纠纷管辖异议案[1]

※案情简介:唐山建科房地产开发有限公司(以下简称建科公司)与魏某荣、杨某毅因借款合同纠纷诉至河北省承德市中级人民法院,诉讼中被告提出管辖权异议,河北省承德市中级人民法院作出(2014)承民初字第00221-2号民事裁定,驳回异议。

建科公司不服河北省承德市中级人民法院(2014)承民初字第00221-2号民

[1] 本案根据河北省高级人民法院(2015)冀立民终字第35号民事裁定书整理。

事裁定,向河北省高级人民法院提出上诉认为:(1)建科公司与被上诉人魏某荣之间有借款协议,存在借款关系,杨某毅是建科公司承德分公司的工作人员,与本案借款纠纷无关系,为争管辖,被上诉人魏某荣将杨某毅列为被告。建科公司作为法人单位,公司住所地和合同履行地均在唐山市,承德市中级人民法院对本案没有管辖权。(2)根据《中华人民共和国民事诉讼法》第三十六条[1]的规定,承德市中级人民法院应将本案移送至唐山市中级人民法院审理。请求撤销一审裁定,将本案移送至唐山市中级人民法院审理。

被上诉人魏某荣提交答辩意见称:(1)本案被告之一杨某毅住所地在承德市双桥区,承德市中级人民法院作为杨某毅住所地人民法院对本案享有管辖权。(2)本案每笔借款均是将款项转给杨某毅,再由杨某毅转至建科公司指定账户,借款合同履行地均在承德市双桥区,承德市中级人民法院作为合同履行地人民法院亦对本案具有管辖权。建科公司的上诉理由不成立,请求予以驳回。

※争议焦点:借款合同中合同履行地如何确定?

※裁判结果:河北省高级人民法院认为,本案系借款合同纠纷,应依据《中华人民共和国民事诉讼法》第二十三条[2]"因合同纠纷提起的诉讼,由被告住所地或者合同履行地人民法院管辖"的规定,确定管辖法院。关于合同履行地问题,《最高人民法院关于适用〈中华人民共和国民事诉讼法〉的解释》第十八条第二款规定"合同对履行地点没有约定或者约定不明确,争议标的为给付货币的,接收货币一方所在地为合同履行地"。本案中,魏某荣与建科公司签订的《小额借款协议》中没有约定履行地点,魏某荣起诉要求偿还借款本金及利息,争议标的为给付货币,故魏某荣住所地为合同履行地。河北省承德市某区某小区某栋某单元105室为魏某荣的经常居住地,河北省承德市中级人民法院作为合同履行地法院对本案具有管辖权。因此,河北省高级人民法院裁定驳回上诉,维持一审裁定。

第二十五条 【保险合同纠纷管辖】因保险合同纠纷提起的诉讼,由被告住所地或者保险标的物所在地人民法院管辖。

---

〔1〕 2021年《民事诉讼法》第37条。

〔2〕 2021年《民事诉讼法》第24条。

条文解读

本条是关于因保险合同纠纷提起的诉讼管辖的规定。

保险合同是投保人与保险人约定保险权利义务关系的协议。因保险合同纠纷提起的诉讼,由被告住所地或者保险标的物所在地人民法院管辖。保险标的物,即保险对象,是投保人与保险人订立保险合同、收取保险费用所指向的对象,如财产、人身(指生命、健康、劳动能力等)以及以其他表现形式反映出来的财产利益。如果保险标的物是运输工具或者运输中的货物,由被告住所地或者运输工具登记注册地、运输目的地、保险事故发生地人民法院管辖。

配套法规及解读

《最高人民法院关于适用〈中华人民共和国民事诉讼法〉的解释》(2022年4月1日)

第二十一条 因财产保险合同纠纷提起的诉讼,如果保险标的物是运输工具或者运输中的货物,可以由运输工具登记注册地、运输目的地、保险事故发生地人民法院管辖。

因人身保险合同纠纷提起的诉讼,可以由被保险人住所地人民法院管辖。

※法规解读:本条是关于保险标的物为运输工具或运输中的货物如何确定管辖法院的规定。《民事诉讼法》第25条规定,因保险合同纠纷提起的诉讼,由被告住所地或者保险标的物所在地人民法院管辖。而如果保险标的物为运输工具或运输中的货物,何为保险标的物所在地不好确定,所以,本条规定了被告住所地或者运输工具登记注册地、运输目的地、保险事故发生地的人民法院均有管辖权。本条第2款规定,因人身保险合同纠纷提起的诉讼,可以由被保险人住所地人民法院管辖,这与《保险法》保护被保险人利益的要旨相吻合。

关联法规索引

《海事诉讼特别程序法》第6条

典型案例

华泰财产保险有限公司北京分公司诉李某贵、天安财产保险股份有限公司河北省分公司张家口支公司保险人代位求偿权纠纷案[1]

※案情简介：2011年6月1日，华泰财产保险有限公司北京分公司（以下简称华泰保险公司）与北京亚大锦都餐饮管理有限公司（以下简称亚大锦都餐饮公司）签订机动车辆保险合同，被保险车辆的车牌号为京A8××××，保险期间自2011年6月5日0时起至2012年6月4日24时止。2011年11月18日，陈某某驾驶被保险车辆行驶至北京市朝阳区机场高速公路上时，与李某贵驾驶的车牌号为冀GA××××的车辆发生交通事故，造成被保险车辆受损。经交通管理部门认定，李某贵负事故全部责任。事故发生后，华泰保险公司依照保险合同的约定，向被保险人亚大锦都餐饮公司赔偿保险金83878元，并依法取得代位求偿权。基于肇事车辆系在天安财产保险股份有限公司河北省分公司张家口支公司（以下简称天安保险公司）投保了机动车交通事故责任强制保险，华泰保险公司于2012年10月诉至北京市东城区人民法院，请求判令被告肇事司机李某贵和天安保险公司赔偿83878元，并承担诉讼费用。

被告李某贵的住所地为河北省张家口市怀来县沙城镇，被告天安保险公司的住所地为张家口市怀来县沙城镇燕京路东108号，保险事故发生地为北京市朝阳区机场高速公路上，被保险车辆行驶证记载所有人的住址为北京市东城区工体北路新中西街8号。

※争议焦点：行使代位求偿权时，应当依据哪个合同法律关系确定管辖？

※裁判结果：北京市东城区人民法院生效裁判认为：根据《中华人民共和国保险法》第六十条的规定，保险人代位求偿权源于法律的直接规定，属于保险人的法定权利，并非基于保险合同而产生的约定权利。因第三者对保险标的的损害造成保险事故，保险人向被保险人赔偿保险金后，代位行使被保险人对第三者请求赔偿的权利而提起诉讼的，应根据保险人所代位的被保险人与第三者之间的法律关系确定管辖法院。第三者侵害被保险人合法权益，因侵权行为提起的诉讼，依据《中

[1] 最高人民法院指导案例25号，最高人民法院审判委员会讨论通过，2014年1月26日发布。

华人民共和国民事诉讼法》第二十八条[1]的规定，由侵权行为地或者被告住所地人民法院管辖，而不适用财产保险合同纠纷管辖的规定，不应以保险标的物所在地作为管辖依据。本案中，保险人行使代位权起诉第三者的，应当由侵权行为地或者被告住所地人民法院管辖。现二被告的住所地及侵权行为地均不在北京市东城区，故北京市东城区人民法院对该起诉没有管辖权，应裁定不予受理。

第二十六条 【票据纠纷管辖】 因票据纠纷提起的诉讼，由票据支付地或者被告住所地人民法院管辖。

条文解读

本条是关于因票据纠纷提起的诉讼管辖的规定。

票据是指由出票人签发的、无条件约定自己或者要求他人支付一定金额的有价证据。票据纠纷是指票据的出票人、承兑人、收款人和背书人之间因票据的签发、承兑、转让、贴现等而发生的纠纷。所有的票据权利与票据义务指向的对象都是票据上记载金额的支付，因此票据支付地和被告住所地人民法院都可管辖因票据纠纷提起的诉讼。票据支付地是指票据上载明的付款地。如果票据上没有载明付款地，那么就以票据付款人（包括代理付款人）的住所地或主营业场所所在地为票据付款地。

关联法规索引

《最高人民法院关于审理票据纠纷案件若干问题的规定》第6、7条

第二十七条 【公司诉讼管辖】 因公司设立、确认股东资格、分配利润、解散等纠纷提起的诉讼，由公司住所地人民法院管辖。

〔1〕 2021年《民事诉讼法》第29条。

条文解读

本条是关于公司诉讼管辖的规定。

随着我国市场经济的发展,公司已经成为市场经济的重要主体。2005 年修订后的《公司法》赋予公司法律关系主体大量的诉权,随之而来的是实践中有关公司纠纷的快速增加。在处理公司纠纷时,人民法院通常要调阅公司的注册登记资料及其他与争议有关的档案资料、公司财务会计资料、公司会议决议等。可见,不论公司作为原告还是被告,由该公司住所地人民法院管辖显然更加方便诉讼,更能提高诉讼效率。因此,本条改变了以往公司诉讼一律适用一般地域管辖的规定,将公司设立、确认股东资格、分配利润、解散等纠纷案件交由公司住所地人民法院管辖。这里的“公司住所地”指的是主要办事机构所在地。

配套法规及解读

《最高人民法院关于适用〈中华人民共和国民事诉讼法〉的解释》(2022 年 4 月 1 日)

第二十二条 因股东名册记载、请求变更公司登记、股东知情权、公司决议、公司合并、公司分立、公司减资、公司增资等纠纷提起的诉讼,依照民事诉讼法第二十七条规定确定管辖。

※法规解读:本条是关于公司诉讼管辖的补充规定,进一步明确了《民事诉讼法》第 27 条规定的公司诉讼案件的范围。

关联法规索引

《公司法》第 74、180、182 条

第二十八条 【运输合同纠纷管辖】 因铁路、公路、水上、航空运输和联合运输合同纠纷提起的诉讼,由运输始发地、目的地或者被告住所地人民法院管辖。

条文解读

本条是关于因铁路、公路、水上、航空运输和联合运输合同纠纷提起的诉讼管辖的规定。

运输合同包括客运合同和货运合同两大类。客运合同,是指承运人与旅客关于承运人将旅客及其行李安全运送到目的地,旅客为此支付运费的合同。货运合同,是指承运人将托运人交付的货物运送到指定的地点,托运人为此支付运费的合同。因铁路、公路、水上、航空运输和联合运输合同纠纷提起的诉讼,由运输始发地、目的地或者被告住所地人民法院管辖。运输的始发地,是指旅客或者货物的最初出发地。运输的目的地是指旅客或者货物的最终到达地。

关联法规索引

《海事诉讼特别程序法》第6条

第二十九条 【侵权纠纷管辖】因侵权行为提起的诉讼,由侵权行为地或者被告住所地人民法院管辖。

条文解读

本条是关于因侵权行为提起的诉讼管辖的规定。

侵权行为,是指加害人不法侵害他人财产权利和人身权利的行为。依据本条规定,侵权争议由侵权行为地或被告住所地人民法院管辖。侵权行为地包括侵害行为实施地和侵权结果发生地。如果侵权行为实施地、侵权结果发生地和被告住所地不在同一人民法院辖区时,几个人民法院都有管辖权。相关司法解释中对一些特殊类型侵权纠纷案件的管辖作了规定。例如,因产品质量不合格造成他人财产人身损害提起诉讼的,产品制造地、侵权行为地和被告人住所地的人民法院都有管辖权。因侵犯注册商标专用权行为提起的民事诉讼,由侵权行为的实施地、侵权商品的储藏地或者查封扣押地、被告住所地人民法院管辖。涉及计算机网络著作权的侵权纠纷案件,由侵权行为地或者被告住所地人民法院管辖。侵权行为地包括实施被诉侵权行为的网络服务器、计算机终端等设备所在地。对难以确定侵权行为地和被告住所地的，原告发现侵权内容的计算机终端等设备所在地可以视为侵权行为地。涉及计算机网络域名的侵权纠纷案件，由侵权行为地或者被告住所地人民法院管辖。对难以确定侵权行为地和被告住所地的，原告发现该域名计算机终端等设备所在地可以视为侵权行为地。

配套法规及解读

《最高人民法院关于适用〈中华人民共和国民事诉讼法〉的解释》（2022 年 4 月 1 日）

第二十四条 民事诉讼法第二十九条规定的侵权行为地，包括侵权行为实施地、侵权结果发生地。

第二十五条 信息网络侵权行为实施地包括实施被诉侵权行为的计算机等信息设备所在地，侵权结果发生地包括被侵权人住所地。

第二十六条 因产品、服务质量不合格造成他人财产、人身损害提起的诉讼，产品制造地、产品销售地、服务提供地、侵权行为地和被告住所地人民法院都有管辖权。

第二十七条 当事人申请诉前保全后没有在法定期间起诉或者申请仲裁，给被申请人、利害关系人造成损失引起的诉讼，由采取保全措施的人民法院管辖。

当事人申请诉前保全后在法定期间内起诉或者申请仲裁，被申请人、利害关系人因保全受到损失提起的诉讼，由受理起诉的人民法院或者采取保全措施的人民法院管辖。

※法规解读：上述条文是关于侵权行为纠纷诉讼管辖的补充规定。第 24 条是对“侵权行为地”的解释。第 25 条针对信息网络侵权行为的特殊性，对其侵权行为地的确定作了补充规定。考虑到产品质量诉讼案件审理的需要，第 26 条增加规定了产品制造地、产品销售地、服务提供地、侵权行为地和被告住所地法院的管辖权。第 27 条针对因诉前保全措施给被申请人、利害关系人造成损失而提起的诉讼，如何确定管辖权作了规定。

关联法规索引

《海事诉讼特别程序法》第 6 条；《最高人民法院关于审理侵害信息网络传播

权民事纠纷案件适用法律若干问题的规定》第15条;《最高人民法院关于审理利用信息网络侵害人身权益民事纠纷案件适用法律若干问题的规定》第2条

第三十条 【交通事故管辖】因铁路、公路、水上和航空事故请求损害赔偿提起的诉讼,由事故发生地或者车辆、船舶最先到达地、航空器最先降落地或者被告住所地人民法院管辖。

条文解读

本条是关于因铁路、公路、水上和航空事故请求损害赔偿提起的诉讼管辖的规定。

依据本条规定,因铁路、公路、水上和航空事故请求损害赔偿提起的诉讼,由事故发生地或者车辆、船舶最先到达地、航空器最先降落地或者被告住所地人民法院管辖。最先到达地是指车辆、船舶最先到达的车站、港口,最先降落地是指航空器第一次降落的机场或其他地点,或者坠毁的地点。这样规定,有利于人民法院查明事故发生的原因、造成损害的程度和应当承担的民事责任的情况,以便及时审理和进行赔偿。

关联法规索引

《海事诉讼特别程序法》第6条

第三十一条 【海损事故管辖】因船舶碰撞或者其他海事损害事故请求损害赔偿提起的诉讼,由碰撞发生地、碰撞船舶最先到达地、加害船舶被扣留地或者被告住所地人民法院管辖。

条文解读

本条是关于因船舶碰撞或者其他海事损害事故赔偿提起的诉讼管辖的规定。

本条所指的船舶碰撞是指船舶在航行过程中因接触和碰撞而造成的损害事

故。其他海损事故是指船舶在航行中因触礁、触岸、失火、爆炸、沉没等造成的事故。因船舶碰撞或者其他海事损害事故请求损害赔偿提起的诉讼,以下四个地方的人民法院都有管辖权:(1)碰撞发生地,即船舶碰撞的侵权行为发生的具体地点。(2)碰撞船舶最先到达地,即船舶碰撞事故发生后,受害船舶最先到达的港口所在地。(3)加害船舶被扣留地,即加害船舶实施侵权行为后继续航行,后被有关机关扣留的具体地点。(4)被告住所地,一般是加害船舶的船籍所在地,即该船舶进行登记,获得航行权的具体港口。本条规定充分考虑了这类案件的特殊性,既有利于当事人根据案件的具体情况选择其中一个人民法院提起诉讼,也有利于人民法院对案件的审理和判决的执行。在我国,船舶碰撞或者其他海事损害事故赔偿提起的诉讼由海事法院专门管辖。

关联法规索引

《海事诉讼特别程序法》第6条;《最高人民法院关于海事法院受理案件范围的规定》

第三十二条 【海难救助费用管辖】因海难救助费用提起的诉讼,由救助地或者被救助船舶最先到达地人民法院管辖。

条文解读

本条是关于因海难救助费用提起的诉讼管辖的规定。

海难救助,是指对海上遇难的船舶及所载的人员或者货物给予援救。实施海难救助的可能是从事救助的专业单位,也可能是邻近或者经过的船舶。救助活动完成后,救助人有权根据救助的事实和效果要求被救助方支付救助费用,即海难救助费用。对此双方可能出现纠纷,这类因海难救助费用提起的诉讼,由救助地或者被救助船舶最先到达地人民法院管辖。救助地,即实施救助行为或者救助结果发生地。被救助船舶最先到达地,即被救助船舶经营救脱险后的最初到达地。我国民事诉讼法的这一规定也符合国际通例。

关联法规索引

《最高人民法院关于适用〈中华人民共和国海事诉讼特别程序法〉若干问题的解释》第9条

第三十三条 【共同海损管辖】 因共同海损提起的诉讼，由船舶最先到达地、共同海损理算地或者航程终止地的人民法院管辖。

条文解读

本条是关于因共同海损提起的诉讼管辖的规定。

共同海损，是指海上运输中，船舶以及所载的货物遭遇海难等意外事故时，为了避免共同危险而有意地、合理地作出特殊的物质牺牲和支付的特殊费用。例如，为灭火而引海水入舱。共同海损所作出的物质牺牲和支付的特殊费用经过清算，由有关各方按比例分担。如果共同海损的全体受益人对是否构成共同海损以及因共同海损所作出的物质牺牲和所支付的特殊费用的分担比例等问题发生争议而诉诸人民法院，就是共同海损诉讼。因共同海损提起的诉讼，由船舶最先到达地、共同海损理算地或者航程终止地的人民法院管辖。船舶最先到达地，是遇难船舶继续航行后最初到达的港口所在地。共同海损理算地，是处理共同海损损失、理算共同海损费用的工作机构所在地。航程终止地，是发生共同海损船舶的航程终点。

第三十四条 【专属管辖】 下列案件，由本条规定的人民法院专属管辖：

（一）因不动产纠纷提起的诉讼，由不动产所在地人民法院管辖；

（二）因港口作业中发生纠纷提起的诉讼，由港口所在地人民法院管辖；

（三）因继承遗产纠纷提起的诉讼，由被继承人死亡时住所地或者主要遗产所在地人民法院管辖。

条文解读

本条是关于专属管辖的规定。

专属管辖,是指法律规定某些特殊类型的案件专门由特定的人民法院管辖。专属管辖具有管辖上的排他性。按照本条规定,民事诉讼法规定的专属管辖适用于以下三类诉讼:(1)因不动产纠纷提起的诉讼,由不动产所在地人民法院管辖。不动产一般是指不能移动或移动后会降低乃至丧失其价值的财产,如土地及土地上的建筑物、河流、滩涂。不动产纠纷诉讼通常需要进行勘验,由不动产所在地人民法院管辖既便于对案件的审理,也便于对不动产进行保全和执行。不动产中的土地是国家领土的组成部分,关系到国家主权,因此,将不动产纠纷提起的诉讼规定为专属管辖,是各国民事诉讼法通行的做法。(2)因港口作业中发生纠纷提起的诉讼,由港口所在地人民法院管辖。在港口作业中,因装卸、驳运等发生的纠纷和因违章作业等行为损坏港口设施或造成其他人身、财产的损害引起的侵权纠纷,都由港口所在地人民法院管辖。(3)因继承遗产纠纷提起的诉讼,由被继承人死亡时住所地或者主要遗产所在地人民法院管辖。遗产既有动产也有不动产,一般以不动产所在地作为主要遗产地。动产有多项的,则以价值高的动产所在地为主要遗产地。由被继承人死亡时住所地或者主要遗产所在地人民法院管辖,便于人民法院查明被继承人、继承人和遗产的有关情况,有利于人民法院对案件作出正确的处理。

配套法规及解读

《最高人民法院关于适用〈中华人民共和国民事诉讼法〉的解释》(2022 年 4 月 1 日)

第二十八条 民事诉讼法第三十四条第一项规定的不动产纠纷是指因不动产的权利确认、分割、相邻关系等引起的物权纠纷。

农村土地承包经营合同纠纷、房屋租赁合同纠纷、建设工程施工合同纠纷、政策性房屋买卖合同纠纷,按照不动产纠纷确定管辖。

不动产已登记的,以不动产登记簿记载的所在地为不动产所在地;不动产未登记的,以不动产实际所在地为不动产所在地。

※法规解读:本条是对不动产纠纷专属管辖规定的进一步细化,解释了不动产

纠纷的含义，即不动产纠纷是指因不动产的权利确认、分割、相邻关系等引起的物权纠纷。与不动产密切相关的农村土地承包经营合同纠纷、房屋租赁合同纠纷、建设工程施工合同纠纷、政策性房屋买卖合同纠纷也按照不动产纠纷确定管辖，明确了如何确定不动产所在地，以减少管辖争议和异议。

关联法规索引

《海事诉讼特别程序法》第 7 条

第三十五条 【协议管辖】合同或者其他财产权益纠纷的当事人可以书面协议选择被告住所地、合同履行地、合同签订地、原告住所地、标的物所在地等与争议有实际联系的地点的人民法院管辖，但不得违反本法对级别管辖和专属管辖的规定。

条文解读

本条是关于协议管辖的规定。

2012 年《民事诉讼法》扩大了协议管辖的适用范围，除“合同”纠纷外还包括“其他财产权益纠纷”；扩大了协议选择管辖法院的范围，当事人可选择“与争议有实际联系的地点”的人民法院管辖。

协议管辖又称合意管辖或约定管辖，是指双方当事人在民事纠纷发生前或发生后，以书面方式约定管辖法院。协议管辖的规定体现了对当事人处分权的尊重。依据本条规定，协议管辖须具备以下几个条件：(1)协议管辖案件只适用于合同纠纷或者其他财产权益纠纷，人身权益纠纷不得适用协议管辖。(2)协议管辖必须采用书面形式，口头约定无效。(3)当事人必须在法律规定的范围内选择管辖法院。包括被告住所地、合同履行地、合同签订地、原告住所地、标的物所在地等与争议有实际联系的地点。(4)当事人选择人民法院时，不得违反本法对级别管辖和专属管辖的规定。当事人在协议时，只能约定第一审人民法院的地域管辖，不得约定变更级别管辖，也不得违反专属管辖的规定，否则将造成管辖的混乱。

配套法规及解读

《最高人民法院关于适用〈中华人民共和国民事诉讼法〉的解释》(2022年4月1日)

第二十九条 民事诉讼法第三十五条规定的书面协议,包括书面合同中的协议管辖条款或者诉讼前以书面形式达成的选择管辖的协议。

第三十条 根据管辖协议,起诉时能够确定管辖法院的,从其约定;不能确定的,依照民事诉讼法的相关规定确定管辖。

管辖协议约定两个以上与争议有实际联系的地点的人民法院管辖,原告可以向其中一个人民法院起诉。

第三十一条 经营者使用格式条款与消费者订立管辖协议,未采取合理方式提请消费者注意,消费者主张管辖协议无效的,人民法院应予支持。

第三十二条 管辖协议约定由一方当事人住所地人民法院管辖,协议签订后当事人住所地变更的,由签订管辖协议时的住所地人民法院管辖,但当事人另有约定的除外。

第三十三条 合同转让的,合同的管辖协议对合同受让人有效,但转让时受让人不知道有管辖协议,或者转让协议另有约定且原合同相对人同意的除外。

第三十四条 当事人因同居或者在解除婚姻、收养关系后发生财产争议,约定管辖的,可以适用民事诉讼法第三十五条规定确定管辖。

※法规解读:上述条文对协议管辖进行了细化规定,确定当事人书面管辖协议既包括合同中的协议管辖条款,也包括诉讼前达成的选择管辖的协议。同时,明确了几种特殊情况下管辖协议的处理,包括管辖协议约定不明确或约定了两个以上的管辖法院,格式条款中的管辖协议,协议签订后当事人住所地变更,合同转让及因同居或者在解除婚姻、收养关系后发生财产争议的约定管辖。

典型案例

天猫管辖协议被认定无效[1]

※案情简介:家住北京市海淀区的黄某在天猫商城某网店购买的商品出现了

〔1〕 载《人民法院报》2015年3月19日。

质量问题,便将该网店及天猫公司诉至北京市海淀区人民法院(以下简称海淀法院)。海淀法院受理该案后,收到了天猫公司提交的管辖权异议。天猫公司认为,所有消费者在天猫购物都必须注册淘宝账户,注册淘宝账户时会显示《淘宝服务协议》,消费者须点击“同意协议并注册”,方能注册该账户。《淘宝服务协议》中约定“您与淘宝平台的经营者均同意以被告住所地人民法院为第一审管辖法院”,故天猫公司认为本案存在其与消费者的管辖权协议,应适用协议管辖,因其所在地为浙江省杭州市余杭区,故应将案件移送到浙江省杭州市余杭区人民法院审理。

※争议焦点:如何认定协议管辖是否采取了合理方式提请消费者注意?

※裁判结果:海淀法院审理后认为,2015年2月4日起施行的《最高人民法院关于适用〈中华人民共和国民事诉讼法〉的解释》(以下简称民诉法解释)第三十一条规定:“经营者使用格式条款与消费者订立管辖协议,未采取合理方式提请消费者注意,消费者主张管辖协议无效的,人民法院应予支持。”本案中,天猫公司提供的“同意协议并注册”选项,直接默认原告对《淘宝服务协议》的内容予以认可,在点击该选项时,“协议管辖”内容未予明示,须另点击《淘宝服务协议》查阅,而《淘宝服务协议》内容繁多,“协议管辖”条款夹杂在大量的烦琐资讯中。

海淀法院认为,民诉法解释中的“采取合理方式提请消费者注意”,应指在通常情况下,以明确且显而易见的方式使一般民事主体可以正常获悉与其权益密切相关的信息。就本案而言,天猫公司以以上方式提供的管辖协议,未能达到上述标准。《中华人民共和国合同法》第四十条规定“提供格式条款一方免除其责任、加重对方责任、排除对方主要权利的,该条款无效”[1]。就网络购物而言,原告及大多数消费者所购商品通常价格不高,其住所地或合同履行地与天猫公司所在地相距甚远,如该管辖条款有效,消费者将额外负担相较于商品价格明显过高的差旅费用及时间成本,甚至阻却消费者合理的权利诉求。综上,海淀法院认定天猫公司提供的管辖协议无效。

---

〔1〕 现为《民法典》第497条第2项:提供格式条款一方不合理地免除或者减轻其责任、加重对方责任、限制对方主要权利。

第三十六条 【共同管辖】 两个以上人民法院都有管辖权的诉讼，原告可以向其中一个人民法院起诉；原告向两个以上有管辖权的人民法院起诉的，由最先立案的人民法院管辖。

条文解读

本条是关于共同管辖与选择管辖的规定。

两个以上人民法院都有管辖权即共同管辖。在共同管辖的情况下，原告可以从中选择一个提起诉讼，即为选择管辖。共同管辖与选择管辖其实是一个问题的两个方面，从人民法院的角度是共同管辖，从当事人的角度则是选择管辖。选择管辖体现了将选择管辖的权利赋予当事人的立法精神，方便当事人诉讼。因此，当原告选定了一个有管辖的人民法院进行起诉后，该人民法院应当尊重当事人的选择，不得将案件移送到另一个有管辖权的人民法院。对原告来说，对共同管辖的诉讼，只能作单一选择。但在实践中有可能出现原告先后向有管辖权的几个人民法院提起诉讼的情形，也有可能出现同一纠纷的双方当事人选择不同的有管辖权的人民法院提起诉讼的情形。为解决上述情形下如何确定管辖的问题，本条特别规定原告向两个以上有管辖权的人民法院起诉的，由最先立案的人民法院管辖。这一规定将人民法院立案时间作为确定管辖的标准，避免了人民法院在受理诉讼时互相推诿或者争抢管辖权。人民法院在立案前发现其他有管辖权的人民法院已先立案的，不得重复立案。

配套法规及解读

《最高人民法院关于适用〈中华人民共和国民事诉讼法〉的解释》(2022 年 4 月 1 日)

第三十六条 两个以上人民法院都有管辖权的诉讼，先立案的人民法院不得将案件移送给另一个有管辖权的人民法院。人民法院在立案前发现其他有管辖权的人民法院已先立案的，不得重复立案；立案后发现其他有管辖权的人民法院已先立案的，裁定将案件移送给先立案的人民法院。

※法规解读： 这一条文是对共同管辖的细化规定，明确了共同管辖的情况下，

先立案的法院有管辖权,不得再将案件移送。有管辖权的法院已经先立案的,其他有管辖权的法院不能重复立案。但如果是已经立案了才发现其他有管辖权法院先立案的,应当将案件移送给先立案的法院。本条规定可以防止有管辖权的人民法院之间争抢或推诿民事案件。

第三节　移送管辖和指定管辖

第三十七条　【移送管辖】人民法院发现受理的案件不属于本院管辖的,应当移送有管辖权的人民法院,受移送的人民法院应当受理。受移送的人民法院认为受移送的案件依照规定不属于本院管辖的,应当报请上级人民法院指定管辖,不得再自行移送。

条文解读

本条是关于移送管辖的规定。

移送管辖是指人民法院在受理民事案件后,发现自己对案件并无管辖权,依法将案件移送给有管辖权的人民法院审理。移送管辖只是案件的移送,而不是管辖权的移动。移送管辖通常发生在同级人民法院之间,用来纠正地域管辖的错误,但有时也发生在上下级人民法院之间。依照本条规定,移送管辖必须具备以下三个条件:(1)人民法院已经受理案件。对当事人的起诉,人民法院如果尚未受理,可以裁定驳回起诉或者告诉当事人向有管辖权的人民法院起诉,不发生移送问题。只有在人民法院受理后发现案件不属于自己管辖的才涉及移送管辖。(2)移送的人民法院对案件无管辖权。管辖权是人民法院对案件行使审判权的前提,没有管辖权,就不能对案件进行审理和裁判。相反,人民法院受理了自己有管辖权的案件,也不允许将该案件移送至其他人民法院。(3)受移送的人民法院对案件有管辖权。移送的目的在于使民事诉讼法关于管辖的规定得到正确的执行,所以只能将案件移送至有管辖权的人民法院,受移送的人民法院应当受理。受移送的人民法院认为受移送的案件依照规定不属于本院管辖的,即出现了管辖权争议,应当报请共同的上级人民法院指定管辖,不得再自行移送。

配套法规及解读

《最高人民法院关于适用〈中华人民共和国民事诉讼法〉的解释》(2022 年 4 月 1 日)

第三十七条 案件受理后,受诉人民法院的管辖权不受当事人住所地、经常居住地变更的影响。

第三十八条 有管辖权的人民法院受理案件后,不得以行政区域变更为由,将案件移送给变更后有管辖权的人民法院。判决后的上诉案件和依审判监督程序提审的案件,由原审人民法院的上级人民法院进行审判;上级人民法院指令再审、发回重审的案件,由原审人民法院再审或者重审。

第三十九条 人民法院对管辖异议审查后确定有管辖权的,不因当事人提起反诉、增加或者变更诉讼请求等改变管辖,但违反级别管辖、专属管辖规定的除外。

人民法院发回重审或者按第一审程序再审的案件,当事人提出管辖异议的,人民法院不予审查。

※法规解读:上述条文规定了管辖恒定的原则,即确定案件的管辖权,以起诉时为标准。起诉时对案件有管辖权的人民法院,不因确定管辖的事实在诉讼中发生变化而影响其管辖权。该原则同样也适用于上诉案件和再审案件管辖法院的确定。人民法院对案件的管辖权也不因当事人提起反诉、增加或者变更诉讼请求等发生改变,但违反级别管辖、专属管辖规定的除外。此外,第 39 条第 2 款还明确了人民法院发回重审或者按第一审程序再审的案件,当事人无权提出管辖异议。

关联法规索引

《最高人民法院关于审理民事级别管辖异议案件若干问题的规定》第 1、3、7 条

第三十八条 【指定管辖】 有管辖权的人民法院由于特殊原因,不能行使管辖权的,由上级人民法院指定管辖。

人民法院之间因管辖权发生争议,由争议双方协商解决;协商解决不了的,报请它们的共同上级人民法院指定管辖。

条文解读

本条共有 2 款，是关于指定管辖的规定。

本条第 1 款规定有管辖权的人民法院由于特殊原因，不能行使管辖权的，由上级人民法院指定管辖。指定管辖，是指上级法院以裁定的方式指定其辖区内的下级人民法院对某一民事案件行使管辖权。本款规定的指定管辖适用的前提是该人民法院有管辖权，但是由于特殊原因，不能行使管辖权。特殊原因包括人民法院的全体法官均须回避，该人民法院因为法律上的原因无法行使管辖权，或者该人民法院所在地发生了严重的自然灾害，因为事实上的原因无法行使管辖权。

本条第 2 款规定的指定管辖适用于人民法院之间因管辖权发生争议，争议双方协商解决不了的情形。人民法院之间的管辖争议，可能是争夺案件的管辖权，也可能是都不愿意受理该案件。不论什么原因引起的争议，通常由双方通过协商加以解决，但如果通过协商仍解决不了，就应当报请它们的共同上级人民法院指定管辖。在报请上级人民法院指定管辖时，应当逐级进行。

配套法规及解读

《最高人民法院关于适用〈中华人民共和国民事诉讼法〉的解释》(2022 年 4 月 1 日)

第四十条 依照民事诉讼法第三十八条第二款规定，发生管辖权争议的两个人民法院因协商不成报请它们的共同上级人民法院指定管辖时，双方为同属一个地、市辖区的基层人民法院的，由该地、市的中级人民法院及时指定管辖；同属一个省、自治区、直辖市的两个人民法院的，由该省、自治区、直辖市的高级人民法院及时指定管辖；双方为跨省、自治区、直辖市的人民法院，高级人民法院协商不成的，由最高人民法院及时指定管辖。

依照前款规定报请上级人民法院指定管辖时，应当逐级进行。

第四十一条 人民法院依照民事诉讼法第三十八条第二款规定指定管辖的，应当作出裁定。

对报请上级人民法院指定管辖的案件，下级人民法院应当中止审理。指定管辖裁定作出前，下级人民法院对案件作出判决、裁定的，上级人民法院应当在裁定指定管辖的同时，一并撤销下级人民法院的判决、裁定。

※法规解读：上述条文是对指定管辖的具体细化。其中，第 40 条明确了发生管辖权争议时如何报请共同的上级人民法院指定管辖，并明确了应当逐级上报。第 41 条明确了因管辖权争议而指定管辖的，应当作出书面裁定。报请上级人民法院指定管辖期间，下级人民法院应当中止审理，不得对案件作出裁判，否则上级人民法院在裁定指定管辖的同时一并撤销该裁判。

第三十九条 【管辖权转移】上级人民法院有权审理下级人民法院管辖的第一审民事案件；确有必要将本院管辖的第一审民事案件交下级人民法院审理的，应当报请其上级人民法院批准。

下级人民法院对它所管辖的第一审民事案件，认为需要由上级人民法院审理的，可以报请上级人民法院审理。

条文解读

本条共有 2 款，是关于管辖权转移的规定。

管辖权的转移，是指经上级人民法院决定或者同意，将某个具体案件的管辖权从原来有管辖权的人民法院转移至无管辖权的人民法院，使无管辖权的人民法院因此而取得管辖权。管辖权转移在上下级人民法院之间进行，是对级别管辖的变通和个别调整。

本条第 1 款规定了上级人民法院有权审理下级人民法院管辖的第一审民事案件，即上级人民法院认为下级人民法院管辖的第一审案件由自己审理更好，或者由下级人民法院审理会有很大困难，可以决定将案件调上来自己审理。这种“向上移”只需要上级人民法院作出决定，案件的管辖权就会发生转移。管辖权的转移还包括“向下移”，即上级人民法院将自己有管辖权的案件交给下级人民法院审理。2012 年《民事诉讼法》将上级人民法院“也可以把本院管辖的第一审民事案件交下级人民法院审理”的规定修改为“确有必要将本院管辖的第一审民事案件交下级人民法院审理的，应当报请其上级人民法院批准”，从而严格限制了管辖权向下转移。这是因为管辖权向下转移实际上是把按照法定标准已被认定为重要的应由上级人民法院审理的案件重新交给下级人民法院审理，这样做不仅会给规避级别管辖留下可乘之机，还会弱化程序保障和损害当事人的利益，因此应当尽量避免。然而实践中，民事案件的情况十分复杂，有的案件如破产程序中的衍生诉讼案件，交下级人民法院审理更有利于当事人参加诉讼，节约诉讼资源。因此，本条对管辖权的向下转移作了严格限制，在适用情形上限定为“确有必要”，在适用程序上增加报批手续。如此，既能保证案件获得公正审理，又为当事人提供了便利。

本条第2款规定了下级人民法院对它所管辖的第一审民事案件，认为需要由上级人民法院审理的，可以报请上级人民法院审理。这种向上转移，必须报经上级人民法院同意以后，案件的管辖权才会发生转移。管辖权向上转移是必要的，如下级人民法院遇到当事人一方是本院的法官或者当地党政军负责人，或者遇到如何适用法律不甚清楚的新型案件等，向上转移管辖权，有利于案件的公正处理。

配套法规及解读

《最高人民法院关于适用〈中华人民共和国民事诉讼法〉的解释》(2022年4月1日)

第四十二条 下列第一审民事案件，人民法院依照民事诉讼法第三十九条第一款规定，可以在开庭前交下级人民法院审理：

(一)破产程序中有关债务人的诉讼案件；

(二)当事人人数众多且不方便诉讼的案件；

(三)最高人民法院确定的其他类型案件。

人民法院交下级人民法院审理前，应当报请其上级人民法院批准。上级人民法院批准后，人民法院应当裁定将案件交下级人民法院审理。

※法规解读：本条是对指定管辖权向下转移的具体细化。上级人民法院将自己有管辖权的案件交给下级人民法院审理，必须符合“确有必要”的要求，本条将这一要求细化为三类案件，并且强调在程序保障方面，必须先得到上级人民法院的批准后，才能将案件交下级人民法院审理。

关联法规索引

《最高人民法院关于案件级别管辖几个问题的批复》三

第三章　审 判 组 织

本章介绍

审判组织是指人民法院审理民事案件的组织形式。人民法院的审判组织形式包括合议制和独任制两种。合议制度是民主集中制原则在民事审判中的体现，是指人民法院审理民事案件时，由3名以上的审判人员组成合议庭，代表人民法院行使审判权，对具体案件进行审理并作出判决的制度。独任制是指由一名审判员对案件进行审理并作出判决的制度。民事诉讼法规定了合议制与独任制，可以适应不同情况民事案件的审理。本章具体规定了人民法院审理第一审、第二审民事案件，发回重审和再审案件的审判组织，审判长的确定，合议庭评议原则和审判人员依法办案的要求。2021年《民事诉讼法》扩大了独任制的适用范围，同时明确了不适用独任制的负面清单以及独任制向合议制的转换。

第四十条　【一审审判组织】 人民法院审理第一审民事案件，由审判员、陪审员共同组成合议庭或者由审判员组成合议庭。合议庭的成员人数，必须是单数。

适用简易程序审理的民事案件，由审判员一人独任审理。基层人民法院审理的基本事实清楚、权利义务关系明确的第一审民事案件，可以由审判员一人适用普通程序独任审理。

陪审员在执行陪审职务时，与审判员有同等的权利义务。

条文解读

本条共有3款，是关于人民法院审理第一审民事案件的审判组织和人民陪审员权利的规定。

本条第1款规定了合议制，人民法院审理第一审民事案件，由审判员、陪审员共同组成合议庭。合议庭有两种组成形式：一种是由审判员和人民陪审员共同组成。根据案件具体情形组成三人合议庭或七人合议庭。另一种是由审判员组成合议庭。具体案件中采取哪种形式，人民法院可以根据民事案件的具体情况和审判实践的需要灵活掌握。无论采取哪种形式的合议庭，成员人数必须是单数，避免表决时陷入僵局。

本条第 2 款规定了独任制适用简易程序审理的民事案件，由审判员一人独任审理。独任制是由一名审判员代表人民法院对民事案件进行审理和裁判的制度。2021 年《民事诉讼法》扩大了独任制的适用范围，解除独任制与简易程序的严格绑定，推动独任制形式与审理程序灵活精准匹配。对于基层人民法院审理的"基本事实清楚、权利义务关系明确"的第一审民事案件，可以由审判员一人适用普通程序独任审理，如此规定契合民事诉讼的审判规律，适应基层人民法院案件类型多元的工作实际。

本条第 3 款规定了陪审员在执行陪审职务时的权利义务与审判员相同。

配套法规及解读

《最高人民法院关于人民法院合议庭工作的若干规定》(2002 年 8 月 12 日)

第三条 合议庭组成人员确定后，除因回避或者其他特殊情况，不能继续参加案件审理的之外，不得在案件审理过程中更换。更换合议庭成员，应当报请院长或者庭长决定。合议庭成员的更换情况应当及时通知诉讼当事人。

※法规解读：为了保障审判工作顺利进行，合议庭组成人员确定后不能随意更换。如果有回避或者其他特殊情况，合议庭的人员不能继续参加案件审理的，应当报请院长或者庭长决定，并将合议庭成员的更换情况及时通知诉讼当事人。

《人民陪审员法》(2018 年 4 月 27 日)

第十四条 人民陪审员和法官组成合议庭审判案件，由法官担任审判长，可以组成三人合议庭，也可以由法官三人与人民陪审员四人组成七人合议庭。

第十五条 人民法院审判第一审刑事、民事、行政案件，有下列情形之一的，由人民陪审员和法官组成合议庭进行：

(一)涉及群体利益、公共利益的；

(二)人民群众广泛关注或者其他社会影响较大的；

(三)案情复杂或者有其他情形，需要由人民陪审员参加审判的。

人民法院审判前款规定的案件，法律规定由法官独任审理或者由法官组成合议庭审理的，从其规定。

第十六条 人民法院审判下列第一审案件，由人民陪审员和法官组成七人合议庭进行：

（一）可能判处十年以上有期徒刑、无期徒刑、死刑，社会影响重大的刑事案件；

（二）根据民事诉讼法、行政诉讼法提起的公益诉讼案件；

（三）涉及征地拆迁、生态环境保护、食品药品安全，社会影响重大的案件；

（四）其他社会影响重大的案件。

※法规解读：上述条文明确了人民陪审员制度的适用。人民陪审员与法官可以组成三人合议庭和七人合议庭，三人合议庭由法官一人和人民陪审员两人组成，七人合议庭由法官三人和人民陪审员四人组成。通过第15、16条两个条文分别规定了适用三人合议庭和七人合议庭的情形。需要注意的是，如果该案件是法律规定由法官独任审理或者由法官组成合议庭审理的，则不能由人民陪审员和法官组成合议庭审理。

第二十一条 人民陪审员参加三人合议庭审判案件，对事实认定、法律适用，独立发表意见，行使表决权。

第二十二条 人民陪审员参加七人合议庭审判案件，对事实认定，独立发表意见，并与法官共同表决；对法律适用，可以发表意见，但不参加表决。

第二十三条 合议庭评议案件，实行少数服从多数的原则。人民陪审员同合议庭其他组成人员意见分歧的，应当将其意见写入笔录。

※法规解读：上述条文规定了人民陪审员的权利、义务与合议庭的表决方式。人民陪审员的权利与义务在三人合议庭和七人合议庭中有所不同：在三人合议庭审判案件时，人民陪审员对事实认定、法律适用都可独立发表意见，行使表决权；而在七人合议庭中，人民陪审员对法律适用部分仅可以发表意见，不能参加表决。如此设置既能保证案件审判的专业性，又能发挥人民陪审员社会阅历比较丰富、对社情民意比较了解的优势，有助于提升案件的审理效果。

关联法规索引

《人民法院组织法》；《人民陪审员法》；《最高人民法院关于进一步加强合议庭

职责的若干规定》;《最高人民法院关于适用〈中华人民共和国人民陪审员法〉若干问题的解释》

第四十一条 【二审、重审、再审审判组织】 人民法院审理第二审民事案件,由审判员组成合议庭。合议庭的成员人数,必须是单数。

中级人民法院对第一审适用简易程序审结或者不服裁定提起上诉的第二审民事案件,事实清楚、权利义务关系明确的,经双方当事人同意,可以由审判员一人独任审理。

发回重审的案件,原审人民法院应当按照第一审程序另行组成合议庭。

审理再审案件,原来是第一审的,按照第一审程序另行组成合议庭;原来是第二审的或者是上级人民法院提审的,按照第二审程序另行组成合议庭。

条文解读

本条共有4款,是关于人民法院审理第二审民事案件、重审和再审案件审判组织的规定。

根据本条第1款的规定,人民法院审理第二审民事案件,由审判员组成合议庭审理,不能有陪审员参加。这是与第一审人民法院合议庭组成的最大不同之处。这种不同是由第二审程序的任务和特点所决定的。第二审程序不仅是对当事人权利进行救济的程序,而且也担负着纠正一审裁判错误、对下级人民法院实施监督的功能。我国实行两审终审制,第二审程序既是上诉审程序,也是终审程序。因此,为了保证对案件的正确处理,只宜由审判员组成合议庭审理。第二审合议庭的组成人数必须为单数。

本条第2款为2021年《民事诉讼法》新增加的内容,建立了二审独任制审理模式。需要注意的是,独任审理仅拓展到中级人民法院的二审程序,高级人民法院或者最高人民法院的二审程序不能适用独任审判。同时,本条文的适用,还需要经过双方当事人同意,中级人民法院在二审时必须要征得双方当事人的同意方能适用独任审理;没有征求意见或者征求意见时有任何一方当事人不同意的,均不能以独任审判的方式审理二审案件。如此规定可以在合理控制二审独任制适用范围的基础上,推动二审案件繁简分流,防止所有案件“平均用力”,提升司法整体效能,兼顾效率与公正。

本条第3款对重审案件的审判组织作了规定。第二审人民法院对上诉案件，经过审理，认为原判决认定基本事实不清的，或者原判决遗漏当事人或者违法缺席判决等严重违反法定程序的，裁定撤销原判决，发回原审人民法院重审。对于发回重审的案件，原审人民法院应当按照第一审程序审理，其作出的判决属于第一审判决，当事人不服的，有权提起上诉。因此重审案件在程序上等同于第一审案件。本法关于第一审案件合议庭组成的规定都适用于重审案件。

本条第4款对再审案件的审判组织作了规定。再审程序是指人民法院对已经发生法律效力的裁判，在该判决确有错误时，依照法定程序再次进行审理以纠正其错误的审判程序。审理再审案件，原来是第一审的，按照第一审程序另行组成合议庭；原来是第二审的或者是上级人民法院提审的，按照第二审程序另行组成合议庭。再审的合议庭必须另行组成，即原来的审判人员不得再次作为合议庭成员，目的是保证再审的公正性。需要特别注意的是，按第一审程序再审案件，不能适用独任制，必须组成合议庭。

关联法规索引

《最高人民法院关于人民法院合议庭工作的若干规定》第5条

第四十二条 【不适用独任制的案件】 人民法院审理下列民事案件，不得由审判员一人独任审理：

（一）涉及国家利益、社会公共利益的案件；

（二）涉及群体性纠纷，可能影响社会稳定的案件；

（三）人民群众广泛关注或者其他社会影响较大的案件；

（四）属于新类型或者疑难复杂的案件；

（五）法律规定应当组成合议庭审理的案件；

（六）其他不宜由审判员一人独任审理的案件。

条文解读

本条是关于不适用独任制案件的规定。

本条是 2021 年《民事诉讼法》新增的条文，是对独任制适用的制约监督，为其适用设置了“负面清单”。扩大独任制适用范围，是 2021 年《民事诉讼法》的一大亮点，是解决案多人少问题的有力举措。但是如果独任制被滥用，合议制被架空，则无法确保案件审理的质量。因此，本条划定了独任审理的适用边界，列举了六种类型案件不能适用独任制。这六类案件或涉及的利益重大、社会影响重大、案情复杂，或法律对审判组织形式有特殊要求，因而不适宜适用独任制审理。

第四十三条 【独任制转合议制】 人民法院在审理过程中，发现案件不宜由审判员一人独任审理的，应当裁定转由合议庭审理。

当事人认为案件由审判员一人独任审理违反法律规定的，可以向人民法院提出异议。人民法院对当事人提出的异议应当审查，异议成立的，裁定转由合议庭审理；异议不成立的，裁定驳回。

条文解读

本条是 2021 年《民事诉讼法》新增的条文，对独任审理转合议庭审理的途径作了规定。

本条与扩大独任制适用相配套，多维度防止独任制被滥用，以保障程序的合法合理性。第一，明确不得适用独任制的六类案件，包括：涉及重大利益的案件、影响社会稳定的案件、产生广泛社会影响的案件、新类型或疑难复杂的案件、法律规定应当适用合议制的案件等。第二，保障当事人异议权。当事人认为案件违反独任制适用标准、适用范围，不符合民事诉讼法、人民陪审员法等法律中关于应当适用合议制的有关规定的，可以向人民法院提出异议，强化当事人对独任制适用的制约监督。第三，完善独任制向合议制转换机制。人民法院发现案件存在案情复杂、社会影响较大、法律适用疑难等情形，不宜由审判员一人独任审理的，以及当事人异议成立的，裁定转由合议庭审理。

第四十四条 【审判长】 合议庭的审判长由院长或者庭长指定审判员一人担任；院长或者庭长参加审判的，由院长或者庭长担任。

条文解读

本条是关于审判长的确定的规定。

审判长，是指人民法院在审理具体案件的过程中，主要负责案件审理的法官。审判长的主要职责是主持合议庭的审判工作，指挥法庭的审判活动，如宣布开庭，查明当事人是否到庭，宣布法庭组成人员，告知当事人在审判过程中的各种诉讼权利，主持法庭调查、法庭辩论等活动。审判长不是固定的职务，与其他合议庭成员之间是一种平等的关系，除审理案件的主持权外，其并无特殊的凌驾于其他合议庭成员之上的权力。根据本条的规定，合议庭的审判长由院长或者庭长指定审判员一人担任；院长或者庭长参加审判的，由院长或者庭长担任。可见，人民陪审员不能担任审判长。

第四十五条 【评议原则】合议庭评议案件，实行少数服从多数的原则。评议应当制作笔录，由合议庭成员签名。评议中的不同意见，必须如实记入笔录。

条文解读

本条是关于合议庭评议活动原则的规定。

合议庭是一个审判集体，全体合议庭组成人员地位平等，享有平等的权利。合议庭在评议案件时应当给予各成员充分陈述意见的机会，使评议结果更加公正合理。为体现民主审判，保证案件处理的正确性、公正性，本法规定当合议庭成员意见不一致时，评议案件实行少数服从多数的原则，以多数成员的结论为合议庭的结论。少数成员的观点虽不作为合议庭的结论，但应当如实地记入笔录。评议笔录是对合议庭评议过程的客观记录，由合议庭所有人员审阅确认无误后签名。合议庭评议情况应当保密。审判公开原则要求人民法院审理案件应当公开进行，对审判的过程和审判的结果都应当向当事人和社会公开。但这并不意味着所有的审判活动都必须置于公众的监督之下。为了防止合议庭评议受任何外部力量的干扰，维护司法的权威，合议庭评议一律秘密进行。

配套法规及解读

《最高人民法院关于人民法院合议庭工作的若干规定》(2002年8月12日)

第九条 合议庭评议案件应当在庭审结束后五个工作日内进行。

第十条 合议庭评议案件时,先由承办法官对认定案件事实、证据是否确实、充分以及适用法律等发表意见,审判长最后发表意见;审判长作为承办法官的,由审判长最后发表意见。对案件的裁判结果进行评议时,由审判长最后发表意见。审判长应当根据评议情况总结合议庭评议的结论性意见。

合议庭成员进行评议的时候,应当认真负责,充分陈述意见,独立行使表决权,不得拒绝陈述意见或者仅作同意与否的简单表态。同意他人意见的,也应当提出事实根据和法律依据,进行分析论证。

合议庭成员对评议结果的表决,以口头表决的形式进行。

第十一条 合议庭进行评议的时候,如果意见分歧,应当按多数人的意见作出决定,但是少数人的意见应当写入笔录。

评议笔录由书记员制作,由合议庭的组成人员签名。

第十四条 合议庭一般应当在作出评议结论或者审判委员会作出决定后的五个工作日内制作出裁判文书。

※法规解读:上述条文对合议庭的评议作了细化规定。对合议庭评议案件的时间作了限制,即应当在庭审结束后5个工作日进行。规定了合议庭评议的具体方式,先由承办法官对认定案件事实、证据是否确实、充分以及适用法律等发表意见,审判长最后发表意见;审判长作为承办法官的,由审判长最后发表意见。对案件的裁判结果进行评议时,由审判长最后发表意见。审判长应当根据评议情况总结合议庭评议的结论性意见。合议庭成员进行评议的时候,应当认真负责,充分陈述意见,独立行使表决权,不得拒绝陈述意见或者仅作同意与否的简单表态。同意他人意见的,也应当提出事实根据和法律依据,进行分析论证。合议庭成员对评议结果的表决,以口头表决的形式进行。合议庭进行评议要由书记员制作笔录,将少数人的意见写入笔录,并由合议庭成员签名。合议庭应当在作出评议结论或者审判委员会作出决定后的5个工作日内制作出裁判文书。

关联法规索引

《最高人民法院关于进一步加强合议庭职责的若干规定》

第四十六条 【依法办案】审判人员应当依法秉公办案。

审判人员不得接受当事人及其诉讼代理人请客送礼。

审判人员有贪污受贿，徇私舞弊，枉法裁判行为的，应当追究法律责任；构成犯罪的，依法追究刑事责任。

条文解读

本条共有3款，是关于审判人员依法办案的规定。

本条第1款规定，审判人员应当依法秉公办案。这是对审判人员行使审判职能的基本要求，也是审判人员的法定义务。所谓依法秉公办案，是指审判人员在审理民事案件的过程中，必须严格遵守本法和有关实体法律的规定，公平合法地办理案件。审判人员在诉讼活动中，不仅要严格遵守实体法的规定，还要严格遵守诉讼程序的规定，切实保障诉讼双方当事人在平等的基础上行使诉讼权利。

本条第2款从禁止的角度规范审判人员的义务，审判人员不得接受当事人及其诉讼代理人请客送礼。审判人员如果接受当事人及其诉讼代理人请客送礼，获得不正当的经济利益，极易引起审判人员滥用审判权，作出偏袒请客送礼方当事人的裁判，严重危害司法公正。因此，必须严格禁止。

本条第3款规定了审判人员如果违反法律对其规定的义务，将会承担何种法律责任。审判人员有贪污受贿，徇私舞弊，枉法裁判行为的，应当追究法律责任；构成犯罪的，依法追究刑事责任。

配套法规及解读

《最高人民法院关于进一步加强合议庭职责的若干规定》(2010年1月11日)

第十条 合议庭组成人员存在违法审判行为的，应当按照《人民法院审判人员违法审判责任追究办法(试行)》等规定追究相应责任。合议庭审理案件有下列情形之一的，合议庭成员不承担责任：

（一）因对法律理解和认识上的偏差而导致案件被改判或者发回重审的；

（二）因对案件事实和证据认识上的偏差而导致案件被改判或者发回重审的；

（三）因新的证据而导致案件被改判或者发回重审的；

（四）因法律修订或者政策调整而导致案件被改判或者发回重审的；

（五）因裁判所依据的其他法律文书被撤销或变更而导致案件被改判或者发回重审的；

（六）其他依法履行审判职责不应当承担责任的情形。

※法规解读：上述条文对合议庭成员不承担责任的情形作了规定。

关联法规索引

《刑法》第399条；《法官法》第4、7、10、46条；《人民法院审判人员违法审判责任追究办法（试行）》第2、3章

第四章　回　　避

本章介绍

回避，是指承办案件的审判人员和其他人员遇有法律规定的情形时退出对本案的审理的制度。回避制度是人民法院审理案件的基本制度，申请回避也是当事人的一项重要诉讼权利。规定回避制度既可以避免可能不公正审理的嫌疑，体现程序公正；也可以避免审判人员或者有关人员利用权力徇私舞弊、枉法裁判，保障实体公正。本章规定了回避适用的情形、对象，回避的申请、决定程序。2021 年《民事诉讼法》在回避制度的适用中增加了独任审判员的相关规定。

第四十七条　【回避情形】 审判人员有下列情形之一的，应当自行回避，当事人有权用口头或者书面方式申请他们回避：

（一）是本案当事人或者当事人、诉讼代理人近亲属的；

（二）与本案有利害关系的；

（三）与本案当事人、诉讼代理人有其他关系，可能影响对案件公正审理的。

审判人员接受当事人、诉讼代理人请客送礼，或者违反规定会见当事人、诉讼代理人的，当事人有权要求他们回避。

审判人员有前款规定的行为的，应当依法追究法律责任。

前三款规定，适用于书记员、翻译人员、鉴定人、勘验人。

条文解读

本条共有 4 款，是关于回避情形的规定。

回避，是指承办案件的审判人员和其他人员遇有法律规定的情形时退出对本案的审理的制度。回避是人民法院审理案件的基本制度，申请回避也是当事人的一项重要的诉讼权利。规定回避制度的目的有二：一是避开可能不公正审理的嫌疑,体现程序公正;二是避免审判人员或者有关人员利用权力徇私舞弊、枉法裁判,损害实体公正。

本条第1款规定了回避的事由和方式。审判人员发现有应当回避情形的,应当自行回避,当事人有权用口头或者书面方式申请他们回避。自行回避,又叫法定回避,是指承办案件的司法人员或其他人,遇有法律规定的回避情形,必须自动退出对案件的承办或停止有关职务活动。回避的事由包括:(1)审判人员是本案的当事人或者是当事人、诉讼代理人的近亲属的,必须回避。如果审判人员是承办案件的当事人,与案件争议的权利义务有利害关系,则其不能办理此案。如果审判人员是承办案件当事人、诉讼代理人的近亲属,就有可能偏袒他的近亲属,使案件得不到公正审理,所以这样的审判人员也不能办理此案。(2)与本案有利害关系的审判人员或者其他人员,必须回避。所谓有利害关系,是指本案的处理结果会涉及本案的审判人员或其他有关人员在法律上的利益。(3)与本案当事人、诉讼代理人有其他关系,可能影响对案件公正审理的审判人员,也必须回避。这一规定是弹性条款。在诉讼实务中,其他关系可能表现为审判人员与当事人是关系密切的同学、朋友,存在直接的上下级关系或恋爱关系等。关系密切的界定标准在于是否可能影响对案件的公正审理。

本条第2款规定,审判人员接受当事人、诉讼代理人请客送礼,或者违反规定会见当事人、诉讼代理人的,当事人有权要求他们回避。审判人员接受当事人、诉讼代理人请客送礼,已经明显违反了本法第46条关于审判人员依法秉公办案的要求,当然可以成为申请回避的原因。审判人员违反规定会见当事人、诉讼代理人,很可能造成适用法律不公,因此也可以成为申请回避的理由。

本条第3款规定审判人员有前款规定的行为的,应当依法追究法律责任。

本条第4款规定了回避制度适用对象。依本款规定,回避制度适用于书记员、翻译人员、鉴定人、勘验人。因为上述人员的行为对案件的处理结果有一定的影响,所以属于回避适用的对象。

配套法规及解读

《最高人民法院关于适用〈中华人民共和国民事诉讼法〉的解释》(2022年4月1日)

第四十三条 审判人员有下列情形之一的,应当自行回避,当事人有权申请其回避：

（一）是本案当事人或者当事人近亲属的；

（二）本人或者其近亲属与本案有利害关系的；

（三）担任过本案的证人、鉴定人、辩护人、诉讼代理人、翻译人员的；

（四）是本案诉讼代理人近亲属的；

（五）本人或者其近亲属持有本案非上市公司当事人的股份或者股权的；

（六）与本案当事人或者诉讼代理人有其他利害关系，可能影响公正审理的。

第四十四条　审判人员有下列情形之一的，当事人有权申请其回避：

（一）接受本案当事人及其受托人宴请，或者参加由其支付费用的活动的；

（二）索取、接受本案当事人及其受托人财物或者其他利益的；

（三）违反规定会见本案当事人、诉讼代理人的；

（四）为本案当事人推荐、介绍诉讼代理人，或者为律师、其他人员介绍代理本案的；

（五）向本案当事人及其受托人借用款物的；

（六）有其他不正当行为，可能影响公正审理的。

第四十五条　在一个审判程序中参与过本案审判工作的审判人员，不得再参与该案其他程序的审判。

发回重审的案件，在一审法院作出裁判后又进入第二审程序的，原第二审程序中审判人员不受前款规定的限制。

※法规解读：上述条文是对《民事诉讼法》规定的回避事由的细化。第 43 条规定了在具有以下六方面情形时，审判人员应当自行回避，当事人及其法定代理人也有权要求他们回避：第一，是本案当事人或者当事人近亲属的。第二，本人或者其近亲属与本案有利害关系的。相对于民事诉讼法，增加了“审判人员的近亲属与本案有利害关系的”这一回避事由。第三，担任过本案的证人、鉴定人、辩护人、诉讼代理人、翻译人员的。这是基于身份的回避事由，由于担任过本案的证人、鉴定人、勘验人、辩护人、诉讼代理人、翻译人员，在案件的审判过程中很难保持中立客观，因此应当回避。第四，是本案诉讼代理人近亲属的。第五，本人或者其近亲属持有本案非上市公司当事人的股份或者股权的。第六，与本案当事人或者诉讼代理人有其他利害关系，可能影响公正审理的。由于实践中可能影响案件公正审理的情形无法一一列举殆尽，采用这样的弹性条款加以限定。第 44 条规定了因审判人员

的不正当行为可能影响公正审理，当事人有权申请其回避的具体情形，以杜绝人情案、关系案。第45条规定了在一个审判程序中参与过本案审判工作的审判人员，在本案的其他审判程序中应当回避。但发回重审的案件又上诉的，由于原二审并未对案件进行实质审理，因而原二审程序中的审判人员不受上述限制。

第四十六条 审判人员有应当回避的情形，没有自行回避，当事人也没有申请其回避的，由院长或者审判委员会决定其回避。

※法规解读：除前述自行回避、申请回避以外，本条增加规定了决定回避的方式及其适用。

第四十七条 人民法院应当依法告知当事人对合议庭组成人员、独任审判员和书记员等人员有申请回避的权利。

第四十八条 民事诉讼法第四十七条所称的审判人员，包括参与本案审理的人民法院院长、副院长、审判委员会委员、庭长、副庭长、审判员和人民陪审员。

第四十九条 书记员和执行员适用审判人员回避的有关规定。

关联法规索引

《最高人民法院关于审判人员在诉讼活动中执行回避制度若干问题的规定》

第四十八条 【回避申请】当事人提出回避申请，应当说明理由，在案件开始审理时提出；回避事由在案件开始审理后知道的，也可以在法庭辩论终结前提出。

被申请回避的人员在人民法院作出是否回避的决定前，应当暂停参与本案的工作，但案件需要采取紧急措施的除外。

条文解读

本条共有2款，是关于申请回避的提出时间、理由与效力的规定。

本条第1款规定，当事人提出回避申请，应当说明理由，这里的“理由”指的是审判员、陪审员、书记员、翻译人员、鉴定人、勘验人等存在法定回避的事由。申请回避必须说明理由，以防止滥用申请回避的权利，拖延案件审理的时间，侵害审判人员的审判权，当事人申请回避应当在案件开始审理时提出。但回避的事由是当事人在案件开始审理以后才知道的，为了保证案件的公正处理，法律允许当事人在法庭辩论终结前行使回避申请权。在法庭辩论结束后，当事人便不能行使回避申请权了。

本条第2款规定了申请回避的效力，即法律后果。被申请回避的人员在人民法院作出是否回避的决定前，应当暂停参与本案的工作，但案件需要采取紧急措施的除外。所谓需要采取紧急措施的，主要是指因情况特别紧急，需要立即采取诉讼保全、证据保全等措施的情形。这样规定的意义在于最大限度地尊重当事人的回避申请权，同时保证案件审理工作顺利进行。

第四十九条　【回避决定权人】院长担任审判长或者独任审判员时的回避，由审判委员会决定；审判人员的回避，由院长决定；其他人员的回避，由审判长或者独任审判员决定。

条文解读

本条是关于回避决定权的规定。

2021年《民事诉讼法》拓展了独任审理的适用范围，因此本条相应地在回避制度的适用中增加了独任审判员。

回避申请是当事人的一项重要诉讼权利，人民法院对当事人提出的回避申请应当慎重对待，法律也应当从程序上加以保障，特别要防止审判人员自己作出是否回避的决定。本条为了确保当事人的回避申请权利，根据不同的回避对象对回避决定权人作了不同的规定。依照本条规定，院长担任审判长或者独任审判员时的回避，由审判委员会决定；审判人员的回避，由院长决定；其他人员的回避，由审判长或者独任审判员决定。

第五十条　【回避申请决定程序】人民法院对当事人提出的回避申请，应当在申请提出的三日内，以口头或者书面形式作出决定。申请人对决定不服的，可以在接到决定时申请复议一次。复议期间，被申请回避的人员，不停止参与本案的工作。人民法院对复议申请，应当在三日内作出复议决定，并通知复议申请人。

条文解读

本条是关于回避申请决定程序的规定。

回避申请的决定程序是否公平、合理、及时,对保障当事人的回避申请权利具有重要意义。为此,本条对回避申请决定的时间和形式作了明确规定。人民法院对当事人的回避申请,无论是否准许,都应当依法作出口头形式或者书面形式的决定,作出决定的期限为自回避申请提出的3日内。同时,本条还规定了当事人对回避决定救济的方式,即申请人如果对人民法院作出的决定不服的,可以在接到决定时申请复议一次。之所以对当事人申请复议的次数作出限制,是为了防止当事人反复申请复议,造成案件久拖不决。复议期间,被申请回避的人员不停止参与本案的审理工作。为了保证诉讼效率,人民法院对复议申请的审查,要在3日内完成,复议决定不论是否变更原决定,均应通知复议申请人。

第五章　诉讼参加人

本章介绍

民事诉讼中的当事人，是指因民事权利义务发生争议，以自己的名义进行诉讼，并受人民法院裁判约束的人。本章第一节主要规定了当事人资格、当事人在诉讼中的权利义务、共同诉讼人、民事公益诉讼、诉讼中的第三人及第三人撤销之诉。诉讼代理人包括法定代理人和委托代理人。本章第二节规定了诉讼代理的种类，诉讼代理的效力，诉讼代理人的资格和法律地位，诉讼代理权的范围，诉讼代理的方法，诉讼代理关系的发生、变更和消灭等内容。

第一节　当　事　人

第五十一条　【当事人范围】公民、法人和其他组织可以作为民事诉讼的当事人。

法人由其法定代表人进行诉讼。其他组织由其主要负责人进行诉讼。

条文解读

本条共有2款，是关于民事诉讼当事人的规定。

本条第1款规定了民事诉讼当事人的范围。民事诉讼当事人，是指以自己的名义，请求人民法院对特定的民事争议行使裁判权的人及其相对人。民事诉讼当事人应具有如下三个特征：第一，以自己的名义进行诉讼；第二，与案件所涉及的民事法律关系有直接的或法律上的利害关系；第三，受人民法院裁判的约束。民事诉讼的当事人包括公民、法人和其他组织。公民是指具有一国国籍的自然人。法人是指依法成立独立享有民事权利、承担民事义务的组织。其他组织是指依法成立，有一定的组织机构和财产，但又不具备法人资格的组织。

本条第 2 款规定了法人和其他组织如何实施诉讼。由于法人和其他组织是法律拟制的主体,它们本身并不能像自然人一样进行民事诉讼,所以法律规定,由其法定代表人或主要负责人代表其进行具体的诉讼行为,该行为后果对法人和其他组织具有约束力。

配套法规及解读

《最高人民法院关于适用〈中华人民共和国民事诉讼法〉的解释》(2022 年 4 月 1 日)

第五十条 法人的法定代表人以依法登记的为准,但法律另有规定的除外。依法不需要办理登记的法人,以其正职负责人为法定代表人;没有正职负责人的,以其主持工作的副职负责人为法定代表人。

法定代表人已经变更,但未完成登记,变更后的法定代表人要求代表法人参加诉讼的,人民法院可以准许。

其他组织,以其主要负责人为代表人。

第五十一条 在诉讼中,法人的法定代表人变更的,由新的法定代表人继续进行诉讼,并应向人民法院提交新的法定代表人身份证明书。原法定代表人进行的诉讼行为有效。

前款规定,适用于其他组织参加的诉讼。

第五十二条 民事诉讼法第五十一条规定的其他组织是指合法成立、有一定的组织机构和财产,但又不具备法人资格的组织,包括:

(一)依法登记领取营业执照的个人独资企业;

(二)依法登记领取营业执照的合伙企业;

(三)依法登记领取我国营业执照的中外合作经营企业、外资企业;

(四)依法成立的社会团体的分支机构、代表机构;

(五)依法设立并领取营业执照的法人的分支机构;

(六)依法设立并领取营业执照的商业银行、政策性银行和非银行金融机构的分支机构;

(七)经依法登记领取营业执照的乡镇企业、街道企业;

(八)其他符合本条规定条件的组织。

第五十三条　法人非依法设立的分支机构,或者虽依法设立,但没有领取营业执照的分支机构,以设立该分支机构的法人为当事人。

第五十六条　法人或者其他组织的工作人员执行工作任务造成他人损害的,该法人或者其他组织为当事人。

第五十七条　提供劳务一方因劳务造成他人损害,受害人提起诉讼的,以接受劳务一方为被告。

第五十八条　在劳务派遣期间,被派遣的工作人员因执行工作任务造成他人损害的,以接受劳务派遣的用工单位为当事人。当事人主张劳务派遣单位承担责任的,该劳务派遣单位为共同被告。

第六十二条　下列情形,以行为人为当事人:

(一)法人或者其他组织应登记而未登记,行为人即以该法人或者其他组织名义进行民事活动的;

(二)行为人没有代理权、超越代理权或者代理权终止后以被代理人名义进行民事活动的,但相对人有理由相信行为人有代理权的除外;

(三)法人或者其他组织依法终止后,行为人仍以其名义进行民事活动的。

第六十七条　无民事行为能力人、限制民事行为能力人造成他人损害的,无民事行为能力人、限制民事行为能力人和其监护人为共同被告。

第六十八条　居民委员会、村民委员会或者村民小组与他人发生民事纠纷的,居民委员会、村民委员会或者有独立财产的村民小组为当事人。

第六十九条　对侵害死者遗体、遗骨以及姓名、肖像、名誉、荣誉、隐私等行为提起诉讼的,死者的近亲属为当事人。

※法规解读:上述条文第 50 条是关于代表法人和其他组织实施诉讼的法人的法定代表人、其他组织的代表人如何确定的规定。第 51 条明确了诉讼中法人和其他组织的法定代表人、代表人更换的程序。第 52 条明确了何谓作为民事诉讼当事人的其他组织。其他组织虽然不具备法人资格,但却是享有民事诉讼权利能力的主体,可以以自己的名义作为民事诉讼当事人实施诉讼。第 53 条是关于法人分支机构作为当事人的情况的规定。第 56 条明确了工作人员因职务行为造成他人损害的,其所在的法人或其他组织为当事人。第 57、58 条明确了提供劳务造成他人损害和在劳务派遣期间因被派遣人的职务行为造成他人损害如何确定当事人,这也与《民法典》第 1191 条的规定相一致。第 62 条明确规定了以行为人作为当事人

的几种情形。第67~69条分别规定了无民事行为能力人、限制民事行为能力致人损害纠纷,居民委员会、村民委员会或者村民小组与他人发生民事纠纷,对死者相关权能造成损害的民事纠纷中当事人的确定。

典型案例

徐州西苑艺君花园(一期)业主委员会诉徐州中川房地产开发有限公司物业管理用房所有权确认纠纷案[1]

※案情简介:本案原告为徐州西苑艺君花园(一期)业主委员会(以下简称艺君业委会),被告为徐州中川房地产开发有限公司(以下简称中川公司)。纠纷的起因是位于徐州市泉山区黄河南路369号艺君花园(一期)是被告中川公司于2000年开发建设的居民小区。2001年8月交付使用时,被告仅提供2间车库供物管使用。后得知,被告出租给他人经营幼儿园的8#楼东侧168平方米的房屋系本小区的物业管理用房。2008年8月,原告起诉要求被告交付物管用房时,被告出示了物管用房已变更为营业房的规划变更手续。2008年12月,原告向徐州市人民政府提起行政复议,撤销徐州市规划局的前述变更规划决定。后被告对此提起行政诉讼,经过徐州市中级人民法院、江苏省高级人民法院的审理,均判决维持了徐州市人民政府的复议决定。判决生效后,双方就物管用房的交付问题协商未果。

原告徐州西苑艺君花园(一期)业主委员会因与被告发生物业管理用房所有权确认纠纷,向徐州市泉山区人民法院提起诉讼。

※争议焦点:在有关物业管理纠纷中,业主委员会是否具有诉讼主体资格?

※裁判结果:艺君业委会原告诉讼主体适格。依照《最高人民法院关于适用〈中华人民共和国民事诉讼法〉若干问题的意见》第四十条[2]的规定,《民事诉讼法》第四十九条[3]规定的其他组织是指合法成立、有一定的组织机构和财产,但又不具备法人资格的组织。原告为对西苑艺君花园进行管理,依照《物权法》第七

---

〔1〕 载《最高人民法院公报》2014年第6期。

〔2〕 2022年《最高人民法院关于适用〈中华人民共和国民事诉讼法〉的解释》第52条。

〔3〕 2021年《民事诉讼法》第51条。

十五条[1]第一款的规定成立，具有一定目的、名称、组织机构与场所，管理相应财产，以特定代表人对外代表团体，是《民事诉讼法》第四十九条第一款规定的“其他组织”。原告依据业主共同或业主大会决议，在授权范围内，以业主委员会名义，依照《最高人民法院关于审理建筑物区分所有权纠纷案件具体应用法律若干问题的解释》第十四条规定的物权请求权，向被告主张确认物业管理用房所有权，具备原告诉讼主体资格。

第五十二条 【当事人的诉讼权利和诉讼义务】 当事人有权委托代理人，提出回避申请，收集、提供证据，进行辩论，请求调解，提起上诉，申请执行。

当事人可以查阅本案有关材料，并可以复制本案有关材料和法律文书。查阅、复制本案有关材料的范围和办法由最高人民法院规定。

当事人必须依法行使诉讼权利，遵守诉讼秩序，履行发生法律效力的判决书、裁定书和调解书。

条文解读

本条共有3款，是关于当事人诉讼权利与诉讼义务的规定。

当事人的诉讼权利是《民事诉讼法》赋予当事人维护自己民事权益的手段，也是《宪法》确定的公民基本权利在《民事诉讼法》中的体现。本条第1款和第2款规定了当事人具体的诉讼权利，主要包括：(1)委托诉讼代理人。为了使当事人能够充分行使自己的合法权益，同时也为了诉讼程序能够顺利进行，《民事诉讼法》规定，在当事人不便亲为诉讼或需要别人帮助进行诉讼时，有权委托诉讼代理人。(2)申请回避。如果当事人认为审判人员或其他诉讼参与人在诉讼活动中对案件的公正审理存在一定的影响，即有权申请其回避，使其停止参与本案的工作。可被申请回避的对象主要包括：审判员、人民陪审员、书记员、翻译人员、鉴定人员和勘验人员。(3)收集、提供证据。当事人为了维护自己的民事权利，有权向有关单位和个人收集证据，并将收集到的证据提供给人民法院，以支持自己的诉

[1] 现为《民法典》第277条。

讼请求、反驳对方的诉讼请求，使人民法院作出有利于己方的判决。(4)进行辩论。当事人有权在人民法院的主持下，就案件事实、证据材料以及双方争议的焦点，各自阐明自己的观点，论述自己的意见，反驳对方的主张。(5)请求调解。在诉讼过程中，当事人有权请求人民法院以调解的方式解决民事纠纷。(6)提起上诉。除法律有明确规定的案件外，若当事人不服一审人民法院的判决、裁定，有权在法定期限内提起上诉，请求上级人民法院撤销或者变更下级人民法院的裁判。(7)申请执行。为实现自己的民事权利，当事人有权就生效的判决、裁定、调解书的内容，申请人民法院以司法手段强制不履行义务的对方当事人履行义务。(8)查阅和复制本案有关材料和法律文书。当事人为了更好地行使自己的诉讼权利，有权查阅并复制法庭笔录、法庭上出示的有关证据等与本案有关的材料以及起诉状、答辩状等法律文书。

诉讼权利和诉讼义务是紧密联系、不可分割的。在民事诉讼中，当事人在享有广泛的诉讼权利的同时，也应承担相应的诉讼义务。本条第3款规定了当事人的诉讼义务，主要包括：(1)依法行使诉讼权利。诉讼权利是当事人维护自身合法权益的手段，当事人在行使诉讼权利时，必须依照《民事诉讼法》的规定进行，不得滥用诉讼权利，损害国家、社会、集体和他人的合法权益。(2)遵守诉讼秩序。在民事诉讼中，当事人必须尊重人民法院的审判权以及对方当事人和其他诉讼参与人的诉讼权利，遵守法庭秩序，服从法庭指挥，不得实施妨害民事诉讼秩序的行为。(3)履行发生法律效力的判决书、裁定书和调解书。对于人民法院生效的判决书、裁定书和调解书，负有义务的当事人必须履行。义务人不履行的，人民法院可根据权利人的申请或依职权依法强制执行。

第五十三条　【和解】双方当事人可以自行和解。

条文解读

本条是关于当事人和解的规定。

和解分为诉讼外的和解与诉讼中的和解。诉讼外的和解是民事主体在诉讼外进行的民事行为，不具有任何诉讼上的意义和效力；而诉讼中的和解是指当事人在诉讼过程中，通过自行协商的方式达成协议，从而终结诉讼的行为。本条规定主要是指诉讼中的和解。当事人双方在诉讼中进行自行协商,人民法院同意当事人和解的,可以通过原告撤诉的方式结束诉讼程序。需要注意的是,当事人所达成的和解协议并没有执行力,如果一方当事人不履行,另一方当事人可以重新起诉。但如果人民法院在双方当事人达成和解协议以后,经双方当事人申请,根据和解协议的内容制作成调解书送达当事人签收,那么该案件就取得了调解结案的效力,该调解书就具有执行力,且当事人不得重新起诉。

第五十四条 【诉讼请求和反诉】原告可以放弃或者变更诉讼请求。被告可以承认或者反驳诉讼请求,有权提起反诉。

条文解读

本条是关于诉讼请求的放弃、变更、承认、反驳及反诉的规定。

在诉讼过程中,原告有权根据自己的实际情况,全部或者部分放弃自己对于被告实体权利的请求,也有权增加或者减少已经对被告提出的实体权利请求,这是原告所享有的对自己实体权利处分权的表现。

依据本条规定,被告对于原告提出的实体权利的请求可以表示全部或部分认可,也可以提出证据或者理由从实体上或程序上予以反驳。承认与反驳诉讼请求是被告的诉讼权利,只要不违反法律,不损害国家、集体和他人利益,人民法院应予准许。

本条还规定了反诉。反诉是指诉讼开始后,本诉被告以本诉原告为被告提出具有对抗性的独立诉讼请求的行为。反诉应满足如下几个条件:(1)反诉以本诉的存在为前提,必须是本诉的被告对本诉的原告提起的诉讼;(2)本诉与反诉之间应当有事实或者法律上的牵连关系;(3)反诉不属于其他人民法院专属管辖;(4)反诉必须在诉讼开始后人民法院作出裁判前提出。提起反诉是被告的诉讼权利,其目的在于抵消、排斥或者吞并本诉的诉讼请求。人民法院可将反诉与本诉合并审理,但由于反诉具有独立性,故反诉不因本诉的撤回而终结,反诉的撤回也不会影响本诉的继续审理。

关联法规索引

《最高人民法院关于民事诉讼证据的若干规定》第 55 条第 4 项;《最高人民法院关于适用〈中华人民共和国民事诉讼法〉的解释》第 233、251、252 条

第五十五条 【共同诉讼】当事人一方或者双方为二人以上,其诉讼标的是共同的,或者诉讼标的是同一种类、人民法院认为可以合并审理并经当事人同意的,为共同诉讼。

共同诉讼的一方当事人对诉讼标的有共同权利义务的,其中一人的诉讼行为经其他共同诉讼人承认,对其他共同诉讼人发生效力;对诉讼标的没有共同权利义务的,其中一人的诉讼行为对其他共同诉讼人不发生效力。

条文解读

本条共有 2 款,是关于共同诉讼的规定。

本条第 1 款规定了共同诉讼的类型,包括必要共同诉讼和普通共同诉讼。当事人一方或者双方为二人以上,其诉讼标的是共同的,为必要共同诉讼。必要共同诉讼的特点在于共同诉讼的双方当事人对诉讼标的具有不可分的共同的权利或义务,所以,必要共同诉讼人必须一同参加诉讼。因此,如果人民法院发现有必要共同诉讼的当事人没有参加诉讼的,应当追加其为当事人,通知其参加诉讼。

当事人一方或者双方为二人以上,其诉讼标的是同一种类的,人民法院认为可以合并审理,并经当事人同意的诉讼为普通共同诉讼。普通共同诉讼的特点在于共同诉讼的一方当事人对诉讼标的没有共同的权利义务,只是因为他们的诉讼标的属于同一种类,人民法院为审理方便,经当事人同意对其合并审理,因此,普通共同诉讼是一种可分之诉。

本条第 2 款规定了共同诉讼人之间的内部关系。在必要共同诉讼中,共同诉讼人之间对诉讼标的具有共同的权利义务,所以其中一人的诉讼行为经其他共同诉讼人承认,对其他共同诉讼人发生效力。普通共同诉讼,因共同诉讼人之间没有共同的权利义务,每个共同诉讼人只能对自己的权利进行处分,所以,其中一人的诉讼行为对其他共同诉讼人不发生法律效力。

配套法规及解读

《最高人民法院关于适用〈中华人民共和国民事诉讼法〉的解释》(2022年4月1日)

第五十四条 以挂靠形式从事民事活动,当事人请求由挂靠人和被挂靠人依法承担民事责任的,该挂靠人和被挂靠人为共同诉讼人。

第五十九条 在诉讼中,个体工商户以营业执照上登记的经营者为当事人。有字号的,以营业执照上登记的字号为当事人,但应同时注明该字号经营者的基本信息。

营业执照上登记的经营者与实际经营者不一致的,以登记的经营者和实际经营者为共同诉讼人。

第六十条 在诉讼中,未依法登记领取营业执照的个人合伙的全体合伙人为共同诉讼人。个人合伙有依法核准登记的字号的,应在法律文书中注明登记的字号。全体合伙人可以推选代表人;被推选的代表人,应由全体合伙人出具推选书。

第六十三条 企业法人合并的,因合并前的民事活动发生的纠纷,以合并后的企业为当事人;企业法人分立的,因分立前的民事活动发生的纠纷,以分立后的企业为共同诉讼人。

第六十五条 借用业务介绍信、合同专用章、盖章的空白合同书或者银行账户的,出借单位和借用人为共同诉讼人。

第六十六条 因保证合同纠纷提起的诉讼,债权人向保证人和被保证人一并主张权利的,人民法院应当将保证人和被保证人列为共同被告。保证合同约定为一般保证,债权人仅起诉保证人的,人民法院应当通知被保证人作为共同被告参加诉讼;债权人仅起诉被保证人的,可以只列被保证人为被告。

第七十条 在继承遗产的诉讼中,部分继承人起诉的,人民法院应通知其他继承人作为共同原告参加诉讼;被通知的继承人不愿意参加诉讼又未明确表示放弃实体权利的,人民法院仍应将其列为共同原告。

第七十一条 原告起诉被代理人和代理人,要求承担连带责任的,被代理人和代理人为共同被告。

原告起诉代理人和相对人,要求承担连带责任的,代理人和相对人为共同被告。

第七十二条 共有财产权受到他人侵害，部分共有权人起诉的，其他共有权人为共同诉讼人。

※法规解读：上述条文是最高人民法院对司法实践中应作为必要共同诉讼处理的情形的规定。具体包括：(1)挂靠。以挂靠形式从事民事活动，当事人请求由挂靠人和被挂靠人依法承担民事责任的，该挂靠人和被挂靠人为共同诉讼人。(2)个体工商户。在诉讼中，个体工商户以营业执照上登记的经营者为当事人。有字号的，以营业执照上登记的字号为当事人，但应同时注明该字号经营者的基本信息。营业执照上登记的经营者与实际经营者不一致的，以登记的经营者和实际经营者为共同诉讼人。(3)个人合伙。个人合伙的全体合伙人在诉讼中为共同诉讼人，有依法核准登记的字号的，应在法律文书中注明。(4)企业法人合并和分立。企业法人合并的，因合并前的民事活动发生的纠纷，以合并后的企业为当事人；企业法人分立的，因分立前的民事活动发生的纠纷，以分立后的企业为共同诉讼人。(5)借用业务介绍信等。借用业务介绍信、合同专用章、盖章的空白合同书或者银行账户的，出借单位和借用人为共同诉讼人。(6)遗产继承诉讼。在继承遗产的诉讼中，部分继承人起诉的，人民法院应通知其他继承人作为共同原告参加诉讼；被通知的继承人不愿意参加诉讼又未明确表示放弃实体权利的，人民法院仍应把其列为共同原告。(7)代理关系的连带责任。被代理人和代理人承担连带责任的，为共同诉讼人。(8)共有财产涉诉。共有财产权受到他人侵害，部分共有权人起诉的，其他共有权人应当列为共同诉讼人。(9)保证合同纠纷。第一，债权人向债务人和保证人一并主张权利的，无论是一般保证还是连带责任保证，债务人和保证人为必要共同诉讼的共同被告。第二，债权人仅起诉债务人的，既然没有向保证人主张权利，因而只列债务人为被告。第三，债权人仅起诉保证人的，在连带责任保证的情况下可以只列保证人为被告；在一般保证中，考虑到保证人的先诉抗辩权，应当追加债务人为共同被告。这也与《民法典》的相关规定一致。

第七十三条 必须共同进行诉讼的当事人没有参加诉讼的，人民法院应当依照民事诉讼法第一百三十五条的规定，通知其参加；当事人也可以向人民法院申请追加。人民法院对当事人提出的申请，应当进行审查，申请理由不成立的，裁定驳回；申请理由成立的，书面通知被追加的当事人参加诉讼。

第七十四条 人民法院追加共同诉讼的当事人时，应当通知其他当事人。应当追加的原告,已明确表示放弃实体权利的,可不予追加;既不愿意参加诉讼,又不放弃实体权利的,仍应追加为共同原告,其不参加诉讼,不影响人民法院对案件的审理和依法作出判决。

※法规解读:上述两个条文是关于追加必要共同诉讼人的规定。必要共同诉讼为不可分之诉,需要共同诉讼人一同参加诉讼。因而必须共同进行诉讼的当事人没有参加诉讼的,人民法院应当通知其参加诉讼,当事人也可以向人民法院申请追加,由人民法院审查决定。人民法院追加共同诉讼的当事人时,应当通知其他当事人。出于对当事人诉权和处分权的尊重,应当追加的原告不愿意参加诉讼的,除非明确表示放弃实体权利,否则应予追加。

第五十六条　【代表人诉讼】当事人一方人数众多的共同诉讼,可以由当事人推选代表人进行诉讼。代表人的诉讼行为对其所代表的当事人发生效力,但代表人变更、放弃诉讼请求或者承认对方当事人的诉讼请求,进行和解,必须经被代表的当事人同意。

条文解读

本条是关于人数确定的代表人诉讼的规定。

代表人诉讼,是指当事人一方人数众多,无法共同进行诉讼,因而推选代表人代为实施诉讼的制度。依据本条,第一,代表人诉讼适用于当事人一方人数众多的案件,通常应在10人以上;第二,当事人一方人数众多的,推选代表人进行诉讼。人数众多的当事人一方可推选出2~5人作为诉讼代表人。诉讼代表人应满足如下条件:是本案人数众多的一方的当事人;具有诉讼行为能力;具有进行诉讼所需要的其他能力(如具备一定的文化知识及法律知识);能够善意地履行诉讼代表人的职责。

推选代表人是当事人的意思表示,因此,代表一旦产生,其诉讼行为即对其所代表的当事人发生法律效力。但诉讼代表人变更、放弃诉讼请求或者承认对方当事人诉讼请求,进行和解等涉及当事人实体权利的诉讼行为,必须经被代表的当事人同意,否则将构成对被代表的当事人权利的侵犯。

需要指出的是,当事人一方人数众多且确定的共同诉讼,并不是一定要推选代表人进行诉讼,因为在这种诉讼中,当事人的请求可能不完全一致。因此,如果某个或某几个当事人不愿意推选代表而想亲自诉讼,也应当允许;通常的做法是,必要共同诉讼人自己参与诉讼,普通共同诉讼人另行起诉。

配套法规及解读

《最高人民法院关于适用〈中华人民共和国民事诉讼法〉的解释》(2022年4月1日)

第七十五条 民事诉讼法第五十六条、第五十七条和第二百零六条规定的人数众多,一般指十人以上。

※法规解读:本条规定明确了适用代表人诉讼的条件是一方或双方当事人为10人以上。

第七十六条 依照民事诉讼法第五十六条规定,当事人一方人数众多在起诉时确定的,可以由全体当事人推选共同的代表人,也可以由部分当事人推选自己的代表人;推选不出代表人的当事人,在必要的共同诉讼中可以自己参加诉讼,在普通的共同诉讼中可以另行起诉。

※法规解读:本条是关于人数确定的代表人诉讼如何确定代表人的规定。人数确定的代表人诉讼,是指具有同一或同类诉讼标的的当事人一方人数众多,起诉时人数已确定,由当事人推选代表人进行的诉讼。在人数确定的代表人诉讼中,既可以由全体当事人共同推选代表人,也可以由部分当事人推选出只代表该部分当事人的代表人。如果不能推选出诉讼代表人的,在必要共同诉讼的情况下,当事人可自己直接参加诉讼;在普通共同诉讼的情况下,当事人可以另行起诉,如果人数不多的,也可以直接参加诉讼。

关联法规索引

《最高人民法院关于适用〈中华人民共和国民事诉讼法〉的解释》第76、77条;《水污染防治法》第99条;《最高人民法院关于证券纠纷代表人诉讼若干问题的规定》第13~17条

第五十七条 【人数不确定的代表人诉讼】诉讼标的是同一种类、当事人一方人数众多在起诉时人数尚未确定的，人民法院可以发出公告，说明案件情况和诉讼请求，通知权利人在一定期间向人民法院登记。

向人民法院登记的权利人可以推选代表人进行诉讼；推选不出代表人的，人民法院可以与参加登记的权利人商定代表人。

代表人的诉讼行为对其所代表的当事人发生效力，但代表人变更、放弃诉讼请求或者承认对方当事人的诉讼请求，进行和解，必须经被代表的当事人同意。

人民法院作出的判决、裁定，对参加登记的全体权利人发生效力。未参加登记的权利人在诉讼时效期间提起诉讼的，适用该判决、裁定。

条文解读

本条共有 4 款，是关于人数不确定的代表人诉讼的规定。

本条第 1 款规定了人数不确定的代表人诉讼的公告和登记程序。人数不确定的代表人诉讼是指当事人一方人数众多，在起诉时人数尚未确定，并且他们的诉讼标的是同一种类的诉讼。由于人数众多的一方当事人到底有多少权利主体可能进行诉讼无法确定，因而为了尽量一次性解决纠纷，人民法院可以发出公告，说明案件情况和诉讼请求，通知权利人在一定期间向人民法院登记。

本条第 2 款是关于推选诉讼代表人的规定。在人数不确定的代表人诉讼中，向人民法院起诉或者登记的权利人可以通过推选，确定诉讼代表人。如果推选不出诉讼代表人，人民法院可提出人选与参加登记的权利人进行协商。如果协商不成，人民法院可在起诉的当事人中直接指定诉讼代表人。

本条第 3 款是关于诉讼代表人行为效力的规定。诉讼代表人所实施的诉讼行为，除变更、放弃诉讼请求或者承认对方当事人的诉讼请求、进行和解等涉及处分当事人实体权利的诉讼行为，必须经被代表的当事人同意才能对其发生法律效力以外，其他诉讼行为都会对被代表的当事人发生法律效力。

本条第 4 款是关于人数不确定的代表人诉讼裁判效力的规定。人民法院对人数不确定的代表人诉讼作出裁判后，裁判的效力仅及于参加登记的全体权利人，对未参加登记的权利人无直接约束力，但有预决效力。未参加登记的权利人在诉讼时效期限内提起诉讼，经人民法院审查认为其诉讼请求成立的，可以直接裁定适用人民法院对代表人诉讼已作出的裁判，而不再进行实体审理。

配套法规及解读

《最高人民法院关于适用〈中华人民共和国民事诉讼法〉的解释》(2022 年 4 月 1 日)

第七十七条 根据民事诉讼法第五十七条规定，当事人一方人数众多在起诉时不确定的，由当事人推选代表人。当事人推选不出的，可以由人民法院提出人选与当事人协商；协商不成的，也可以由人民法院在起诉的当事人中指定代表人。

第七十八条 民事诉讼法第五十六条和第五十七条规定的代表人为二至五人，每位代表人可以委托一至二人作为诉讼代理人。

第七十九条 依照民事诉讼法第五十七条规定受理的案件，人民法院可以发出公告，通知权利人向人民法院登记。公告期间根据案件的具体情况确定，但不得少于三十日。

※法规解读：上述第 77 条是关于人数不确定的代表人诉讼中诉讼代表人的产生的规定；第 78 条是关于诉讼代表人人数的规定；第 79 条是关于人数不确定的代表人诉讼的公告及期间的规定。

在人数不确定的代表人诉讼中，诉讼代表人的产生一般要经过公告、登记和确定诉讼代表人三个阶段。如果人民法院在受理多数人诉讼时发现起诉方人数尚未确定的，可以发出公告说明案件情况和诉讼请求，通知主观上认为自己享有实体权利的权利人向人民法院登记，并且公告的时间不能少于 30 日。权利人应该在一定期限内向人民法院登记，以确定人数众多一方当事人的人数及其基本情况，并证明其与对方当事人之间的法律关系和所受到的侵害，以便人民法院确定其诉讼标的是否为同一种类，进而决定是否予以登记。向人民法院起诉或者登记的权利人可以通过推选，确定诉讼代表人。如果推选不出，人民法院可提出人选与其协商。如果协商不成，人民法院可在起诉的当事人中直接指定诉讼代表人。

第八十条 根据民事诉讼法第五十七条规定向人民法院登记的权利人，应当证明其与对方当事人的法律关系和所受到的损害。证明不了的，不予登记，权利人可以另行起诉。人民法院的裁判在登记的范围内执行。未参加登记的权利人提起诉讼,人民法院认定其请求成立的,裁定适用人民法院已作出的判决、裁定。

※法规解读:本条规定了对人数不确定的代表人诉讼的登记、审理和裁判。在公告期内,权利人应当向发布公告的受诉人民法院登记,提供身份等基本情况,证明其与对方当事人的法律关系,对于损害赔偿案件,还应证明所受损害状况。证明不了的,不予登记,但权利人可另行起诉。在人数不确定的代表人诉讼中,人民法院裁判的效力对于已经登记的全体权利人有拘束力,这些人不得再向人民法院就该案重新提起诉讼。未参加登记的权利人在诉讼时效期间内,向人民法院提起诉讼,人民法院认定其请求成立的,可以不对案件进行实体审理,直接裁定适用人民法院已作出的判决、裁定,即按照该生效判决、裁定所确定的权利义务执行。在司法实践中,可能会出现在审理未参加登记的权利人事后提起的诉讼时,人民法院发现前诉中的裁判确有错误,此时应当中止后诉,按照审判监督程序对前诉进行再审。

关联法规索引

《最高人民法院关于证券纠纷代表人诉讼若干问题的规定》第6、32条

第五十八条 【公益诉讼】对污染环境、侵害众多消费者合法权益等损害社会公共利益的行为,法律规定的机关和有关组织可以向人民法院提起诉讼。

人民检察院在履行职责中发现破坏生态环境和资源保护、食品药品安全领域侵害众多消费者合法权益等损害社会公共利益的行为,在没有前款规定的机关和组织或者前款规定的机关和组织不提起诉讼的情况下,可以向人民法院提起诉讼。前款规定的机关或者组织提起诉讼的,人民检察院可以支持起诉。

条文解读

本条共有2款,是关于民事公益诉讼的规定,其中第2款是2017年《民事诉讼法》新增的内容。

民事公益诉讼，是指法律规定的机关和有关组织，为了社会公共利益，以自己的名义向国家司法机关提起的诉讼。简单地讲，就是以机关或组织的抗争，去捍卫大众的权益。在诸如环境保护诉讼中，由于侵害的对象是公众利益，而不是侵犯某一个人的利益，个人提起诉讼就不符合民事诉讼法关于主体需有直接利害关系的规定。确立公益诉讼制度，社会组织和政府机关就能对实施加害行为的单位和个人起诉，保护广大群众的合法权益，有效制止侵权行为。另外，从我国的现行管理体制和减少滥诉风险的角度来看，为了使公益诉讼制度既能在我国适度开展，又能有序进行，目前提起公益诉讼的主体不宜过宽。所以，依据本条规定，我国公益诉讼的主体是法律明确规定的机关和有关组织，个人尚不能作为提起公益诉讼的主体。比如，《海洋环境保护法》规定，行使海洋环境监督权的部门代表国家对造成海洋环境污染损害的责任者提出损害赔偿要求。《消费者权益保护法》规定，对侵害众多消费者合法权益的行为，中国消费者协会以及在省、自治区、直辖市设立的消费者协会，可以向人民法院提起诉讼。建立民事公益诉讼制度有利于有效发挥社会监督功能，节约诉讼成本，提高诉讼效率，同时也可以弥补行政监管的局限，落实《宪法》《民法典》相关规定，最大限度地保护公共利益。建立民事公益诉讼制度，对于维护社会公正、促进社会进步，具有不可替代的重要作用。

2017 年《民事诉讼法》增加了检察机关作为提起公益诉讼的主体，主要是为了督促行政机关更好地履行行政管理职能，体现了司法权和行政权的良好互动与合作关系。

由检察机关提起民事公益诉讼，一方面可以实现对行政执法等机关及组织的监督，另一方面可以督促行政机关积极履行环境保护职能，实现对环境、食品领域的治理，这比一般的公益诉讼具有更大的效能。同时，由于公益诉讼的目的是保护公共利益，公众是公共利益的享有者，因此，检察机关提起公益诉讼并不否定其他主体在提起公益诉讼权能上的主要地位，并且，公众参与公益诉讼也应当成为检察机关提起公益诉讼的直接推动力。所以，本条规定，对于破坏生态环境和资源保护、食品药品安全领域侵害众多消费者合法权益等损害社会公共利益的行为，仍需以行政机关及其他组织提起公益诉讼为主，检察机关可代表国家支持起诉；在无此类机关、组织或这些机关、组织不履行法定职责，而使得社会公共利益仍处于受侵害状态时，检察院可以自行向人民法院提起公益诉讼。有关机关或组织已经起诉的，人民检察院可以支持起诉。

配套法规及解读

《最高人民法院关于适用〈中华人民共和国民事诉讼法〉的解释》(2022年4月1日)

第二百八十二条　环境保护法、消费者权益保护法等法律规定的机关和有关组织对污染环境、侵害众多消费者合法权益等损害社会公共利益的行为,根据民事诉讼法第五十八条规定提起公益诉讼,符合下列条件的,人民法院应当受理:

(一)有明确的被告;

(二)有具体的诉讼请求;

(三)有社会公共利益受到损害的初步证据;

(四)属于人民法院受理民事诉讼的范围和受诉人民法院管辖。

第二百八十三条　公益诉讼案件由侵权行为地或者被告住所地中级人民法院管辖,但法律、司法解释另有规定的除外。

因污染海洋环境提起的公益诉讼,由污染发生地、损害结果地或者采取预防污染措施地海事法院管辖。

对同一侵权行为分别向两个以上人民法院提起公益诉讼的,由最先立案的人民法院管辖,必要时由它们的共同上级人民法院指定管辖。

第二百八十四条　人民法院受理公益诉讼案件后,应当在十日内书面告知相关行政主管部门。

第二百八十五条　人民法院受理公益诉讼案件后,依法可以提起诉讼的其他机关和有关组织,可以在开庭前向人民法院申请参加诉讼。人民法院准许参加诉讼的,列为共同原告。

第二百八十六条　人民法院受理公益诉讼案件,不影响同一侵权行为的受害人根据民事诉讼法第一百二十二条规定提起诉讼。

第二百八十七条　对公益诉讼案件,当事人可以和解,人民法院可以调解。

当事人达成和解或者调解协议后,人民法院应当将和解或者调解协议进行公告。公告期间不得少于三十日。

公告期满后,人民法院经审查,和解或者调解协议不违反社会公共利益的,应当出具调解书;和解或者调解协议违反社会公共利益的,不予出具调解书,继续对案件进行审理并依法作出裁判。

第二百八十八条 公益诉讼案件的原告在法庭辩论终结后申请撤诉的,人民法院不予准许。

第二百八十九条 公益诉讼案件的裁判发生法律效力后,其他依法具有原告资格的机关和有关组织就同一侵权行为另行提起公益诉讼的,人民法院裁定不予受理,但法律、司法解释另有规定的除外。

※法规解读:上述诸条文对民事公益诉讼相关问题作了集中规定。为了进一步明确以及能够有序地进行公益诉讼,本司法解释结合有关审判实践,作出了以下规定:(1)细化规定了提起公益诉讼的受理条件;(2)明确了公益诉讼案件的管辖法院;(3)规定了公益诉讼告知程序,人民法院受理公益诉讼案件后,应当在10日内书面告知相关行政主管部门;(4)对其他有权利提起公益诉讼的机关和有关组织参加诉讼作出规定;(5)协调了公益诉讼与私益诉讼的关系;(6)规定了公益诉讼案件可以和解、调解,但当事人达成和解或者调解协议后,人民法院应当将和解或者调解协议进行不少于30日的公告,并于公告期满后出具调解书或继续审理和裁判;(7)对公益诉讼原告申请撤诉作出了限制性规定,即公益诉讼案件的原告在法庭辩论终结后申请撤诉的,人民法院不予准许;(8)对公益诉讼案件裁判效力作出了规定。

《最高人民法院、最高人民检察院关于检察公益诉讼案件适用法律若干问题的解释》(2020年12月29日)

一、一 般 规 定

第一条 为正确适用《中华人民共和国民法典》《中华人民共和国民事诉讼法》《中华人民共和国行政诉讼法》关于人民检察院提起公益诉讼制度的规定,结合审判、检察工作实际,制定本解释。

第二条 人民法院、人民检察院办理公益诉讼案件主要任务是充分发挥司法审判、法律监督职能作用,维护宪法法律权威,维护社会公平正义,维护国家利益和社会公共利益,督促适格主体依法行使公益诉权,促进依法行政、严格执法。

第三条 人民法院、人民检察院办理公益诉讼案件,应当遵守宪法法律规定,遵循诉讼制度的原则,遵循审判权、检察权运行规律。

第四条 人民检察院以公益诉讼起诉人身份提起公益诉讼,依照民事诉讼法、行政诉讼法享有相应的诉讼权利,履行相应的诉讼义务,但法律、司法解释另有规定的除外。

第五条 市(分、州)人民检察院提起的第一审民事公益诉讼案件,由侵权行为地或者被告住所地中级人民法院管辖。

基层人民检察院提起的第一审行政公益诉讼案件，由被诉行政机关所在地基层人民法院管辖。

第六条 人民检察院办理公益诉讼案件，可以向有关行政机关以及其他组织、公民调查收集证据材料；有关行政机关以及其他组织、公民应当配合；需要采取证据保全措施的，依照民事诉讼法、行政诉讼法相关规定办理。

第七条 人民法院审理人民检察院提起的第一审公益诉讼案件，适用人民陪审制。

第八条 人民法院开庭审理人民检察院提起的公益诉讼案件，应当在开庭三日前向人民检察院送达出庭通知书。

人民检察院应当派员出庭，并应当自收到人民法院出庭通知书之日起三日内向人民法院提交派员出庭通知书。派员出庭通知书应当写明出庭人员的姓名、法律职务以及出庭履行的具体职责。

第九条 出庭检察人员履行以下职责：

（一）宣读公益诉讼起诉书；

（二）对人民检察院调查收集的证据予以出示和说明，对相关证据进行质证；

（三）参加法庭调查，进行辩论并发表意见；

（四）依法从事其他诉讼活动。

第十条 人民检察院不服人民法院第一审判决、裁定的，可以向上一级人民法院提起上诉。

第十一条 人民法院审理第二审案件，由提起公益诉讼的人民检察院派员出庭，上一级人民检察院也可以派员参加。

第十二条 人民检察院提起公益诉讼案件判决、裁定发生法律效力，被告不履行的，人民法院应当移送执行。

二、民事公益诉讼

第十三条 人民检察院在履行职责中发现破坏生态环境和资源保护，食品药品安全领域侵害众多消费者合法权益，侵害英雄烈士等的姓名、肖像、名誉、荣誉等损害社会公共利益的行为，拟提起公益诉讼的，应当依法公告，公告期间为三十日。

公告期满，法律规定的机关和有关组织、英雄烈士等的近亲属不提起诉讼的，人民检察院可以向人民法院提起诉讼。

人民检察院办理侵害英雄烈士等的姓名、肖像、名誉、荣誉的民事公益诉讼案件，也可以直接征询英雄烈士等的近亲属的意见。

第十四条 人民检察院提起民事公益诉讼应当提交下列材料：

（一）民事公益诉讼起诉书，并按照被告人数提出副本；

（二）被告的行为已经损害社会公共利益的初步证明材料；

（三）已经履行公告程序、征询英雄烈士等的近亲属意见的证明材料。

第十五条 人民检察院依据民事诉讼法第五十五条[1]第二款的规定提起民事公益诉讼，符合民事诉讼法第一百一十九条[2]第二项、第三项、第四项及本解释规定的起诉条件的，人民法院应当登记立案。

第十六条 人民检察院提起的民事公益诉讼案件中，被告以反诉方式提出诉讼请求的，人民法院不予受理。

第十七条 人民法院受理人民检察院提起的民事公益诉讼案件后，应当在立案之日起五日内将起诉书副本送达被告。

人民检察院已履行诉前公告程序的，人民法院立案后不再进行公告。

第十八条 人民法院认为人民检察院提出的诉讼请求不足以保护社会公共利益的，可以向其释明变更或者增加停止侵害、恢复原状等诉讼请求。

第十九条 民事公益诉讼案件审理过程中，人民检察院诉讼请求全部实现而撤回起诉的，人民法院应予准许。

第二十条 人民检察院对破坏生态环境和资源保护，食品药品安全领域侵害众多消费者合法权益，侵害英雄烈士等的姓名、肖像、名誉、荣誉等损害社会公共利益的犯罪行为提起刑事公诉时，可以向人民法院一并提起附带民事公益诉讼，由人民法院同一审判组织审理。

人民检察院提起的刑事附带民事公益诉讼案件由审理刑事案件的人民法院管辖。

※法规解读：上述条文对于人民检察院提起的民事公益诉讼案件的管辖、证据、办案程序，以及检察机关享有的诉讼权利、承担的诉讼义务等问题作了具体的规定。

---

〔1〕 2021年《民事诉讼法》第58条。

〔2〕 2021年《民事诉讼法》第122条。

《最高人民检察院、生态环境部、国家发展和改革委员会、司法部、自然资源部、住房城乡建设部、交通运输部、水利部、农业农村部、国家林业和草原局关于在检察公益诉讼中加强协作配合依法打好污染防治攻坚战的意见》（2019 年 1 月 2 日）

为贯彻落实党中央、国务院关于打好污染防治攻坚战的各项决策部署，充分发挥检察机关、行政执法机关职能作用，最高人民检察院、生态环境部会同国家发展和改革委员会、司法部、自然资源部、住房城乡建设部、交通运输部、水利部、农业农村部、国家林业和草原局等部门，就在检察公益诉讼中加强协作配合，合力打好污染防治攻坚战，共同推进生态文明建设，形成如下协作意见。

一、关于线索移送的问题

1. 完善公益诉讼案件线索移送机制。各方应积极借助行政执法与刑事司法衔接信息共享平台的经验做法，逐步实现生态环境和资源保护领域相关信息实时共享。行政执法机关发现涉嫌破坏生态环境和自然资源的公益诉讼案件线索，应及时移送检察机关办理。

2. 建立交流会商和研判机制。各单位确定相关职能部门共同建立执法情况和公益诉讼线索交流会商和研判机制，由检察机关召集，每年会商一次，确有需要的，可随时召开。有关行政机关也可就本系统行政执法和公益诉讼线索情况单独进行交流会商，共同研究解决生态环境和资源保护执法中的突出问题。检察机关对生态环境和资源保护领域易发、高发的系统性、领域性问题，可以集中提出意见建议；行政执法机关对检察机关办案中的司法不规范等问题，可以提出改进的意见建议。

3. 建立健全信息共享机制。根据检察机关办理公益诉讼案件需要，行政执法机关向检察机关提供行政执法信息平台中涉及生态环境和资源保护领域的行政处罚信息和监测数据，以及环保督察等专项行动中发现的问题和线索信息。检察机关定期向行政执法机关提供已办刑事犯罪、公益诉讼等案件信息和数据信息。进一步明确移送标准，逐步实现行政执法机关发现公益诉讼案件线索及时移送检察机关、检察机关发现行政执法机关可能存在履职违法性问题提前预警等功能。

二、关于立案管辖的问题

4. 探索建立管辖通报制度。检察机关办理行政公益诉讼案件，一般由违法行使职权或者不作为的行政机关所在地的同级人民检察院立案并进行诉前程序。对于多个检察机关均有管辖权的情形，上级检察机关可与被监督行政执法机关的上级机关加强沟通、征求意见,从有利于执法办案、有利于解决问题的角度,确定管辖的检察机关。

5. 坚持根据监督对象立案。对于一个行政执法机关涉及多个行政相对人的同类行政违法行为,检察机关可作为一个案件立案;对于一个污染环境或者破坏生态的事件,多个行政机关存在违法行使职权或者不作为情形的,检察机关可以分别立案。

6. 探索立案管辖与诉讼管辖适当分离。上级检察机关可根据案件情况,综合考虑被监督对象的行政层级、生态环境损害程度、社会影响、治理效果等因素,将案件线索指定辖区内其他下级检察机关立案。在人民法院实行环境资源案件集中管辖的地区,需要提起诉讼的,一般移送集中管辖法院对应的检察院提起诉讼。

三、关于调查取证的问题

7. 建立沟通协调机制。检察机关在调查取证过程中,要加强与行政执法机关的沟通协调。对于重大敏感案件线索,应及时向被监督行政执法机关的上级机关通报情况。行政执法机关应积极配合检察机关调查收集证据。

8. 建立专业支持机制。各行政执法机关可根据自身行业特点,为检察机关办案在调查取证、鉴定评估等方面提供专业咨询和技术支持,如协助做好涉案污染物的检测鉴定工作等。检察机关可根据行政执法机关办案需要或要求,提供相关法律咨询。

9. 做好公益诉讼与生态环境损害赔偿改革的衔接。深化对公益诉讼与生态环境损害赔偿诉讼关系的研究,加强检察机关、行政执法机关与审判机关的沟通协调,做好公益诉讼制度与生态环境损害赔偿制度的配合和衔接。

四、关于司法鉴定的问题

10. 探索建立检察公益诉讼中生态环境损害司法鉴定管理和使用衔接机制。遵循统筹规划、合理布局、总量控制、有序发展的原则,针对司法实践中存在的司法鉴定委托难等问题,适当吸纳相关行政执法机关的鉴定检测机构,加快准入一批诉讼急需、社会关注的生态环境损害司法鉴定机构。针对鉴定规范不明确、鉴定标准不统一等问题,加快对生态环境损害鉴定评估相关标准规范的修订、制定等工作,建立健全标准规范体系。加强对鉴定机构及其鉴定人的监督管理,实行动态管理,完善退出机制,建立与司法机关的管理和使用衔接机制,畅通联络渠道,实现信息共享,不断提高鉴定质量和公信力。

11. 探索完善鉴定收费管理和经费保障机制。司法部、生态环境部会同国家发展和改革委员会等部门指导地方完善司法鉴定收费政策。与相关鉴定机构协商，探索检察机关提起生态环境损害公益诉讼时先不预交鉴定费，待人民法院判决后由败诉方承担。与有关部门协商，探索将鉴定评估费用列入财政保障。

12. 依法合理使用专家意见等证据。检察机关在办案过程中，涉及案件的专门性问题难以鉴定的，可以结合案件其他证据，并参考行政执法机关意见、专家意见等予以认定。

五、关于诉前程序的问题

13. 明确行政执法机关履职尽责的标准。对行政执法机关不依法履行法定职责的判断和认定，应以法律规定的行政执法机关法定职责为依据，对照行政执法机关的执法权力清单和责任清单，以是否采取有效措施制止违法行为、是否全面运用法律法规、规章和规范性文件规定的行政监管手段、国家利益或者社会公共利益是否得到了有效保护为标准。检察机关和行政执法机关要加强沟通和协调，可通过听证、圆桌会议、公开宣告等形式，争取诉前工作效果最大化。最高人民检察院会同有关行政执法机关及时研究出台文件，明确行政执法机关不依法履行法定职责的认定标准。

14. 强化诉前检察建议释法说理。检察机关制发诉前检察建议，要准确写明行政执法机关违法行使职权或者不作为的事实依据和法律依据，意见部分要精准、具体，并进行充分的释法说理。要严守检察权边界，不干涉行政执法机关的正常履职和自由裁量权。

15. 依法履行行政监管职责。行政执法机关接到检察建议书后应在规定时间内书面反馈，确属履职不到位或存在不作为的，应当积极采取有效措施进行整改；因客观原因难以在规定期限内整改完毕的，应当制作具体可行的整改方案，及时向检察机关说明情况；不存在因违法行政致国家利益和社会公共利益受损情形的，应当及时回复并说明情况。

六、关于提起诉讼的问题

16. 检察机关应依法提起公益诉讼。经过诉前程序，行政执法机关仍未依法全面履行职责，国家利益或者社会公共利益受侵害状态尚未得到实质性遏制的，人民检察院依法提起行政公益诉讼。

17. 行政执法机关应依法参与诉讼活动。进入诉讼程序的，行政执法机关应按照行政应诉规定相关要求积极参加诉讼,做好应诉准备工作,根据诉讼类型和具体请求积极应诉答辩。对于国家利益或者社会公共利益受到损害的情形,在诉讼过程中要继续推动问题整改落实,力争实质解决。对于法院作出的生效判决要严格执行,及时纠正违法行政行为或主动依法履职。

七、关于日常联络的问题

18. 建立日常沟通联络制度。各方应明确专门联络机构和具体联络人员,负责日常联络及文件传输等工作。各方可定期或不定期召开联席会议,共同研讨解决生态环境和资源保护领域中存在的具体问题,以及司法办案中突出存在的确定管辖难、调查取证难、司法鉴定难、法律适用难、从严惩治难等问题。对于达成一致的事项,以会议纪要、会签文件、共同出台指导意见等形式予以明确。检察机关和各相关行政执法机关可以在日常工作层面进一步拓宽交流沟通的渠道和方式,建立经常性、多样化的交流沟通机制。

19. 建立重大情况通报制度。为切实保护国家利益和社会公共利益,及时处置突发性、普遍性等重大问题,对于涉及生态环境行政执法及检察公益诉讼的重大案件、事件和舆情,各方应当及时相互通报,共同研究制定处置办法,及时回应社会关切。在办案中发现相关国家机关工作人员失职渎职等职务违法犯罪线索的,应当及时移送纪检监察机关。

20. 建立联合开展专项行动机制。各方开展的涉及对方工作范围的专项行动等,可邀请对方参与,真正形成检察机关与行政执法机关司法、执法工作合力,共同促进生态环境和资源保护领域依法行政。

八、关于人员交流的问题

21. 建立人员交流和培训机制。各方可定期互派业务骨干挂职,强化实践锻炼,进一步优化干部队伍素质。检察机关可聘请部分行政执法机关业务骨干任命为特邀检察官助理,共同参与公益诉讼办案工作。检察机关和行政执法机关举办相关培训时,可以为各方预留名额,或邀请各方单位领导和办案骨干介绍情况,定期开展业务交流活动,共同提高行政执法和检察监督能力。

※法规解读:上述条文是最高人民检察院、生态环境部会同国家发展和改革委员会、司法部、自然资源部、住房城乡建设部、交通运输部、水利部、农业农村部、国家林业和草原局等部门,为贯彻落实党中央、国务院关于打好污染防治攻坚战的各项决策部署,充分发挥检察机关、行政执法机关职能作用,就在检察公益诉讼中加

强协作配合,合力打好污染防治攻坚战,共同推进生态文明建设形成的协作意见。该意见对公益诉讼案件线索移送、立案管辖、调查取证、司法鉴定、诉前程序、提起诉讼、日常联络和人员交流等八个方面的问题作了详尽的规定,不仅是检察公益诉讼的办案依据,也是检察机关与其他司法行政机关在污染防治攻坚战中协同作战的行动指南。

关联法规索引

《海洋环境保护法》第 89 条第 2 款;《消费者权益保护法》第 47 条;《环境保护法》第 58 条;《英雄烈士保护法》第 25 条

第五十九条　【第三人和第三人撤销之诉】对当事人双方的诉讼标的,第三人认为有独立请求权的,有权提起诉讼。

对当事人双方的诉讼标的,第三人虽然没有独立请求权,但案件处理结果同他有法律上的利害关系的,可以申请参加诉讼,或者由人民法院通知他参加诉讼。人民法院判决承担民事责任的第三人,有当事人的诉讼权利义务。

前两款规定的第三人,因不能归责于本人的事由未参加诉讼,但有证据证明发生法律效力的判决、裁定、调解书的部分或者全部内容错误,损害其民事权益的,可以自知道或者应当知道其民事权益受到损害之日起六个月内,向作出该判决、裁定、调解书的人民法院提起诉讼。人民法院经审理,诉讼请求成立的,应当改变或者撤销原判决、裁定、调解书;诉讼请求不成立的,驳回诉讼请求。

条文解读

本条共有 3 款,是关于民事诉讼第三人和第三人撤销之诉的规定。

本条第 1 款与第 2 款分别规定了有独立请求权的第三人和无独立请求权的第三人。民事诉讼通常在民事纠纷的双方当事人即原告与被告之间进行,但有时也会直接或间接牵涉到原、被告之外的第三人的民事权益,因而导致第三人参加诉讼。民事诉讼第三人是指对他人争议的诉讼标的有独立的请求权,或者虽无独立的请求权,但案件的处理结果与其有法律上的利害关系,而参加到原、被告已经开始的诉讼中进行诉讼的人。因此,以对他人之间的诉讼标的是否具有独立请求权为标准,可以将第三人分为有独立请求权的第三人和无独立请求权的第三人。

有独立请求权的第三人参加诉讼的根据是其对他人之间的诉讼标的主张独立的请求权,因此他可以以直接向人民法院起诉的方式参加诉讼,其地位相当于原告,享有原告的诉讼权利,承担原告的诉讼义务。而无独立请求权的第三人参加诉讼的根据是其与原、被告之间案件的处理结果存在法律上的利害关系,其加入诉讼方式是自己申请或者人民法院通知。由于无独立请求权的第三人在诉讼中通常是处于辅助人的地位,辅助一方当事人进行诉讼,因而其不享有与处分诉讼标的有关的诉讼权利,只有当人民法院判决其承担民事责任时,才享有当事人的诉讼地位。

本条第 3 款规定了第三人的撤销之诉。第三人撤销之诉是指未参加诉讼的第三人,有证据证明发生法律效力的判决、裁定、调解书的部分或者全部内容错误,损害其民事权益的,向作出该判决、裁定、调解书的人民法院提起诉讼,请求改变或者撤销原判决、裁定、调解书的制度。该制度有利于对受到侵害而未能参加诉讼且案件也未进入执行程序的第三人给予救济。第三人撤销之诉的适用条件如下:第一,第三人因不能归责于本人的事由而未参加诉讼。即其未能作为第三人参加诉讼有正当理由。第二,有证据证明发生法律效力的判决、裁定、调解书的部分或者全部内容错误,损害其民事权益。这主要是为了防止第三人滥诉,影响生效裁判、调解书的稳定性,因而要求其提供一定的证据。第三,第三人提起诉讼的时间为自知道或者应当知道民事权益受到损害之日起 6 个月内。第四,应当向作出该判决、裁定、调解书的人民法院提起诉讼。这主要是考虑到作出原生效裁判的人民法院了解案情,可以发挥其自我纠错功能,也避免出现下级人民法院撤销或者变更上级人民法院作出的生效裁判、调解书的情况。需要注意的是,第三人提起的撤销之诉是依据新事实提起的新诉,对该新诉的裁判,第三人和原诉的当事人均可以提起上诉。另外,在执行过程中,第三人发现原裁判损害自己利益的,既可以按照本款的规定提起第三人撤销之诉,也可以按照本法第 234 条的规定以案外人身份提起执行异议,若对执行人民法院所作的执行异议裁定不服,认为原裁判错误的,可以依照审判监督程序提起再审。执行标的与原裁判无关的,该案外人只能依据本法第 234 条的规定,自执行人民法院作出的执行异议裁定送达之日起 15 日内向人民法院提起诉讼。

配套法规及解读

《最高人民法院关于适用〈中华人民共和国民事诉讼法〉的解释》(2022年4月1日)

第八十一条　根据民事诉讼法第五十九条的规定,有独立请求权的第三人有权向人民法院提出诉讼请求和事实、理由,成为当事人;无独立请求权的第三人,可以申请或者由人民法院通知参加诉讼。

第一审程序中未参加诉讼的第三人,申请参加第二审程序的,人民法院可以准许。

第八十二条　在一审诉讼中,无独立请求权的第三人无权提出管辖异议,无权放弃、变更诉讼请求或者申请撤诉,被判决承担民事责任的,有权提起上诉。

※法规解读:上述两个条文是关于有独立请求权的第三人与无独立请求权的第三人参加诉讼的方式、诉讼地位的规定。有独立请求权的第三人与无独立请求权的第三人,都是参加到原、被告之间正在进行的诉讼中,以维护自己的民事权益的诉讼主体,二者均不是本诉的当事人,但二者亦存在诸多区别:第一,他们参加诉讼的根据不同。有独立请求权的第三人参加诉讼是因其对原、被告争议的诉讼标的有独立的诉讼主张,而无独立请求权的第三人参加诉讼则是因其与原、被告之间案件的处理结果存在法律上的利害关系。第二,他们的诉讼地位不同。有独立请求权的第三人在其提起的参加之诉中相当于原告,无独立请求权的第三人在诉讼中是辅助一方当事人进行诉讼,更多情况下处于类似被告的境地。第三,他们所享有的诉讼权利不同。由于各自的诉讼地位存在区别,有独立请求权的第三人享有管辖异议权之外的原告的所有诉讼权利,无独立请求权的第三人则只享有为维护其民事权益所必需的诉讼权利,而不享有与处分实体权利有关的诉讼权利,如放弃、变更诉讼请求和申请撤诉等,同时也不享有管辖异议权,而只有相对的上诉权。第四,参加诉讼的方式不同。有独立请求权的第三人可以以起诉的方式参加到本诉中,也可以另行起诉,完全出于自愿,人民法院不能强制。而无独立请求权的第三人可以自己申请或者由人民法院通知参加诉讼。在后一种方式下,一经通知,便负有参诉义务,否则,可能会导致缺席判决的后果。需要注意的是,本司法解释增加规定了第三人在第一审程序中未参加诉讼而申请参加第二审程序的,人民法院可以准许。

第二百九十条 第三人对已经发生法律效力的判决、裁定、调解书提起撤销之诉的，应当自知道或者应当知道其民事权益受到损害之日起六个月内，向作出生效判决、裁定、调解书的人民法院提出，并应当提供存在下列情形的证据材料：

（一）因不能归责于本人的事由未参加诉讼；

（二）发生法律效力的判决、裁定、调解书的全部或者部分内容错误；

（三）发生法律效力的判决、裁定、调解书内容错误损害其民事权益。

第二百九十一条 人民法院应当在收到起诉状和证据材料之日起五日内送交对方当事人，对方当事人可以自收到起诉状之日起十日内提出书面意见。

人民法院应当对第三人提交的起诉状、证据材料以及对方当事人的书面意见进行审查。必要时，可以询问双方当事人。

经审查，符合起诉条件的，人民法院应当在收到起诉状之日起三十日内立案。不符合起诉条件的，应当在收到起诉状之日起三十日内裁定不予受理。

第二百九十二条 人民法院对第三人撤销之诉案件，应当组成合议庭开庭审理。

第二百九十三条 民事诉讼法第五十九条第三款规定的因不能归责于本人的事由未参加诉讼，是指没有被列为生效判决、裁定、调解书当事人，且无过错或者无明显过错的情形。包括：

（一）不知道诉讼而未参加的；

（二）申请参加未获准许的；

（三）知道诉讼，但因客观原因无法参加的；

（四）因其他不能归责于本人的事由未参加诉讼的。

第二百九十四条 民事诉讼法第五十九条第三款规定的判决、裁定、调解书的部分或者全部内容，是指判决、裁定的主文，调解书中处理当事人民事权利义务的结果。

第二百九十五条 对下列情形提起第三人撤销之诉的，人民法院不予受理：

（一）适用特别程序、督促程序、公示催告程序、破产程序等非讼程序处理的案件；

（二）婚姻无效、撤销或者解除婚姻关系等判决、裁定、调解书中涉及身份关系的内容；

（三）民事诉讼法第五十七条规定的未参加登记的权利人对代表人诉讼案件的

生效裁判；

（四）民事诉讼法第五十八条规定的损害社会公共利益行为的受害人对公益诉讼案件的生效裁判。

第二百九十六条 第三人提起撤销之诉，人民法院应当将该第三人列为原告，生效判决、裁定、调解书的当事人列为被告，但生效判决、裁定、调解书中没有承担责任的无独立请求权的第三人列为第三人。

第二百九十七条 受理第三人撤销之诉案件后，原告提供相应担保，请求中止执行的，人民法院可以准许。

第二百九十八条 对第三人撤销或者部分撤销发生法律效力的判决、裁定、调解书内容的请求，人民法院经审理，按下列情形分别处理：

（一）请求成立且确认其民事权利的主张全部或部分成立的，改变原判决、裁定、调解书内容的错误部分；

（二）请求成立，但确认其全部或部分民事权利的主张不成立，或者未提出确认其民事权利请求的，撤销原判决、裁定、调解书内容的错误部分；

（三）请求不成立的，驳回诉讼请求。

对前款规定裁判不服的，当事人可以上诉。

原判决、裁定、调解书的内容未改变或者未撤销的部分继续有效。

第二百九十九条 第三人撤销之诉案件审理期间，人民法院对生效判决、裁定、调解书裁定再审的，受理第三人撤销之诉的人民法院应当裁定将第三人的诉讼请求并入再审程序。但有证据证明原审当事人之间恶意串通损害第三人合法权益的，人民法院应当先行审理第三人撤销之诉案件，裁定中止再审诉讼。

第三百条 第三人诉讼请求并入再审程序审理的，按照下列情形分别处理：

（一）按照第一审程序审理的，人民法院应当对第三人的诉讼请求一并审理，所作的判决可以上诉；

（二）按照第二审程序审理的，人民法院可以调解，调解达不成协议的，应当裁定撤销原判决、裁定、调解书，发回一审法院重审，重审时应当列明第三人。

第三百零一条 第三人提起撤销之诉后，未中止生效判决、裁定、调解书执行的，执行法院对第三人依照民事诉讼法第二百三十四条规定提出的执行异议，应予审查。第三人不服驳回执行异议裁定，申请对原判决、裁定、调解书再审的，人民法院不予受理。

案外人对人民法院驳回其执行异议裁定不服，认为原判决、裁定、调解书内容错误损害其合法权益的，应当根据民事诉讼法第二百三十四条规定申请再审，提起第三人撤销之诉的，人民法院不予受理。

※法规解读：上述条文是对第三人撤销之诉的细化规定。其主要内容是：(1)明确了第三人撤销之诉的起诉条件和应当提交的证据材料。(2)规定了第三人撤销之诉的受理程序。人民法院在收到起诉状、证据材料之日起5日内送达对方当事人，对方当事人在收到后10日内提出书面意见，人民法院应当在收到起诉状之日起30日内决定是否立案。(3)明确了“因不能归责于本人的事由未参加诉讼”是指没有被列为生效判决、裁定、调解书当事人，且无过错或者无明显过错的情形，并对其进行了列举。(4)明确了“判决、裁定、调解书的部分或者全部内容”是指判决、裁定的主文，调解书中处理当事人民事权利义务的结果。据此，判决、裁定事实和理由部分，调解书中的事实部分不在此列。(5)明确了四种情形提起第三人撤销之诉的，人民法院不予受理。(6)明确了第三人撤销之诉中当事人的确定。(7)规定了第三人撤销之诉的审理方式（组成合议庭开庭审理）和审理结果，当事人不服的可以上诉。原判决、裁定、调解书的内容未改变或者未撤销的部分继续有效。(8)明确了第三人撤销之诉与再审程序的衔接适用，实现了二者之间的协调运作。(9)规定了第三人撤销之诉的中止执行制度，即原告提供相应担保，请求中止执行的，人民法院可以准许。(10)明确了第三人撤销之诉、执行异议之诉、案外人申请再审之间的衔接适用，协调了三者之间的关系。

关联法规索引

《最高人民法院关于适用〈中华人民共和国民法典〉婚姻家庭编的解释（一）》第16条；《最高人民法院关于适用〈中华人民共和国公司法〉若干问题的规定（二）》第4条；《最高人民法院关于审理融资租赁合同纠纷案件适用法律问题的解释》第13条；《最高人民法院关于审理民间借贷案件适用法律若干问题的规定》第22条；《最高人民法院关于适用〈中华人民共和国公司法〉若干问题的规定（四）》第3、24条；《最高人民法院关于审理医疗损害责任纠纷案件适用法律若干问题的解释》第2、3条

典型案例

黄某娜与海口栋梁实业有限公司、广东省阳江市建安集团有限公司海南分公司商品房销售合同纠纷案[1]

※案情简介：黄某娜于2014年8月18日向海南省高级人民法院提起民事诉讼称：2012年10月31日，黄某娜与海口栋梁实业有限公司（以下简称栋梁公司）签订《商品房买卖合同》，购置栋梁公司位于海南省海口市的一座房屋。合同签订后，栋梁公司依约为黄某娜办理了商品房买卖合同备案登记及房屋预告登记。黄某娜依约向栋梁公司支付全部购房款，其中黄某娜自付16062750元，并将上述房产向平安银行股份有限公司海口分行（以下简称平安银行）抵押贷款人民币1200万元。黄某娜已经通过受让方式取得该房屋的所有权，现该房产已由黄某娜出租给他人使用。

2012年期间，广东省阳江市建安集团有限公司海南分公司（以下简称阳江公司）与栋梁公司因建筑施工合同纠纷诉至海南省海口市中级人民法院，该案诉争标的中涉及黄某娜拥有所有权的房屋。2014年6月26日作出（2014）琼环民终字第7号民事判决，将涉案房屋部分产权裁判给阳江公司。

黄某娜认为自己对房屋的合法权益受到侵犯，向海南省高级人民法院提起第三人撤销之诉。海南省高级人民法院认为：第一，在黄某娜诉请撤销的海南省高级人民法院（2014）琼环民终字第7号民事诉讼中，一审原告阳江公司于2012年9月18日向海南省海口市中级人民法院起诉，该院于2012年9月20日立案受理，而黄某娜与栋梁公司签订《商品房买卖合同》的时间是在2012年10月31日，即在该案立案受理一个多月后，故在原诉形成之时，黄某娜尚不是原诉的第三人，其并不具备提起第三人撤销之诉原告的主体资格。第二，黄某娜未能提供证据证明是因不能归责于其本人的事由未参加该案诉讼，因此，黄某娜提起本案诉讼亦不符合第三人撤销之诉的受理条件。海南省高级人民法院裁定不予受理。黄某娜不服上述裁定，以该裁定认定事实不清、适用法律错误为由向最高人民法院提出上诉，请求撤销一审裁定，指令一审法院审理本案。

[1] 载《最高人民法院公报》2016年第9期。

※争议焦点：第一，黄某娜是否为第三人撤销之诉的适格原告？第二，黄某娜是否因不能归责于其本人的原因未参加诉讼？

※裁判结果：最高人民法院认为，根据《中华人民共和国民事诉讼法》第五十六条[1]，民事诉讼的第三人包括对案件诉讼标的有独立请求权的人以及虽无此请求权，但同案件处理结果有法律上利害关系的人。在阳江公司诉栋梁公司建设工程施工合同纠纷一案中，海南省海口市中级人民法院二审以(2014)琼环民终字第7号民事判决，判决栋梁公司将案涉华源大厦一层334m^2交付阳江公司并协助办理过户手续。而本案黄某娜主张其已向栋梁公司买受了1320m^2的华源大厦一层，并办理了过户手续。故上述阳江公司诉栋梁公司一案的终审判决结果影响黄某娜对案涉房产的权利，其应为该案第三人。一审裁定关于黄某娜不是(2014)琼环民终字第7号民事判决所涉案件第三人的认定不当，最高人民法院予以纠正。黄某娜关于其因不能归责于其本人的原因未参加前述案件诉讼的理由，缺乏证据证明不能成立。因此，裁定驳回上诉、维持原裁定。

第二节　诉讼代理人

第六十条　【法定代理人】无诉讼行为能力人由他的监护人作为法定代理人代为诉讼。法定代理人之间互相推诿代理责任的，由人民法院指定其中一人代为诉讼。

条文解读

本条是关于法定代理人的规定。

法定代理人是指根据法律规定，代理无诉讼行为能力的当事人进行民事活动的人。无民事行为能力或者限制民事行为能力的人，是不具有诉讼行为能力的，他们不能亲自参加诉讼。但他们作为民事主体，也会与他人发生民事争议，需要通过民事诉讼程序来解决这些争议。法定诉讼代理制度就是为了补充无民事行为能力及限制民事行为能力人在诉讼行为能力上的不足而设置的。由于法定诉讼代理权

[1] 2021年《民事诉讼法》第59条。

产生的实体法基础是监护权，所以法定诉讼代理人只能由无诉讼行为能力人的监护人担任。应当注意的是，法定诉讼代理是一种全权代理，因此法定诉讼代理人可以按照自己的意志代被代理人实施包括起诉、应诉、放弃或变更诉讼请求、进行调解、提起反诉等行为在内的所有诉讼行为。同时，法定诉讼代理人还应履行当事人所应承担的一切诉讼义务。

由于诉讼代理人的代理权将直接影响其所实施的诉讼行为的效力，因此人民法院应当审查诉讼代理人是否为法定代理人，是否有法定代理权。同时，如果当事人有两个以上法定代理人，而他们又相互推诿代理责任的，人民法院应当从中指定一人作为法定诉讼代理人。

配套法规及解读

《最高人民法院关于适用〈中华人民共和国民事诉讼法〉的解释》（2022年4月1日）

第八十三条　在诉讼中，无民事行为能力人、限制民事行为能力人的监护人是他的法定代理人。事先没有确定监护人的，可以由有监护资格的人协商确定；协商不成的，由人民法院在他们之中指定诉讼中的法定代理人。当事人没有民法典第二十七条、第二十八条规定的监护人的，可以指定民法典第三十二条规定的有关组织担任诉讼中的法定代理人。

※法规解读：本条规定了法定诉讼代理人的确定。依据本条，无民事行为能力人、限制民事行为能力人的监护人是他的法定代理人。具体而言，未成年人的父母是未成年人的监护人。未成年人的父母已经死亡或者没有监护能力的，由下列人员中有监护能力的人担任监护人：(1)祖父母、外祖父母；(2)兄、姐；(3)关系密切的其他亲属、朋友愿意承担监护责任，经未成年人父、母所在单位或未成年人住所地居委会、村委会同意的。没有上述监护人的，由未成年人的父、母所在单位或未成年人住所地居委会、村委会或民政部门担任监护人。无民事行为能力或限制行为能力的精神病人，由下列人员担任监护人：(1)配偶；(2)父母；(3)成年子女；(4)其他近亲属；(5)关系密切的其他亲属、朋友愿意承担监护责任，经精神病人所在单位或住所地居委会、村委会同意的。没有上述监护人的，由精神病人所在单位或住所地居委会、村委会或民政部门担任监护人。

法定诉讼代理权是基于法律的直接规定而产生的,有资格作为无诉讼行为能力人的法定代理人的,不应争夺法定代理权或者推卸代理诉讼的责任。为保障诉讼活动的正常进行,保护无民事诉讼行为能力人的利益及社会公共利益,在司法实践中,对于事先没有确定监护人的,可以由有监护资格的人协商确定;协商不成的,人民法院应当对其进行审查,指定最合适者作为无诉讼行为能力人的法定代理人。人民法院的指定具有法律效力,被指定的诉讼代理人必须履行诉讼代理责任,不得再以任何理由推诿和拒绝代理诉讼。

关联法规索引

《民法典》第 23、27 ~ 39、1068 条

第六十一条 【委托诉讼代理人】当事人、法定代理人可以委托一至二人作为诉讼代理人。

下列人员可以被委托为诉讼代理人:

(一)律师、基层法律服务工作者;

(二)当事人的近亲属或者工作人员;

(三)当事人所在社区、单位以及有关社会团体推荐的公民。

条文解读

本条共有 2 款,是关于委托诉讼代理人的人数和范围的规定。

委托诉讼代理人是指受当事人、法定代理人委托并以他们的名义在授权范围内进行民事诉讼活动的人。根据本条第 1 款,当事人、法定代理人委托诉讼代理人的人数以二人为限。这一规定主要是为了尊重当事人的意思,充分保障当事人的诉讼权利,同时也是为了诉讼的顺利、高效进行。在司法实践中,当事人委托两人代理诉讼主要有两种情况:其一,对两人授予不同的代理权限,如一人是涉及实体权利处分的特别授权,另一人是不涉及实体权利处分的一般授权。在此情况下,代理人应当在各自代理权限内实施诉讼行为,人民法院也应根据其不同的代理权限来确定其诉讼行为的效力。其二,对两人授予内容完全相同的代理权限。在这种

情况下，两名诉讼代理人应当共同参加诉讼并在协商一致后共同实施诉讼行为。如果两人的观点不能统一，人民法院则应征询当事人的意见。

针对实践中有些人以诉讼代理人的名义长期包揽诉讼，违法收取案件代理费，严重扰乱法律服务市场等情况，2012 年《民事诉讼法》对委托诉讼代理人的范围作了修改，以下三类主体可被委托为诉讼代理人：(1)律师以及基层法律服务工作者。律师具有专门的法律知识和丰富的诉讼经验，且法律赋予了律师某些特定的权利，也规定了律师某些特定的义务。律师参与诉讼，无论是对人民法院查清事实、正确运用法律，还是对当事人合法权益的充分维护都具有非常重要的作用。基层法律服务工作者是指符合《基层法律服务工作者管理办法》规定的执业条件，经核准执业登记，领取《法律服务工作者执业证》，在基层法律服务所中执业，为社会提供法律服务的人员。基层法律服务工作具有面向基层、贴近群众、收费低廉、方便及时的特点，它与律师、公证工作形成互补、协作的"大服务"格局，既弥补了基层法律服务的空白，又是建立有中国特色法律服务制度的有益探索。(2)当事人的近亲属或者工作人员。当事人的近亲属包括具有完全民事行为能力的夫、妻、父、母、子、女、同胞兄弟姐妹、祖父母、外祖父母。由于他们与当事人关系密切，相互之间比较信任，对案情比较了解，因此，法律允许当事人委托其代为诉讼。当事人是法人或者其他组织的，其工作人员可以作为诉讼代理人。(3)当事人所在社区、单位以及有关社会团体推荐的公民。这主要是指当事人生活的社区及工作的单位举荐并能胜任代理职责的公民；与当事人有关的，或存在某种保护之责的，或案件内容与其业务有一定联系的社会团体，如工会、妇女联合会、消费者协会或某些文艺、学术、宗教团体等推荐的公民。

由此可见，在我国，可以充当委托诉讼代理人的范围是比较广泛的，当事人可以根据自己的情况选择委托诉讼代理人。

配套法规及解读

《法官法》(2019 年 4 月 23 日)

第二十四条 法官的配偶、父母、子女有下列情形之一的，法官应当实行任职回避：

(一)担任该法官所任职人民法院辖区内律师事务所的合伙人或者设立人的；

（二）在该法官所任职人民法院辖区内以律师身份担任诉讼代理人、辩护人，或者为诉讼案件当事人提供其他有偿法律服务的。

第三十六条 法官从人民法院离任后两年内，不得以律师身份担任诉讼代理人或者辩护人。

法官从人民法院离任后，不得担任原任职法院办理案件的诉讼代理人或者辩护人，但是作为当事人的监护人或者近亲属代理诉讼或者进行辩护的除外。

法官被开除后，不得担任诉讼代理人或者辩护人，但是作为当事人的监护人或者近亲属代理诉讼或者进行辩护的除外。

《检察官法》（2019 年 4 月 23 日）

第二十五条 检察官的配偶、父母、子女有下列情形之一的，检察官应当实行任职回避：

（一）担任该检察官所任职人民检察院辖区内律师事务所的合伙人或者设立人的；

（二）在该检察官所任职人民检察院辖区内以律师身份担任诉讼代理人、辩护人，或者为诉讼案件当事人提供其他有偿法律服务的。

第三十七条 检察官从人民检察院离任后两年内，不得以律师身份担任诉讼代理人或者辩护人。

检察官从人民检察院离任后，不得担任原任职检察院办理案件的诉讼代理人或者辩护人，但是作为当事人的监护人或者近亲属代理诉讼或者进行辩护的除外。

检察官被开除后，不得担任诉讼代理人或者辩护人，但是作为当事人的监护人或者近亲属代理诉讼或者进行辩护的除外。

《律师法》（2017 年 9 月 1 日）

第三十九条 律师不得在同一案件中为双方当事人担任代理人，不得代理与本人或者其近亲属有利益冲突的法律事务。

第四十一条 曾经担任法官、检察官的律师，从人民法院、人民检察院离任后二年内，不得担任诉讼代理人或者辩护人。

※法规解读：上述《法官法》《检察官法》《律师法》中的几个条文是关于不得作为委托诉讼代理人的情形的规定。在我国，可以担任委托诉讼代理人的范围是十分广泛的，但是，为了充分保障诉讼公正的要求，保障被代理人的合法权益不被侵

害,《法官法》《检察官法》《律师法》中对离任法官、检察官担任诉讼代理人或辩护人作了一定的限制,对法官、检察官的配偶、亲属担任诉讼代理人、辩护人也作了一定的限制。律师不得在同一案件中为双方代理,不得代理与本人或者其近亲属有利益冲突的法律事务。

《最高人民法院关于适用〈中华人民共和国民事诉讼法〉的解释》(2022年4月1日)

第八十四条　无民事行为能力人、限制民事行为能力人以及其他依法不能作为诉讼代理人的,当事人不得委托其作为诉讼代理人。

※法规解读:无民事行为能力人、限制民事行为能力人不具有诉讼行为能力,因而不能担任诉讼代理人。其他依法不能作为诉讼代理人的主要是指根据《法官法》《检察官法》《律师法》的相关规定,特定主体依法不得担任诉讼代理人的情况。

第八十五条　根据民事诉讼法第六十一条第二款第二项规定,与当事人有夫妻、直系血亲、三代以内旁系血亲、近姻亲关系以及其他有抚养、赡养关系的亲属,可以当事人近亲属的名义作为诉讼代理人。

※法规解读:本条规定明确了可以担任当事人的委托诉讼代理人的近亲属的范围。

第八十六条　根据民事诉讼法第六十一条第二款第二项规定,与当事人有合法劳动人事关系的职工,可以当事人工作人员的名义作为诉讼代理人。

※法规解读:本条规定明确了可以作为委托诉讼代理人的当事人的工作人员是指与当事人有合法劳动人事关系的职工。

第八十七条　根据民事诉讼法第六十一条第二款第三项规定,有关社会团体推荐公民担任诉讼代理人的,应当符合下列条件:

(一)社会团体属于依法登记设立或者依法免予登记设立的非营利性法人组织;

(二)被代理人属于该社会团体的成员,或者当事人一方住所地位于该社会团体的活动地域;

(三)代理事务属于该社会团体章程载明的业务范围;

(四)被推荐的公民是该社会团体的负责人或者与该社会团体有合法劳动人事关系的工作人员。

专利代理人经中华全国专利代理人协会推荐,可以在专利纠纷案件中担任诉讼代理人。

※法规解读：本条第1款明确了有关社会团体推荐公民担任诉讼代理人应当具备四个方面的条件。本条第2款是关于专利代理人担任诉讼代理人的规定。中华全国专利代理人协会是由中华人民共和国的专利代理人组成的自律的、全国性的行业性非营利社会组织。在专利纠纷中由其推荐专利代理人作为诉讼代理人符合其职责范围，因而不必受本条第1款规定的限制。

关联法规索引

《法律援助法》

第六十二条　【授权委托书】委托他人代为诉讼，必须向人民法院提交由委托人签名或者盖章的授权委托书。

授权委托书必须记明委托事项和权限。诉讼代理人代为承认、放弃、变更诉讼请求，进行和解，提起反诉或者上诉，必须有委托人的特别授权。

侨居在国外的中华人民共和国公民从国外寄交或者托交的授权委托书，必须经中华人民共和国驻该国的使领馆证明；没有使领馆的，由与中华人民共和国有外交关系的第三国驻该国的使领馆证明，再转由中华人民共和国驻该第三国使领馆证明，或者由当地的爱国华侨团体证明。

条文解读

本条共有3款，是关于委托诉讼代理的授权委托书的规定。

委托他人代为诉讼，必须向人民法院提交由委托人签名或者盖章的授权委托书。授权委托书是委托诉讼代理人代为进行诉讼的依据，是委托诉讼代理人取得诉讼代理权的法定方式和委以权利的书面凭证。为保证授权委托书的真实可信度，委托人必须在授权委托书中亲自签名或者盖章。

依据本条第2款的规定，授权委托书应写明委托人、受托人的基本情况，委托事项和权限。如果授权委托书没有特别注明代理权限，视为代理人有权为一切处分实体权利以外的诉讼行为。而诉讼代理人代为承认、放弃、变更诉讼请求，进行和解，提起反诉或者上诉的，则必须有委托人的特别授权。由于上述这些诉讼行为涉及对实体权利的处分，当事人、法定代理人必须在授权委托书中特别注明，没有注明的，委托代理人的行为无法律效力，人民法院不予承认，当事人、法定代理人也可以不接受。

依据本条第3款的规定，侨居在国外的中华人民共和国公民从国外寄交或者托交的授权委托书，必须经中华人民共和国驻该国的使领馆证明；没有使领馆的，由与中华人民共和国有外交关系的第三国驻该国的使领馆证明，再转由中华人民共和国驻该第三国使领馆证明，或者由当地的爱国华侨团体证明。

为保护当事人利益，保障审判工作顺利进行，人民法院对当事人提交的授权委托书要进行审查，审查当事人委托的诉讼代理人是否适宜于代理诉讼。

配套法规及解读

《最高人民法院关于适用〈中华人民共和国民事诉讼法〉的解释》(2022年4月1日)

第八十八条 诉讼代理人除根据民事诉讼法第六十二条规定提交授权委托书外，还应当按照下列规定向人民法院提交相关材料：

（一）律师应当提交律师执业证、律师事务所证明材料；

（二）基层法律服务工作者应当提交法律服务工作者执业证、基层法律服务所出具的介绍信以及当事人一方位于本辖区内的证明材料；

（三）当事人的近亲属应当提交身份证件和与委托人有近亲属关系的证明材料；

（四）当事人的工作人员应当提交身份证件和与当事人有合法劳动人事关系的证明材料；

（五）当事人所在社区、单位推荐的公民应当提交身份证件、推荐材料和当事人属于该社区、单位的证明材料；

（六）有关社会团体推荐的公民应当提交身份证件和符合本解释第八十七条规定条件的证明材料。

第八十九条 当事人向人民法院提交的授权委托书，应当在开庭审理前送交人民法院。授权委托书仅写“全权代理”而无具体授权的，诉讼代理人无权代为承认、放弃、变更诉讼请求，进行和解，提出反诉或者提起上诉。

适用简易程序审理的案件，双方当事人同时到庭并径行开庭审理的，可以当场口头委托诉讼代理人，由人民法院记入笔录。

※法规解读：上述第 88 条规定了诉讼代理人除提交授权委托书外，还应当向人民法院提交哪些相关材料。第 89 条规定了当事人向人民法院提交授权委托书，应当在开庭审理前送交人民法院。授权委托书中对代理人的具体权利必须写明，尽量不使用“全权代理”“特别代理”等模糊语词表述，如果授权委托书仅写“全权代理”而无具体授权的，诉讼代理人无权代为承认、放弃、变更诉讼请求，进行和解，提起反诉或者上诉。如果当事人委托两个诉讼代理人的，必须在授权委托书中写明每个代理人的具体代理事项及权限。需要指出的是，如果当事人在授权委托书中没有写明代理人在执行程序中有代理权及具体的代理事项，代理人在执行程序中就没有代理权，不能代理当事人直接领取或处分标的物。适用简易程序审理的案件，双方当事人同时到庭并径行开庭审理的，可以当场口头委托诉讼代理人，由人民法院记入笔录。

关联法规索引

《最高人民法院关于人民法院执行工作若干问题的规定（试行）》第 20 条；《最高人民法院关于知识产权民事诉讼证据的若干规定》第 10 条

第六十三条　【代理权变更、解除】诉讼代理人的权限如果变更或者解除，当事人应当书面告知人民法院，并由人民法院通知对方当事人。

条文解读

本条是关于变更和解除诉讼代理权限的规定。

委托诉讼代理权限的变更，是指委托诉讼代理人取得诉讼代理权之后，在诉讼过程中，委托人基于一定的原因，与诉讼代理人协商扩大或缩小原来的诉讼代理权范围。委托诉讼代理权限的解除，是指在委托诉讼代理关系成立以后，因自然原因或者因委托人收回诉讼代理权、代理人放弃诉讼代理权而解除委托代理合同，从而终止双方的诉讼代理关系。由于代理权限的大小、有无既涉及代理人诉讼行为的效力，又关系到双方当事人的利益和整个诉讼程序的推进，所以，当事人、法定代理人变更、解除代理权限的，应当将情况及时书面告知人民法院，并由人民法院通知对方当事人。否则，诉讼代理权的变更和解除对人民法院和对方当事人不发生效力。诉讼代理人在代理权变更及解除前实施的诉讼行为仍然有效，委托人应当承担该行为之法律后果。

关联法规索引

《律师法》第 32 条

第六十四条　【诉讼代理人权利】代理诉讼的律师和其他诉讼代理人有权调查收集证据，可以查阅本案有关材料。查阅本案有关材料的范围和办法由最高人民法院规定。

条文解读

本条是关于诉讼代理人权利的规定。

根据本条规定，律师和其他诉讼代理人代理诉讼主要有以下两个方面的权利：一是调查取证的权利。调查取证是指委托诉讼代理人在执行代理职务时，有权向有关单位、个人进行调查，收取证据。这是委托诉讼代理人所享有的重要权利之一，也是委托诉讼代理人执行代理职务的重要保障。委托诉讼代理人要能在了解案情、查明真相的情况下，提出确实有力的证据证明和维护当事人的诉讼主张，就必须进行调查，掌握并取得可靠的证据。具体而言，诉讼代理人可以调查收集书证、物证、视听资料、证人证言，并要求有关鉴定部门对某一事实进行鉴定等。有关单位和个人对诉讼代理人调查取证的工作应当给予支持。二是查阅本案有关材料的权利。本案有关材料是指法庭审理过程中所有的证据材料、庭审笔录，以及起诉状、答辩状、代理意见书等在法庭审理中涉及的材料。有关材料的具体范围以及查阅的办法，由最高人民法院规定。

配套法规及解读

《最高人民法院关于诉讼代理人查阅民事案件材料的规定》(2020年12月29日)

第一条 代理民事诉讼的律师和其他诉讼代理人有权查阅所代理案件的有关材料。但是,诉讼代理人查阅案件材料不得影响案件的审理。诉讼代理人为了申请再审的需要,可以查阅已经审理终结的所代理案件有关材料。

第二条 人民法院应当为诉讼代理人阅卷提供便利条件,安排阅卷场所。必要时,该案件的书记员或者法院其他工作人员应当在场。

第三条 诉讼代理人在诉讼过程中需要查阅案件有关材料的,应当提前与该案件的书记员或者审判人员联系;查阅已经审理终结的案件有关材料的,应当与人民法院有关部门工作人员联系。

第四条 诉讼代理人查阅案件有关材料应当出示律师证或者身份证等有效证件。查阅案件有关材料应当填写查阅案件有关材料阅卷单。

第五条 诉讼代理人在诉讼中查阅案件材料限于案件审判卷和执行卷的正卷,包括起诉书、答辩书、庭审笔录及各种证据材料等。案件审理终结后,可以查阅案件审判卷的正卷。

第六条 诉讼代理人查阅案件有关材料后,应当及时将查阅的全部案件材料交回书记员或者其他负责保管案卷的工作人员。书记员或者法院其他工作人员对诉讼代理人交回的案件材料应当当面清查,认为无误后在阅卷单上签注。阅卷单应当附卷。诉讼代理人不得将查阅的案件材料携出法院指定的阅卷场所。

第七条 诉讼代理人查阅案件材料可以摘抄或者复印。涉及国家秘密的案件材料,依照国家有关规定办理。复印案件材料应当经案卷保管人员的同意。复印已经审理终结的案件有关材料,诉讼代理人可以要求案卷管理部门在复印材料上盖章确认。复印案件材料可以收取必要的费用。

第八条 查阅案件材料中涉及国家秘密、商业秘密和个人隐私的,诉讼代理人应当保密。

第九条 诉讼代理人查阅案件材料时不得涂改、损毁、抽取案件材料。人民法院对修改、损毁、抽取案卷材料的诉讼代理人,可以参照民事诉讼法第一百一十一条[1]第一款第(一)项的规定处理。

第十条 民事案件的当事人查阅案件有关材料的,参照本规定执行。

※法规解读:根据《民事诉讼法》的规定,代理诉讼的律师和其他诉讼代理人有权调查收集证据,可以查阅本案有关材料。查阅本案有关材料的范围和办法由最高人民法院规定。2002年,最高人民法院出台《关于诉讼代理人查阅民事案件材料的规定》,就委托诉讼代理人阅卷的范围、程序、摘抄复印权、保密等义务作了详尽规定,为代理民事诉讼的律师和其他诉讼代理人依法行使查阅所代理案件有关材料的权利提供了依据。该规定包括代理民事诉讼的律师和其他诉讼代理人有权查阅所代理案件的有关材料,但审判委员会和合议庭的记录以及事关他案的线索材料,不应查阅。诉讼代理人查阅案件材料不得影响案件的审理。诉讼代理人为了申请再审,可以查阅已经审理终结的所代理案件的有关材料。诉讼代理人在诉讼中查阅案件材料限于案件审判卷和执行卷的正卷,包括起诉书、答辩书、庭审笔录及各种证据材料等。案件审理终结后,可以查阅案件审判卷的正卷。诉讼代理人查阅案件材料必须遵守相应的阅卷程序,对所查阅的材料可以摘抄或者复印。涉及国家秘密的案件材料,依照国家有关规定办理。查阅案件材料中涉及国家秘密、商业秘密和个人隐私的,诉讼代理人应当保密。

关联法规索引

《律师法》第35条;《最高人民法院关于加强人民法院审判公开工作的若干意见》第9条;《最高人民法院、最高人民检察院、公安部、国家安全部、司法部关于依法保障律师执业权利的规定》;《最高人民法院关于依法切实保障律师诉讼权利的规定》

第六十五条 【离婚诉讼代理】离婚案件有诉讼代理人的,本人除不能表达意思的以外,仍应出庭;确因特殊情况无法出庭的,必须向人民法院提交书面意见。

---

[1] 2021年《民事诉讼法》第114条。

条文解读

本条是关于离婚案件诉讼代理的特殊规定。

依据我国《民事诉讼法》的规定,委托诉讼代理人在当事人授权的范围内,代理当事人为诉讼行为。因此,通常情况下,民事案件的当事人委托了诉讼代理人代为出庭参加诉讼的,本人可以不必出庭。但是,由于离婚案件具有与其他案件不同的特点,它直接涉及当事人的人身关系,而且审理离婚案件的核心问题是确认双方是否已经具备解除婚姻关系的条件,即双方感情是否确已破裂,而关于这个问题,诉讼代理人是无法把握的,也不能就“离与不离”替当事人作出决定。同时,我国法律对这类案件在诉讼程序上作了特别规定,如调解是审理离婚案件的法定程序,如果当事人本人不出庭,则调解无法进行。所以,在司法实践中,离婚案件当事人有委托诉讼代理人的,本人除不能表达意志的以外,仍应出庭。如果当事人确因特殊情况无法出庭的,如当事人身处国外、身患重病、处在特殊岗位,必须向人民法院提交书面意见,表明自己对婚姻关系、子女抚养和财产分割等问题的态度。当然,对于不能表达意志的当事人,法律则无此要求。该条规定,既是对离婚案件诉讼代理权的一种限制,也体现了人民法院对处理此类案件一贯坚持的审慎做法。

关联法规索引

《最高人民法院关于适用〈中华人民共和国民事诉讼法〉的解释》第 234 条

第六章 证　　据

本章介绍

证据制度是民事诉讼制度的核心内容。民事诉讼证据，是当事人在民事诉讼中用来证明案件真实情况的资料，也是其证明自己的诉讼主张的方法，更是人民法院认定案件事实，依法作出裁判的根据。从证据的特征来看，证据必须在内容与形式上存在客观性，与待证案件事实具有关联性，并且符合法律规定的要求。只有经过质证和认证的证据，才能作为定案的根据。本章主要规定了法定证据的种类、举证责任、举证期限、人民法院对证据的调查收集及效力的确认、质证和证据保全等内容。2019 年修正的《最高人民法院关于民事诉讼证据的若干规定》对该章内容作了补充规定与详尽解释。

第六十六条　【证据种类】证据包括：

（一）当事人的陈述；

（二）书证；

（三）物证；

（四）视听资料；

（五）电子数据；

（六）证人证言；

（七）鉴定意见；

（八）勘验笔录。

证据必须查证属实，才能作为认定事实的根据。

条文解读

本条是关于民事诉讼证据法定种类的规定。

民事诉讼证据是证明民事案件客观事实存在与否的根据，它是诉讼主体进行诉讼活动的前提条件，是人民法院查明案件真相的主要方法，是当事人维护自身合法权益的重要手段。我国民事诉讼立法根据证据的表现形式或证据存在的形态对证据进行了分类，共分为当事人的陈述、书证、物证、视听资料、电子数据、证人证言、鉴定意见和勘验笔录八类。其中，当事人的陈述是指当事人向法院所作的与本案有关事实的主张或陈述；书证是指以文字、符号、图案等所记载的内容和表达的思想来对案件事实进行证明的书面文件或其他物品；物证是指以其外部特征、物质属性、存在状况等证明案件事实的证据；视听资料是指以录音、录像、电子计算机储存的音像信息及数据来证明案件真实情况的证据；电子数据是指通过电子技术或数字技术和电脑等电子设备，以电子文件形式存在的能够证明案件相关事实的证据；证人证言是指当事人之外的第三人对其亲身感知的案件事实向人民法院所作的陈述；鉴定意见是指鉴定人运用科学技术或专门知识对诉讼涉及的专门性问题进行鉴别、判断后所得出的意见；勘验笔录是指审判人员在诉讼过程中对与争议有关的现场、物品进行查验、测量、拍照后制作的笔录，是通过勘查、检验等方法形成的证据。之所以作这样的分类，是为了在司法实践中能够根据证据的不同表现形式，采取妥当的方式进行审查认定，以避免证据调查方法不当而影响案件事实的认定。

依据本条第 2 款的规定，人民法院对上述八类证据，必须审查其真实性和合法性，同时，也要对各种证据之间的相互联系以及它们与待证事实的关系进行审查，否则不能作为定案的根据。

关联法规索引

《最高人民法院、最高人民检察院、公安部关于办理刑事案件收集提取和审查判断电子数据若干问题的规定》；《最高人民法院关于民事诉讼证据的若干规定》第 14 条

第六十七条 【举证责任和人民法院调查证据】 当事人对自己提出的主张,有责任提供证据。

当事人及其诉讼代理人因客观原因不能自行收集的证据,或者人民法院认为审理案件需要的证据,人民法院应当调查收集。

人民法院应当按照法定程序,全面地、客观地审查核实证据。

条文解读

本条共有3款,是关于举证责任的规定。

举证责任又称证明责任,它是指当事人对自己所提出的诉讼请求所依据的事实或者反对对方诉讼请求所依据的事实,有提供证据并加以证明的责任。

依据本条第1款的规定,对自己的主张提供证据并加以证明,既是当事人的一项诉讼权利,也是当事人的一项诉讼义务。不能提供证据或者所提供的证据不足以证明当事人的事实主张的,由负有举证责任的当事人承担对其主张不利的法律后果。

依据本条第2款的规定,人民法院调查收集证据限于以下两种情形:(1)当事人及其诉讼代理人因客观原因不能自行收集的证据。这种情形主要是指某些特殊案件中必须由专门机关作出的鉴定意见或勘验笔录;涉及国家机密、公安、档案等因素的证据;当事人及其诉讼代理人确有困难无法自行提供的其他证据。(2)人民法院认为审理案件需要的证据。这种情形主要是指某些民事案件比较复杂,有时仅靠当事人提供的证据不足以认定事实,而人民法院又认为案件可能涉及有损国家、社会或他人合法权益的事实,或涉及依职权追加当事人、中止诉讼、终结诉讼、回避等与实体争议无关的程序事项的。

依据本条第3款的规定,人民法院对于当事人提供的证据,应当全面、客观地审查核对,不能片面、主观地确认证据的证明效力。不仅要对具体证据具体分析,而且要从各个证据与整个案件的内在联系等角度对所有证据进行综合分析、比较和鉴别,以便去粗取精、去伪存真。

配套法规及解读

《最高人民法院关于适用〈中华人民共和国民事诉讼法〉的解释》(2022年4月1日)

第九十条 当事人对自己提出的诉讼请求所依据的事实或者反驳对方诉讼请求所依据的事实,应当提供证据加以证明,但法律另有规定的除外。

在作出判决前,当事人未能提供证据或者证据不足以证明其事实主张的,由负有举证证明责任的当事人承担不利的后果。

※法规解读:举证责任的分配是当事人展开证明活动的前提。依据我国《民事诉讼法》、上述司法解释之规定可以看出,我国民事诉讼领域证明责任分配是依据"谁主张,谁举证"原则进行的。当事人为使其主张成立或反驳对方的主张,就应当向法院提供证据。如果在判决作出前当事人不能履行这一义务,其主张或反驳就可能被法院认定不成立。需要注意的是,如果当事人单纯地对对方当事人的事实主张予以否认,不构成举证分配的事实基础的,不承担举证责任。

第九十一条 人民法院应当依照下列原则确定举证证明责任的承担,但法律另有规定的除外:

(一)主张法律关系存在的当事人,应当对产生该法律关系的基本事实承担举证证明责任;

(二)主张法律关系变更、消灭或者权利受到妨害的当事人,应当对该法律关系变更、消灭或者权利受到妨害的基本事实承担举证证明责任。

第九十二条 一方当事人在法庭审理中,或者在起诉状、答辩状、代理词等书面材料中,对于己不利的事实明确表示承认的,另一方当事人无需举证证明。

对于涉及身份关系、国家利益、社会公共利益等应当由人民法院依职权调查的事实,不适用前款自认的规定。

自认的事实与查明的事实不符的,人民法院不予确认。

第九十三条 下列事实,当事人无须举证证明:

(一)自然规律以及定理、定律;

(二)众所周知的事实;

(三)根据法律规定推定的事实;

(四)根据已知的事实和日常生活经验法则推定出的另一事实;

（五）已为人民法院发生法律效力的裁判所确认的事实；

（六）已为仲裁机构生效裁决所确认的事实；

（七）已为有效公证文书所证明的事实。

前款第二项至第四项规定的事实，当事人有相反证据足以反驳的除外；第五项至第七项规定的事实，当事人有相反证据足以推翻的除外。

※法规解读：上述三个条文是关于举证责任分配的规定。第 91 条明确了举证责任分配的一般规则。第 92 条是对自认适用的范围及其效力的规定。第 93 条是对当事人无须举证证明的事实的规定。

第九十四条 民事诉讼法第六十七条第二款规定的当事人及其诉讼代理人因客观原因不能自行收集的证据包括：

（一）证据由国家有关部门保存，当事人及其诉讼代理人无权查阅调取的；

（二）涉及国家秘密、商业秘密或者个人隐私的；

（三）当事人及其诉讼代理人因客观原因不能自行收集的其他证据。

当事人及其诉讼代理人因客观原因不能自行收集的证据，可以在举证期限届满前书面申请人民法院调查收集。

第九十五条 当事人申请调查收集的证据，与待证事实无关联、对证明待证事实无意义或者其他无调查收集必要的，人民法院不予准许。

第九十六条 民事诉讼法第六十七条第二款规定的人民法院认为审理案件需要的证据包括：

（一）涉及可能损害国家利益、社会公共利益的；

（二）涉及身份关系的；

（三）涉及民事诉讼法第五十八条规定诉讼的；

（四）当事人有恶意串通损害他人合法权益可能的；

（五）涉及依职权追加当事人、中止诉讼、终结诉讼、回避等程序性事项的。

除前款规定外，人民法院调查收集证据，应当依照当事人的申请进行。

※法规解读：上述三个条文是对人民法院依申请和依职权调查收集证据的补充规定。为保证人民法院的中立地位，保障当事人诉讼的平等性，落实辩论原则和处分原则，人民法院只能在法律明确规定的情形下调查收集证据。

关联法规索引

《最高人民法院关于民事诉讼证据的若干规定》第85～90、93、94条;《最高人民法院关于适用〈中华人民共和国民事诉讼法〉的解释》第105～110条;《最高人民法院关于审理民间借贷案件适用法律若干问题的规定》第15、16条;《最高人民法院关于审理医疗损害责任纠纷案件适用法律若干问题的解释》第4～7条;《最高人民法院关于知识产权民事诉讼证据的若干规定》第2条

第六十八条 【及时举证的义务和逾期举证的后果】 当事人对自己提出的主张应当及时提供证据。

人民法院根据当事人的主张和案件审理情况,确定当事人应当提供的证据及其期限。当事人在该期限内提供证据确有困难的,可以向人民法院申请延长期限,人民法院根据当事人的申请适当延长。当事人逾期提供证据的,人民法院应当责令其说明理由;拒不说明理由或者理由不成立的,人民法院根据不同情形可以不予采纳该证据,或者采纳该证据但予以训诫、罚款。

条文解读

本条共有2款,是关于对当事人及时提供证据的义务及其逾期举证的法律后果的规定。

为提高诉讼效益,完善民事诉讼证据制度,实现程序公正,本条第1款明确规定了当事人有及时提供证据的义务。当事人及时提供证据义务,是指在民事诉讼中,当事人应当根据诉讼进行情况,在合理、适当的期间内对自己的主张提供证据。当事人违反及时提供证据义务的,根据不同情形应当承担一定的法律后果。

从我国司法实践的情况来看,由于民事案件类型多、情况复杂,法律不宜规定统一适用的法定举证期限。另外,由当事人双方协商确定举证期限的方式在实践中也缺乏可操作性。因此,本条第2款作出了人民法院应当根据当事人的主张和案件审理情况来确定举证期限的规定。有的证据当事人在人民法院确定的举证期限内提供确有困难,当事人可以向人民法院就该情况提出证明,并申请延长举证期限。人民法院经审查后,如果情况属实,应当根据当事人的申请适当延长当事人就

该证据的举证期限,需要延长多少时间根据该证据和案件审理的具体情况由人民法院确定;如果情况不属实,驳回当事人的申请。

本条第2款同时规定了当事人逾期提供证据的法律后果。依据这一规定,当事人逾期提供证据的,应当向人民法院说明其逾期提供证据的理由,人民法院经审查核实后,如果认为当事人提出的理由成立的,对当事人提供的逾期证据应当予以采纳,对该当事人不予处罚。如果当事人拒不说明逾期提供证据的理由或者人民法院经审查后,认为当事人逾期提出的理由不能成立的,应当根据不同情形处理,可以不予采纳该证据,或者采纳该证据但对当事人予以训诫、罚款。

配套法规及解读

《最高人民法院关于适用〈中华人民共和国民事诉讼法〉的解释》(2022年4月1日)

第九十九条 人民法院应当在审理前的准备阶段确定当事人的举证期限。举证期限可以由当事人协商,并经人民法院准许。

人民法院确定举证期限,第一审普通程序案件不得少于十五日,当事人提供新的证据的第二审案件不得少于十日。

举证期限届满后,当事人对已经提供的证据,申请提供反驳证据或者对证据来源、形式等方面的瑕疵进行补正的,人民法院可以酌情再次确定举证期限,该期限不受前款规定的限制。

第一百条 当事人申请延长举证期限的,应当在举证期限届满前向人民法院提出书面申请。

申请理由成立的,人民法院应当准许,适当延长举证期限,并通知其他当事人。延长的举证期限适用于其他当事人。

申请理由不成立的,人民法院不予准许,并通知申请人。

※法规解读:上述条文是关于举证期限的确定及其延长的规定。人民法院应当在审理前的准备阶段确定当事人的举证期限。举证期限可以由当事人协商并经人民法院准许或者由人民法院确定。相对于原来有关司法解释规定的人民法院确定举证时限不少于30日,该司法解释规定了人民法院确定举证期限,第一审普通程序案件不得少于15日,当事人提供新的证据的第二审案件不得少于10日。举

证期限届满后，当事人对已经提供的证据申请提供反证或补正瑕疵的，人民法院可以酌情再次确定举证期限。举证期限届满前，当事人书面申请延长举证期限，有正当理由的，人民法院应当准许。

第一百零一条 当事人逾期提供证据的，人民法院应当责令其说明理由，必要时可以要求其提供相应的证据。

当事人因客观原因逾期提供证据，或者对方当事人对逾期提供证据未提出异议的，视为未逾期。

第一百零二条 当事人因故意或者重大过失逾期提供的证据，人民法院不予采纳。但该证据与案件基本事实有关的，人民法院应当采纳，并依照民事诉讼法第六十八条、第一百一十八条第一款的规定予以训诫、罚款。

当事人非因故意或者重大过失逾期提供的证据，人民法院应当采纳，并对当事人予以训诫。

当事人一方要求另一方赔偿因逾期提供证据致使其增加的交通、住宿、就餐、误工、证人出庭作证等必要费用的，人民法院可予支持。

※法规解读：上述条文是对当事人逾期举证及其法律后果的规定。举证时限制度的确立，是为了保证诉讼效率的提高，维护当事人诉讼的平等性，同时也考虑到对实体正义的追求。所以，本司法解释第101条中规定，当事人因客观原因逾期提供证据，或者对方当事人对逾期提供证据未提出异议的，视为未逾期。第102条规定，当事人因故意或者重大过失逾期提供的证据，人民法院不予以采纳。但该证据与案件基本事实有关的，人民法院应当采纳，并可予以训诫、罚款。当事人非因故意或者重大过失逾期提供的证据，人民法院应当采纳，并对当事人予以训诫。当事人一方要求另一方赔偿因逾期提供证据致使其增加的必要费用的，人民法院可予支持。

关联法规索引

《最高人民法院关于知识产权民事诉讼证据的若干规定》第24、25条；《最高人民法院关于民事诉讼证据的若干规定》第1、50～56、59条

典型案例

王某诉昆明泰中房地产开发经营有限公司等民间借贷纠纷案[1]

※案情简介：王某与倪某地、泰中公司、天石网通公司、天石建材公司之间因借款合同纠纷诉至法院，一审法院判决后，王某不服，提起上诉。二审中，王某提交以下证据：编号分别为：20131121－01 和 20131230－06 的《保证合同》复印件各一份（均提交原件核对），欲证明：2013 年 11 月 21 日、2013 年 12 月 30 日王某分别与倪某地、张某琳、泰中公司、天石网通公司、天石建材公司就案涉两份借款合同所涉债权在借款合同签订当日均签订了保证合同，两份保证合同的第三条、第五条均约定保证责任为连带责任保证、保证期间为主债权清偿期限届满之日起两年。

二审法院认为，王某二审提交的两份保证合同存在自身内容相互矛盾、保证合同约定的保证方式与王某主张的保证方式不吻合、保证合同与其向一审法院提交的形成在后的借条不吻合等多处瑕疵，亦存在对其诉讼主张成立与否有重大影响的证据不在法定举证期限内向一审法院提交，而是在收到一审判决书后方才提交的不合常理之处，故二审法院综合全案情况，未采信王某的上述新证据。判决生效后原审原告王某申请再审。

※争议焦点：王某在二审中超过举证期限逾期提交的《保证合同》能否作为证据使用？

※裁判结果：最高人民法院认为：王某提交两份《保证合同》作为二审新证据，虽然王某解释一审未提交是因未找到，且合同上存在列明的“保证人”和“借款人”不完全一致等情形，但在没有相反证据否定其真实性的情形之下，二审法院不予采信依据不足。本案中，保证期间的认定直接关系保证人是否承担保证责任，对于债权人的实体权益至关重要，属于证明本案基本事实的证据。根据《最高人民法院关于适用〈中华人民共和国民事诉讼法〉的解释》第一百零一条“当事人逾期提供证据的，人民法院应当责令其说明理由，必要时可以要求其提供相应的证据。当事人因客观原因逾期提供证据，或者对方当事人对逾期提供证据未提出异议的，视为未逾期”；第一百零二条中“该证据与案件基本事实有关的，人民法院应当采纳，并依照

[1] 案例来源于最高人民法院（2018）最高法民再 116 号民事判决书。

民事诉讼法第六十五条[1]、第一百一十五条[2]第一款的规定予以训诫、罚款。当事人非因故意或者重大过失逾期提供的证据,人民法院应当采纳,并对当事人予以训诫"的规定,即使王某逾期提交证据存在一定过失,人民法院也不宜轻易否定与案件基本事实有关的证据。另,王某在二审、再审提交的两份《保证合同》原件形成于一审起诉前,因其未及时向一审法院提交该证据,客观上造成了司法资源的浪费。王某应当对其行为承担相应的法律后果。本院认定,二审诉讼费应当由王某负担,王某的再审请求成立,本院予以支持。

第六十九条 【证据收据】人民法院收到当事人提交的证据材料,应当出具收据,写明证据名称、页数、份数、原件或者复印件以及收到时间等,并由经办人员签名或者盖章。

条文解读

本条规定了人民法院接收当事人提供的证据材料的手续和程序。

为防止实践中发生证据材料丢失、更改、被抽换等情况,杜绝出现经办人员因怕承担责任而相互推诿,损害当事人利益的现象,本条规定,在人民法院收到当事人提交的证据材料时,应当出具收据。收据是人民法院收到当事人证据材料的凭证,出具收据是人民法院的义务。人民法院应当仔细核对证据的名称、页数、份数、原件或者复印件等,确认当事人提交证据的时间,并在收据上写明上述事项。负责接受证据材料的审判人员和书记员应当在收据上签名或者盖章,然后将收据出具给提交证据材料的当事人。

关联法规索引

《最高人民法院关于民事诉讼证据的若干规定》第19条

---

[1] 2021年《民事诉讼法》第68条。
[2] 2021年《民事诉讼法》第118条。

第七十条　【人民法院调查取证】人民法院有权向有关单位和个人调查取证,有关单位和个人不得拒绝。

人民法院对有关单位和个人提出的证明文书,应当辨别真伪,审查确定其效力。

条文解读

本条共有2款,是关于人民法院调查取证的规定。

在民事诉讼中,许多情况下,人民法院需要向有关单位和个人调取证据。调取证据是人民法院履行审判职能的一种重要表现形式。人民法院调取证据时,任何单位和个人都有义务协助,对其所保存或掌握的证据应无条件提交,而不得以任何借口加以拒绝。

人民法院对有关机关、团体、企事业单位及个人提交的证据应当进行审查,以确定其能否作为定案的根据。根据本条第2款的规定,人民法院对有关单位和个人提出的证明文书,首先应当辨别真伪,排除该证明文书被伪造情形的存在,否则该文书不具有证据能力,不能被采纳。同时,人民法院还应对有关单位和个人提出的证明文书的内容予以审查,一方面要审查文书内容与案件事实是否具有关联性以及关联性的大小,另一方面要确认该文书不存在由于各种主客观原因所导致的与事实不符的内容,即保证文书的真实性。只有经过证据能力及证明力审查的证据,人民法院才能将其作为认定事实的根据。

配套法规及解读

《最高人民法院关于适用〈中华人民共和国民事诉讼法〉的解释》(2022年4月1日)

第九十七条　人民法院调查收集证据,应当由两人以上共同进行。调查材料要由调查人、被调查人、记录人签名、捺印或者盖章。

※法规解读:本条是关于人民法院调查收集证据程序的规定。为保证客观、公正,人民法院调查收集证据应当由两人以上共同进行。调查材料要由调查人、被调查人、记录人签名、捺印或者盖章,以保证客观、真实。

关联法规索引

《最高人民法院关于民事诉讼证据的若干规定》第 21～24 条

第七十一条 【法庭质证】 证据应当在法庭上出示,并由当事人互相质证。对涉及国家秘密、商业秘密和个人隐私的证据应当保密,需要在法庭出示的,不得在公开开庭时出示。

条文解读

本条是关于法庭质证的规定。

质证是指在开庭审理过程中,当事人及其诉讼代理人就法庭上所出示的证据进行对质、核实的诉讼活动。质证既是当事人的一项重要的诉讼权利,也是当事人的义务,是法庭审理的重要环节之一,是人民法院审查核实证据认定事实的必经程序。为了确保证据的真实可靠性,避免认定事实的证据出现偏差,无论是当事人提供的证据还是人民法院依职权调查收集的证据,都应当在法庭上出示,由双方当事人对所提供的证据的来源、形式及内容相互予以质询,充分进行辩论,彻底排除疑义,才能被作为认定案件事实的根据。需要注意的是,对于人民法院依职权收集的证据在法庭出示后,人民法院对此证据的收集过程等问题应当作一个说明。而对该证据的质证应当在双方当事人之间进行,人民法院不能作为质证主体与当事人进行对质,否则会影响其裁判的中立性。另外,对于经过证据交换程序,双方没有争议的证据,在法庭出示并经审判人员说明后可直接予以确认,而不需要质证;当事人双方有争议的证据,须由当事人双方质证。

公开审判和质证是诉讼公正的保障和体现,但有些案件涉及国家机密、商业秘密和个人隐私,公开质证可能对国家、社会、企业及个人利益造成严重损害,所以,本条同时规定,在对这些案件进行审理时,其证据的质证活动不应公开进行。但是,对于不公开质证的案件,其证据也必须在开庭时由双方当事人当庭进行质证,以保证审判的正当性。

配套法规及解读

《最高人民法院关于适用〈中华人民共和国民事诉讼法〉的解释》(2022 年 4 月 1 日)

第一百零三条　证据应当在法庭上出示,由当事人互相质证。未经当事人质证的证据,不得作为认定案件事实的根据。

当事人在审理前的准备阶段认可的证据,经审判人员在庭审中说明后,视为质证过的证据。

涉及国家秘密、商业秘密、个人隐私或者法律规定应当保密的证据,不得公开质证。

第一百零四条　人民法院应当组织当事人围绕证据的真实性、合法性以及与待证事实的关联性进行质证,并针对证据有无证明力和证明力大小进行说明和辩论。

能够反映案件真实情况、与待证事实相关联、来源和形式符合法律规定的证据,应当作为认定案件事实的根据。

※法规解读:上述两条文是关于法庭质证的补充规定。对于当事人提供的证据及人民法院依职权主动调查收集的证据,都应当在法庭上出示,经双方当事人互相质证、辩论,人民法院才能将其作为认定事实的依据。质证的基本内容包括证据是否具有真实性、关联性及合法性。质证对于法院正确认定案件事实具有重要价值,也是保护当事人合法权益的重要途径。对于出示的证据,双方当事人无异议的,人民法院即可确认该证据的证明效力。如果一方当事人对证据提出异议的,人民法院则应当对该证据作进一步的调查和核实,而不能将有异议的证据作为认定事实的依据。涉及国家秘密、商业秘密、个人隐私或者法律规定应当保密的证据,不得公开质证。

关联法规索引

《最高人民法院关于民事诉讼证据的若干规定》第 57、58、60 ~ 62 条;《人民法院在线诉讼规则》第 14、20、21、27 条;《最高人民法院关于知识产权民事诉讼证据的若干规定》第 26 条

第七十二条 【公证证明】 经过法定程序公证证明的法律事实和文书，人民法院应当作为认定事实的根据，但有相反证据足以推翻公证证明的除外。

条文解读

本条是关于公证证明之证据效力的规定。

公证证明是指公证机构根据当事人的申请，依法定程序对法律事实和文书作出的确认其真实性、合法性的证明。由于公证机构对于当事人申请的事项要经过严格审查，公证证明的作出须经法定程序，因此，经公证证明的证据通常具有真实可靠性。实践中，各国法律赋予了经公证证明的法律事实和文书很强的证据效力。依据本条规定，当事人主张的法律事实和文书，如经过公证证明，便成为人民法院认定事实的根据。但是本法第 66 条规定，证据必须查证属实，才能作为认定事实的根据。所以，对经过公证证明的事实与文书，当事人可以提出反证对其进行驳斥。公证证明的事实与文书一旦被反证推翻，人民法院即应否定该证据的证明效力，主张该事实的当事人仍要承担证明责任。

关联法规索引

《最高人民法院关于适用〈中华人民共和国民事诉讼法〉的解释》第 93 条；《最高人民法院关于知识产权民事诉讼证据的若干规定》第 6、8、9、30 条；《最高人民法院关于民事诉讼证据的若干规定》第 10 条

第七十三条 【书证、物证】 书证应当提交原件。物证应当提交原物。提交原件或者原物确有困难的，可以提交复制品、照片、副本、节录本。

提交外文书证，必须附有中文译本。

条文解读

本条共有 2 款，是关于提交书证、物证的规定。

书证是指以文字、符号、图表等所记载的内容或所表达的思想来证明案件事实的证据。在各国的民事诉讼立法及实践中，普遍遵循书证的“最佳证据规则”，即以原件形式提交人民法院的书证为最佳证据形式。书证的原件是指制作人就文书内容所制作的初始文本，包括原本、底本与正本，它反映的是文书内容的原始状态；制作人在原件的基础上以复印、描写、抄录、誊写等方法制作的文书，即称为副本、抄本、节录本、复印件、影印件等，它反映的是文书内容的派生状态。由于书证记录的内容对证明案件事实具有重要意义，而这些内容又容易通过某些手段被修改，所以，书证提交原件有利于审查其真实性。依据本条规定，当事人如果提交书证原件确有困难的，可以提交其照片、副本、节录本等，但是必须附有有关机关的证明。需要注意的是，人民法院调查收集的是副本或者复制件的，必须经与原件核对无误，否则不能以副本或者复制件代替原件。另外，如果是复制件或副本的，人民法院还必须在调查笔录中明确记录证据的来源、与原件核对的情况以及原件的存放地等。

物证是指通过物品的自然属性、外部特征来证明案件事实的证据。当事人提交物证的，应当提交原物。如果提交原物确有困难的，也可以提交复制品或者照片。

依照我国《民事诉讼法》，人民法院在审理民事案件时，必须使用我国的语言文字。因此，本条第 2 款规定，如果当事人提交的是外文书证，必须附有中文译本，以实现诉讼活动的顺利进行。

配套法规及解读

《最高人民法院关于适用〈中华人民共和国民事诉讼法〉的解释》(2022 年 4 月 1 日)

第一百一十一条 民事诉讼法第七十三条规定的提交书证原件确有困难，包括下列情形：

(一)书证原件遗失、灭失或者毁损的；

(二)原件在对方当事人控制之下，经合法通知提交而拒不提交的；

(三)原件在他人控制之下，而其有权不提交的；

(四)原件因篇幅或者体积过大而不便提交的；

(五)承担举证证明责任的当事人通过申请人民法院调查收集或者其他方式无法获得书证原件的。

前款规定情形,人民法院应当结合其他证据和案件具体情况,审查判断书证复制品等能否作为认定案件事实的根据。

《最高人民法院关于民事诉讼证据的若干规定》(2019年12月25日)

第六十一条 对书证、物证、视听资料进行质证时,当事人应当出示证据的原件或者原物。但有下列情形之一的除外:

(一)出示原件或者原物确有困难并经人民法院准许出示复制件或者复制品的;

(二)原件或者原物已不存在,但有证据证明复制件、复制品与原件或原物一致的。

※法规解读:依据证据来源的不同,学理上将证据分为原始证据和传来证据两类。原始证据是指直接产生于案件事实或直接来源于原始出处的证据;传来证据是指在原始证据的基础上经过复制、复印、传抄、转述等中间环节生成的证据。由于原始证据直接来源于案件事实,其真实性和证明力较传来证据要高,因此,各国诉讼立法原则上要求提交原始证据,只在特定情况下允许提交传来证据。从上述两条司法解释可以看出,书证与物证均存在其外在形式与实质内容的真实性问题,对这两种证据进行质证,本身就是要寻找其自身存在的疑点与瑕疵,对其形式与实质的证明力予以质疑。所以,在对书证、物证进行质证时,当事人有权要求对方提供原件或原物,这是诉讼证据提交的基本原则,也是对当事人权利之程序保障的体现。但是,考虑到司法实践中的具体情况,法律也规定了变通原则,允许在两种情形下,将复制件和复制品作为证据进行质证。其一,出示原件或者原物确有困难并经人民法院准许出示复制件或者复制品的。适用这一例外规定必须满足以下三个条件:(1)提供原始证据确有困难,即《最高人民法院关于适用〈中华人民共和国民事诉讼法〉的解释》第111条列举的五种情形;(2)必须经与原始证据核对无误;(3)经人民法院许可。其二,原件或者原物已不存在,但有证据证明复制件、复制品与原件或原物一致的。这里所谓的"证据",应当是指在原件或原物灭失以前,曾经被公证、鉴定等法定职能部门、机构做过详细记录,或者按照法定程序进行复制所获得的证据。

关联法规索引

《最高人民法院关于适用〈中华人民共和国民事诉讼法〉的解释》第112～115、527条;《最高人民法院关于民事诉讼证据的若干规定》第11、15、16、21、22、91、92条;《人民法院在线诉讼规则》第12、13条

第七十四条 【视听资料】人民法院对视听资料,应当辨别真伪,并结合本案的其他证据,审查确定能否作为认定事实的根据。

条文解读

本条是关于视听资料作为证据的规定。

视听资料是指利用录音、录像所反映出的声音、图像以及利用计算机所储存的数据来证明案件事实的证据。视听资料通常具有形象、生动、信息量大等特点,能够比较直观地反映案件事实,但视听资料这种证据形式也具有容易被人通过一些技术手段加以篡改的缺点,并且被篡改后,一般人较难发现。所以依据本条规定,人民法院对视听资料应当辨别真伪,并判定其为原始载体还是复制件,必要时可请专业人员对其进行鉴定。在审理案件时,人民法院应当结合本案的书证、物证、证人证言等其他证据,对视听资料进行综合分析判断。如果发现某一视听资料存在疑点,如可能被剪辑、修改过或声音、画面比较模糊,那么该视听资料就不能作为认定案件事实的依据。

配套法规及解读

《最高人民法院关于适用〈中华人民共和国民事诉讼法〉的解释》(2022年4月1日)

第一百一十六条 视听资料包括录音资料和影像资料。

电子数据是指通过电子邮件、电子数据交换、网上聊天记录、博客、微博客、手机短信、电子签名、域名等形成或者存储在电子介质中的信息。

存储在电子介质中的录音资料和影像资料,适用电子数据的规定。

※法规解读:本条是关于视听资料和电子数据的补充规定。

第 1 款明确了视听资料包括录音资料和影像资料；第 2 款明确了何谓电子数据；第 3 款明确了视听资料与电子数据的区分，即录音资料和影像资料如果存储在电子介质中，视为电子数据。2012 年《民事诉讼法》增加规定了电子数据这一证据种类，但对其内涵和范围并未界定，司法实践中到底哪些证据属于电子数据认识不一。基于此，2015 年《最高人民法院关于适用〈中华人民共和国民事诉讼法〉的解释》明确规定了电子数据的概念和表现形式，即电子数据是一切形成或存储在电子介质中的信息，包括电子邮件、电子数据交换、网上聊天记录、博客、微博客、手机短信、电子签名、域名等形式。

关联法规索引

《最高人民法院关于民事诉讼证据的若干规定》第 23 条

第七十五条 【证人作证】凡是知道案件情况的单位和个人，都有义务出庭作证。有关单位的负责人应当支持证人作证。

不能正确表达意思的人，不能作证。

条文解读

本条共有 2 款，是关于证人资格与证人出庭作证义务的规定。

依据本条规定，凡是知道案件情况的人，都有义务出庭作证，以协助和配合人民法院查明事实、审理案件。出庭作证的通常都是自然人，如果单位作为证人，须由单位或法人代表出庭提供证言。国家机关、社会团体、企业事业单位的负责人，在本单位人员作证时，应当给予支持并提供方便，以保证证人能履行好法律规定的义务。

证人资格是证人的基本构成要件。证人除必须是了解案件情况的人之外，依据本条第 2 款的规定，其还须具备的条件是，能够辨别是非，能够正确表达意思。那些因生理上、精神上有缺陷或者年幼而不能辨别是非、不能正确表达的无民事行为能力或限制行为能力人，不能作证人。但是，如果某人生理、精神上的缺陷不能成为其了解某一案件事实的障碍，即待证事实与其年龄、智力状况或者精神健康状况相适应时,他仍可以作为证人出庭作证。比如,盲人可以提供其耳闻事实的证言;存在言语障碍人士或听障人士可以用文字形式提供其目睹事实的证言;间歇性精神病患者在其神志正常期间也可以提供证言;年幼的人如果对某些事实具备了理解、辨识能力并能正确表达,也可以提供相应的证言。

关联法规索引

《最高人民法院关于民事诉讼证据的若干规定》第67~74条;《最高人民法院关于知识产权民事诉讼证据的若干规定》第27条

第七十六条 【出庭作证及例外】 经人民法院通知,证人应当出庭作证。有下列情形之一的,经人民法院许可,可以通过书面证言、视听传输技术或者视听资料等方式作证:

(一)因健康原因不能出庭的;

(二)因路途遥远,交通不便不能出庭的;

(三)因自然灾害等不可抗力不能出庭的;

(四)其他有正当理由不能出庭的。

条文解读

本条是关于证人出庭作证及其例外情况的规定。

本条规定了证人作证的义务和方式。依据本条规定,适格证人经人民法院依法通知,有出庭作证的义务。之所以如此规定,与证人对案件的感受有直接关系。由于证人的主观因素较重,其必须出庭陈述并接受人民法院及当事人的询问,特别是接受承受不利证词的一方当事人的直接询问,才能使证人的适格性得到体现,这也符合庭审直接言词原则的要求,有利于保障程序正义的实现。证人应当且能够出庭而不出庭作证的,其提供的证词人民法院不应当采信。但是,证人出庭作证是一个原则性规定,如果在某些情况下证人因非主观原因确实无法出庭作证的,经人民法院许可,可以通过书面证言、视听传输技术或者视听资料等方式作证。

最高人民法院在《关于民事诉讼证据的若干规定》中规定了证人确有困难不能

出庭的几种具体情形,2012年《民事诉讼法》在该司法解释规定的基础上,结合实际,明确了下列几种情形下证人可以不出庭:(1)因健康原因不能出庭的,比如年迈体弱不便出庭的;(2)因路途遥远,交通不便不能出庭的;(3)因自然灾害等不可抗力不能出庭的;(4)其他有正当理由不能出庭的。需要注意的是,为了有效维护程序公正,有利于审查证据的真实性,在司法实践中对这一例外规则的适用应当予以严格控制。

配套法规及解读

《最高人民法院关于民事诉讼证据的若干规定》(2019年12月25日)

第七十四条 审判人员可以对证人进行询问。当事人及其诉讼代理人经审判人员许可后可以询问证人。

询问证人时其他证人不得在场。

人民法院认为有必要的,可以要求证人之间进行对质。

※法规解读:上述条文是有关询问证人及证人的隔离与对质的规定。

询问证人由审判人员主导进行,当事人及其诉讼代理人须经审判人员许可后方可询问证人,即使对自己申请出庭作证的证人亦是如此。询问证人应遵循隔离询问规则,在诉讼中,对于同属于某一方当事人的两名以上证人,通过隔离询问,可避免其相互之间串供、附和,也可避免未作证证人受其他证人证词的影响,导致证言失实。对于各属于双方的数名证人,隔离询问还可避免在听取其他证人作证之后修正、掩饰自己的证词而损害其证言的真实性。最高人民法院的这一司法解释,符合程序正当性要求。

同时,在多个证人证词相互矛盾的情况下,人民法院可让证人之间进行对质,从而发现证言的不实之处;如果当事人认为证人证词存在矛盾之处,也可向人民法院提出证人对质的要求,法院根据实际情况决定是否予以准许。对质询问原则上在询问证人的最后阶段进行。

《最高人民法院关于适用〈中华人民共和国民事诉讼法〉的解释》(2022年4月1日)

第一百一十七条 当事人申请证人出庭作证的,应当在举证期限届满前提出。

符合本解释第九十六条第一款规定情形的,人民法院可以依职权通知证人出庭作证。

未经人民法院通知,证人不得出庭作证,但双方当事人同意并经人民法院准许的除外。

第一百一十九条 人民法院在证人出庭作证前应当告知其如实作证的义务以及作伪证的法律后果,并责令其签署保证书,但无民事行为能力人和限制民事行为能力人除外。

证人签署保证书适用本解释关于当事人签署保证书的规定。

第一百二十条 证人拒绝签署保证书的,不得作证,并自行承担相关费用。

※法规解读:上述三个条文是关于证人出庭作证的补充规定。第117条规定了当事人申请证人出庭作证的期限,即举证时限届满前。属于人民法院认为审理案件需要的情况,法院可依职权通知证人出庭作证。未经人民法院通知,证人不得出庭作证,但双方当事人同意并经人民法院准许的除外。第119条和第120条是关于证人签署保证书的规定,旨在强化证人如实作证的义务,落实诚实信用原则。

关联法规索引

《人民法院在线诉讼规则》第26条;《最高人民法院关于民事诉讼证据的若干规定》第76、77条

第七十七条 【证人出庭费用负担】证人因履行出庭作证义务而支出的交通、住宿、就餐等必要费用以及误工损失,由败诉一方当事人负担。当事人申请证人作证的,由该当事人先行垫付;当事人没有申请,人民法院通知证人作证的,由人民法院先行垫付。

条文解读

本条是关于证人出庭作证费用负担的规定。

作为民事诉讼的重要参与人之一,证人在承担出庭作证义务的同时,也应享有一定的权利。比如,在实践中,证人可要求补充、更正证人笔录;有权要求人民法院对其因作证而遭遇威胁的人身安全予以保护。依据本条规定,证人还享有获得因

履行出庭作证义务而支出的交通、住宿、就餐等必要费用以及误工损失费等的补偿的权利。对于证人因出庭作证产生的上述费用，法律规定最终由败诉一方当事人承担。在我国，证人出庭作证以当事人申请并经人民法院许可为原则，如果当事人没有申请，人民法院也可以主动传唤对案件事实认定有帮助的证人出庭作证。因此，在诉讼终结前对证人的经济补偿分为两种情况：当事人申请证人作证的，由该当事人先行垫付；当事人没有申请，人民法院通知证人作证的，由人民法院先行垫付。

配套法规及解读

《最高人民法院关于适用〈中华人民共和国民事诉讼法〉的解释》（2022 年 4 月 1 日）

第一百一十八条 民事诉讼法第七十七条规定的证人因履行出庭作证义务而支出的交通、住宿、就餐等必要费用，按照机关事业单位工作人员差旅费用和补贴标准计算；误工损失按照国家上年度职工日平均工资标准计算。

人民法院准许证人出庭作证申请的，应当通知申请人预缴证人出庭作证费用。

※法规解读：上述司法解释明确规定了证人因履行出庭作证义务而支出的合理费用的范围包括交通、住宿、就餐费等；规定了这些必要费用的支付标准按照机关事业单位工作人员差旅费用和补贴标准计算；误工损失按照国家上年度职工日平均工资标准计算；同时规定了当事人申请证人出庭作证并经人民法院准许的，申请人应当预缴证人出庭作证的费用。

第七十八条 【当事人陈述】人民法院对当事人的陈述，应当结合本案的其他证据，审查确定能否作为认定事实的根据。

当事人拒绝陈述的，不影响人民法院根据证据认定案件事实。

条文解读

本条共有 2 款，是关于当事人陈述的规定。

当事人陈述是指当事人在诉讼中就自己所知道的案件事实，向人民法院所作的陈述，它是民事诉讼证据的一种。当事人是实体法律关系的直接参与者，他对案情的了解，较之任何其他诉讼参与人都更为全面和深刻，所以当事人陈述比其他任何证据形式都更能够反映案件的真实情况。但是，由于当事人与案件的审理结果具有直接利害关系，所以当事人陈述的内容往往会带有利己的成分，不可避免地会夸大其词甚至作虚假陈述，难以保证其客观性、真实性和全面性。因此，本条第 1 款规定，除对方当事人自认之外，当事人陈述通常不能单独作为认定案件事实的根据。

依据本条第 2 款的规定，当事人拒绝陈述的，不影响人民法院根据证据认定案件事实。具体而言，如果一方主张对另一方不利的事实，而该方当事人不作争执（陈述），经人民法院询问（释明）仍不作任何陈述的，构成默示自认，人民法院可以对当事人主张的事实予以确认；如果仅就案件事实作陈述，而当事人不陈述的，不影响案件的审理，人民法院可依所掌握的书证、物证、证人证言等证据来认定事实、作出裁判。

关联法规索引

《最高人民法院关于民事诉讼证据的若干规定》第 63 条

第七十九条 【鉴定程序的启动】当事人可以就查明事实的专门性问题向人民法院申请鉴定。当事人申请鉴定的，由双方当事人协商确定具备资格的鉴定人；协商不成的，由人民法院指定。

当事人未申请鉴定，人民法院对专门性问题认为需要鉴定的，应当委托具备资格的鉴定人进行鉴定。

条文解读

本条共有 2 款，是关于鉴定程序的启动和鉴定人选任的规定。

《民事诉讼法》在总结以往审判实践经验的基础上，对鉴定程序中涉及的一些重要问题作了进一步的规定。依据本条第 1 款的规定，当事人有权申请鉴定和确定鉴定人。申请鉴定是当事人的一项诉讼权利，当事人就自己认为有必要的、对查明事实有帮助的专门性问题,可以向人民法院申请进行司法鉴定。这一规定提高了当事人收集证据的积极性,保护了其相应的诉讼权利。同时,法官对鉴定程序的启动不再具有垄断性的决定权,在一定程度上提高了诉讼本身的公正性。关于鉴定人的选任,当事人申请鉴定的,由双方当事人协商确定具备资格的鉴定人;协商不成的,由人民法院指定。即以当事人决定为主、人民法院约束为辅。在赋予当事人程序启动权与鉴定人选任权的同时,允许法官依职权进行干涉。在当事人选任鉴定人的意见不能统一时,直接由人民法院指定,以保障诉讼程序的顺利进行。

本条第2款是关于人民法院依职权委托鉴定的规定。在某些情况下,虽然当事人没有申请鉴定,但人民法院认为审理案件需要对专门性问题进行鉴定,比如,某些专门性问题可能涉及有损国家利益、社会公共利益或者他人合法权益的事实,需要进行鉴定,在这种情况下,人民法院应当委托有资格的鉴定人进行鉴定。

配套法规及解读

《最高人民法院关于适用〈中华人民共和国民事诉讼法〉的解释》(2022年4月1日)

第一百二十一条 当事人申请鉴定,可以在举证期限届满前提出。申请鉴定的事项与待证事实无关联,或者对证明待证事实无意义的,人民法院不予准许。

人民法院准许当事人鉴定申请的,应当组织双方当事人协商确定具备相应资格的鉴定人。当事人协商不成的,由人民法院指定。

符合依职权调查收集证据条件的,人民法院应当依职权委托鉴定,在询问当事人的意见后,指定具备相应资格的鉴定人。

※法规解读:本条第1款规定了当事人鉴定申请的提出时间应在举证期限届满前;对于与待证事实无关联或者对证明待证事实无意义的鉴定事项的申请,人民法院不予准许。本条第2款和第3款分别规定了人民法院准许当事人鉴定申请和人民法院依职权委托鉴定两种情况下如何确定鉴定人。

《最高人民法院关于民事诉讼证据的若干规定》(2019年12月25日)

第三十条 人民法院在审理案件过程中认为待证事实需要通过鉴定意见证明的,应当向当事人释明,并指定提出鉴定申请的期间。

符合《最高人民法院关于适用〈中华人民共和国民事诉讼法〉的解释》第九十六条第一款规定情形的，人民法院应当依职权委托鉴定。

第四十条 当事人申请重新鉴定，存在下列情形之一的，人民法院应当准许：

（一）鉴定人不具备相应资格的；

（二）鉴定程序严重违法的；

（三）鉴定意见明显依据不足的；

（四）鉴定意见不能作为证据使用的其他情形。

存在前款第一项至第三项情形的，鉴定人已经收取的鉴定费用应当退还。拒不退还的，依照本规定第八十一条第二款的规定处理。

对鉴定意见的瑕疵，可以通过补正、补充鉴定或者补充质证、重新质证等方法解决的，人民法院不予准许重新鉴定的申请。

重新鉴定的，原鉴定意见不得作为认定案件事实的根据。

※法规解读：上述司法解释是有关申请鉴定的事实情况和申请重新鉴定问题的规定。重新鉴定，是指人民法院委托的鉴定机构所提供的鉴定意见存在法律规定的特定事由，而由当事人申请再次对同一事项进行鉴定的诉讼活动。这里所指的"特定事由"是指当事人提出证据证明，鉴定机构或者鉴定人员不具备相关的鉴定资格，或鉴定程序严重违法，或鉴定意见明显依据不足，以及存在不能作为证据使用的其他情形。出现这些特定事由之一的，人民法院应当准予重新鉴定。如果由于鉴定人的重大过失致使鉴定意见无法使用、必须重新鉴定时，鉴定人应当返还鉴定费用。对于重新鉴定的机构及人员的确定问题，仍可由当事人重新协商，协商不成的由人民法院指定。需要注意的是，可以通过补正、补充鉴定或者补充质证、重新质证等方法解决的，人民法院应当不允许重新鉴定。

关联法规索引

《最高人民法院关于民事诉讼证据的若干规定》第31、32条；《全国人民代表大会常务委员会关于司法鉴定管理问题的决定》；《司法鉴定程序通则》；《最高人民法院关于审理医疗损害责任纠纷案件适用法律若干问题的解释》第8～11条；《最高人民法院关于知识产权民事诉讼证据的若干规定》第19～23条；《最高人民法院关于人民法院民事诉讼中委托鉴定审查工作若干问题的规定》

第八十条 【鉴定人的权利义务】 鉴定人有权了解进行鉴定所需要的案件材料，必要时可以询问当事人、证人。

鉴定人应当提出书面鉴定意见，在鉴定书上签名或者盖章。

条文解读

本条共有2款，是关于鉴定人的权利义务的规定。

依据本条第1款的规定，鉴定人有权了解进行鉴定所需要的案件材料，必要时还可以询问当事人、证人。这样，鉴定人就享有了充分接收与鉴定密切相关的信息的权利，可以使人民法院依据鉴定意见查明的事实在最大程度上接近客观事实。此处的“当事人”与“证人”应作广义理解，即鉴定人不仅可以从申请或启动鉴定的一方当事人及其提供的证人那里接收信息，还可以从相对方那里了解鉴定所需要的相关材料，以避免受到当事人在趋利避害本性的驱使下，隐瞒某些信息甚至伪造某些信息的影响。鉴定人通过查阅案件材料，询问当事人、证人等途径全面了解鉴定所必需的信息，从而保证提供的鉴定意见的依据是全面、客观的。

依据本条第2款的规定，鉴定人鉴定完毕后，应当提出书面鉴定意见。鉴定意见上应说明作出意见的理由、根据以及鉴定的方法、程序等，并由鉴定人在鉴定意见上签名或盖章，同时加盖鉴定人所在单位公章，以证明鉴定人身份。

配套法规及解读

《最高人民法院关于民事诉讼证据的若干规定》(2019年12月25日)

第三十六条 人民法院对鉴定人出具的鉴定书，应当审查是否具有下列内容：

(一)委托法院的名称；

(二)委托鉴定的内容、要求；

(三)鉴定材料；

(四)鉴定所依据的原理、方法；

(五)对鉴定过程的说明；

(六)鉴定意见；

(七)承诺书。

鉴定书应当由鉴定人签名或者盖章,并附鉴定人的相应资格证明。委托机构鉴定的,鉴定书应当由鉴定机构盖章,并由从事鉴定的人员签名。

※法规解读:上述司法解释是有关鉴定书基本内容的规定,目的在于规范鉴定人的行为。具体而言,鉴定书应当包括委托法院的名称、委托鉴定的内容和要求、鉴定材料、鉴定的依据及方法、对鉴定过程的说明、明确的鉴定意见,同时鉴定人还要出具承担虚假鉴定法律责任的承诺书。人民法院在收到鉴定人出具的鉴定意见时,要认真审查该鉴定意见是否具备上述内容,如有欠缺,应当责令鉴定人予以补充。需要强调的是,由于鉴定是由鉴定人具体操作进行的,鉴定人要出庭接受质证,所以,为保证行为、责任的统一,鉴定意见要有鉴定人的本人签章才具有法律效力。对于鉴定人员未签章的鉴定意见,人民法院应当令其补签,拒不签章的,该鉴定意见无效。另外,鉴于我国的机构鉴定体制,尽管鉴定意见是鉴定人员所为,但为了保证鉴定人员的机构归属,也为了对鉴定人的资格起到证明作用,法律规定鉴定意见须同时加盖鉴定机构公章。

第八十一条 【鉴定人出庭】当事人对鉴定意见有异议或者人民法院认为鉴定人有必要出庭的,鉴定人应当出庭作证。经人民法院通知,鉴定人拒不出庭作证的,鉴定意见不得作为认定事实的根据;支付鉴定费用的当事人可以要求返还鉴定费用。

条文解读

本条是关于鉴定人出庭义务的规定。

本条强调了鉴定人出庭作证的义务以及不出庭作证的法律后果,保证了当事人对鉴定意见的质证权。既然鉴定意见是法定证据的一种,它就应当在法庭上出示,并由当事人互相质证才能作为定案的根据。鉴定人不出庭,既不符合其鉴定意见作为证据的基本形式要求,也不利于当事人行使质证权。而且,不出庭作证的鉴定人,因为无法直接面对当事人的质疑,回答当事人的问题,其意见书中的错误难以发现。若法官盲目采信,极可能导致裁判结果不正确、不公正。同时,鉴定人不能在法庭上对鉴定的程序、鉴定的依据等进行陈述,对鉴定意见的科学性和真实性作出说明,会造成鉴定意见可信度降低,当事人对其科学性和公正性产生怀疑。因此,本条规定,鉴定人在当事人对鉴定意见有异议或人民法院认为有必要时,有出庭作证的义务。

本条同时规定了鉴定人应当出庭作证而不出庭的法律后果。经人民法院通知,鉴定人拒不出庭作证的,其鉴定意见不得作为认定事实的根据,即鉴定意见将失去证据作用。另外,由于实践中鉴定人不出庭作证的不利后果是直接归于当事人的,这对当事人特别是对已经支付了鉴定费用的当事人来说是很不合理的。因此,本条进一步规定,经人民法院通知,鉴定人拒绝出庭作证的,支付鉴定费用的当事人可以要求返还鉴定费用。

配套法规及解读

《最高人民法院关于民事诉讼证据的若干规定》(2019 年 12 月 25 日)

第七十九条 鉴定人依照民事诉讼法第七十八条[1]的规定出庭作证的,人民法院应当在开庭审理三日前将出庭的时间、地点及要求通知鉴定人。

委托机构鉴定的,应当由从事鉴定的人员代表机构出庭。

第八十条 鉴定人应当就鉴定事项如实答复当事人的异议和审判人员的询问。当庭答复确有困难的,经人民法院准许,可以在庭审结束后书面答复。

人民法院应当及时将书面答复送交当事人,并听取当事人的意见。必要时,可以再次组织质证。

第八十一条 鉴定人拒不出庭作证的,鉴定意见不得作为认定案件事实的根据。人民法院应当建议有关主管部门或者组织对拒不出庭作证的鉴定人予以处罚。

当事人要求退还鉴定费用的,人民法院应当在三日内作出裁定,责令鉴定人退还;拒不退还的,由人民法院依法执行。

当事人因鉴定人拒不出庭作证申请重新鉴定的,人民法院应当准许。

※法规解读:上述司法解释规定了鉴定人出庭的操作程序、鉴定人对异议和询问的答复以及鉴定人拒不出庭的法律后果。鉴定人是运用其所具有的专门化知识及设备,对案件审理的专门性问题进行分析而给出一定结论性意见的人。鉴定意

---

[1] 2021 年《民事诉讼法》第 81 条。

见类似于证人证言，因此，鉴定人应当出庭接受质询，以保障当事人质证权的行使。上述司法解释第79条规定了人民法院在确定了具体开庭日期后，应提前3日告知鉴定人，并向鉴定人明确，要求其选派参与具体鉴定意见制作的鉴定人员出庭，该规定旨在保证鉴定人有合理的准备时间，并预防影响庭审预期效果因素的发生。

上述司法解释同时规定了鉴定人出庭的例外情况，即如果鉴定人确实由于特殊原因无法出庭的，可以书面答复当事人的质询。这里的“例外情况”必须满足两个条件：其一，必须存在鉴定人出庭的障碍；其二，必须经人民法院准许，否则拒不出庭鉴定人所作的鉴定意见不得作为认定案件事实的根据。鉴定人不出庭时，当事人可以就鉴定意见发表看法，提出疑问，鉴定人应当对当事人的质疑提出书面答复意见。上述司法解释还规定了当事人要求退还鉴定费用及申请重新鉴定的权利。

第八十二条 【具有专门知识的人出庭】当事人可以申请人民法院通知有专门知识的人出庭，就鉴定人作出的鉴定意见或者专业问题提出意见。

条文解读

本条是关于具有专门知识的人出庭的规定。

鉴定人所作的鉴定意见往往具有不为普通人所熟知的、某一领域的专业术语和专门性知识，由于当事人不懂专业，难以就鉴定意见对鉴定人进行有效询问。同时，随着科学技术的不断发展，在诉讼中还经常会遇到一些当事人与法官都难以把握和解决的专业性较强的问题。因此，为了帮助人民法院顺利查明案件事实，帮助当事人充分保护自身的合法权益，本条规定，当事人可以申请人民法院通知有专门知识的人出庭，就鉴定人作出的鉴定意见或者专业问题提出意见。本条所谓的“有专门知识的人”，是指在科学、技术以及其他专业知识方面具有特殊的专门知识或者经验的人，根据当事人的申请并经人民法院通知，出庭就鉴定人作出的鉴定意见或者案件事实所涉及的专门问题进行说明或者发表专业意见的人。应当注意的是，具有专门知识的人员既不同于鉴定人，也不同于证人，但与两者有共通之处，所以在诉讼中，如果这类人员被通知出庭协助案件事实调查，人民法院和当事人应当比照询问证人的规则对其进行询问；如果存在多个具有专门知识的人，也可以要求与其对质。

配套法规及解读

《最高人民法院关于适用〈中华人民共和国民事诉讼法〉的解释》(2022年4月1日)

第一百二十二条　当事人可以依照民事诉讼法第八十二条的规定,在举证期限届满前申请一至二名具有专门知识的人出庭,代表当事人对鉴定意见进行质证,或者对案件事实所涉及的专业问题提出意见。

具有专门知识的人在法庭上就专业问题提出的意见,视为当事人的陈述。

人民法院准许当事人申请的,相关费用由提出申请的当事人负担。

※法规解读:该条文针对《民事诉讼法》第82条作了进一步解释。明确了当事人申请具有专门知识的人出庭的时间应当在举证期限届满前,人数为1~2人。具有专门知识的人出庭代表当事人对鉴定意见进行质证,或者对案件事实所涉及的专业问题提出意见,其在法庭上就专业问题提出的意见,视为当事人的陈述。具有专门知识的人出庭的相关费用由提出申请的当事人负担。

第一百二十三条　人民法院可以对出庭的具有专门知识的人进行询问。经法庭准许,当事人可以对出庭的具有专门知识的人进行询问,当事人各自申请的具有专门知识的人可以就案件中的有关问题进行对质。

具有专门知识的人不得参与专业问题之外的法庭审理活动。

※法规解读:本条规定明确了具有专门知识的人出庭应当接受人民法院、当事人的询问,当事人各自申请的具有专门知识的人可以就案件中的有关问题进行对质。本条第2款明确了具有专门知识的人出庭仅限就诉讼中的专门性问题参与质证、提出意见,不得参与专业问题之外的法庭审理活动。

关联法规索引

《最高人民法院关于民事诉讼证据的若干规定》第84条;《最高人民法院关于审理环境侵权责任纠纷案件适用法律若干问题的解释》第9条;《最高人民法院关于审理医疗损害责任纠纷案件适用法律若干问题的解释》第14、15条;《最高人民法院关于知识产权民事诉讼证据的若干规定》第28条

第八十三条 【勘验程序】 勘验物证或者现场，勘验人必须出示人民法院的证件，并邀请当地基层组织或者当事人所在单位派人参加。当事人或者当事人的成年家属应当到场，拒不到场的，不影响勘验的进行。

有关单位和个人根据人民法院的通知，有义务保护现场，协助勘验工作。

勘验人应当将勘验情况和结果制作笔录，由勘验人、当事人和被邀参加人签名或者盖章。

条文解读

本条共有 3 款，是关于勘验程序的规定。

人民法院审理案件时，有时需要勘验物证或现场并制作笔录，即勘验笔录。勘验笔录也是民事诉讼证据的一种。依据本条规定，勘验人进行勘验时，应当遵守法律规定的程序和要求。这里所讲的“勘验人”，通常指审判人员，也包括在审判人员指导下进行勘验的人。勘验的对象主要是与案件事实有关的物证和现场。勘验的方法主要是通过检验、查看的方式，亲自去认识和了解物品与案件现场。勘验人勘验物证或现场时，应当由两人以上参加并出示人民法院的证件，同时邀请当地基层组织或者当事人所在单位派人参加勘验。为维护当事人的合法权益，避免在勘验过程中发生损害当事人利益的情况，如果当事人是公民的，应当通知当事人或其成年家属到场；如果当事人是法人或非法人组织的，应当通知其法人代表或其他组织负责人到场。对于勘验人员违反法律规定的行为，他们有权提出异议。但是，如果当事人或其家属、法人代表或有关组织负责人拒不到场的，并不影响勘验工作的进行。

依据本条规定，在接到人民法院的通知后，有关单位和个人应当对勘验现场进行保护，协助和配合人民法院完成勘验工作。

人民法院对物证或现场进行勘验后，应及时制作笔录。勘验笔录应当记录勘验时间、地点、勘验人、在场人、勘验的经过和结果等。对于绘制的现场图，应当注明绘制的时间、方位、测绘人姓名、身份等内容。同时，勘验笔录还应当由勘验人、当事人和被邀请参加人签名或盖章。

配套法规及解读

《最高人民法院关于适用〈中华人民共和国民事诉讼法〉的解释》(2022年4月1日)

第一百二十四条 人民法院认为有必要的,可以根据当事人的申请或者依职权对物证或者现场进行勘验。勘验时应当保护他人的隐私和尊严。

人民法院可以要求鉴定人参与勘验。必要时,可以要求鉴定人在勘验中进行鉴定。

※法规解读:本条第1款首先强调了人民法院对物证或现场进行勘验活动的组织权能,突出了法院所认可的"必要性"条件;同时,该款规定勘验时应当保护他人的隐私和尊严,体现了人权保障的特点。本条第2款规定了鉴定人可被要求参与勘验及在勘验中进行鉴定。

关联法规索引

《最高人民法院关于民事诉讼证据的若干规定》第43、82条

第八十四条 【证据保全】 在证据可能灭失或者以后难以取得的情况下,当事人可以在诉讼过程中向人民法院申请保全证据,人民法院也可以主动采取保全措施。

因情况紧急,在证据可能灭失或者以后难以取得的情况下,利害关系人可以在提起诉讼或者申请仲裁前向证据所在地、被申请人住所地或者对案件有管辖权的人民法院申请保全证据。

证据保全的其他程序,参照适用本法第九章保全的有关规定。

条文解读

本条共有3款,是关于证据保全的规定。

本条明确规定了诉前证据保全制度,建立起统一的、普遍适用的民事诉讼证据保全程序。

证据保全是指人民法院根据申请人的申请或者依职权,在证据可能会灭失或

者以后难以取得的情况下对证据加以固定和保护的制度。诉讼活动是一个过程,在有些情况下如果不及时采取措施,证据会灭失或今后难以取得,这就会影响人民法院的正确判决,会对当事人的合法权益造成损害,所以有必要规定证据保全制度。

本条第1款是关于诉讼中证据保全的规定。依据本款规定,在证据可能灭失或者以后难以取得的情况下,当事人可以在诉讼过程中向人民法院申请保全证据,人民法院也可以主动采取保全措施。也就是说,诉讼中的证据保全一般是人民法院根据申请人的申请采取的,但若法院认为有必要采取证据保全措施时,也可以由其依职权主动采取证据保全措施。诉讼证据保全的前提是具有证据保全的紧迫性,即证据可能会灭失或以后难以取得。其中,“证据可能会灭失”是指证人可能会死亡、物证可能会腐烂、书证可能会被销毁等情形;“证据可能以后难以取得”是指证据虽然没有灭失,但以后再收集该证据的难度可能会很大,或者以后再收集该证据的成本可能会很高,比较常见的情况如证人可能将出国定居等情形。

本条第2款规定了诉前证据保全。诉前证据保全是指情况特别紧急,时间容不得先行起诉,若不采取保全措施将导致证据灭失或者今后难以取得,须在起诉前向人民法院申请证据保全的制度。采取诉前证据保全措施,必须满足下列条件:其一,诉前证据保全只能由利害关系人提出申请,人民法院不得依职权而为之;其二,采取诉前证据保全措施必须具有紧迫性和必要性,即情况紧急,不进行证据保全,证据可能灭失或者以后难以取得;其三,接受保全申请的人民法院应该是证据所在地、被申请人住所地或者对案件有管辖权的人民法院。对于诉前证据保全,人民法院根据实际情况,可以责令申请人提供担保;拒不提供的,人民法院裁定不予证据保全。

根据本条第3款的规定,有关证据保全的具体措施、相关程序等内容,参照适用《民事诉讼法》第9章保全的有关规定。

配套法规及解读

《最高人民法院关于民事诉讼证据的若干规定》(2019年12月25日)

第二十五条 当事人或者利害关系人根据民事诉讼法第八十一条[1]的规定

[1] 2021年《民事诉讼法》第84条。

申请证据保全的，申请书应当载明需要保全的证据的基本情况、申请保全的理由以及采取何种保全措施等内容。

当事人根据民事诉讼法第八十一条[1]第一款的规定申请证据保全的，应当在举证期限届满前向人民法院提出。

法律、司法解释对诉前证据保全有规定的，依照其规定办理。

第二十六条 当事人或者利害关系人申请采取查封、扣押等限制保全标的物使用、流通等保全措施，或者保全可能对证据持有人造成损失的，人民法院应当责令申请人提供相应的担保。

担保方式或者数额由人民法院根据保全措施对证据持有人的影响、保全标的物的价值、当事人或者利害关系人争议的诉讼标的金额等因素综合确定。

第二十七条 人民法院进行证据保全，可以要求当事人或者诉讼代理人到场。

根据当事人的申请和具体情况，人民法院可以采取查封、扣押、录音、录像、复制、鉴定、勘验等方法进行证据保全，并制作笔录。

在符合证据保全目的的情况下，人民法院应当选择对证据持有人利益影响最小的保全措施。

第二十八条 申请证据保全错误造成财产损失，当事人请求申请人承担赔偿责任的，人民法院应予支持。

第二十九条 人民法院采取诉前证据保全措施后，当事人向其他有管辖权的人民法院提起诉讼的，采取保全措施的人民法院应当根据当事人的申请，将保全的证据及时移交受理案件的人民法院。

※法规解读：上述五条司法解释，具体规定了证据保全的申请、担保、操作方法、赔偿责任及法院对诉前保全证据的移交问题。其中，第25条重点强调了申请书的具体内容，对当事人及利害关系人提出了具体而有针对性的指引。第26条规定了证据保全需要提供担保的两种具体情形：一是采取查封、扣押等限制保全标的物使用、流通等保全措施的，二是保全可能对证据持有人造成损失的。该条同时对担保方式及数额的确定依据作了规定。第27条对人民法院采取证据保全的具体措施提出了要求，人民法院实施证据保全，可以采用查封、扣押、录音、录像、复制、鉴定、勘验等具体措施，并应根据不同证据种类的特点及保全目的，严格按照各种

---

[1] 2021年《民事诉讼法》第84条。

保全措施的具体要求依法进行。为使证据保全具有公正性与透明性,法院进行证据保全时,可以要求当事人或者诉讼代理人到场。该条还明确了证据保全利益影响最小化原则,这是诉讼经济原则的应有之义,也与证据保全的目的相契合。第28条规定了证据保全赔偿责任承担的两个前提,一是申请人申请证据保全错误,二是给证据持有人造成损失,二者之间形成侵权损害赔偿关系。第29条是为了避免因采取诉前证据保全的法院与实际受理诉讼的法院不一致,而造成司法资源浪费,增加当事人讼累等问题而规定的,较好地解决了诉前保全证据的移交问题。

《最高人民法院关于适用〈中华人民共和国民事诉讼法〉的解释》(2022年4月1日)

第九十八条 当事人根据民事诉讼法第八十四条第一款规定申请证据保全的,可以在举证期限届满前书面提出。

证据保全可能对他人造成损失的,人民法院应当责令申请人提供相应的担保。

※法规解读:本条规定了当事人申请证据保全的期限以及应否提供担保。

关联法规索引

《海事诉讼特别程序法》第62~72条;《商标法》第66条;《著作权法》第57条;《仲裁法》第46条

典型案例

美国催化蒸馏技术公司申请陕西华浩轩新能源科技开发有限公司侵害专利权诉前证据保全案[1]

※案情简介:2016年7月25日美国催化蒸馏技术公司(以下简称催化公司)向人民法院提出诉前证据保全申请称,国家知识产权局授予其"接触构造""脉冲流反应"发明专利权。之后,催化公司发现陕西华浩轩新能源科技开发有限公司(以下简称华浩轩公司)制造的烷基化垂直反应塔,其整体结构与涉案专利"接触构造"基本相同;该烷基化垂直反应器内部的反应工艺也纳入"脉冲流反应"专利

〔1〕 陕西省西安市中级人民法院(2016)陕01证保2号。

权利要求的保护范围。催化公司认为华浩轩公司实施其产品及方法专利，构成侵权行为。因烷基化垂直反应塔结构庞大，并由华浩轩公司控制，其客观上难以获得，故申请对华浩轩公司烷基化项目装置的整体结构进行拍照；对烷基化项目的委托设计、施工合同复制。

※争议焦点：本案另一方当事人控制的证据，在客观上是否符合保全申请人"以后难以取得"的标准？

※裁判结果：陕西省西安市中级人民法院经审查认为，催化公司以被控侵权产品位于华浩轩公司内并由华浩轩公司控制，其客观上难以取得为由，申请对烷基化项目的装置整体结构进行拍照保全，符合法律规定；催化公司请求对烷基化项目的委托设计、施工合同进行复制，因烷基化项目的委托设计、施工合同在相关部门存有备案，不存在难以取得的情形，且催化公司未提供证据证明委托设计、施工合同与判定被控侵权人是否构成侵权行为有直接的因果关系，故其此项申请不符合证据保全的条件。遂裁定：对华浩轩公司的烷基化项目装置的整体结构进行拍照；驳回催化公司申请对华浩轩公司烷基化项目的委托设计、施工合同进行复制的证据保全申请。

第七章　期间、送达

本章介绍

期间是诉讼主体各自完成某一诉讼行为所必须遵守的时间限制。对于期间的规定，一方面可以促使各民事诉讼法律关系主体及时地行使诉讼权利、履行诉讼义务，有利于当事人之间的民事纠纷尽快得到解决；另一方面有利于人民法院对诉讼流程予以恰当的安排和管理，对诉讼程序中的环节予以合理的控制，促进诉讼效率、保障诉讼公正。送达是人民法院依照法律规定的程序，将诉讼文书送交给当事人或者其他诉讼参与人的诉讼行为。送达既是人民法院的职权，也是人民法院的职责。严格按照法律和相关司法解释规定的方式与程序进行送达活动，是维护当事人合法权益、保障民事诉讼程序顺利进行、保障预定诉讼任务完成的必然要求。本章规定了期间的种类与计算、期间的耽误与顺延、送达的方式等内容。2021年《民事诉讼法》的修改，将期间种类与计算中的"节假日"更改为"法定休假日"；以概括式"电子方式送达"代替原有对电子送达方式的列举，并拓宽了适用电子送达的文书范围；将公告送达期限由"六十日"更改为"三十日"。

第一节　期　　间

第八十五条　【期间】期间包括法定期间和人民法院指定的期间。

期间以时、日、月、年计算。期间开始的时和日，不计算在期间内。

期间届满的最后一日是法定休假日的，以法定休假日后的第一日为期间届满的日期。

期间不包括在途时间，诉讼文书在期满前交邮的，不算过期。

条文解读

本条共有 4 款,是关于期间种类与期间计算的规定。

民事诉讼中的期间,是指人民法院、当事人和其他诉讼参与人进行或者完成某种诉讼行为的期限和期日。狭义的期间仅指期限,广义的期间包括期限和期日。本条只对狭义的期间即期限作了专门规定,期日则由人民法院在司法实践中具体确定。

以期间是由法律直接规定还是由人民法院指定为标准,可以分为法定期间和指定期间。由法律明确规定的,要求人民法院、当事人及其他诉讼参与人为某些诉讼行为,必须在确定时间内完成才具有法律效力的期间是法定期间,如上诉期间;人民法院根据审理案件时所遇到的具体情况,依职权决定的法院、当事人和其他诉讼参与人进行和完成诉讼活动所需要的期间是指定期间,如人民法院对举证期间的指定。

依据本条规定,期间是以时、日、月、年为计算单位的。期间开始的时和日不计算在期间内,而从下一个小时或者从次日起算。期间届满的最后一日是法定休假日的,以法定休假日后的第一天为期间届满的日期。需要注意的是,法定休假日不同于休息日,休息日指用人单位保证劳动者每周休息的日子,而"法定休假日"是法定的、相对固定的、全体公民放假的节日,目前特指元旦、春节、清明节、劳动节、端午节、中秋节、国庆节共 7 个节日放假的 11 天。休息日与法定休假日是并列关系,法定休假日不包括休息日;法定休假日与休息日重合时,应当在工作日补假。2021 年《民事诉讼法》修正时,将"节假日"变更为"法定休假日",目的是使其表述更为严谨,有利于避免歧义的产生。无论是法定期间还是指定期间,都不包括在途时间。比如,诉讼文书是邮寄的,只要在期满前交邮,就不算过期。确定期满前是否交邮,应当以邮局的邮戳为准。

严格规定期间的种类及期间的计算方法,对于保证当事人及其他诉讼参与人及时行使诉讼权利、履行诉讼义务,对于法院及时进行审判、解决当事人的民事纠纷,都具有十分重要的意义。

配套法规及解读

《最高人民法院关于适用〈中华人民共和国民事诉讼法〉的解释》(2022 年 4 月 1 日)

第一百二十五条 依照民事诉讼法第八十五条第二款规定,民事诉讼中以时起算的期间从次时起算；以日、月、年计算的期间从次日起算。

※法规解读：本条对《民事诉讼法》第85条第2款规定进一步作了解释，明确了民事诉讼中以时起算的期间从次时起算，以日、月、年计算的期间从次日起算。

第八十六条　【期间的顺延】当事人因不可抗拒的事由或者其他正当理由耽误期限的，在障碍消除后的十日内，可以申请顺延期限，是否准许，由人民法院决定。

条文解读

本条是关于期间耽误与顺延的规定。

通常而言，当事人或其他诉讼参与人只有在规定或指定的期间内实施诉讼行为，该诉讼行为才是合法有效的，否则会因为期限的耽误而导致后来所实施的诉讼行为无效。但如果当事人是因为不可抗拒的事由或者其他正当理由而耽误期限的，当事人可以在障碍消除后的10日内向人民法院申请顺延期限，法院根据实际情况决定是否准许延期。“不可抗拒的事由”通常是指当事人事先无法预见、发生时无法克服和避免的各种客观情况，如地震、洪涝灾害等。“其他正当理由”是指不可抗拒的事由以外，但不可归责于当事人的，可以由法官自由裁量是否准许延期的其他事由，如当事人因病住院不能如期出庭等。

对于诉讼期间耽误的认定，关系到当事人的切身利益，所以法院接到当事人的顺延申请后，应严格依照相关规定认真审查，认为申请顺延期限有正当理由的，应当予以顺延，否则裁定驳回申请。人民法院准予的顺延时间，因法定期间和指定期间的不同而有所区别。法定期间顺延日期的计算，以实际耽误的时间为准，指定期间的顺延由人民法院根据具体情况决定。

第二节　送　　达

第八十七条　【送达回证】送达诉讼文书必须有送达回证，由受送达人在送达回证上记明收到日期，签名或者盖章。

受送达人在送达回证上的签收日期为送达日期。

条文解读

本条共有 2 款，是关于送达回证的规定。

送达是指人民法院依照法定程序和方式，将诉讼文书送交当事人和其他诉讼参与人的诉讼行为。送达的主体是人民法院，受送达人是案件当事人或其他诉讼参与人，送达的内容是各种诉讼文书，送达必须按照法律规定的程序和方式进行。由于诉讼文书一经送达就会产生一定的法律后果，直接关系到当事人及其他诉讼参与人相关权利义务能否实现，直接关系到诉讼活动能否顺利进行，所以，严格规范送达行为及送达方式，具有极其重要的意义。

送达回证是指人民法院制作的，用以证明完成了送达行为并返回人民法院的格式化的凭证。人民法院向当事人和其他诉讼参与人送达诉讼文书，除公告送达以外，采取其他送达方式的，都应出示送达回证。送达回证是人民法院向受送达人送达诉讼文书必须具备的附件之一。受送达人需要在送达回证上记明收到的日期，并签名或者盖章。受送达人在送达回证上的签收日期为送达日期，它是计算期间的主要依据。

送达回证是检查人民法院是否按法定方式和程序送达诉讼文书的标志，也是受送达人接受或拒绝接受诉讼文书的证明，同时还是衡量当事人和其他诉讼参与人的诉讼行为是否有效的依据。

关联法规索引

《最高人民法院关于适用〈中华人民共和国民事诉讼法〉的解释》第 131 条；《最高人民法院关于进一步加强民事送达工作的若干意见》

第八十八条　【直接送达】 送达诉讼文书，应当直接送交受送达人。受送达人是公民的，本人不在交他的同住成年家属签收；受送达人是法人或者其他组织的，应当由法人的法定代表人、其他组织的主要负责人或者该法人、组织负责收件的人签收；受送达人有诉讼代理人的，可以送交其代理人签收；受送达人已向人民法院指定代收人的，送交代收人签收。

受送达人的同住成年家属，法人或者其他组织的负责收件的人，诉讼代理人或者代收人在送达回证上签收的日期为送达日期。

条文解读

本条共有2款，是关于直接送达的规定。

直接送达是指由人民法院执行送达任务的书记员、司法警察或者其他工作人员将需要送达的诉讼文书，直接交付给受送达人或其同住成年家属、代收人签收的送达方式。直接送达是人民法院送达诉讼文书的基本原则。凡是能够直接送达的，都应当采取直接送达的方式。依据本条规定，直接送达包括以下几种具体情形：(1)受送达人是公民的，由本人或其同住成年家属、代收人签收；(2)受送达人是法人或其他组织的，由法人的法定代表人、其他组织的主要负责人或者该法人、组织的办公室、收发室、值班室等负责收件的人签收；(3)受送达人有诉讼代理人的，人民法院既可以向受送达人本人送达，也可以向其代理人送达；(4)受送达人已向人民法院指定代收人的，送交代收人签收。需要注意的是，调解书除明确授权指定代收人外，不能由他人代收。

受送达人在送达回证上的签收日期即为送达日期。不是受送达人本人签收的，受送达人同住的成年家属，法人或其他组织的负责收件人，诉讼代理人或代收人在送达回证上签收的日期为送达日期。

配套法规及解读

《最高人民法院关于适用〈中华人民共和国民事诉讼法〉的解释》(2022年4月1日)

第一百三十一条 人民法院直接送达诉讼文书的，可以通知当事人到人民法院领取。当事人到达人民法院，拒绝签署送达回证的，视为送达。审判人员、书记员应当在送达回证上注明送达情况并签名。

人民法院可以在当事人住所地以外向当事人直接送达诉讼文书。当事人拒绝签署送达回证的，采用拍照、录像等方式记录送达过程即视为送达。审判人员、书记员应当在送达回证上注明送达情况并签名。

第一百三十二条 受送达人有诉讼代理人的，人民法院既可以向受送达人送达，也可以向其诉讼代理人送达。受送达人指定诉讼代理人为代收人的，向诉讼代理人送达时，适用留置送达。

※法规解读：上述条文是对直接送达的补充规定。第131条明确了人民法院可以通知当事人到人民法院领取诉讼文书，也可以在当事人住所地以外向当事人直接送达诉讼文书。第132条规定了受送达人指定诉讼代理人为代收人的，向诉讼代理人送达时，适用留置送达。

第八十九条 【留置送达】受送达人或者他的同住成年家属拒绝接收诉讼文书的，送达人可以邀请有关基层组织或者所在单位的代表到场，说明情况，在送达回证上记明拒收事由和日期，由送达人、见证人签名或者盖章，把诉讼文书留在受送达人的住所；也可以把诉讼文书留在受送达人的住所，并采用拍照、录像等方式记录送达过程，即视为送达。

条文解读

本条是关于诉讼文书留置送达的规定。

留置送达是指人民法院将需要送达的文书送交受送达人或其同住成年家属时，遭到拒绝的，送达人可依法将诉讼文书留在受送达人住所并以此完成送达行为的送达方式。依据本条规定，适用留置送达需要注意如下两点：（1）由于留置送达是针对直接送达过程中发生的特殊情况而规定的具有一定强制性的送达方式，与直接送达具有同等的法律效力，故采取留置送达方式的前提条件是受送达人或其同住成年家属拒收诉讼文书。（2）由于留置送达缺少受送达人的主动配合，是一种非常慎重的送达方式，所以在适用留置送达时，一定要遵守相应的送达程序。对于拒收诉讼文书的受送达人或其同住成年家属，人民法院应首先向其宣讲法律，对其进行说服教育，以便能让其自愿签收诉讼文书。如果未果，送达人可以邀请有关基层组织，包括居（村）民委员会、街道办事处或者受送达人所在机关、企事业单位的代表到场，说明情况，在送达回证上记明拒收事由和日期，由送达人、见证人签名或者盖章，把诉讼文书留在受送达人的住所，即视为送达。在司法实践中，有时会遇到见证人不愿或不敢在送达回证上签字或盖章的情况，这种情况下送达人也可以把诉讼文书留在受送达人的住所，并采用拍照、录像等方式记录送达过程，即视为送达。

配套法规及解读

《最高人民法院关于适用〈中华人民共和国民事诉讼法〉的解释》(2022 年 4 月 1 日)

第一百三十三条 调解书应当直接送达当事人本人，不适用留置送达。当事人本人因故不能签收的，可由其指定的代收人签收。

※法规解读：本条规定明确了调解书不适用留置送达。由于调解书是否签收取决于当事人的自愿，拒绝签收的视为不同意调解，因而不适用留置送达。调解书应当直接送达当事人本人，当事人本人因故不能签收的，可由其指定的代收人签收，同样也不适用留置送达。

第九十条 【简易方式送达】经受送达人同意，人民法院可以采用能够确认其收悉的电子方式送达诉讼文书。通过电子方式送达的判决书、裁定书、调解书，受送达人提出需要纸质文书的，人民法院应当提供。

采用前款方式送达的，以送达信息到达受送达人特定系统的日期为送达日期。

条文解读

本条共有 2 款，是关于人民法院可以采用简易方式送达的规定。

随着诉讼实践的不断发展，以直接送达为主的传统送达制度效率有限、成本高昂，越来越难以适应案件数量不断激增的民事司法需求。与此同时，信息技术的日益进步，又给传真、电子邮件等简易送达方式提供了存在与发展的机遇。因此，立法顺应时代要求，作出了相应的规定。本条规定涉及四个方面的内容：其一，以受送达人同意为简易送达的适用前提。与传统的直接送达相比，简易送达中涉及的一些技术操作问题可能会制造程序“漏洞”，为了保障受送达人的程序利益，应当坚持自愿原则，以受送达人的同意为适用前提。其二，对所有诉讼文书，人民法院均可采用能够确认其收悉的,包括但不限于传真、电子邮件等电子方式送达。这样的规定既符合现代电讯发展的现实,也满足诉讼高效、便捷的需要。其三,在经送达的各种法律文书中,判决书、裁定书与调解书对当事人实体利益与程序利益的影响最为关键,是当事人提起上诉、再审或者作为申请执行的依据。因此,对于通过电子方式送达的这三类诉讼文书,如果受送达人提出需要纸质文书的,人民法院应当提供。需要注意的是,由于电子送达与纸质文书获取存在一定的时间差,即便当事人向法院获取了纸质文书,仍以电子送达的日期作为送达日期。其四,简易送达属于拟制送达,人民法院与受送达人并未直接接触,因此,送达日期为电子信息到达受送达人特定系统的日期。

配套法规及解读

《最高人民法院关于适用〈中华人民共和国民事诉讼法〉的解释》(2022 年 4 月 1 日)

第一百三十五条 电子送达可以采用传真、电子邮件、移动通信等即时收悉的特定系统作为送达媒介。

民事诉讼法第九十条第二款规定的到达受送达人特定系统的日期,为人民法院对应系统显示发送成功的日期,但受送达人证明到达其特定系统的日期与人民法院对应系统显示发送成功的日期不一致的,以受送达人证明到达其特定系统的日期为准。

第一百三十六条 受送达人同意采用电子方式送达的,应当在送达地址确认书中予以确认。

※法规解读:上述两个条文是对电子送达的补充规定。第 135 条明确了电子送达的媒介和送达日期。第 136 条规定了受送达人同意采用电子方式送达的,应当在送达地址确认书中明确予以确认。

《最高人民法院关于进一步推进案件繁简分流优化司法资源配置的若干意见》(2016 年 9 月 12 日)

3. 完善送达程序与送达方式。当事人在纠纷发生之前约定送达地址的,人民法院可以将该地址作为送达诉讼文书的确认地址。当事人起诉或者答辩时应当依照规定填写送达地址确认书。积极运用电子方式送达;当事人同意电子送达的,应当提供并确认传真号、电子信箱、微信号等电子送达地址。充分利用中国审判流程信息公开网，建立全国法院统一的电子送达平台。完善国家邮政机构以法院专递方式进行送达。

※法规解读：该意见是指导全国法院进行繁简分流改革的纲领性文件，其中上述内容是关于进一步完善送达程序的规定。该规定推行诉前地址确认制度，强调填写送达地址确认书，推广电子送达，完善邮寄送达，解决了制约审判效率提高的“送达难”问题。

关联法规索引

《最高人民法院关于适用简易程序审理民事案件的若干规定》第 6 条；《人民法院在线诉讼规则》第 29 ~ 33 条；《最高人民法院关于互联网法院审理案件若干问题的规定》第 15 ~ 17 条

第九十一条　【委托与邮寄送达】直接送达诉讼文书有困难的，可以委托其他人民法院代为送达，或者邮寄送达。邮寄送达的，以回执上注明的收件日期为送达日期。

条文解读

本条是关于委托送达与邮寄送达的规定。

委托送达是指人民法院直接送达诉讼文书确有困难，而委托受送达人所在地人民法院代为送达的一种送达方式。委托送达一般适用于受送达人不在受诉人民法院辖区内居住，或者由于受送达人的某种特殊原因，直接送达诉讼文书确有困难的情形。委托送达时，委托人民法院应当出具委托书，并附需要送达的诉讼文书和送达回证。委托人民法院对送达诉讼文书有特殊要求的，应当在委托书中说明。受委托送达的人民法院应当在收到委托书之日起 7 日内完成，并将送达回证寄回委托人民法院，受送达人在送达回证上签收的日期为送达日期。受托人民法院因故无法送达的，应当在上述期间内函告委托人民法院。受送达人下落不明的，或者诉讼文书需要由有关单位转交送达的，受理案件的人民法院不得委托其他人民法院代为送达。

邮寄送达是指受诉人民法院将需要送达的诉讼文书,通过邮局以挂号信的方式寄给受送达人的一种送达方式。适用邮寄送达的前提是受诉人民法院直接送达确有困难,如受送达人距离受诉人民法院所在地较远等情形。邮局的挂号信回执即为邮寄送达的凭证,挂号信回执上注明的收件日期为送达日期。由于送达回证是证明受送达人收到诉讼文书的重要凭证,是计算诉讼期间的重要根据,所以,邮寄送达应附有送达回证。挂号信回执上注明的收件日期与送达回证上注明的收件日期不一致的,以送达回证上注明的收件日期为送达日期;如果送达回证没有寄回或者送达回证上没有注明收件日期的,则以挂号信回执上注明的收件日期为送达日期。需要注意的是,邮件在途期间,不计算在送达期间之内。

配套法规及解读

《最高人民法院关于以法院专递方式邮寄送达民事诉讼文书的若干规定》(2004年9月17日)

为保障和方便双方当事人依法行使诉讼权利,根据《中华人民共和国民事诉讼法》的有关规定,结合民事审判经验和各地的实际情况,制定本规定。

第一条 人民法院直接送达诉讼文书有困难的,可以交由国家邮政机构(以下简称邮政机构)以法院专递方式邮寄送达,但有下列情形之一的除外:

(一)受送达人或者其诉讼代理人、受送达人指定的代收人同意在指定的期间内到人民法院接受送达的;

(二)受送达人下落不明的;

(三)法律规定或者我国缔结或者参加的国际条约中约定有特别送达方式的。

第二条 以法院专递方式邮寄送达民事诉讼文书的,其送达与人民法院送达具有同等法律效力。

第三条 当事人起诉或者答辩时应当向人民法院提供或者确认自己准确的送达地址,并填写送达地址确认书。当事人拒绝提供的,人民法院应当告知其拒不提供送达地址的不利后果,并记入笔录。

第四条 送达地址确认书的内容应当包括送达地址的邮政编码、详细地址以及受送达人的联系电话等内容。

当事人要求对送达地址确认书中的内容保密的,人民法院应当为其保密。

当事人在第一审、第二审和执行终结前变更送达地址的，应当及时以书面方式告知人民法院。

第五条 当事人拒绝提供自己的送达地址，经人民法院告知后仍不提供的，自然人以其户籍登记中的住所地或者经常居住地为送达地址；法人或者其他组织以其工商登记或者其他依法登记、备案中的住所地为送达地址。

第六条 邮政机构按照当事人提供或者确认的送达地址送达的，应当在规定的日期内将回执退回人民法院。

邮政机构按照当事人提供或确认的送达地址在五日内投送三次以上未能送达，通过电话或者其他联系方式又无法告知受送达人的，应当将邮件在规定的日期内退回人民法院，并说明退回的理由。

第七条 受送达人指定代收人的，指定代收人的签收视为受送达人本人签收。

邮政机构在受送达人提供或确认的送达地址未能见到受送达人的，可以将邮件交给与受送达人同住的成年家属代收，但代收人是同一案件中另一方当事人的除外。

第八条 受送达人及其代收人应当在邮件回执上签名、盖章或者捺印。

受送达人及其代收人在签收时应当出示其有效身份证件并在回执上填写该证件的号码；受送达人及其代收人拒绝签收的，由邮政机构的投递员记明情况后将邮件退回人民法院。

第九条 有下列情形之一的，即为送达：

（一）受送达人在邮件回执上签名、盖章或者捺印的；

（二）受送达人是无民事行为能力或者限制民事行为能力的自然人，其法定代理人签收的；

（三）受送达人是法人或者其他组织，其法人的法定代表人、该组织的主要负责人或者办公室、收发室、值班室的工作人员签收的；

（四）受送达人的诉讼代理人签收的；

（五）受送达人指定的代收人签收的；

（六）受送达人的同住成年家属签收的。

第十条 签收人是受送达人本人或者是受送达人的法定代表人、主要负责人、法定代理人、诉讼代理人的，签收人应当当场核对邮件内容。签收人发现邮件内容与回执上的文书名称不一致的，应当当场向邮政机构的投递员提出，由投递员在回执上记明情况后将邮件退回人民法院。

签收人是受送达人办公室、收发室和值班室的工作人员或者是与受送达人同住成年家属，受送达人发现邮件内容与回执上的文书名称不一致的，应当在收到邮件后的三日内将该邮件退回人民法院，并以书面方式说明退回的理由。

第十一条 因受送达人自己提供或者确认的送达地址不准确、拒不提供送达地址、送达地址变更未及时告知人民法院、受送达人本人或者受送达人指定的代收人拒绝签收，导致诉讼文书未能被受送达人实际接收的，文书退回之日视为送达之日。

受送达人能够证明自己在诉讼文书送达的过程中没有过错的，不适用前款规定。

第十二条 本规定自2005年1月1日起实施。

我院以前的司法解释与本规定不一致的，以本规定为准。

※法规解读：最高人民法院上述规定的出台，是为了规制实践中以普通挂号信方式邮寄送达诉讼文书，难以保证送达的及时完成，以及因信件遗失而影响受送达人依法行使诉讼权利的现象。该司法解释对不能以人民法院专递方式邮寄送达的情形、送达地址确认书的内容、邮寄送达中"视为送达"的情形等内容都作了较为详尽的规定，对于有效解决审判实践中出现的具体问题，具有十分重要的意义。需要注意的是，邮寄送达与委托送达之间是平行选择关系，它们的适用前提均为受诉人民法院"直接送达诉讼文书确有困难"。以法院专递方式邮寄送达民事诉讼文书的，其送达与人民法院送达具有同等的法律效力。

《最高人民法院关于适用〈中华人民共和国民事诉讼法〉的解释》（2022年4月1日）

第一百三十四条 依照民事诉讼法第九十一条规定，委托其他人民法院代为送达的，委托法院应当出具委托函，并附需要送达的诉讼文书和送达回证，以受送达人在送达回证上签收的日期为送达日期。

委托送达的，受委托人民法院应当自收到委托函及相关诉讼文书之日起十日内代为送达。

※法规解读：本条是关于委托送达的补充规定，明确了委托送达的程序和受委托法院完成送达的期限。

关联法规索引

《最高人民法院关于适用简易程序审理民事案件的若干规定》第10、29条；

《最高人民检察院关于以检察专递方式邮寄送达有关检察法律文书的若干规定》

第九十二条 【对军人的转交送达】受送达人是军人的，通过其所在部队团以上单位的政治机关转交。

条文解读

本条是关于对军人送达诉讼文书的特殊情形的规定。

对军人送达诉讼文书，适用转交送达的方式。转交送达是指受诉人民法院根据受送达人的特殊情况而将需要送达的诉讼文书交有关机关、单位转交受送达人的送达方式。根据本条规定，受送达人是军人的，不宜直接送达或邮寄给本人，而应通过其所在部队团以上单位的政治机关转交。部队实行严格的军事化管理，具有保密性等不同于地方的特殊之处，部队与地方的往来也受到一定的限制。所以，对军人这种特殊的职业人群送达诉讼文书，采用直接送达方式具有一定的困难，也不宜采用委托送达和邮寄送达的方式。通过团以上政治机关转交涉及军人的民事纠纷的诉讼文书，符合军队的纪律要求，且具有较强的可靠性，同时也有利于政治机关及时了解案情，协助人民法院顺利解决纠纷。应当注意的是，本条所指的军人，仅指现役军人，不包括退伍军人。人民法院送达诉讼文书，必须通过部队团以上单位的政治机关转交，不能通过团以下单位转交，也不能通过团以上单位的其他机关转交。对军人的转交送达与直接送达具有同等的法律效力。

第九十三条 【对被监禁、被采取强制性教育措施人员的转交送达】受送达人被监禁的，通过其所在监所转交。

受送达人被采取强制性教育措施的，通过其所在强制性教育机构转交。

条文解读

本条共有2款，规定了对被监禁或被采取强制性教育措施的人送达诉讼文书的特殊情形。

被监禁或被采取强制性教育措施的人，其人身自由受到了一定的限制，且通常他们被关押在一些特殊场所，向他们送达诉讼文书，不便采取直接送达的方式，委托送达或邮寄送达也存在一定的难度。因此，根据本条规定，对这些人送达诉讼文书的，由其所在监所或强制性教育机构代为转交。

这种转交方式有利于管教人员向受送达人了解情况、征询意见，及时做好思想工作，既有利于顺利解决纠纷，也有利于维护被监禁和被采取强制性教育措施人员的合法权益。这些单位或机构在收到诉讼文书后，必须立即交受送达的被监禁人或者被采取强制性教育措施的人签收，以在送达回证上的签收日期为送达日期。

第九十四条 【转交送达程序及日期】代为转交的机关、单位收到诉讼文书后，必须立即交受送达人签收，以在送达回证上的签收日期，为送达日期。

条文解读

本条是关于转交送达的程序与日期的规定。

转交送达是法律针对特殊人群规定的送达诉讼文书的特殊方式，因此，转交送达应遵循特殊的程序要求和有关送达日期的相关规定。依据本条规定，人民法院对现役军人、被监禁、被采取强制性教育措施的人员送达诉讼文书的，应首先将诉讼文书送交受送达人所在部队团以上单位的政治机关、监狱或采取强制性教育措施的单位，同时还应附送达回证，请他们立即转交受送达人签收，并及时将受送达人签收后的送达回证返回给人民法院。上述代转机关不得拒绝转交或以任何借口推诿拖延，有关单位和机关也无权代受送达人签收。依据本条规定，代为转交的机关、单位收到诉讼文书的日期不是送达日期，送达日期以受送达人接到转交的诉讼文书后，在送达回证上的签收日期为准。

第九十五条 【公告送达】受送达人下落不明，或者用本节规定的其他方式无法送达的，公告送达。自发出公告之日起，经过三十日，即视为送达。

公告送达，应当在案卷中记明原因和经过。

条文解读

本条共有 2 款，是关于公告送达方式的规定。

公告送达是指人民法院采取张贴布告、登报等措施，将诉讼文书的内容公开告知受送达人的一种送达方式。依据本条规定，只有在受送达人下落不明或者无法以直接送达、委托送达、邮寄送达或转交送达等方式进行送达时，人民法院才能适用公告送达。采用公告送达方式的，可以在人民法院的公告栏、受送达人原住所地张贴公告，也可以在报纸上刊登公告或通过广播、电视、网络媒介将公告内容传播。对于公告送达有特殊要求的，按照要求的方式进行公告。需要注意的是，由于实践中公告送达的案件，受送达人在公告期满后参加诉讼的情况并不多，公告送达的意义更多地体现在程序上，而且随着经济社会的发展、电子媒体的普及，人们对诉讼效率的期许日益提高，因此，2021 年修正后的《民事诉讼法》将公告送达期限从 60 日缩短为 30 日，同时配套统一的电子送达平台，进一步缩短审理周期，降低诉讼成本、防止诉讼拖延，维护了当事人的合法权益。公告送达不存在受送达人签收问题。公告送达起诉状或上诉状副本的，应说明起诉或上诉要点，受送达人答辩期限及逾期不答辩的法律后果；公告送达传票的，应说明出庭地点、时间及逾期不出庭的法律后果；公告送达判决书、裁定书的，应说明裁判的主要内容，属于一审的，还应说明上诉权利、上诉期限和上诉的人民法院。

依据本条第 2 款的规定，人民法院应将公告原因和经过在案卷内记明并随同公告副本存卷备案。需要注意的是，人民法院发出公告后，须保管好应送达的诉讼文书，以便受送达人随时领取。

配套法规及解读

《最高人民法院关于适用〈中华人民共和国民事诉讼法〉的解释》(2022 年 4 月 1 日)

第一百三十八条 公告送达可以在法院的公告栏和受送达人住所地张贴公告，也可以在报纸、信息网络等媒体上刊登公告，发出公告日期以最后张贴或者刊登的日期为准。对公告送达方式有特殊要求的，应当按要求的方式进行。公告期满，即视为送达。

人民法院在受送达人住所地张贴公告的，应当采取拍照、录像等方式记录张贴过程。

第一百三十九条 公告送达应当说明公告送达的原因;公告送达起诉状或者上诉状副本的,应当说明起诉或者上诉要点,受送达人答辩期限及逾期不答辩的法律后果;公告送达传票,应当说明出庭的时间和地点及逾期不出庭的法律后果;公告送达判决书、裁定书的,应当说明裁判主要内容,当事人有权上诉的,还应当说明上诉权利、上诉期限和上诉的人民法院。

第一百四十条 适用简易程序的案件,不适用公告送达。

※法规解读:上述三个条文是关于公告送达的补充规定,明确了公告送达的方式、公告日期的确定、公告送达应当说明的事项以及适用简易程序审理的案件不适用公告送达。简易程序相对于普通程序审理期限短、程序简化,如果适用公告送达则不利于保障当事人的诉讼权利,保证案件正确处理。因而,适用简易程序审理的案件不适用公告送达。

关联法规索引

《人民法院在线诉讼规则》第23条

第八章　调　　解

本章介绍

法院调解,又称诉讼调解,是指人民法院受理案件后,在充分尊重当事人意愿的前提下,在审判人员或合议庭的主持下,就双方当事人的争议进行自愿协商,达成协议,解决纠纷的诉讼活动和结案方式。法院调解是我国人民法院审理民事案件的一项优良传统,是我国民事诉讼活动的特色之一。通过调解解决纠纷,有利于普及法律知识,增强群众的法治观念;有利于减少诉讼,节约司法成本,提高办案效率;有利于修复当事人之间的关系,切实做到案结事了,化解社会矛盾,真正实现社会和谐。本章具体规定了民事诉讼调解的原则、调解的程序、调解书的制作和调解的效力等内容。

第九十六条　【调解的原则】人民法院审理民事案件,根据当事人自愿的原则,在事实清楚的基础上,分清是非,进行调解。

条文解读

本条规定了人民法院调解中应适用的自愿原则及查明事实、分清是非原则。

调解自愿原则是指人民法院调解活动的进行和调解协议的达成,必须以当事人的自愿为基础。自愿是当事人调解协议形成的必然要求和前提条件,如果当事人不能自主地选择解决纠纷的方式以及决定调解协议的内容,而是不得不听命于外来的指令,那么调解协议就不是真正意义上的合意。调解自愿原则包含两方面的含义:其一,人民法院进行调解活动要取得双方当事人的同意,要以双方自愿为前提;其二,调解协议的内容应当由当事人自愿达成。

查明事实、分清是非原则是指人民法院对民事案件进行调解,必须在查明案件事实、分清责任的基础上进行,也就是说,人民法院在调解过程中,必须严格遵照以事实为根据、以法律为准绳的要求。审判人员在主持调解过程中,必须查明案件基本事实,分清双方争议的是非曲直,明确当事人各自的责任,进而确定其各自的权利义务,也只有在基本事实清楚、是非分明的基础上达成的协议,才能被双方自觉地履行。需要注意的是,调解中虽然要注重事实真相的查明,但在调解中对案件事实的确定性要求相对判决而言要低,调解的后果在一定程度上也可以同案件事实相分离,尤其是对于一些婚姻家庭纠纷案件的调解,没有必要追求严格依照诉讼证明得到的案件事实。所以,为最大限度实现调解的价值,有利于调解协议的达成,人民法院在调解过程中只要把握好调解的大方向,对于细枝末节可以不必深究。

配套法规及解读

《最高人民法院关于适用〈中华人民共和国民事诉讼法〉的解释》(2022 年 4 月 1 日)

第一百四十二条 人民法院受理案件后,经审查,认为法律关系明确、事实清楚,在征得当事人双方同意后,可以径行调解。

第一百四十三条 适用特别程序、督促程序、公示催告程序的案件,婚姻等身份关系确认案件以及其他根据案件性质不能进行调解的案件,不得调解。

第一百四十四条 人民法院审理民事案件,发现当事人之间恶意串通,企图通过和解、调解方式侵害他人合法权益的,应当依照民事诉讼法第一百一十五条的规定处理。

※法规解读:上述司法解释是有关人民法院调解适用的补充规定,第 142 条规定了径行调解的适用。第 143 条规定了不适用调解的案件,即适用特别程序、督促程序、公示催告程序的案件,婚姻等身份关系确认案件以及根据案件性质不能进行调解的其他案件。第 144 条规定了对恶意和解、调解的处理,即应当驳回其请求,并根据情节轻重予以罚款、拘留;构成犯罪的,依法追究刑事责任。

第一百四十五条 人民法院审理民事案件,应当根据自愿、合法的原则进行调解。当事人一方或者双方坚持不愿调解的,应当及时裁判。

人民法院审理离婚案件,应当进行调解,但不应久调不决。

※法规解读:本条是有关人民法院调解原则的规定。人民法院调解应当遵循自愿、合法的原则。其中,调解自愿原则要求人民法院进行调解活动要取得双方当

事人的同意;调解协议的内容应当由当事人自愿达成。实践中,在贯彻落实自愿原则时,必须注意防止各种强制或变相强制调解现象的发生。当事人一方或者双方坚持不愿调解的,应当及时裁判。离婚案件,人民法院应当进行调解,但不应久调不决。调解合法原则包括两方面内容:调解的程序合法以及调解的实体合法。调解的程序合法是指人民法院的调解活动应当按照法定程序进行,调解的组织、调解方式、步骤、调解协议的达成及调解书的送达等,均应符合《民事诉讼法》的相关规定;调解的实体合法是指在人民法院的主持下,双方当事人达成的调解协议必须符合民法、经济法等有关实体法的规定。

第九十七条 【调解的方式】人民法院进行调解,可以由审判员一人主持,也可以由合议庭主持,并尽可能就地进行。

人民法院进行调解,可以用简便方式通知当事人、证人到庭。

条文解读

本条共有 2 款,是关于调解程序中审判人员的组成、地点与传唤方式的规定。

人民法院进行调解,可以由审判员一人主持,也可以由合议庭全体成员在审判长的主持下共同参与。具体来讲,适用简易程序审理的民事案件,由独任审判员一人主持进行调解;适用普通程序审理的第一审民事案件,可以由合议庭主持调解,也可以由合议庭成员中的一名审判员主持,选择采取何种组织形式进行调解,由承办审判员征得审判长和合议庭其他成员的意见后,按照少数服从多数的原则作出决定。但是,组成合议庭开庭审理案件时,在庭上调解,要由合议庭主持;其他情况下由审判员一人主持,审判员要将调解情况及调解结果向合议庭汇报并取得同意。如果有陪审员参加,主持调解一般由审判员和人民陪审员共同进行,人民陪审员不宜独自主持调解。第二审程序与审判监督程序中的调解与此相同。

人民法院进行调解,一般是在人民法院的法庭内进行,但本着方便当事人诉讼的原则,也可以到案件发生地、当事人所在地就地进行。就地进行调解,可以使审判员的调解更好地得到当地群众、基层组织和当事人所在单位的支持和协助。需要注意的是,就地解决也要选择适宜的场所,对于涉及当事人隐私的案件,调解工作不能不加选择地在大庭广众之下进行。

调解具有不同于审判的特点，调解制度更适合采用一种非严格程序化的方式予以实施。人民法院的调解活动可以在诉讼的任何一个阶段，根据案件的具体情况、当事人的思想变化等随时进行，所以本条规定，可以用简便方式传唤当事人、证人到某一地点进行调解，如采用口头或电话通知等方式，而不必发传票。

配套法规及解读

《最高人民法院关于适用〈中华人民共和国民事诉讼法〉的解释》（2022 年 4 月 1 日）

第一百四十六条 人民法院审理民事案件，调解过程不公开，但当事人同意公开的除外。

调解协议内容不公开，但为保护国家利益、社会公共利益、他人合法权益，人民法院认为确有必要公开的除外。

主持调解以及参与调解的人员，对调解过程以及调解过程中获悉的国家秘密、商业秘密、个人隐私和其他不宜公开的信息，应当保守秘密，但为保护国家利益、社会公共利益、他人合法权益的除外。

※法规解读：本条是对调解是否采用公开方式以及调解信息保密的规定。由于调解是当事人协商解决争议的方式，其不同于判决，因而本条第 1 款和第 2 款规定了调解过程和调解协议均以不公开为原则，以公开为例外。也正是由于调解的非公开性，本条第 3 款规定了主持调解以及参与调解的人员，对调解过程以及在调解过程中获悉的不宜公开的信息应当保密。

第一百四十七条 人民法院调解案件时，当事人不能出庭的，经其特别授权，可由其委托代理人参加调解，达成的调解协议，可由委托代理人签名。

离婚案件当事人确因特殊情况无法出庭参加调解的，除本人不能表达意志的以外，应当出具书面意见。

※法规解读：《民事诉讼法》第 97 条就调解的方式作出了明确规定，其中第 2 款规定，“人民法院进行调解，可以用简便方式通知当事人、证人到庭”。如果当事人能够出庭，人民法院的调解活动就可以顺利进行；如果当事人由于某种原因不能出庭，就会给人民法院的调解工作造成阻碍，也会影响司法活动的效率。对此，《最高人民法院关于适用〈中华人民共和国民事诉讼法〉的解释》第 147 条就这一潜在

问题作出了规定,"当事人不能出庭的,经其特别授权,可由其委托代理人参加调解",并且"达成的调解协议,可由委托代理人签名"。针对涉及身份关系的离婚案件,该解释也明确规定"离婚案件当事人确因特殊情况无法出庭参加调解的,除本人不能表达意志的以外,应当出具书面意见",这就与《民事诉讼法》第97条规定相配套,两者交相呼应、相得益彰。

关联法规索引

《最高人民法院关于人民法院民事调解工作若干问题的规定》第3~9条;《人民法院在线诉讼规则》第8条

典型案例

厦门立德置业管理有限公司诉江某如物权确权纠纷案[1]

※案情简介:厦门立德置业管理有限公司(以下简称立德置业)与厦门广播电视广告有限公司签订了《第五届厦门电视博饼王大赛海选场地合作协议》,约定由主办方给予立德置业十个参加博饼复赛的晋级名额。2009年10月4日,立德置业指派其公司职员、被告江某如等六名员工代为参赛。江某如在博饼大赛中博到状元,博到东风风神轿车一辆,并获得进入第七届中秋博饼状元王中王大赛的决赛机会。当天,江某如向立德置业书写了字据一份,内容为:"轿车1辆9.98万元,现金4000元,漆线塑(雕)1座,鼓浪屿王中王博饼机会,请由公司安排。"同年10月8日,立德置业出具《委托书》:"委托方受邀参加由厦门广播电视广告有限公司主办的第五届电视博饼王大赛,现特委托我司员工江某如先生代为参与,因此在比赛过程中(含参与鼓浪屿王中王博饼大赛)所得均由公司统一调配,公司会依奖品结果给予受委托人,以表奖励。"江某如在该《委托书》上签字确认。次日,江某如在状元王中王的决赛中又博到状元,博到别克新君威轿车1辆。而后,江某如个人向税务机关交纳了两辆轿车所得税60160元。同年10月27日,立德置业向福建省厦门市海沧区人民法院提起诉讼,请求确认江某如博到的东风风神和别克新君威轿

[1] 厦门市海沧区人民法院(2009)海民初字第1969号。

车属于公司的合法财产。被告江某如等认为,依照博饼活动的传统习惯,如果用人单位有博饼的机会,一般会把机会分配给员工个人,员工参加活动的奖品将归个人所有,因此,原告公司无权向被告主张权利。原被告双方之间尽管存在物权纠纷,但有意向进行调解。

海沧区人民法院认为妥善处理该案需要统筹考虑以下三种关系:一是案件审理与保护民俗的关系。闽南地区的中秋赏月博饼活动作为一种独特的地方风俗,成为当地的一项非物质文化遗产和文化名片。案件的最终处理结果直接影响这一民俗将来的生存发展问题。二是民俗习惯与法律规定之间的关系。法学专家认为,江某如受所属公司立德置业的委托参与博饼活动,应认定为职务行为,故博到的奖品应归立德置业所有;而民俗专家则指出,博饼活动约定俗成的习惯是,如果单位有博饼的机会,一般会把机会分配给员工,让其参与,所得奖品归员工所有,很少要求归公。三是法理与情理之间的关系。人民法院如果不考虑到博饼活动中江某如连得状元的运气及其对立德置业的贡献,径行判决确认两辆轿车均归立德置业所有,情理上于江某如显失公平。

※调解结果:经过人民法院努力,双方当事人达成如下调解协议:立德置业将其中东风风神轿车奖励给被告江某如,别克新君威轿车归立德置业所有;立德置业支付江某如向税务机关垫付两辆轿车的所得税税款。此案的顺利调解具有如下意义:一是妥善处理了情理与法理的关系,确保调解办案法律效果和社会效果的有机统一;二是增量调解促和解,创新了调解工作的思路和方法;三是坚持审判公开,积极回应社会关注,营造有利于调解结案的氛围。

第九十八条 【协助调解】人民法院进行调解,可以邀请有关单位和个人协助。被邀请的单位和个人,应当协助人民法院进行调解。

条文解读

本条是关于调解中有关单位和个人协助义务的规定。

本条所称的有关单位,是指当事人所在单位或者当事人居住地的基层组织以及纠纷发生地的基层组织,如居民委员会、村民委员会或人民调解委员会等;本条所称的个人,是指当事人的近亲属、朋友、领导、同事、邻居等。这些单位或个人应当与双方当事人关系均比较密切,为双方当事人所信赖,他们通常了解案情,由他们做人民法院调解的协助人员,可以运用其对当事人的影响,对当事人进行说服、疏导,为当事人解决一些实际问题,也容易让审判人员了解当事人的真实调解意见,促使调解工作的顺利进行以及调解协议的顺利达成。被邀请的有关单位和个人应当积极协助人民法院进行调解,不得无故推脱。但是,他们可以主张给付一定的补偿和报酬。

配套法规及解读

《最高人民法院关于人民法院民事调解工作若干问题的规定》(2020 年 12 月 29 日)

第一条 根据民事诉讼法第九十五条[1]的规定,人民法院可以邀请与当事人有特定关系或者与案件有一定联系的企业事业单位、社会团体或者其他组织,和具有专门知识、特定社会经验、与当事人有特定关系并有利于促成调解的个人协助调解工作。

经各方当事人同意,人民法院可以委托前款规定的单位或者个人对案件进行调解,达成调解协议后,人民法院应当依法予以确认。

※法规解读:根据本条司法解释,为了解决审判资源有限的问题,提高诉讼效率,确保司法公正,人民法院的调解组织可以通过以下两种方式实现社会化:一是协助调解,即人民法院可以邀请与当事人有特定关系或者与案件有一定联系的企业事业单位、社会团体或者其他组织,和具有专门知识、特定社会经验、与当事人有特定关系,并有利于促成调解的个人协助进行调解工作。二是委托调解,即人民法院经各方当事人同意,可以委托上述单位或者个人对案件进行调解,如技术专家、居民委员会、人民调解组织、行业主管部门等。经调解达成调解协议的,由人民法院依法对其效力予以确认。

《最高人民法院关于人民法院特邀调解的规定》(2016 年 6 月 28 日)

为健全多元化纠纷解决机制,加强诉讼与非诉讼纠纷解决方式的有效衔接,规范人民法院特邀调解工作,维护当事人合法权益,根据《中华人民共和国民事诉讼

[1] 2021 年《民事诉讼法》第 98 条。

法》《中华人民共和国人民调解法》等法律及相关司法解释，结合人民法院工作实际，制定本规定。

第一条 特邀调解是指人民法院吸纳符合条件的人民调解、行政调解、商事调解、行业调解等调解组织或者个人成为特邀调解组织或者特邀调解员，接受人民法院立案前委派或者立案后委托依法进行调解，促使当事人在平等协商基础上达成调解协议、解决纠纷的一种调解活动。

第二条 特邀调解应当遵循以下原则：

（一）当事人平等自愿；

（二）尊重当事人诉讼权利；

（三）不违反法律、法规的禁止性规定；

（四）不损害国家利益、社会公共利益和他人合法权益；

（五）调解过程和调解协议内容不公开，但是法律另有规定的除外。

第三条 人民法院在特邀调解工作中，承担以下职责：

（一）对适宜调解的纠纷，指导当事人选择名册中的调解组织或者调解员先行调解；

（二）指导特邀调解组织和特邀调解员开展工作；

（三）管理特邀调解案件流程并统计相关数据；

（四）提供必要场所、办公设施等相关服务；

（五）组织特邀调解员进行业务培训；

（六）组织开展特邀调解业绩评估工作；

（七）承担其他与特邀调解有关的工作。

第四条 人民法院应当指定诉讼服务中心等部门具体负责指导特邀调解工作，并配备熟悉调解业务的工作人员。

人民法庭根据需要开展特邀调解工作。

第五条 人民法院开展特邀调解工作应当建立特邀调解组织和特邀调解员名册。建立名册的法院应当为入册的特邀调解组织或者特邀调解员颁发证书，并对名册进行管理。上级法院建立的名册，下级法院可以使用。

第六条 依法成立的人民调解、行政调解、商事调解、行业调解及其他具有调解职能的组织，可以申请加入特邀调解组织名册。品行良好、公道正派、热心调解工作并具有一定沟通协调能力的个人可以申请加入特邀调解员名册。

人民法院可以邀请符合条件的调解组织加入特邀调解组织名册,可以邀请人大代表、政协委员、人民陪审员、专家学者、律师、仲裁员、退休法律工作者等符合条件的个人加入特邀调解员名册。

特邀调解组织应当推荐本组织中适合从事特邀调解工作的调解员加入名册,并在名册中列明;在名册中列明的调解员,视为人民法院特邀调解员。

第七条 特邀调解员在入册前和任职期间,应当接受人民法院组织的业务培训。

第八条 人民法院应当在诉讼服务中心等场所提供特邀调解组织和特邀调解员名册,并在法院公示栏、官方网站等平台公开名册信息,方便当事人查询。

第九条 人民法院可以设立家事、交通事故、医疗纠纷等专业调解委员会,并根据特定专业领域的纠纷特点,设定专业调解委员会的入册条件,规范专业领域特邀调解程序。

第十条 人民法院应当建立特邀调解组织和特邀调解员业绩档案,定期组织开展特邀调解评估工作,并及时更新名册信息。

第十一条 对适宜调解的纠纷,登记立案前,人民法院可以经当事人同意委派给特邀调解组织或者特邀调解员进行调解;登记立案后或者在审理过程中,可以委托给特邀调解组织或者特邀调解员进行调解。

当事人申请调解的,应当以口头或者书面方式向人民法院提出;当事人口头提出的,人民法院应当记入笔录。

第十二条 双方当事人应当在名册中协商确定特邀调解员;协商不成的,由特邀调解组织或者人民法院指定。当事人不同意指定的,视为不同意调解。

第十三条 特邀调解一般由一名调解员进行。对于重大、疑难、复杂或者当事人要求由两名以上调解员共同调解的案件,可以由两名以上调解员调解,并由特邀调解组织或者人民法院指定一名调解员主持。当事人有正当理由的,可以申请更换特邀调解员。

第十四条 调解一般应当在人民法院或者调解组织所在地进行,双方当事人也可以在征得人民法院同意的情况下选择其他地点进行调解。

特邀调解组织或者特邀调解员接受委派或者委托调解后,应当将调解时间、地点等相关事项及时通知双方当事人,也可以通知与纠纷有利害关系的案外人参加调解。

调解程序开始之前,特邀调解员应当告知双方当事人权利义务、调解规则、调解程序、调解协议效力、司法确认申请等事项。

第十五条 特邀调解员有下列情形之一的,当事人有权申请回避:

(一)是一方当事人或者其代理人近亲属的;

(二)与纠纷有利害关系的;

(三)与纠纷当事人、代理人有其他关系,可能影响公正调解的。

特邀调解员有上述情形的,应当自行回避;但是双方当事人同意由该调解员调解的除外。

特邀调解员的回避由特邀调解组织或者人民法院决定。

第十六条 特邀调解员不得在后续的诉讼程序中担任该案的人民陪审员、诉讼代理人、证人、鉴定人以及翻译人员等。

第十七条 特邀调解员应当根据案件具体情况采用适当的方法进行调解,可以提出解决争议的方案建议。特邀调解员为促成当事人达成调解协议,可以邀请对达成调解协议有帮助的人员参与调解。

第十八条 特邀调解员发现双方当事人存在虚假调解可能的,应当中止调解,并向人民法院或者特邀调解组织报告。

人民法院或者特邀调解组织接到报告后,应当及时审查,并依据相关规定作出处理。

第十九条 委派调解达成调解协议,特邀调解员应当将调解协议送达双方当事人,并提交人民法院备案。

委派调解达成的调解协议,当事人可以依照民事诉讼法、人民调解法等法律申请司法确认。当事人申请司法确认的,由调解组织所在地或者委派调解的基层人民法院管辖。

第二十条 委托调解达成调解协议,特邀调解员应当向人民法院提交调解协议,由人民法院审查并制作调解书结案。达成调解协议后,当事人申请撤诉的,人民法院应当依法作出裁定。

第二十一条 委派调解未达成调解协议的,特邀调解员应当将当事人的起诉状等材料移送人民法院;当事人坚持诉讼的,人民法院应当依法登记立案。

委托调解未达成调解协议的,转入审判程序审理。

第二十二条 在调解过程中,当事人为达成调解协议作出妥协而认可的事实,不得在诉讼程序中作为对其不利的根据,但是当事人均同意的除外。

第二十三条 经特邀调解组织或者特邀调解员调解达成调解协议的,可以制作调解协议书。当事人认为无需制作调解协议书的,可以采取口头协议方式,特邀调解员应当记录协议内容。

第二十四条 调解协议书应当记载以下内容:

(一)当事人的基本情况;

(二)纠纷的主要事实、争议事项;

(三)调解结果。

双方当事人和特邀调解员应当在调解协议书或者调解笔录上签名、盖章或者捺印;由特邀调解组织主持达成调解协议的,还应当加盖调解组织印章。

委派调解达成调解协议,自双方当事人签名、盖章或者捺印后生效。委托调解达成调解协议,根据相关法律规定确定生效时间。

第二十五条 委派调解达成调解协议后,当事人就调解协议的履行或者调解协议的内容发生争议的,可以向人民法院提起诉讼,人民法院应当受理。一方当事人以原纠纷向人民法院起诉,对方当事人以调解协议提出抗辩的,应当提供调解协议书。

经司法确认的调解协议,一方当事人拒绝履行或者未全部履行的,对方当事人可以向人民法院申请执行。

第二十六条 有下列情形之一的,特邀调解员应当终止调解:

(一)当事人达成调解协议的;

(二)一方当事人撤回调解请求或者明确表示不接受调解的;

(三)特邀调解员认为双方分歧较大且难以达成调解协议的;

(四)其他导致调解难以进行的情形。

特邀调解员终止调解的,应当向委派、委托的人民法院书面报告,并移送相关材料。

第二十七条 人民法院委派调解的案件,调解期限为 30 日。但是双方当事人同意延长调解期限的,不受此限。

人民法院委托调解的案件,适用普通程序的调解期限为 15 日,适用简易程序的调解期限为 7 日。但是双方当事人同意延长调解期限的,不受此限。延长的调解期限不计入审理期限。

委派调解和委托调解的期限自特邀调解组织或者特邀调解员签字接收法院移交材料之日起计算。

第二十八条 特邀调解员不得有下列行为：

（一）强迫调解；

（二）违法调解；

（三）接受当事人请托或收受财物；

（四）泄露调解过程或调解协议内容；

（五）其他违反调解员职业道德的行为。

当事人发现存在上述情形的，可以向人民法院投诉。经审查属实的，人民法院应当予以纠正并作出警告、通报、除名等相应处理。

第二十九条 人民法院应当根据实际情况向特邀调解员发放误工、交通等补贴，对表现突出的特邀调解组织和特邀调解员给予物质或者荣誉奖励。补贴经费应当纳入人民法院专项预算。

人民法院可以根据有关规定向有关部门申请特邀调解专项经费。

第三十条 本规定自2016年7月1日起施行。

※法规解读：本司法解释是关于特邀调解的专门规定，明确了特邀调解的含义、原则、特邀调解员的职责、选任、行为规范、物质保障，特邀调解的程序，防止虚假调解，调解协议的效力等内容。其对于落实特邀调解制度，增强其纠纷解决的实效，实现诉讼与非诉讼纠纷解决制度的衔接都具有重要的意义。本司法解释的主要特色是：

第一，规范了特邀调解的程序。一是规范调解引导。人民法院要根据自愿调解原则引导当事人选择调解。二是确定调解规则。特邀调解要依据规则履行通知告知义务、确定合适的调解方法。三是明确诉调对接程序。委派调解达成调解协议，应将调解协议提交人民法院备案；当事人申请司法确认的，由人民法院依法受理。委托调解达成调解协议的，应由人民法院审查并制作调解书结案；或者当事人申请撤诉的，人民法院应当依法作出裁定。委派调解未达成协议的，调解员应当将当事人的起诉材料移送人民法院；当事人坚持诉讼的，人民法院应当依法登记立案。委托调解未达成协议的，人民法院应当将案件及时转入审判程序审理。

第二，注重维护当事人的合法权益。一是选择特邀调解需要当事人自愿，人民法院不得强迫当事人选择特邀调解。对坚持诉讼的，人民法院应当及时登记立案或者开庭审理,保障当事人的诉权。二是调解员由当事人双方协商选定,协商不成,可以由人民法院或者调解组织指定。当事人双方还可以协商选择两名以上的调解员调解。三是赋予当事人自主的处分权。不仅规定了调解员不得强迫当事人达成调解协议,还通过对调解员的禁止行为、后续角色冲突、在调解过程中应当履行通知告知义务等进行规定,确保调解的自愿合法。四是确立了调解协议的法律效力。无论是符合司法确认条件、当事人申请司法确认的,还是根据调解结果应当出具民事调解书的,人民法院都应依法处理。

关联法规索引

《人民法院在线调解规则》第5、6、15条

典型案例

圳通香港钢结构设备有限公司诉协成钎厂有限公司加工合同纠纷案
——确认港籍调解员异地调解商事纠纷效力〔1〕

※案情简介:2015年,圳通香港钢结构设备有限公司(以下简称圳通公司)与协成钎厂有限公司(以下简称协成公司)签订钢结构加工合同,约定由圳通公司提供产品和加工服务,协成公司支付加工合同价款。双方进行结算并签署结算单。后双方因加工合同的履行产生纠纷,圳通公司向广东省深圳前海合作区人民法院起诉,要求协成公司支付合同款项及利息。双方当事人均为在我国香港特别行政区注册成立的公司,案件审理过程中,双方均表达了希望在香港特别行政区开展调解工作的意愿。为此,广东省深圳市前海合作区人民法院通过前海"一带一路"国际商事诉调对接中心,委托前海律师调解组织和香港特别行政区律师开展调解工作。调解员先后两次组织双方当事人和代理律师在香港律师事务所适用香港特别行政区法律进行调解,双方当事人最终达成调解协议。

※调解结果:广东省深圳市前海合作区人民法院依法对调解协议的自愿性、合法性以及调解过程的合法性进行审查后,制作民事调解书进行确认。本案的典型

〔1〕 广东法院粤港澳大湾区跨境纠纷典型案例之二。

意义在于:人民法院经征求诉讼当事人意见,允许当事人借助内地和香港特别行政区的社会力量,选择更有利于解决纠纷的方式,平息跨境商事纠纷。

第九十九条 【调解协议】调解达成协议,必须双方自愿,不得强迫。调解协议的内容不得违反法律规定。

条文解读

本条是关于调解协议达成的自愿原则与合法原则的规定。

自愿原则是人民法院进行调解活动以及促使当事人双方达成调解协议所要遵守的最基本的原则。人民法院进行调解,必须由双方具体协商,达成双方自愿接受的协议内容。主持调解的审判员也可以提出调解意见供双方当事人参考,但不得强迫当事人接受。无论是从尊重当事人处分权的角度考虑,还是促使达成的调解协议能够得到自觉履行,都必须高度重视并认真贯彻自愿原则。

调解合法原则也是人民法院调解应当遵循的一项重要原则。通常,"合法"包括程序合法和实体合法两个方面。其一,人民法院的调解活动应当按照法定的程序进行。人民法院调解的组织,调解的方式、步骤,调解协议的达成和调解书的送达等均应符合《民事诉讼法》的相关规定。其二,在人民法院主持下双方达成的调解协议必须符合民法、经济法等有关实体法的规定。本条主要是指第二个方面,即调解协议的内容不得违反相关实体法律的规定。值得注意的是,调解协议的合法原则并不意味着调解协议应当像判决那样严格按照实体法规定的标准达成。也就是说,本条所指的"合法"是一种宽松的合法,它是指调解协议内容在不违反民事实体法的禁止性规定、不违反社会公序良俗、不损害第三人合法权益的前提下,通过妥协或让步来达成,故允许其中可能不完全符合实体法规定的内容存在。

配套法规及解读

《最高人民法院关于人民法院民事调解工作若干问题的规定》(2020年12月29日)

第七条 调解协议内容超出诉讼请求的,人民法院可以准许。

第八条 人民法院对于调解协议约定一方不履行协议应当承担民事责任的，应予准许。

调解协议约定一方不履行协议，另一方可以请求人民法院对案件作出裁判的条款，人民法院不予准许。

第十条 调解协议具有下列情形之一的，人民法院不予确认：

（一）侵害国家利益、社会公共利益的；

（二）侵害案外人利益的；

（三）违背当事人真实意思的；

（四）违反法律、行政法规禁止性规定的。

※法规解读：根据上述两条司法解释的规定，内容侵害国家利益或社会公共利益、侵害案外人利益、违背当事人真实意思以及违反法律、行政法规禁止性规定的调解协议属于违法协议，人民法院不予确认。但是，对于调解协议内容超出诉讼请求的，人民法院则可以准许。之所以如此规定，是因为当事人进行协商解决的纠纷往往不止一个，对这些纠纷一并达成协议，有助于彻底解决当事人之间的争议。所以，只要调解协议的内容不属于上述禁止性规定的范围，人民法院就可以确认其效力。

第十一条 调解协议约定一方提供担保或者案外人同意为当事人提供担保的，人民法院应当准许。

案外人提供担保的，人民法院制作调解书应当列明担保人，并将调解书送交担保人。担保人不签收调解书的，不影响调解书生效。

当事人或者案外人提供的担保符合民法典规定的条件时生效。

※法规解读：上述两条司法解释是关于调解协议的执行保障机制的规定。由于调解协议是在充分遵循当事人自愿原则的前提下达成的，所以大多数调解协议都能够得到当事人的自觉履行。但是，实践中也经常有当事人反悔的情形发生，致使已经达成的调解协议或者调解书得不到履行，从而影响权利人获得相应的利益。为了消除当事人对于日后协议可能被反悔这种难以预期情形的顾虑，保护当事人进行调解的积极性，促进当事人达成调解协议，上述两条文建立了两种调解协议的执行保障机制：一是当事人可以在调解协议中约定一方不履行调解协议时承担额外的民事责任，经人民法院确认后，在发生一方当事人不履行调解协议时，另一方当事人可以直接申请人民法院强制执行；二是当事人可以为履行调解协议设定担

保，一旦发生一方当事人不履行调解协议的情况，另一方当事人可以向人民法院申请强制执行担保人的财产或担保物，以保证其债权能够得到及时实现。

关联法规索引

《最高人民法院关于适用〈中华人民共和国民事诉讼法〉的解释》第 145 条；《人民法院在线调解规则》第 4 条

第一百条 【调解书】调解达成协议，人民法院应当制作调解书。调解书应当写明诉讼请求、案件的事实和调解结果。

调解书由审判人员、书记员署名，加盖人民法院印章，送达双方当事人。

调解书经双方当事人签收后，即具有法律效力。

条文解读

本条共有 3 款，是关于调解协议的制作、内容、送达及生效的规定。

根据本条第 1 款的规定，调解达成协议的，人民法院应当制作调解书。调解书是人民法院制作的记载当事人调解协议内容的法律文书。调解书必须依据调解协议制作，反映调解协议的内容，但调解协议仅是双方当事人的意思表示，而调解书则是具有法律效力的人民法院的司法文书。调解书的制作要规范、严肃，符合统一的格式要求。调解书中应当写明诉讼请求、案件的事实和调解结果。案件的事实是指当事人之间的法律关系发生争议的事实、原因及双方的责任；调解结果是指当事人自愿、合法达成的解决双方纠纷的合意，包括其在调解过程中提出的诉讼请求和理由，以及双方互相让步的结果。

根据本条第 2 款的规定，调解书应当由审判人员、书记员署名，加盖人民法院印章，送达双方当事人。调解书是人民法院依法制作的法律文书，必须履行法定程序，由相关审判人员、书记员署名，加盖人民法院印章后，送达双方当事人签收。由于调解书是依据当事人自愿协商形成的调解协议而制作的，以自愿为基础，如果当事人拒绝签收调解书，表明其不愿意接受调解。故调解书不能强行送达，不宜采用同住成年家属签收以及留置送达和公告送达的方式，一般也不适用邮寄送达和由有关单位转交，而是要由双方当事人本人签收。

调解书必须经双方当事人签收后才能生效。当事人有权在调解书签收之前对调解达成的协议进行反悔，这样原调解书就不发生法律效力，人民法院应当及时通知双方当事人，继续进行审判。对已经生效的调解书，当事人应当履行调解书所确定的义务。任何一方当事人不履行，另一方当事人可以向人民法院申请强制执行。依照法律规定，对已经发生法律效力的调解不得上诉和再次起诉，只能通过再审程序予以撤销或变更。

配套法规及解读

《最高人民法院关于适用〈中华人民共和国民事诉讼法〉的解释》(2022 年 4 月 1 日)

第一百四十八条 当事人自行和解或者调解达成协议后，请求人民法院按照和解协议或者调解协议的内容制作判决书的，人民法院不予准许。

无民事行为能力人的离婚案件，由其法定代理人进行诉讼。法定代理人与对方达成协议要求发给判决书的，可根据协议内容制作判决书。

※法规解读：本条是对能否根据调解协议的内容制作判决书的规定。由于和解、调解与判决具有不同的性质，因而，当事人请求人民法院按照和解协议或者调解协议的内容制作判决书的，人民法院不予准许。但无民事行为能力人的离婚案件，由于其本人不能正确表达意志，由其法定代理人进行诉讼。法定代理人与对方达成协议要求发给判决书的，可根据协议内容制作判决书。

第一百四十九条 调解书需经当事人签收后才发生法律效力的，应当以最后收到调解书的当事人签收的日期为调解书生效日期。

第一百五十条 人民法院调解民事案件，需由无独立请求权的第三人承担责任的，应当经其同意。该第三人在调解书送达前反悔的，人民法院应当及时裁判。

※法规解读：上述两条司法解释具体规定了调解书签收的相关问题。由于法律赋予了当事人在调解书签收前的反悔权，因此，调解书能否被顺利签收，就成了考量人民法院调解成败的关键。依照法律规定，调解书不适用留置送达，应当由当事人本人签收。在涉及精神病患者或未成年人的案件中，调解书可由其法定代理人代为签收。如果授权委托书中未明确有代收调解书事项的，委托代理人无权签

收调解书，当事人因故不能签收调解书的，只能由其指定的代收人签收。当事人一方拒绝签收调解书的，调解书不发生法律效力，人民法院要及时通知对方当事人。调解书不能同时送达双方当事人的，应当以后收到调解书的当事人签收的日期为调解书生效日期。无独立请求权的第三人参加诉讼的案件，人民法院调解时需要确定无独立请求权的第三人承担义务的，应经第三人的同意，调解书应当同时送达第三人。第三人在调解书送达前反悔的，人民法院应当及时判决。同时需要注意的是，人民法院在送达调解书时，应将送达回证的内容填写完整，否则当事人有权提出异议。

关联法规索引

《最高人民法院关于适用简易程序审理民事案件的若干规定》第 15 ~ 17 条；《人民法院在线调解规则》第 19 条；《最高人民法院关于证券纠纷代表人诉讼若干问题的规定》第 21 条

第一百零一条 【不制作调解书】下列案件调解达成协议，人民法院可以不制作调解书：

（一）调解和好的离婚案件；

（二）调解维持收养关系的案件；

（三）能够即时履行的案件；

（四）其他不需要制作调解书的案件。

对不需要制作调解书的协议，应当记入笔录，由双方当事人、审判人员、书记员签名或者盖章后，即具有法律效力。

条文解读

本条共有 2 款，是关于可以不制作调解书的情况及相关程序的规定。

调解达成协议后，人民法院应当根据协议内容依法制作调解书。但是本条第 1 款规定的以下几类案件属于例外：(1)调解和好的离婚案件。经调解和好的离婚案件，当事人之间的感情还没有完全破裂，为了不伤害双方感情，促使他们和好，不需要制作调解书。同时,由于夫妻和好不再要求离婚,当事人之间的权利义务关系没有发生变化,人民法院也无须制作调解书。(2)调解维持收养关系的案件。经调解继续维持收养关系的案件,为了不影响收养人与被收养人之间的关系,同时也因为收养人与被收养人之间的权利义务关系未发生变化,人民法院可以不制作调解书。(3)能够即时履行的案件。对于那些数额不大,经调解能够及时履行的民事案件,因已无执行内容或不发生一方当事人不履行义务需要强制执行的情况,人民法院无须制作调解书。(4)其他不需要制作调解书的案件。主要指没有执行内容的调解协议。

依据本条规定,对于不需要制作调解书的协议,应当记入笔录,由双方当事人、审判人员、书记员签名或者盖章后,即具有法律效力。对于不需要制作调解书的案件,调解笔录也是人民法院审结案件的一种法律形式,与调解书在法律上具有同等的效力。

配套法规及解读

《最高人民法院关于适用〈中华人民共和国民事诉讼法〉的解释》(2022年4月1日)

第一百五十一条 根据民事诉讼法第一百零一条第一款第四项规定,当事人各方同意在调解协议上签名或者盖章后即发生法律效力的,经人民法院审查确认后,应当记入笔录或者将调解协议附卷,并由当事人、审判人员、书记员签名或者盖章后即具有法律效力。

前款规定情形,当事人请求制作调解书的,人民法院审查确认后可以制作调解书送交当事人。当事人拒收调解书的,不影响调解协议的效力。

※法规解读:本条是关于不需要制作调解书的情况下调解协议效力的补充规定。除调解和好的离婚案件、调解维持收养关系的案件、能够即时履行的案件以外的其他不需要制作调解书的案件,当事人各方同意在调解协议上签名或者盖章后即发生法律效力的,调解协议经人民法院审查确认、当事人各方签字、审判人员、书记员签名或者盖章后即具有与生效调解书相同的法律效力。当事人请求制作调解书的,人民法院应当制作调解书送交当事人。但当事人在调解书送达时不能反悔,若当事人反悔,拒绝签收的,适用留置送达。

第一百零二条 【调解无效】调解未达成协议或者调解书送达前一方反悔的，人民法院应当及时判决。

条文解读

本条规定了调解无效的情形及其处理措施。

在庭前准备程序结束时，当事人仍未达成调解协议的，案件转入法庭审理阶段，调解中当事人的让步和妥协不能作为审理依据；第一次开庭的法庭辩论阶段结束后，若当事人未能达成协议的，宣告调解无效；调解达成协议后，经人民法院确认合意内容或取得方式有瑕疵，而当事人不同意变更的，视为调解无效；调解书送达前一方反悔的，视为调解无效；不制作调解书的协议，当事人拒绝在调解笔录上签字的，视为调解未达成协议。

依据本条规定，调解未达成协议或者调解书送达前一方反悔的，调解程序相当于自行终结，人民法院不能久调不决，更不能变相强迫当事人调解，而应当及时采取判决方式结案。

关联法规索引

《最高人民法院关于适用〈中华人民共和国民事诉讼法〉的解释》第 150 条；《人民法院在线调解规则》第 21、25 条

第九章　保全和先予执行

本章介绍

本章规定了保全和先予执行制度。在民事诉讼中，保全和先予执行都是人民法院为了确保将来的执行文书得以顺利执行或满足紧迫性需要，在执行文书生效之前，采取一定的强制性措施以限制义务人处分其财产或责令义务人作为或不作为的程序。本章规定了保全的种类、范围、财产保全措施、申请保全错误的赔偿、先予执行制度适用情形、适用条件等。

第一百零三条　【诉讼中保全】 人民法院对于可能因当事人一方的行为或者其他原因，使判决难以执行或者造成当事人其他损害的案件，根据对方当事人的申请，可以裁定对其财产进行保全、责令其作出一定行为或者禁止其作出一定行为；当事人没有提出申请的，人民法院在必要时也可以裁定采取保全措施。

人民法院采取保全措施，可以责令申请人提供担保，申请人不提供担保的，裁定驳回申请。

人民法院接受申请后，对情况紧急的，必须在四十八小时内作出裁定；裁定采取保全措施的，应当立即开始执行。

条文解读

本条共有 3 款，是关于诉讼中保全的规定。

本条第 1 款和第 2 款规定了诉讼中保全的适用条件和保全的种类。保全包括财产保全和行为保全。财产保全，是指人民法院为了保证将来裁判的执行，对当事人的财产或者争议标的物采取限制当事人处分的临时措施。行为保全，是指人民法院责令一方当事人作出一定行为，或者禁止其作出一定行为，防止该当事人正在实施或者将要实施的行为给申请人造成不可弥补的损害。

诉讼保全的适用条件有：第一，存在实施保全的客观需要，即可能因当事人一方的行为或者其他原因，使判决难以执行或者造成当事人损害。“当事人一方的行为”，是指可归因于当事人的侵权或者违约行为。例如，在财产保全案件中，当事人擅自将争议标的物转移、隐匿、毁损、出卖等行为；又如，在行为保全案件中，当事人一方生产侵权产品、排放污水、妨碍相邻权人通行等行为。“其他原因”，是指不可归因于当事人的客观上的原因，如争议的财产不易保存等。第二，时间上为诉讼开始后。诉讼保全既可以在第一审程序中进行，也可以在第二审、再审程序中进行，《最高人民法院关于适用〈中华人民共和国民事诉讼法〉的解释》第 161 条对此作了衔接性的规定：“对当事人不服一审判决提起上诉的案件，在第二审人民法院接到报送的案件之前，当事人有转移、隐匿、出卖或者毁损财产等行为，必须采取保全措施的，由第一审人民法院依当事人申请或者依职权采取。第一审人民法院的保全裁定，应当及时报送第二审人民法院。”至于再审程序中，人民法院是否可以依申请采取财产保全，《最高人民法院关于人民法院办理财产保全案件若干问题的规定》（以下简称《财产保全规定》）第 19 条规定：“再审审查期间，债务人申请保全生效法律文书确定给付的财产的，人民法院不予受理。再审审理期间，原生效法律文书中止执行，当事人申请财产保全的，人民法院应当受理。”第三，当事人申请或者人民法院依职权采取保全措施。当事人申请应当有初步证据证明存在实施保全的客观需要，而不是主观臆测。第四，人民法院责令申请人提供担保的，申请人应当提供。保全措施的适用可能给被申请人造成经济损失，为了平等地保护双方当事人的利益，本法规定，人民法院责令申请人提供担保的，申请人必须提供担保，否则人民法院驳回其申请。人民法院驳回保全申请的，应当使用裁定。

本条第 3 款是关于人民法院作出保全裁定的期限以及采取保全措施期限的规定。“人民法院接受申请后，对情况紧急的，必须在四十八小时内作出裁定”，对非紧急情况下人民法院作出保全裁定的期限没有规定。“裁定采取保全措施的，应当立即开始执行”，这里的“立即”是一个模糊规定。《财产保全规定》第 4 条对上述不明问题作了具体规定：“人民法院接受财产保全申请后，应当在五日内作出裁定；需要提供担保的，应当在提供担保后五日内作出裁定；裁定采取保全措施的，应当在五日内开始执行。对情况紧急的，必须在四十八小时内作出裁定；裁定采取保全措施的，应当立即开始执行。”

配套法规及解读

《最高人民法院关于适用〈中华人民共和国民事诉讼法〉的解释》(2022年4月1日)

第一百六十一条　对当事人不服一审判决提起上诉的案件,在第二审人民法院接到报送的案件之前,当事人有转移、隐匿、出卖或者毁损财产等行为,必须采取保全措施的,由第一审人民法院依当事人申请或者依职权采取。第一审人民法院的保全裁定,应当及时报送第二审人民法院。

第一百六十二条　第二审人民法院裁定对第一审人民法院采取的保全措施予以续保或者采取新的保全措施的,可以自行实施,也可以委托第一审人民法院实施。

再审人民法院裁定对原保全措施予以续保或者采取新的保全措施的,可以自行实施,也可以委托原审人民法院或者执行法院实施。

※法规解读:上述条文是对不同审理程序中保全措施如何衔接的规定。根据第161条的规定,在当事人上诉后,二审人民法院接到报送的案件前,确有必要采取保全措施的,由一审人民法院采取。根据第162条的规定,二审或再审人民法院裁定对原审人民法院保全措施予以续保或者采取新的保全措施的,可以自行实施,也可以委托原审人民法院实施,再审人民法院还可以委托执行人民法院实施。

第一百六十三条　法律文书生效后,进入执行程序前,债权人因对方当事人转移财产等紧急情况,不申请保全将可能导致生效法律文书不能执行或者难以执行的,可以向执行法院申请采取保全措施。债权人在法律文书指定的履行期间届满后五日内不申请执行的,人民法院应当解除保全。

※法规解读:本条是关于执行前保全的规定。可供执行的法律文书有:生效的人民法院判决、裁定、调解书、公证债权文书、仲裁裁决、支付令等。其中,除诉讼和仲裁程序外,其他程序则没有设置保全制度,但是客观上确实存在着债务人在法律文书生效后至法院执行前的这段时间逃避履行的情况。如果在诉讼(仲裁)前或诉讼(仲裁)中由于种种原因该案没有采取保全措施,被执行人也可能在这段时间内采取不法手段逃避执行。

《最高人民法院关于人民法院办理财产保全案件若干问题的规定》(2020年12月29日)

第一条　当事人、利害关系人申请财产保全,应当向人民法院提交申请书,并提供相关证据材料。

申请书应当载明下列事项：

（一）申请保全人与被保全人的身份、送达地址、联系方式；

（二）请求事项和所根据的事实与理由；

（三）请求保全数额或者争议标的；

（四）明确的被保全财产信息或者具体的被保全财产线索；

（五）为财产保全提供担保的财产信息或资信证明，或者不需要提供担保的理由；

（六）其他需要载明的事项。

法律文书生效后，进入执行程序前，债权人申请财产保全的，应当写明生效法律文书的制作机关、文号和主要内容，并附生效法律文书副本。

第二条 人民法院进行财产保全，由立案、审判机构作出裁定，一般应当移送执行机构实施。

第三条 仲裁过程中，当事人申请财产保全的，应当通过仲裁机构向人民法院提交申请书及仲裁案件受理通知书等相关材料。人民法院裁定采取保全措施或者裁定驳回申请的，应当将裁定书送达当事人，并通知仲裁机构。

第四条 人民法院接受财产保全申请后，应当在五日内作出裁定；需要提供担保的，应当在提供担保后五日内作出裁定；裁定采取保全措施的，应当在五日内开始执行。对情况紧急的，必须在四十八小时内作出裁定；裁定采取保全措施的，应当立即开始执行。

第十条 当事人、利害关系人申请财产保全，应当向人民法院提供明确的被保全财产信息。

当事人在诉讼中申请财产保全，确因客观原因不能提供明确的被保全财产信息，但提供了具体财产线索的，人民法院可以依法裁定采取财产保全措施。

第十一条 人民法院依照本规定第十条第二款规定作出保全裁定的，在该裁定执行过程中，申请保全人可以向已经建立网络执行查控系统的执行法院，书面申请通过该系统查询被保全人的财产。

申请保全人提出查询申请的，执行法院可以利用网络执行查控系统，对裁定保全的财产或者保全数额范围内的财产进行查询，并采取相应的查封、扣押、冻结措施。

人民法院利用网络执行查控系统未查询到可供保全财产的，应当书面告知申请保全人。

第十二条 人民法院对查询到的被保全人财产信息，应当依法保密。除依法保全的财产外，不得泄露被保全人其他财产信息，也不得在财产保全、强制执行以外使用相关信息。

※法规解读：上述第1条规定了申请诉前或诉讼中财产保全应提交申请书和其他证据材料，并对申请书的内容作了明确规定。第2条是对人民法院内部机构在财产保全问题上职能分工的规定，原则上实行裁执分离。财产保全具体如何实施，此前并未见任何具体规定。在民事诉讼的司法实践中，有些人民法院的财产保全裁定是由审判法官作出，有些人民法院的财产保全裁定是由立案庭作出；财产保全有些是由执行局实施，有些是由立案庭实施，有些是由审判部门实施。本条规定显然有利于统一司法实践。"一般"应当移送执行机关实施，是考虑到司法实践的复杂性，应为其保有适度的灵活性。第3条明确了仲裁保全的申请应通过仲裁机构向人民法院提交，由人民法院作出裁定。第4条规定的是诉讼中作出财产保全裁定及执行该裁定的期限。第10条是要求当事人、利害关系人申请财产保全应当向人民法院提供明确的被保全财产信息或至少提供具体财产线索。第11条规定了仅能提供具体财产线索的申请保全人有权向执行人民法院书面申请通过网络执行查控系统查询被保全人的财产。理论界和实务界对能否在财产保全阶段使用网络执行查控系统一直存有争议。鉴于保全的实施也是执行工作的内容，应当可以适用该系统，而且该系统的运用有助于降低对当事人提供财产信息的要求，提高查控财产效率，提高财产保全的效果。第12条规定了人民法院对被保全人财产信息保密的义务。

第一百零四条 【诉前保全】利害关系人因情况紧急，不立即申请保全将会使其合法权益受到难以弥补的损害的，可以在提起诉讼或者申请仲裁前向被保全财产所在地、被申请人住所地或者对案件有管辖权的人民法院申请采取保全措施。申请人应当提供担保，不提供担保的，裁定驳回申请。

人民法院接受申请后，必须在四十八小时内作出裁定；裁定采取保全措施的，应当立即开始执行。

申请人在人民法院采取保全措施后三十日内不依法提起诉讼或者申请仲裁的，人民法院应当解除保全。

条文解读

本条共有 3 款,是关于诉前保全和仲裁前保全的规定。

本条第 1 款规定了诉前、仲裁前保全的适用。第一,适用前提,即情况紧急,不立即申请保全将会使其合法权益受到难以弥补的。第二,适用时间,为提起诉讼或仲裁之前。第三,管辖法院,为被保全财产所在地、被申请人住所地或者对案件有管辖权的人民法院。其中,对案件有管辖权的人民法院是指对将要提起诉讼或仲裁的案件依法享有管辖权的人民法院。第四,须提供担保。因为此时申请人尚未起诉或申请仲裁,将来能否起诉和申请仲裁,又能否胜诉都不知道,而保全措施的适用可能会给被申请人造成一定的损失,所以法律要求申请人必须提供担保。

《仲裁法》第 28 条中规定,"一方当事人因另一方当事人的行为或者其他原因,可能使裁决不能执行或者难以执行的,可以申请财产保全。当事人申请财产保全的,仲裁委员会应当将当事人的申请依照民事诉讼法的有关规定提交人民法院"。该法只规定了仲裁程序中的财产保全,未规定仲裁前的财产保全,存在漏洞。因而《民事诉讼法》增加了在申请仲裁前也可以申请保全的规定。另外,诉前保全和仲裁前保全既包括财产保全,也包括行为保全。

本条第 2 款是关于人民法院作出诉前、仲裁前保全裁定期限的规定。由于诉前、仲裁前保全的申请适用于情况紧急的案件,所以人民法院接受申请后,必须在 48 小时内作出裁定。

本条第 3 款规定了申请人在人民法院采取保全措施后提起诉讼或者申请仲裁的时间及逾期的法律后果。依据本款,申请人应当在人民法院采取保全措施后 30 日内提起诉讼或者仲裁。

配套法规及解读

《最高人民法院关于适用〈中华人民共和国民事诉讼法〉的解释》(2022 年 4 月 1 日)

第一百五十二条 人民法院依照民事诉讼法第一百零三条、第一百零四条规定,在采取诉前保全、诉讼保全措施时,责令利害关系人或者当事人提供担保的,应当书面通知。

利害关系人申请诉前保全的，应当提供担保。申请诉前财产保全的，应当提供相当于请求保全数额的担保；情况特殊的，人民法院可以酌情处理。申请诉前行为保全的，担保的数额由人民法院根据案件的具体情况决定。

在诉讼中，人民法院依申请或者依职权采取保全措施的，应当根据案件的具体情况，决定当事人是否应当提供担保以及担保的数额。

第一百六十条　当事人向采取诉前保全措施以外的其他有管辖权的人民法院起诉的，采取诉前保全措施的人民法院应当将保全手续移送受理案件的人民法院。诉前保全的裁定视为受移送人民法院作出的裁定。

※法规解读：本条是对采取诉前保全措施的法院与受理、审理该案的人民法院不一致时，移送保全手续及诉前保全裁定效力的规定。

第一百六十四条　对申请保全人或者他人提供的担保财产，人民法院应当依法办理查封、扣押、冻结等手续。

《最高人民法院关于人民法院办理财产保全案件若干问题的规定》（2020 年 12 月 29 日）

第五条　人民法院依照民事诉讼法第一百条[1]规定责令申请保全人提供财产保全担保的，担保数额不超过请求保全数额的百分之三十；申请保全的财产系争议标的的，担保数额不超过争议标的的价值的百分之三十。

利害关系人申请诉前财产保全的，应当提供相当于请求保全数额的担保；情况特殊的，人民法院可以酌情处理。

财产保全期间，申请保全人提供的担保不足以赔偿可能给被保全人造成的损失的，人民法院可以责令其追加相应的担保；拒不追加的，可以裁定解除或者部分解除保全。

第六条　申请保全人或第三人为财产保全提供财产担保的，应当向人民法院出具担保书。担保书应当载明担保人、担保方式、担保范围、担保财产及其价值、担保责任承担等内容，并附相关证据材料。

第三人为财产保全提供保证担保的，应当向人民法院提交保证书。保证书应当载明保证人、保证方式、保证范围、保证责任承担等内容，并附相关证据材料。

对财产保全担保，人民法院经审查，认为违反民法典、公司法等有关法律禁止

---

〔1〕 2021 年《民事诉讼法》第 103 条。

性规定的，应当责令申请保全人在指定期限内提供其他担保；逾期未提供的，裁定驳回申请。

第七条 保险人以其与申请保全人签订财产保全责任险合同的方式为财产保全提供担保的，应当向人民法院出具担保书。

担保书应当载明，因申请财产保全错误，由保险人赔偿被保全人因保全所遭受的损失等内容，并附相关证据材料。

第八条 金融监管部门批准设立的金融机构以独立保函形式为财产保全提供担保的，人民法院应当依法准许。

第九条 当事人在诉讼中申请财产保全，有下列情形之一的，人民法院可以不要求提供担保：

（一）追索赡养费、扶养费、抚育费、抚恤金、医疗费用、劳动报酬、工伤赔偿、交通事故人身损害赔偿的；

（二）婚姻家庭纠纷案件中遭遇家庭暴力且经济困难的；

（三）人民检察院提起的公益诉讼涉及损害赔偿的；

（四）因见义勇为遭受侵害请求损害赔偿的；

（五）案件事实清楚、权利义务关系明确，发生保全错误可能性较小的；

（六）申请保全人为商业银行、保险公司等由金融监管部门批准设立的具有独立偿付债务能力的金融机构及其分支机构的。

法律文书生效后，进入执行程序前，债权人申请财产保全的，人民法院可以不要求提供担保。

※法规解读：《民事诉讼法》对保全担保的标准未作具体规定，《最高人民法院关于适用〈中华人民共和国民事诉讼法〉的解释》规定了除特殊情况外，诉前保全应当由申请人提供全额担保；申请诉前行为保全的，因为难以判断保全行为会给被申请人带来的财产上的影响，申请人提供担保的数额不好确定，所以赋予人民法院自由裁量权，由其根据案件的具体情况决定。对于诉讼中的财产保全担保，是否应当提供担保以及担保的数额由人民法院自由裁量。实践中，不同地方的人民法院对诉讼中保全担保的要求不一，引发了“保全难、保全乱”等问题，财产保全制度难以发挥效用。《财产保全规定》第5条第1款对诉讼中保全担保标准作了统一规定，确定了不超过请求保全数额或争议标的价值30%的数额上限，这不仅有利于统一司法实践，也降低了申请保全的门槛，有利于保全目的的实现。第5条第3款

的规定考虑到了因保全期间过长、市场变化等增加损失的可能性原因，人民法院有权责令当事人追加担保，对担保数额予以调整，以平衡保护各方当事人的合法权益。

《财产保全规定》第6~8条是对财产保全担保方式的规定，有财产担保、保证、财产保全责任险、金融机构的独立保函。以财产保全责任险作为保全担保方式是实践中的创新做法，其有效地提升了当事人的财产保全担保能力。第8条明确规定，人民法院应当依法准许申请人提供的金融机构以独立保函形式出具的财产保全担保，从而减轻了申请人以现金形式提供财产保全担保所造成的负担。第9条是对申请诉讼财产保全可以不提供财产担保的规定。诉讼中财产保全是否应提供担保，人民法院应当根据案件的具体情况决定。但从司法实践来看，人民法院为避免保全风险，大都要求当事人提供担保。第9条的规定首次明确了免予提供担保的具体情况，有利于减轻申请人的负担，申请财产保全更加容易。

第十七条　利害关系人申请诉前财产保全，在人民法院采取保全措施后三十日内依法提起诉讼或者申请仲裁的，诉前财产保全措施自动转为诉讼或仲裁中的保全措施；进入执行程序后，保全措施自动转为执行中的查封、扣押、冻结措施。

依前款规定，自动转为诉讼、仲裁中的保全措施或者执行中的查封、扣押、冻结措施的，期限连续计算，人民法院无需重新制作裁定书。

※法规解读：该条规定的是诉前财产保全的自动转化以及期限计算问题。

典型案例

徐某、海力控股集团有限公司其他民事裁定书[1]

※案情简介：申请人徐某向贵州省黔南布依族苗族自治州中级人民法院申请诉前财产保全，请求查封被申请人海力控股集团有限公司名下开户银行：贵州惠水农村商业银行股份有限公司，账号：82×××80；开户银行：江西银行南昌红谷大厦支行，账号：79×××12；开户银行：南充市商业银行股份有限公司贵阳分行营业部，账号：70×××18，或者等同于价值人民币42726825.5元的财产（包括但不限

〔1〕参见贵州省黔南布依族苗族自治州中级人民法院（2021）黔27财保63号民事裁定书。

于银行存款、不动产、股票、基金)。申请人徐某以中国平安财产保险股份有限公司贵州分公司出具的平安诉讼财产保全责任保险保单保函作担保。

※争议焦点:申请诉前财产保全是否需要提供被申请人财产信息?

※裁判结果:人民法院经审查认为,申请人徐某申请诉前财产保全,应提供明确的被保全财产信息,因其提供了被申请人海力控股集团有限公司的银行账户信息,且银行存款易被转移,故对此部分的诉前财产保全请求予以支持,在42726825.5元限额内,冻结被申请人上述账户中的存款;因申请人未提供海力控股集团有限公司的不动产、股票、基金信息,故对此部分的诉前财产保全请求不予支持,驳回申请。保全费5000元,由申请人徐某负担。

第一百零五条 【保全范围】保全限于请求的范围,或者与本案有关的财物。

条文解读

本条是关于保全范围的规定。

“限于请求的范围”,是指被保全的财产的价值应与利害关系人的保全请求或者当事人的诉讼请求的数额大致相等。“与本案有关的财物”,是指保全的财物是本案的诉讼标的物或者是与本案的诉讼标的物有牵连的其他财产。实践中,有人机械地理解这一规定,认为保全的范围绝对不能超过请求的范围,以致在这一思想的指导下,经常导致可保全的财产价值超过请求价额而不敢采取保全措施的情况发生。针对此问题,《最高人民法院关于人民法院民事执行中查封、扣押、冻结财产的规定》第19条规定,查封、扣押、冻结被执行人的财产,以其价额足以清偿法律文书确定的债权额及执行费用为限,不得明显超标的额查封、扣押、冻结。发现超标的额查封、扣押、冻结的,人民法院应当根据被执行人的申请或者依职权,及时解除对超标的额部分财产的查封、扣押、冻结,但该财产为不可分物且被执行人无其他可供执行的财产或者其他财产不足以清偿债务的除外。据此,所谓的超标的额保全应符合以下条件:(1)被保全财产为不可分物,如房屋、大型设备、车辆等;(2)被申请人无其他财产或其他财产的价值不足以清偿债务。《财产保全规定》第15条第2款规定,可供保全的土地、房屋等不动产的整体价值明显高于保全裁定载明金额的，人民法院应当对该不动产的相应价值部分采取查封、扣押、冻结措施，但该不动产在使用上不可分或者分割会严重减损其价值的除外。该规定说明如可供保全的不动产在使用上不可分或者分割会严重减损其价值的，可以超标的保全。

配套法规及解读

《最高人民法院关于适用〈中华人民共和国民事诉讼法〉的解释》（2022 年 4 月 1 日）

第一百五十七条　人民法院对抵押物、质押物、留置物可以采取财产保全措施，但不影响抵押权人、质权人、留置权人的优先受偿权。

第一百五十八条　人民法院对债务人到期应得的收益，可以采取财产保全措施，限制其支取，通知有关单位协助执行。

第一百五十九条　债务人的财产不能满足保全请求，但对他人有到期债权的，人民法院可以依债权人的申请裁定该他人不得对本案债务人清偿。该他人要求偿付的，由人民法院提存财物或者价款。

※法规解读：上述第 157 条规定了对抵押物、质押物、留置物可以采取财产保全措施。第 158 条规定了法院对债务人到期应得的收益，可以采取财产保全措施。第 159 条规定了人民法院对债务人享有的对他人的到期债权的处理。

《最高人民法院关于人民法院办理财产保全案件若干问题的规定》（2020 年 12 月 29 日）

第十三条　被保全人有多项财产可供保全的，在能够实现保全目的的情况下，人民法院应当选择对其生产经营活动影响较小的财产进行保全。

人民法院对厂房、机器设备等生产经营性财产进行保全时，指定被保全人保管的，应当允许其继续使用。

第十五条　人民法院应当依据财产保全裁定采取相应的查封、扣押、冻结措施。

可供保全的土地、房屋等不动产的整体价值明显高于保全裁定载明金额的，人民法院应当对该不动产的相应价值部分采取查封、扣押、冻结措施，但该不动产在使用上不可分或者分割会严重减损其价值的除外。

对银行账户内资金采取冻结措施的，人民法院应当明确具体的冻结数额。

※法规解读：上述规定体现了对被保全人权益的保护。财产保全既关系到保全申请人（债权人）的利益，又关系到被保全人的利益，在能够实现保全目的的情况下，不应对被保全人的利益造成不必要的损害，这是公权行使要遵守比例原则的体现。

第一百零六条 【财产保全措施】财产保全采取查封、扣押、冻结或者法律规定的其他方法。人民法院保全财产后，应当立即通知被保全财产的人。

财产已被查封、冻结的，不得重复查封、冻结。

条文解读

本条共有 2 款，是关于财产保全措施的规定。

本条第 1 款规定了财产保全措施包括查封、扣押、冻结或者法律规定的其他方法。查封是指在被申请人的财产上加贴封条，就地封存。扣押是指人民法院将财物送到一定场所扣留或就地扣留，从而限制被申请人的占有、使用、处分权。冻结是指账户、资金等被控制，不能自由动用、流动。查封、扣押、冻结等财产保全措施一般适用于具体的、有形的财产。“其他方法”，如人民法院对季节性商品和鲜活、易腐烂变质以及其他不宜长期保存的物品采取保全措施时，可以责令当事人及时处理，由人民法院保存价款；必要时，人民法院可予以变卖后，保存价款。

根据 2005 年 1 月 1 日生效的《最高人民法院关于人民法院民事执行中拍卖、变卖财产的规定》第 4 条第 1、2 款规定，对拟拍卖的财产，人民法院应当委托具有相应资质的评估机构进行价格评估。对于财产价值较低或者价格依照通常方法容易确定的，可以不进行评估。当事人双方及其他执行债权人申请不进行评估的，人民法院应当准许，从而确定了委托评估是原则，不评估是例外的规则。但是，由于评估耗时长、收费高，往往导致执行过程中财产处置的期限延长，效率低下。《最高人民法院关于人民法院确定财产处置参考价若干问题的规定》摒弃传统评估拍卖的必经程序，确立了当事人议价、定向询价、网络询价、委托评估四种方式对财产价格进行确定，并且明确这四种方式除当事人直接一致要求以外，是依次进行的，即在上一种方式不能或者不成时选择下一种方式。新增的三种确定财产处置参考价的方式除网络询价需要较低的费用外，当事人议价和定向询价都是“零费用”，并且时间较快。2020 年修改后的《最高人民法院关于人民法院民事执行中拍卖、变卖财产的规定》第 4 条已经将“应当”委托评估修改为“可以”委托评估。

人民法院对不动产和特定的动产(如车辆、船舶等)进行财产保全,可以采用扣押有关财产权证照并通知有关产权登记部门不予办理该项财产的转移手续的财产保全措施;必要时,也可以查封或扣押该项财产。人民法院采取保全措施后应当立即通知被保全财产的人。1991 年《民事诉讼法》规定,人民法院冻结财产后,应当立即通知被冻结财产的人。2007 年《民事诉讼法》延续了这一规定。2012 年《民事诉讼法》扩大了人民法院的通知义务,采取所有财产保全措施都必须通知被保全财产的人,这样才符合正当程序的要求,也更有利于保护被保全财产的人的利益。

本条第 2 款是关于禁止重复查封、冻结的规定。《最高人民法院关于人民法院民事执行中查封、扣押、冻结财产的规定》第 26 条中规定,对已被人民法院查封、扣押、冻结的财产,其他人民法院可以进行轮候查封、扣押、冻结。查封、扣押、冻结解除的,登记在先的轮候查封、扣押、冻结即自动生效。这是有关轮候查封制度的规定。轮候查封就是对其他人民法院已经查封的财产,执行法院依次按时间先后在登记机关进行登记,或者在其他人民法院进行记载,排队等候,查封依法解除后,在先的轮候查封自动转化为正式查封的制度。轮候查封与重复查封是两个不同的概念,不可混为一谈。首先,从性质上看,前者属于不再查封主义的范畴,后者属于再查封主义的范畴。其次,从法律效力上看,重复查封是两个或两个以上的有效查封,而轮候查封发生查封效力则附有条件。轮候查封是否及何时生效,取决于在先的查封。查封未经依法解除或自动消灭的,轮候查封就不生效;因查封财产经拍卖、变卖或抵债而使查封的效力消灭的,轮候查封也不能生效;查封依法解除或自动消灭之时,轮候查封始自动生效。

配套法规及解读

《最高人民法院关于适用〈中华人民共和国民事诉讼法〉的解释》(2022 年 4 月 1 日)

第一百五十三条 人民法院对季节性商品、鲜活、易腐烂变质以及其他不宜长期保存的物品采取保全措施时,可以责令当事人及时处理,由人民法院保存价款;

必要时,人民法院可予以变卖,保存价款。

※法规解读:本条规定的是对季节性商品、鲜活、易腐烂变质以及其他不宜长期保存的物品如何保全的规定。

第一百五十四条 人民法院在财产保全中采取查封、扣押、冻结财产措施时,应当妥善保管被查封、扣押、冻结的财产。不宜由人民法院保管的,人民法院可以指定被保全人负责保管;不宜由被保全人保管的,可以委托他人或者申请保全人保管。

查封、扣押、冻结担保物权人占有的担保财产,一般由担保物权人保管;由人民法院保管的,质权、留置权不因采取保全措施而消灭。

※法规解读:本条规定了在财产保全中被查封、扣押、冻结的财产由谁保管的问题。按照第1款的规定,除担保物权人占有的担保财产以外的其他财产,适宜由人民法院保管的,人民法院保管;不宜由人民法院保管的,人民法院可以指定被保全人负责保管;不宜由被保全人保管的,人民法院可以委托他人或者申请保全人保管。第2款规定了对担保物权人占有的担保财产一般由担保物权人保管;特殊情况由人民法院保管,但具体哪些情况属于特殊情况,没有规定。

第一百五十五条 由人民法院指定被保全人保管的财产,如果继续使用对该财产的价值无重大影响,可以允许被保全人继续使用;由人民法院保管或者委托他人、申请保全人保管的财产,人民法院和其他保管人不得使用。

第一百五十六条 人民法院采取财产保全的方法和措施,依照执行程序相关规定办理。

《最高人民法院关于人民法院办理财产保全案件若干问题的规定》(2020年12月29日)

第十三条第二款 人民法院对厂房、机器设备等生产经营性财产进行保全时,指定被保全人保管的,应当允许其继续使用。

※法规解读:关于被保全财产是否允许使用问题,在1991年《最高人民法院经济审判庭关于严格依法正确适用财产保全措施的通知》(已废止)中规定:"对生产工具、经营设备和交通运输工具(如车辆、船舶等)确需采取保全措施的,一般可只扣押有关证照,允许当事人继续使用、营运,控制其收入;必须查封、扣押实物的,查封、扣押后一定要妥善保管、处置。"在1992年《最高人民法院关于适用〈中华人民共和国民事诉讼法〉若干问题的意见》(已废止)第100条中曾规定:"人民法院在

财产保全中采取查封、扣押财产措施时，应当妥善保管被查封、扣押的财产。当事人、负责保管的有关单位或个人以及人民法院都不得使用该项财产。”但在后来1998年《最高人民法院关于人民法院执行工作若干问题的规定（试行）》第42条中规定：“如继续使用被查封的财产对其价值无重大影响，可以允许被执行人继承使用。”第43条中规定：“对扣押的财产，保管人不得使用。”在2005年生效的《最高人民法院关于人民法院民事执行中查封、扣押、冻结财产的规定》第12条第2款中则规定：“由人民法院指定被执行人保管的财产，如果继续使用对该财产的价值无重大影响，可以允许被执行人继续使用；由人民法院保管或者委托第三人、申请执行人保管的，保管人不得使用。”《最高人民法院关于适用〈中华人民共和国民事诉讼法〉的解释》延续了这一规定。《财产保全规定》第13条第2款则明确规定了“应当”允许被保全人继续使用被保全财产的情况，一改此前“可以”允许使用的规定。这也是比例原则的体现。

第十六条　人民法院在财产保全中采取查封、扣押、冻结措施，需要有关单位协助办理登记手续的，有关单位应当在裁定书和协助执行通知书送达后立即办理。针对同一财产有多个裁定书和协助执行通知书的，应当按照送达的时间先后办理登记手续。

※法规解读：本条明确了有关单位立即协助办理登记的义务。

第十八条　申请保全人申请续行财产保全的，应当在保全期限届满七日前向人民法院提出；逾期申请或者不申请的，自行承担不能续行保全的法律后果。

人民法院进行财产保全时，应当书面告知申请保全人明确的保全期限届满日以及前款有关申请续行保全的事项。

※法规解读：本条明确了续行财产保全的期限以及人民法院的告知义务，逾期申请或者不申请的，由申请人自行承担不能续行保全的法律后果。

第二十条　财产保全期间，被保全人请求对被保全财产自行处分，人民法院经审查，认为不损害申请保全人和其他执行债权人合法权益的，可以准许，但应当监督被保全人按照合理价格在指定期限内处分，并控制相应价款。

被保全人请求对作为争议标的的被保全财产自行处分的，须经申请保全人同意。

人民法院准许被保全人自行处分被保全财产的，应当通知申请保全人；申请保全人不同意的，可以依照民事诉讼法第二百二十五条[1]规定提出异议。

※法规解读：本条规定的是被保全财产是否允许被保全人处分的问题。从规定看，被保全人处分权受到严格限制：被保全人必须申请并经人民法院审查，只有在不损害申请保全人和其他执行债权人合法权益（对作为争议标的的被保全财产自行处分的，还须经申请保全人同意）的前提下，人民法院准许处分才行。为保证财产保全目的的实现，人民法院应监督处分的价格和期限并控制相应的价款。

第二十一条 保全法院在首先采取查封、扣押、冻结措施后超过一年未对被保全财产进行处分的，除被保全财产系争议标的外，在先轮候查封、扣押、冻结的执行法院可以商请保全法院将被保全财产移送执行。但司法解释另有特别规定的，适用其规定。

保全法院与在先轮候查封、扣押、冻结的执行法院就移送被保全财产发生争议的，可以逐级报请共同的上级法院指定该财产的执行法院。

共同的上级法院应当根据被保全财产的种类及所在地、各债权数额与被保全财产价值之间的关系等案件具体情况指定执行法院，并督促其在指定期限内处分被保全财产。

※法规解读：司法实践中，有的首封法院仅仅控制财产而迟迟不处置财产，由于首封法院具有优先处置权，轮候法院想处置财产而不能处置，造成执行难。本条明确了首封法院一年内处分保全财产的原则，若超过一年未处分保全财产的，在先轮候执行法院可以商请首封法院移送执行，对移送执行有争议的，逐级报请共同上级法院指定该财产的执行法院。

第一百零七条 【保全解除】财产纠纷案件，被申请人提供担保的，人民法院应当裁定解除保全。

条文解读

本条是关于被申请人提供担保后解除保全的规定。

依据本条规定，属于财产纠纷的案件，被申请人提供担保的，人民法院应当裁定解除保全；其他案件不管被申请人是否提供担保，一律不得解除保全。行为保全

---

〔1〕 2021年《民事诉讼法》第232条。

如果可以通过金钱给付达到目的,被申请人提供担保的,人民法院应解除保全。被申请人提供担保,包括提供实物、有价证券、现金担保和保证人担保。提供实物、有价证券、现金担保的,不应低于被保全财产的金额;保证人担保的,保证人应向人民法院出具证明担保金额的保证书,并经人民法院审查同意。被申请人提供担保,就消除了将来生效判决不能或者难以执行的危险,采取保全措施已无必要,因此人民法院应裁定解除保全。

配套法规及解读

《最高人民法院关于适用〈中华人民共和国民事诉讼法〉的解释》(2022年4月1日)

第一百六十五条　人民法院裁定采取保全措施后,除作出保全裁定的人民法院自行解除或者其上级人民法院决定解除外,在保全期限内,任何单位不得解除保全措施。

第一百六十六条　裁定采取保全措施后,有下列情形之一的,人民法院应当作出解除保全裁定:

(一)保全错误的;

(二)申请人撤回保全申请的;

(三)申请人的起诉或者诉讼请求被生效裁判驳回的;

(四)人民法院认为应当解除保全的其他情形。

解除以登记方式实施的保全措施的,应当向登记机关发出协助执行通知书。

※法规解读:第165条是对保全效力以及有权解除保全措施的主体的规定。第166条是对哪些情况应解除保全裁定的规定。

第一百六十七条　财产保全的被保全人提供其他等值担保财产且有利于执行的,人民法院可以裁定变更保全标的物为被保全人提供的担保财产。

※法规解读:依据《民事诉讼法》第107条的规定,财产保全的被保全人提供其他等值担保财产的,人民法院应当解除保全措施。但考虑到对该担保财产人民法院也应办理查封、扣押、冻结等手续,因而,本条司法解释在这里作了变通的规定,即不必解除保全裁定,而是裁定变更保全标的物为被保全人提供的担保财产。

第一百六十八条　保全裁定未经人民法院依法撤销或者解除,进入执行程序后，自动转为执行中的查封、扣押、冻结措施，期限连续计算，执行法院无需重新制作裁定书，但查封、扣押、冻结期限届满的除外。

※法规解读：本条规定了保全裁定在执行程序中的效力问题。

《最高人民法院关于人民法院办理财产保全案件若干问题的规定》（2020年12月29日）

第二十二条 财产纠纷案件，被保全人或第三人提供充分有效担保请求解除保全，人民法院应当裁定准许。被保全人请求对作为争议标的的财产解除保全的，须经申请保全人同意。

※法规解读：与《民事诉讼法》第107条相比，本条增加了第三人提供充分有效担保请求解除保全人民法院应当裁定准许；增加规定作为争议标的的财产保全的解除须经申请保全人同意。

第二十三条 人民法院采取财产保全措施后，有下列情形之一的，申请保全人应当及时申请解除保全：

（一）采取诉前财产保全措施后三十日内不依法提起诉讼或者申请仲裁的；

（二）仲裁机构不予受理仲裁申请、准许撤回仲裁申请或者按撤回仲裁申请处理的；

（三）仲裁申请或者请求被仲裁裁决驳回的；

（四）其他人民法院对起诉不予受理、准许撤诉或者按撤诉处理的；

（五）起诉或者诉讼请求被其他人民法院生效裁判驳回的；

（六）申请保全人应当申请解除保全的其他情形。

人民法院收到解除保全申请后，应当在五日内裁定解除保全；对情况紧急的，必须在四十八小时内裁定解除保全。

申请保全人未及时申请人民法院解除保全，应当赔偿被保全人因财产保全所遭受的损失。

被保全人申请解除保全，人民法院经审查认为符合法律规定的，应当在本条第二款规定的期间内裁定解除保全。

※法规解读：本条明确了申请保全人应当及时申请解除保全的几种情况，因未及时申请解除保全给被保全人造成的损失应当赔偿。被保全人也可以申请解除保全。人民法院对解除保全的申请应在5日内裁定，情况紧急的，应在48小时内裁定。

第二十四条 财产保全裁定执行中,人民法院发现保全裁定的内容与被保全财产的实际情况不符的,应当予以撤销、变更或补正。

第二十五条 申请保全人、被保全人对保全裁定或者驳回申请裁定不服的,可以自裁定书送达之日起五日内向作出裁定的人民法院申请复议一次。人民法院应当自收到复议申请后十日内审查。

对保全裁定不服申请复议的,人民法院经审查,理由成立的,裁定撤销或变更;理由不成立的,裁定驳回。

对驳回申请裁定不服申请复议的,人民法院经审查,理由成立的,裁定撤销,并采取保全措施;理由不成立的,裁定驳回。

第二十六条 申请保全人、被保全人、利害关系人认为保全裁定实施过程中的执行行为违反法律规定提出书面异议的,人民法院应当依照民事诉讼法第二百二十五条[1]规定审查处理。

第二十七条 人民法院对诉讼争议标的以外的财产进行保全,案外人对保全裁定或者保全裁定实施过程中的执行行为不服,基于实体权利对被保全财产提出书面异议的,人民法院应当依照民事诉讼法第二百二十七条[2]规定审查处理并作出裁定。案外人、申请保全人对该裁定不服的,可以自裁定送达之日起十五日内向人民法院提起执行异议之诉。

人民法院裁定案外人异议成立后,申请保全人在法律规定的期间内未提起执行异议之诉的,人民法院应当自起诉期限届满之日起七日内对该被保全财产解除保全。

※法规解读:上述条文是关于保全措施的变更、撤销、补正和救济的规定。第24条规定了人民法院依职权对保全裁定的撤销、变更、补正。第25条规定了对保全裁定和驳回申请裁定的复议制度。《民事诉讼法》规定当事人对保全或者先予执行的裁定不服的,可以申请人民法院复议进行救济。但对于人民法院复议审查的期限,《民事诉讼法》及其司法解释都未予以规定。《财产保全规定》明确为收到复议申请后10日内,弥补了之前的法律漏洞。第26条、第27条规定了执行异议和执行异议之诉制度也适用于保全程序。

---

〔1〕 2021年《民事诉讼法》第232条。

〔2〕 2021年《民事诉讼法》第234条。

第一百零八条 【保全错误补救】申请有错误的,申请人应当赔偿被申请人因保全所遭受的损失。

条文解读

本条是关于申请人申请保全错误造成损失应承担赔偿责任的规定。

保全错误通常包括两种情况:申请保全错误和保全措施错误。申请保全错误是申请人的过错,应由申请人负责。这样规定一方面有利于维护被申请人的合法利益,另一方面能够防止申请人滥用权利。为了保障申请错误时对被申请人损失的赔偿,申请人申请诉前财产保全必须提供担保;申请诉讼保全,人民法院视情况责令其提供担保。一旦申请人申请保全错误,给被申请人造成损失,起码可以用其提供的担保承担赔偿责任。申请人申请财产保全错误,造成被申请人财产损失,属于以过错责任为归责原则的一般侵权行为。一般侵权责任的构成要件应当包括:行为的违法性、损害事实的存在、违法行为与损害后果之间有因果关系、行为人主观有过错四个要件。由于财产保全具有保障功能,而在保全阶段,申请人并不知晓审判结果,因此不能苛求申请人具有过高的注意义务,申请人承担过错责任,以申请人是否存在故意或重大过失为认定标准。保全措施错误如果是人民法院的违法行为造成的,应当按照《国家赔偿法》的规定,由国家赔偿。《国家赔偿法》第38条规定,人民法院在民事诉讼、行政诉讼过程中,违法采取对妨害诉讼的强制措施、保全措施或者对判决、裁定及其他生效法律文书执行错误,造成损害的,赔偿请求人要求赔偿的程序,适用该法刑事赔偿程序的规定。《最高人民法院关于审理民事、行政诉讼中司法赔偿案件适用法律若干问题的解释》第3条规定:"违法采取保全措施,包括以下情形:(一)依法不应当采取保全措施而采取的;(二)依法不应当解除保全措施而解除,或者依法应当解除保全措施而不解除的;(三)明显超出诉讼请求的范围采取保全措施的,但保全财产为不可分割物且被保全人无其他财产或者其他财产不足以担保债权实现的除外;(四)在给付特定物之诉中,对与案件无关的财物采取保全措施的;(五)违法保全案外人财产的;(六)对查封、扣押、冻结的财产不履行监管职责,造成被保全财产毁损、灭失的;(七)对季节性商品或者鲜活、易腐烂变质以及其他不宜长期保存的物品采取保全措施,未及时处理或者违法处理,造成物品毁损或者严重贬值的;(八)对不动产或者船舶、航空器和机动车等特定动产采取保全措施，未依法通知有关登记机构不予办理该保全财产的变更登记，造成该保全财产所有权被转移的；（九）违法采取行为保全措施的；（十）其他违法情形。”

配套法规及解读

《最高人民法院关于适用〈中华人民共和国民事诉讼法〉的解释》（2022 年 4 月 1 日）

第二十七条 当事人申请诉前保全后没有在法定期间起诉或者申请仲裁，给被申请人、利害关系人造成损失引起的诉讼，由采取保全措施的人民法院管辖。

当事人申请诉前保全后在法定期间内起诉或者申请仲裁，被申请人、利害关系人因保全受到损失提起的诉讼，由受理起诉的人民法院或者采取保全措施的人民法院管辖。

※法规解读：本条对有关诉前财产保全错误类纠纷的管辖法院作出了规定，并区分诉前保全后是否提起了诉讼两种情况。

《最高人民法院关于因申请诉中财产保全损害责任纠纷管辖问题的批复》（2017 年 8 月 1 日）

为便于当事人诉讼，诉讼中财产保全的被申请人、利害关系人依照《中华人民共和国民事诉讼法》第一百零五条[1]规定提起的因申请诉中财产保全损害责任纠纷之诉，由作出诉中财产保全裁定的人民法院管辖。

※法规解读：对于因诉中财产保全提起的损害责任纠纷，统一由作出诉中财产保全裁定的人民法院管辖。

关联法规索引

《国家赔偿法》第 38 条；《最高人民法院关于当事人申请财产保全错误造成案外人损失应否承担赔偿责任问题的解释》；《最高人民法院关于审理民事、行政诉讼中司法赔偿案件适用法律若干问题的解释》

〔1〕 2021 年《民事诉讼法》第 108 条。

典型案例

江苏中江泓盛房地产开发有限公司诉陈某石损害责任纠纷案[1]

※案情简介:2007 年 11 月,东台市市政养护管理所与江苏中江泓盛房地产开发有限公司(以下简称中江泓盛公司)签订东台市"滨河花园"小区限价房开发建设总承包合同书。2007 年 12 月 3 日,中江泓盛公司将滨河花园部分工程发包给二建公司承建,合同价款为 1922.685 万元。2010 年 1 月 27 日,二建公司经批准变更为创迎公司。2012 年 11 月 24 日,创迎公司将债权转让给陈某石并书面通知中江泓盛公司、泓建集团。债权转让通知书记载:双方签订的建设工程施工合同,约定总价款为 1922.685 万元,二建公司已如期完工并竣工验收。中江泓盛公司给付创迎公司工程款 1001 万元后,其余一直未付。现创迎公司将中江泓盛公司拖欠的上述工程款以及该工程的所有合同权利,依法转让给陈某石。

因中江泓盛公司未能及时给付工程款,陈某石于 2012 年 12 月 10 日诉至人民法院,要求中江泓盛公司立即支付工程款 699.3686 万元,支付逾期利息 60.89107 万元。审理中,陈某石向人民法院提出财产保全申请,并提供担保,请求依法查封中江泓盛公司、泓建集团公司价值人民币 400 万元的资产或相应资金。法院作出民事裁定书,并冻结了中江泓盛公司在建设银行账户的存款 400 万元。法院判决中江泓盛公司给付陈某石工程款 161.5771 万元及利息。判决生效后,中江泓盛公司给付陈某石合计 245.489984 万元。

中江泓盛公司以陈某石申请保全错误应当依法赔偿损失为由诉至江苏省东台市人民法院,请求依法判令陈某石赔偿中江泓盛公司损失 10.004629 万元,并承担诉讼费。陈某石辩称,其申请财产保全的措施不具备行为的违法性、因果关系和主观过错三个要件,应当认定申请保全的行为合法有效,依法不构成侵权。

※争议焦点:陈某石是否构成申请财产保全错误,应否赔偿?

※裁判结果:江苏省东台市人民法院一审认为,《民事诉讼法》第一百零五条[2]规定,申请保全有错误的,申请人应当赔偿被申请人因保全所遭受的损失。申请人申请财产保全错误,造成被申请人财产损失,属于以过错责任为归责原则的一般侵权行

---

〔1〕 载《最高人民法院公报》2016 年第 6 期。

〔2〕 2021 年《民事诉讼法》第 108 条。

为。构成要件应当包括：行为的违法性、损害事实的存在、违法行为与损害后果之间有因果关系、行为人主观有过错四个要件。(1)从行为人是否存在主观过错来看。根据债权转让通知载明的内容，陈某石在接受债权转让时，知悉的事实是：工程总工程价款为1922.685万元，中江泓盛公司在施工进程中陆续给付工程款1001万元，创迎公司将案涉工程款的本金及相应利息均转让给陈某石。陈某石与中江泓盛公司建设工程施工合同纠纷一案中，陈某石起诉时扣除甲供材料等项目222.3164万元，其诉讼标的为699.3686万元及其利息，陈某石的起诉属于正常的诉讼行为，并未恶意行使权利，不存在主观上的过错。(2)从行为是否存在违法性来看。陈某石申请对中江泓盛公司价值400万元的资产或相应资金予以冻结，并提供了相应的担保，其申请诉讼保全的数额未超出其诉讼请求的标的额，陈某石申请诉讼保全的行为符合法律规定，不存在违法性。(3)从是否存在损害事实来看。对因保全造成的损失中江泓盛公司仅提供了农业银行的《固定资产借款合同》《银行服务协议》，中江泓盛公司未能提供诉讼保全期间实际向银行借款的证据，本案中江泓盛公司要求赔偿损失的依据不足。综上，中江泓盛公司以诉请标的额与经法院审理后判决的金额不一致，认定陈某石申请保全错误，缺乏事实和法律依据，一审法院判决驳回诉讼请求。

一审判决作出后，中江泓盛公司不服提起上诉。江苏省盐城市中级人民法院认为，陈某石以创迎公司(二建公司)对中江泓盛公司的工程款债权受让人身份起诉，其向中江泓盛公司主张权利的依据也是创迎公司与中江泓盛公司签订的备案合同。虽然备案合同经法院审查后被最终认定无效并以四方协议作为结算工程价款的最终依据，并直接导致陈某石的诉讼请求没有完全得到法院的支持，但是备案合同客观上是经过相关招投标程序并经相关管理部门认可的，目前未有证据且生效判决也未认定陈某石为创迎公司承建工程的实际施工人，亦无证据证明陈某石知晓存在四方协议，其在诉讼中选择依据备案合同主张权利，并无明显重大过错，未违反普通人的注意义务。二审院判决驳回上诉，维持原判。

第一百零九条 【先予执行】 人民法院对下列案件，根据当事人的申请，可以裁定先予执行：

(一)追索赡养费、扶养费、抚养费、抚恤金、医疗费用的；

(二)追索劳动报酬的；

(三)因情况紧急需要先予执行的。

条文解读

本条是关于先予执行的适用范围的规定。

先予执行，是指在诉讼过程中，因一方当事人生活或生产的急需，人民法院在作出判决前，根据当事人的申请，裁定义务人先给付一定数额的金钱或者其他财物，或者实施或停止某种行为的一种制度。先予执行的着眼点是满足权利人的迫切需要。执行本应在判决生效后进行，但民事案件从起诉到判决生效，需要经过较长的时间，在某些案件中通过先予执行可以解决当事人生活或者生产的急需，以维持其正常的生活或生产。根据本条规定，先予执行适用于下列案件：(1)追索赡养费、扶养费、抚养费、抚恤金、医疗费用的。追索赡养费、扶养费、抚养费的案件，涉及被支付人的基本生活保障。赡养费是成年子女对父母（尤其是不具备劳动能力的父母）所承担的法定义务，经济上为父母提供必需的生活费用。扶养费是夫妻之间提供的经济供养和生活扶助的费用。抚养费是父母为未成年子女或不具备生活能力的子女支付的生活、教育、医疗等费用。抚恤金是国家按照相关规定发给法定伤残人员或死者家属的费用。医疗费用关系到被支付人的生命健康，因而此类案件可以适用先予执行。(2)追索劳动报酬的。劳动报酬是当事人的劳动收入，它直接关系到劳动者及其家属的生活，对有生活急需的，人民法院可以裁定先予执行。(3)因情况紧急需要先予执行的。“情况紧急”的界定见《最高人民法院关于适用〈中华人民共和国民事诉讼法〉的解释》第170条。

配套法规及解读

《最高人民法院关于适用〈中华人民共和国民事诉讼法〉的解释》(2022年4月1日)

第一百六十九条 民事诉讼法规定的先予执行，人民法院应当在受理案件后终审判决作出前采取。先予执行应当限于当事人诉讼请求的范围，并以当事人的生活、生产经营的急需为限。

※法规解读：本条补充规定了采取先予执行措施的时间以及先予执行的范围。采取先予执行措施的时间为案件受理后终审判决作出前。先予执行的范围限于当事人诉讼请求的范围，并以当事人的生活、生产经营的急需为限。

第一百七十条 民事诉讼法第一百零九条第三项规定的情况紧急，包括：

（一）需要立即停止侵害、排除妨碍的；

（二）需要立即制止某项行为的；

（三）追索恢复生产、经营急需的保险理赔费的；

（四）需要立即返还社会保险金、社会救助资金的；

（五）不立即返还款项，将严重影响权利人生活和生产经营的。

※法规解读：本条对“情况紧急”作了具体解释，包括五种情形。前两项属于行为的不作为的给付，后三项属于金钱给付。

第一百一十条　【先予执行条件】人民法院裁定先予执行的，应当符合下列条件：

（一）当事人之间权利义务关系明确，不先予执行将严重影响申请人的生活或者生产经营的；

（二）被申请人有履行能力。

人民法院可以责令申请人提供担保，申请人不提供担保的，驳回申请。申请人败诉的，应当赔偿被申请人因先予执行遭受的财产损失。

条文解读

本条是关于先予执行适用条件的规定。

依据本条规定，先予执行适用的条件是：（1）当事人之间权利义务关系明确，即案件的事实清楚，当事人之间的是非责任明确。（2）不先予执行将严重影响申请人的生活或者生产经营。先予执行是为了解决生活和生产的急迫需要，申请人应当提供证据证明不先予执行将使生活陷入严重困难或使生产停顿甚至破产。（3）被申请人有履行能力。有履行能力，是指被申请人实际上具有给付、返还或者赔偿权利人的能力。（4）当事人提出先予执行申请。人民法院不能依职权主动裁定先予执行。（5）申请人是否提供担保由人民法院决定。先予执行是否应提供担保，由人民法院视情况决定。如果人民法院责令申请人提供担保，申请人必须提供担保，否则驳回申请。提供担保的目的是保护被申请人的利益，如果申请人申请先予执行错误造成被申请人损失，担保能够为赔偿提供保障。

第一百一十一条 【复议】当事人对保全或者先予执行的裁定不服的，可以申请复议一次。复议期间不停止裁定的执行。

条文解读

本条是关于不服保全或先予执行的裁定有权申请复议的规定。

依据最高人民法院相关司法解释，当事人、利害关系人对保全或者先予执行裁定不服的，申请复议的期限为5日，人民法院应当在收到复议申请后10日内审查。裁定正确的，驳回当事人的申请；裁定不当的，变更或者撤销原裁定。

配套法规及解读

《最高人民法院关于适用〈中华人民共和国民事诉讼法〉的解释》(2022年4月1日)

第一百七十一条 当事人对保全或者先予执行裁定不服的，可以自收到裁定书之日起五日内向作出裁定的人民法院申请复议。人民法院应当在收到复议申请后十日内审查。裁定正确的，驳回当事人的申请；裁定不当的，变更或者撤销原裁定。

第一百七十二条 利害关系人对保全或者先予执行的裁定不服申请复议的，由作出裁定的人民法院依照民事诉讼法第一百一十一条规定处理。

※法规解读：上述条文规定了当事人、利害关系人不服保全、先予执行裁定申请复议的期限、人民法院审查复议的期限以及处理结果。

第十章　对妨害民事诉讼的强制措施

本章介绍

本章对妨害民事诉讼的行为及应当适用的强制措施作了规定。妨害民事诉讼的行为，是指诉讼参与人或者其他人在诉讼过程中故意实施的扰乱民事诉讼秩序、阻挠民事诉讼进程的行为。对妨害民事诉讼的强制措施，是人民法院在民事诉讼中，对有妨害民事诉讼行为的人采取的强制教育和制裁的手段。本章规定了对妨害法庭秩序行为的强制措施，对其他妨害诉讼行为的强制措施，对恶意、虚假诉讼当事人的强制措施，对恶意串通、逃避执行的被执行人、案外人的强制措施，对拒绝协助调查、执行的单位及责任人的强制措施，还规定了拘传、罚款、拘留的执行和程序。

第一百一十二条　【拘传】人民法院对必须到庭的被告，经两次传票传唤，无正当理由拒不到庭的，可以拘传。

条文解读

本条是关于拘传的规定。

拘传是民事诉讼中对妨害诉讼行为采取的强制措施之一，是指对必须到庭的被告，由司法警察强制其到庭诉讼或到场接受询问的措施。依据最高人民法院相关司法解释的规定，第一，拘传的适用对象是必须到庭的被告。必须到庭的被告，是指负有赡养、抚育、扶养义务和不到庭就无法查清案情的被告。第二，拘传适用的前提是经两次传票传唤，无正当理由拒不到庭。根据规定，传票传唤，是指送达传票，由受送达人或者法定的代收人在送达回证上签名或盖章。无正当理由，是指没有不可抗力、意外事件或其他使被告无法到庭的特殊情况。第三，拘传的形式及程序。拘传必须经院长批准，必须用拘传票，并直接送达被拘传人。在拘传前，应向被拘传人说明拒不到庭的后果，经批评教育仍拒不到庭的，可拘传其到庭。

配套法规及解读

《最高人民法院关于适用〈中华人民共和国民事诉讼法〉的解释》(2022 年 4 月 1 日)

第一百七十四条 民事诉讼法第一百一十二条规定的必须到庭的被告，是指负有赡养、抚育、扶养义务和不到庭就无法查清案情的被告。

人民法院对必须到庭才能查清案件基本事实的原告，经两次传票传唤，无正当理由拒不到庭的，可以拘传。

第一百七十五条 拘传必须用拘传票，并直接送达被拘传人；在拘传前，应当向被拘传人说明拒不到庭的后果，经批评教育仍拒不到庭的，可以拘传其到庭。

※法规解读：上述条文对拘传适用的对象、程序作了补充规定。

第二百三十五条 无民事行为能力的当事人的法定代理人，经传票传唤无正当理由拒不到庭，属于原告方的，比照民事诉讼法第一百四十六条的规定，按撤诉处理；属于被告方的，比照民事诉讼法第一百四十七条的规定，缺席判决。必要时，人民法院可以拘传其到庭。

※法规解读：本条规定对无民事行为能力的被告的法定代理人必要时可以拘传。

第四百八十二条 对必须接受调查询问的被执行人、被执行人的法定代表人、负责人或者实际控制人，经依法传唤无正当理由拒不到场的，人民法院可以拘传其到场。

人民法院应当及时对被拘传人进行调查询问，调查询问的时间不得超过八小时；情况复杂，依法可能采取拘留措施的，调查询问的时间不得超过二十四小时。

人民法院在本辖区以外采取拘传措施时，可以将被拘传人拘传到当地人民法院，当地人民法院应予协助。

※法规解读：本条规定了对必须接受调查询问的被执行人、被执行人的法定代表人、负责人或者实际控制人在法定情况下可以拘传，并规定了调查询问的时间限制和法院之间的协助义务。

《最高人民法院关于民事执行中财产调查若干问题的规定》(2020年12月29日)

第十五条 为查明被执行人的财产情况和履行义务的能力,可以传唤被执行人或被执行人的法定代表人、负责人、实际控制人、直接责任人员到人民法院接受调查询问。

对必须接受调查询问的被执行人、被执行人的法定代表人、负责人或者实际控制人,经依法传唤无正当理由拒不到场的,人民法院可以拘传其到场;上述人员下落不明的,人民法院可以依照相关规定通知有关单位协助查找。

※法规解读:本规定了在财产调查中对依法传唤无正当理由拒不到场的被执行人、被执行人的法定代表人、负责人或者实际控制人可以拘传。

关联法规索引

《最高人民法院关于认真贯彻实施民事诉讼法及相关司法解释有关规定的通知》第1、2条

第一百一十三条 【对妨害法庭秩序的强制措施】诉讼参与人和其他人应当遵守法庭规则。

人民法院对违反法庭规则的人,可以予以训诫,责令退出法庭或者予以罚款、拘留。

人民法院对哄闹、冲击法庭,侮辱、诽谤、威胁、殴打审判人员,严重扰乱法庭秩序的人,依法追究刑事责任;情节较轻的,予以罚款、拘留。

条文解读

本条共有3款,是关于对违反法庭规则、扰乱法庭秩序的行为适用强制措施的规定。

本条第1款是一个义务性规范,明确规定诉讼参与人和其他人都负有遵守法庭规则的法定义务。诉讼参与人是诉讼活动中享有一定诉讼权利并承担一定诉讼义务的司法人员以外的人。诉讼参与人不仅包括诉讼参加人,还包括证人、鉴定

人、勘验人员和翻译人员等。其他人是指案外人，如法庭审理的旁听人员。法庭规则是诉讼参与人和其他人应当遵守的法庭开庭时的纪律和秩序，是人民法院开庭审理得以顺利进行的保障。

本条第 2 款是关于对违反法庭规则的人可以采取强制措施的规定。训诫，是指对违反法庭规则情节较轻的人，通过批评、教育的方式，指出违法之处并责令加以改正的强制措施。责令退出法庭，是指人民法院强制违反法庭规则的人离开法庭，从而防止其继续妨害诉讼活动的强制措施。它比训诫要严厉。训诫是口头批评教育，还允许行为人留在法庭；而责令退出法庭则是强行命令行为人退出法庭。罚款，是指人民法院强制妨害民事诉讼行为人在指定期间缴纳一定数额金钱的强制措施。拘留，是指人民法院对妨害民事诉讼行为情节严重的人，在一定期间限制其人身自由的强制措施。对罚款的金额、拘留的期限以及罚款拘留的程序，见《民事诉讼法》相关规定。

本条第 3 款是关于对严重扰乱法庭秩序的人采取强制措施的规定。人民法院对哄闹、冲击法庭，侮辱、诽谤、威胁、殴打审判人员等严重扰乱法庭秩序、构成犯罪的行为人，依法追究相应的刑事责任，如扰乱法庭秩序罪、故意伤害罪、诽谤罪等。上述行为尚未构成犯罪的，由人民法院酌情裁量对行为人予以罚款、拘留。

配套法规及解读

《最高人民法院关于适用〈中华人民共和国民事诉讼法〉的解释》(2022 年 4 月 1 日)

第一百七十六条 诉讼参与人或者其他人有下列行为之一的，人民法院可以适用民事诉讼法第一百一十三条规定处理：

(一)未经准许进行录音、录像、摄影的；

(二)未经准许以移动通信等方式现场传播审判活动的；

(三)其他扰乱法庭秩序，妨害审判活动进行的。

有前款规定情形的，人民法院可以暂扣诉讼参与人或者其他人进行录音、录像、摄影、传播审判活动的器材，并责令其删除有关内容；拒不删除的，人民法院可以采取必要手段强制删除。

《人民法院法庭规则》(2016 年 4 月 13 日)

第二十条　行为人实施下列行为之一,危及法庭安全或扰乱法庭秩序的,根据相关法律规定,予以罚款、拘留;构成犯罪的,依法追究其刑事责任:

(一)非法携带枪支、弹药、管制刀具或者爆炸性、易燃性、放射性、毒害性、腐蚀性物品以及传染病病原体进入法庭;

(二)哄闹、冲击法庭;

(三)侮辱、诽谤、威胁、殴打司法工作人员或诉讼参与人;

(四)毁坏法庭设施,抢夺、损毁诉讼文书、证据;

(五)其他危害法庭安全或扰乱法庭秩序的行为。

※法规解读:上述条文是对违反法庭规则、扰乱法庭秩序行为的补充规定。

《最高人民法院关于适用〈中华人民共和国民事诉讼法〉的解释》(2022 年 4 月 1 日)

第一百七十七条　训诫、责令退出法庭由合议庭或者独任审判员决定。训诫的内容、被责令退出法庭者的违法事实应当记入庭审笔录。

《人民法院法庭规则》(2016 年 4 月 13 日)

第十九条　审判长或独任审判员对违反法庭纪律的人员应当予以警告;对不听警告的,予以训诫;对训诫无效的,责令其退出法庭;对拒不退出法庭的,指令司法警察将其强行带出法庭。

行为人违反本规则第十七条第一款第四项规定的,人民法院可以暂扣其使用的设备及存储介质,删除相关内容。

第二十一条　司法警察依照审判长或独任审判员的指令维持法庭秩序。

出现危及法庭内人员人身安全或者严重扰乱法庭秩序等紧急情况时,司法警察可以直接采取必要的处置措施。

人民法院依法对违反法庭纪律的人采取的扣押物品、强行带出法庭以及罚款、拘留等强制措施,由司法警察执行。

※法规解读:上述条文是对妨害法庭秩序强制措施的补充规定。法庭是人民法院代表国家审判案件的专门场所,诉讼参与人、社会公众进入法庭,参与或者旁听案件审理,应当遵守法庭纪律,这是尊重法治权威、保障审判活动正常开展的当然要求,也是维护当事人参与诉讼权利的当然要求。长期以来,人民法院的审判工作一直得到社会各界的大力支持和尊重,绝大部分诉讼参与人、旁听人员能够自觉

遵守法庭纪律,维护法庭秩序。但近年来,随着科学技术和信息网络的快速发展,案件审理过程中,出现了个别诉讼参与人未经准许进行录音、录像、摄影和利用邮件、博客、微博、微信等方式报道庭审活动的现象;出现了个别诉讼参与人、旁听人员冲击、哄闹法庭,在法庭上公然殴打对方当事人以及辱骂法官的现象,这些问题引发了舆论关注。因而,最高人民法院《民事诉讼法》的司法解释和《人民法院法庭规则》进行了相应修改,完善了法庭规则,增强了对违反法庭规则、扰乱法庭秩序行为的制裁力度。

关联法规索引

《刑法》第 309 条

第一百一十四条 【对某些妨害诉讼行为的强制措施】 诉讼参与人或者其他人有下列行为之一的,人民法院可以根据情节轻重予以罚款、拘留;构成犯罪的,依法追究刑事责任:

(一)伪造、毁灭重要证据,妨碍人民法院审理案件的;

(二)以暴力、威胁、贿买方法阻止证人作证或者指使、贿买、胁迫他人作伪证的;

(三)隐藏、转移、变卖、毁损已被查封、扣押的财产,或者已被清点并责令其保管的财产,转移已被冻结的财产的;

(四)对司法工作人员、诉讼参加人、证人、翻译人员、鉴定人、勘验人、协助执行的人,进行侮辱、诽谤、诬陷、殴打或者打击报复的;

(五)以暴力、威胁或者其他方法阻碍司法工作人员执行职务的;

(六)拒不履行人民法院已经发生法律效力的判决、裁定的。

人民法院对有前款规定的行为之一的单位,可以对其主要负责人或者直接责任人员予以罚款、拘留;构成犯罪的,依法追究刑事责任。

条文解读

本条共有 2 款,列举了一些妨害诉讼的行为,并规定了适用的强制措施。

本条第1款列举了一些妨害诉讼的行为，包括六种情形。其中第1、2项属于妨害诉讼证据收集、提供的行为；第3、4、5项属于阻挠、干扰诉讼进行的行为；第6项属于拒不执行人民法院生效裁判的行为。对有上述行为的行为人采取的强制措施为罚款、拘留，构成犯罪的，依法追究刑事责任，如妨害作证罪，帮助毁灭、伪造证据罪，非法处置查封、扣押、冻结的财产罪，打击报复证人罪，拒不执行判决、裁定罪等。

本条第2款规定了人民法院可以对有妨害诉讼行为的单位的主要负责人或直接责任人适用强制措施。妨害诉讼的行为如果是单位实施的，有时是因为管理不善，有时是因主要负责人指使或者单位个别人所为。因而，人民法院除对单位依法适用罚款的强制措施以外，还可以对主要负责人或直接责任人予以罚款、拘留；构成犯罪的，追究刑事责任，以实现教育和惩戒的目的。

配套法规及解读

《最高人民法院关于适用〈中华人民共和国民事诉讼法〉的解释》(2022年4月1日)

第一百八十七条　民事诉讼法第一百一十四条第一款第五项规定的以暴力、威胁或者其他方法阻碍司法工作人员执行职务的行为，包括：

（一）在人民法院哄闹、滞留，不听从司法工作人员劝阻的；

（二）故意毁损、抢夺人民法院法律文书、查封标志的；

（三）哄闹、冲击执行公务现场，围困、扣押执行或者协助执行公务人员的；

（四）毁损、抢夺、扣留案件材料、执行公务车辆、其他执行公务器械、执行公务人员服装和执行公务证件的；

（五）以暴力、威胁或者其他方法阻碍司法工作人员查询、查封、扣押、冻结、划拨、拍卖、变卖财产的；

（六）以暴力、威胁或者其他方法阻碍司法工作人员执行职务的其他行为。

※法规解读：本条对“以暴力、威胁或者其他方法阻碍司法工作人员执行职务的行为”的范围进行了细化规定，更便于司法实践中的认定。

第一百八十八条　民事诉讼法第一百一十四条第一款第六项规定的拒不履行人民法院已经发生法律效力的判决、裁定的行为，包括：

（一）在法律文书发生法律效力后隐藏、转移、变卖、毁损财产或者无偿转让财产、以明显不合理的价格交易财产、放弃到期债权、无偿为他人提供担保等，致使人民法院无法执行的；

（二）隐藏、转移、毁损或者未经人民法院允许处分已向人民法院提供担保的财产的；

（三）违反人民法院限制高消费令进行消费的；

（四）有履行能力而拒不按照人民法院执行通知履行生效法律文书确定的义务的；

（五）有义务协助执行的个人接到人民法院协助执行通知书后，拒不协助执行的。

※法规解读：本条是关于对拒不履行法院生效判决、裁定的行为范围的规定。本司法解释增加了违反人民法院限制高消费令进行消费的行为以及拒不协助执行的行为，使规定更加完善。

第一百八十九条 诉讼参与人或者其他人有下列行为之一的，人民法院可以适用民事诉讼法第一百一十四条的规定处理：

（一）冒充他人提起诉讼或者参加诉讼的；

（二）证人签署保证书后作虚假证言，妨碍人民法院审理案件的；

（三）伪造、隐藏、毁灭或者拒绝交出有关被执行人履行能力的重要证据，妨碍人民法院查明被执行人财产状况的；

（四）擅自解冻已被人民法院冻结的财产的；

（五）接到人民法院协助执行通知书后，给当事人通风报信，协助其转移、隐匿财产的。

※法规解读：本条是对《民事诉讼法》第114条妨害民事诉讼行为的补充规定，包括五种情况。

关联法规索引

《刑法》第307、308、313、314条；《最高人民法院关于审理拒不执行判决、裁定刑事案件适用法律若干问题的解释》

典型案例

曹某某拒不执行判决、裁定案[1]

※案情简介:李某与曹某某侵权责任纠纷一案,贵州省正安县人民法院于2013年8月作出(2013)正民初字第1313号民事判决,判令被告曹某某赔偿李某因提供劳务而遭受人身损害赔偿的各项费用共计20余万元。判决生效后,曹某某未在判决确定的期限内履行义务,李某于2014年3月向正安县人民法院申请强制执行。在执行过程中,被执行人曹某某与李某达成分期履行的和解协议,曹某某先后共计履行了10万元后,剩余10余万元一直未履行。

人民法院执行过程中查明,正安县城建设工程指挥部于2013年7月拆迁被执行人曹某某的房屋433.50平方米,门面101.64平方米,拆迁返还住房4套、门面3间。2014年5月28日,法院查封了曹某某的安置房1套。为逃避债务履行,曹某某与贾某某于2014年8月办理了离婚登记,离婚协议约定所有返还房产均归贾某某所有。2014年12月,曹某某、贾某某与向某某夫妇签订房屋转让协议,将法院查封的住房以20.50万元的价格转让给向某某。其后,曹某某继续不履行判决确定的义务,且下落不明,致使该判决长期得不到执行。

正安县人民法院遂将曹某某涉嫌拒不执行判决、裁定罪的线索移交正安县公安局立案侦查。

※争议焦点:曹某某是否构成拒不执行判决、裁定罪?

※裁判结果:本案被执行人曹某某具有履行能力,以和妻子协议离婚的方式,将其名下全部财产转移到妻子名下,并私自将法院查封的房产予以出售,致使判决无法执行,情节严重,构成拒不执行判决、裁定罪。考虑其自首以及其前妻主动帮助被执行人履行全部债务,经检察机关提起公诉,2017年8月8日正安县人民法院以拒不执行判决、裁定罪,判处曹某某有期徒刑一年。

---

〔1〕 该案例为最高人民法院2018年6月5日发布的“人民法院依法打击拒不执行判决、裁定罪典型案例”之案例一。

第一百一十五条　【对虚假诉讼、调解行为的司法处罚】 当事人之间恶意串通，企图通过诉讼、调解等方式侵害他人合法权益的，人民法院应当驳回其请求，并根据情节轻重予以罚款、拘留；构成犯罪的，依法追究刑事责任。

条文解读

本条是关于人民法院有权对虚假诉讼当事人采取罚款、拘留的强制措施的规定。

虚假诉讼，是指当事人用虚构的事实或者不真实的证据，利用诉讼为自己获取不正当利益的诉讼行为。本条规定的当事人之间恶意串通，企图通过诉讼、调解等方式侵害他人合法权益的行为，属于虚假诉讼的一种。一般包含以下要素：(1)以规避法律、法规或国家政策谋取非法利益为目的；(2)双方当事人存在恶意串通；(3)虚构事实；(4)借用合法的民事程序；(5)侵害国家利益、社会公共利益或者案外人的合法权益。法律赋予公民、法人和其他组织依法进行诉讼的权利，行使该权利的目的必须是维护自身的合法权益。根据《民事诉讼法》新增的诚实信用原则，任何人都不得滥用自己的诉讼权利。虚假诉讼是当事人恶意侵害他人的合法权益、社会公共利益、国家利益来换取自己的不正当利益，若对虚假诉讼行为不予制裁，不仅会侵害到其他当事人、案外人的利益或者国家利益、社会公共利益，同时会影响司法权威。长期以来，民事诉讼中对虚假诉讼当事人的惩罚措施并不明确。实践中，人民法院对虚假诉讼当事人往往仅判决其承担诉讼费用，这对于惩处虚假诉讼当事人来说是远远不够的。2012 年《民事诉讼法》增加规定了对恶意串通企图通过虚假诉讼、调解等方式侵害他人合法权益的诉讼当事人，人民法院应当采取罚款、拘留的强制措施。这里的“应当”说明人民法院对此种恶意诉讼行为必须予以惩戒。对于罚款、拘留的幅度，人民法院有一定的自由裁量权，有权根据案件实际情况作出处理。对构成犯罪的，依法追究刑事责任。2015 年 11 月 1 日实施的《刑法修正案(九)》中新增了虚假诉讼罪这一罪名。由于缺乏明确具体的认定标准，司法机关运用刑罚武器惩罚虚假诉讼犯罪人仍然存在一定的困难，最高人民法院和最高人民检察院于 2018 年 9 月 26 日联合出台了《关于办理虚假诉讼刑事案件适用法律若干问题的解释》，该解释对虚假诉讼犯罪行为的界定、定罪量刑标准、数罪竞合的处罚原则、刑事政策的把握、地域管辖的确定等内容作出了规定，于

2018 年 10 月 1 日起施行。

配套法规及解读

《最高人民法院关于适用〈中华人民共和国民事诉讼法〉的解释》(2022 年 4 月 1 日)

第一百九十条　民事诉讼法第一百一十五条规定的他人合法权益,包括案外人的合法权益、国家利益、社会公共利益。

第三人根据民事诉讼法第五十九条第三款规定提起撤销之诉,经审查,原案当事人之间恶意串通进行虚假诉讼的,适用民事诉讼法第一百一十五条规定处理。

※法规解读:本条第 1 款是对《民事诉讼法》规定的虚假诉讼侵害“他人合法权益”的界定。值得注意的是,此处将国家利益、社会公共利益纳入进来,使虚假诉讼的外延更加宽泛,更有利于对虚假诉讼行为的惩处。

关联法规索引

《刑法》第 307 条之一;《最高人民法院关于防范和制裁虚假诉讼的指导意见》;《最高人民法院、最高人民检察院关于办理虚假诉讼刑事案件适用法律若干问题的解释》

典型案例

揭某坤、刘某虚假诉讼案〔1〕

※案情简介:2015 年 4 月至 2016 年 7 月,揭某坤因资金周转向其舅妈刘某累计借款 56 万元,后揭某坤未能按期还款,刘某向其催要借款本金及利息,揭某坤因经营困难无力偿还。刘某在催债期间,得知揭某坤的父母在武汉曾有一处房产,该房产已于 2016 年卖给他人,买受人已实际支付全部购房款,且该房产待拆迁。2017 年 7 月 3 日,刘某起诉揭某坤偿还借款本金及利息。经法院调解,揭某坤欠刘

〔1〕　参见湖北省随州市中级人民法院(2020)鄂 13 刑终 133 号刑事判决书。

某借款56万元及利息22.4万元，共计78.4万元，揭某坤于2017年7月16日前付20万元；9月16日前付30万元，10月16日前付28.4万元。后刘某追债心切，揭某坤也急于摆脱债务，两人均明知揭某坤的父母位于武汉的房产揭某坤并无所有权，且早已变卖，仍恶意串通，申请法院强制执行，导致法院作出错误的民事裁定，从武汉市正兴房屋征收服务有限公司账户强行执行划转56万元至刘某账户上。2020年5月25日，揭某坤被抓获。2020年7月21日，刘某的亲属代为将执行款56万元退至法院。检察院对二人以虚假诉讼罪提起公诉。

※争议焦点：揭某坤、刘某二人的行为是否构成虚假诉讼罪？

※裁判结果：湖北省随州市曾都区人民法院认为：被告人揭某坤、刘某为实现个人目的，在民事诉讼过程中，提供虚假的财产信息，导致人民法院作出错误的裁定，错误执行了案外人财产，妨害了正常的司法秩序，侵犯了他人的财产权利，其行为构成虚假诉讼罪。揭某坤、刘某在归案后能如实供述其犯罪事实，自愿认罪认罚，可对其从轻处罚。判处揭某坤有期徒刑一年，并处罚金一万元；判处刘某有期徒刑十个月，缓刑一年，并处罚金一万元。

第一百一十六条　【对恶意串通、逃避执行行为的司法处罚】被执行人与他人恶意串通，通过诉讼、仲裁、调解等方式逃避履行法律文书确定的义务的，人民法院应当根据情节轻重予以罚款、拘留；构成犯罪的，依法追究刑事责任。

条文解读

本条是关于对恶意串通、逃避执行的被执行人或案外人予以罚款、拘留的强制措施的规定，为2012年《民事诉讼法》新增的规定。

本条规定对于被执行人与他人恶意串通，通过诉讼、仲裁、调解等方式以逃避执行的行为，法院应当采取罚款、拘留的强制措施。这里的"恶意"是指目的不正当——逃避执行。从这个角度看，本条规定的也是恶意诉讼的一种情况。逃避执行不仅妨碍了权利人权利的实现，严重影响了法院生效裁判文书的权威性，而且造成了司法资源、社会资源的极大浪费。恶意逃避执行是执行义务人有意地和司法机关相对抗，为了维护司法权威，有必要对这种行为进行惩戒。《最高人民法院关于依法制裁规避执行行为的若干意见》曾对此予以了规范。2012年《民事诉讼法》增加了对此种行为的规制，人民法院应当根据情节轻重予以罚款、拘留，构成犯罪的，依法追究刑事责任，从而弥补了之前的法律漏洞。

配套法规及解读

《最高人民法院关于适用〈中华人民共和国民事诉讼法〉的解释》(2022年4月1日)

第一百九十一条 单位有民事诉讼法第一百一十五条或者第一百一十六条规定行为的，人民法院应当对该单位进行罚款，并可以对其主要负责人或者直接责任人员予以罚款、拘留；构成犯罪的，依法追究刑事责任。

※法规解读：本条规定的是如果单位有虚假诉讼、虚假调解或恶意串通逃避执行行为的，应当对该单位进行罚款；至于是否惩处其主要负责人或者直接责任人员，视情况而定。构成犯罪的，依法追究刑事责任。

第一百一十七条 【不协助调查、执行的强制措施】有义务协助调查、执行的单位有下列行为之一的，人民法院除责令其履行协助义务外，并可以予以罚款：

（一）有关单位拒绝或者妨碍人民法院调查取证的；

（二）有关单位接到人民法院协助执行通知书后，拒不协助查询、扣押、冻结、划拨、变价财产的；

（三）有关单位接到人民法院协助执行通知书后，拒不协助扣留被执行人的收入、办理有关财产权证照转移手续、转交有关票证、证照或者其他财产的；

（四）其他拒绝协助执行的。

人民法院对有前款规定的行为之一的单位，可以对其主要负责人或者直接责任人员予以罚款；对仍不履行协助义务的，可以予以拘留；并可以向监察机关或者有关机关提出予以纪律处分的司法建议。

条文解读

本条共有 2 款,是关于对有义务协助调查、执行的单位拒绝协助调查、执行的适用强制措施的规定。

本条第 1 款首先明确了哪些行为是拒绝协助行为。前三项为列举,2012 年《民事诉讼法》将其中第 2 项中的"银行、信用合作社和其他有储蓄业务的单位"改为"有关单位",将"拒不协助查询、冻结或者划拨存款"改为"拒不协助查询、扣押、冻结、划拨、变价财产",实际上扩大了拒不协助执行行为的外延。第 4 项是兜底性条款,以防遗漏。其次规定了对有上述拒绝协助行为的单位,人民法院除责令其履行协助义务外,还可予以罚款。

本条第 2 款规定了对有上述拒绝协助行为的单位,除可以对单位予以罚款外,还可以对其主要负责人或者直接责任人员予以罚款;对罚款后仍不履行协助义务的,可以予以拘留;并可以向监察机关或者有关机关提出予以纪律处分的司法建议。在实践中,有的单位将主要负责人或者直接责任人员的罚款纳入经营成本,由于对个人利益没有影响,很难达到效果。为保障人民法院执行、调查工作的正常进行,2007 年《民事诉讼法》增加了可以对主要负责人或者直接责任人员拘留的规定,当然其前提是已经对其处以罚款但其仍不履行协助义务。除对其处以罚款、拘留外,人民法院还可以向监察机关或者有关机关提出予以纪律处分的司法建议。

配套法规及解读

《最高人民法院关于适用〈中华人民共和国民事诉讼法〉的解释》(2022 年 4 月 1 日)

第一百九十二条 有关单位接到人民法院协助执行通知书后,有下列行为之一的,人民法院可以适用民事诉讼法第一百一十七条规定处理:

(一)允许被执行人高消费的;

(二)允许被执行人出境的;

(三)拒不停止办理有关财产权证照转移手续、权属变更登记、规划审批等手续的;

(四)以需要内部请示、内部审批,有内部规定等为由拖延办理的。

※法规解读:本条是对《民事诉讼法》规定的单位拒不协助执行行为的补充规定。

第一百一十八条　【罚款、拘留】对个人的罚款金额，为人民币十万元以下。对单位的罚款金额，为人民币五万元以上一百万元以下。

拘留的期限，为十五日以下。

被拘留的人，由人民法院交公安机关看管。在拘留期间，被拘留人承认并改正错误的，人民法院可以决定提前解除拘留。

条文解读

本条共有3款，是关于罚款的金额和拘留的期限以及如何执行拘留的规定。

本条第1款规定了对个人和单位的罚款金额。2012年《民事诉讼法》对妨害民事诉讼的个人的罚款金额，从人民币1万元以下改为10万元以下；对单位的罚款金额，从人民币1万元以上30万元以下改为5万元以上100万元以下，加大了制裁的力度。民事诉讼强制措施应该能够达到制止妨害民事诉讼行为、保障民事诉讼活动正常进行的目的。如果罚款金额过少，则难以达到上述目的，必然有损司法权威。如果拒不履行判决、裁定所带来的利益远远大于因此所需要缴纳的罚款，那么执行难也就不足为奇了。另外，提高罚款幅度也与社会经济的发展进步相适应。

本条第2款规定了拘留的期限为15日以下。

本条第3款规定了拘留的执行机关和提前解除拘留的条件。

配套法规及解读

《最高人民法院关于适用〈中华人民共和国民事诉讼法〉的解释》(2022年4月1日)

第一百九十三条　人民法院对个人或者单位采取罚款措施时，应当根据其实施妨害民事诉讼行为的性质、情节、后果，当地的经济发展水平，以及诉讼标的额等因素，在民事诉讼法第一百一十八条第一款规定的限额内确定相应的罚款金额。

※法规解读：本条规定的是人民法院决定罚款金额时的裁量因素。人民法院的自由裁量权也应受到这些因素的限制。

第一百一十九条 【拘传、罚款、拘留的程序和形式】 拘传、罚款、拘留必须经院长批准。

拘传应当发拘传票。

罚款、拘留应当用决定书。对决定不服的，可以向上一级人民法院申请复议一次。复议期间不停止执行。

条文解读

本条共有3款，是关于拘传、罚款、拘留程序和形式的规定。

在程序上，拘传、罚款、拘留必须经院长批准；在形式上，拘传应当发拘传票，罚款、拘留应当用决定书。

配套法规及解读

《最高人民法院关于适用〈中华人民共和国民事诉讼法〉的解释》（2022年4月1日）

第一百七十八条 人民法院依照民事诉讼法第一百一十三条至第一百一十七条的规定采取拘留措施的，应经院长批准，作出拘留决定书，由司法警察将被拘留人送交当地公安机关看管。

第一百七十九条 被拘留人不在本辖区的，作出拘留决定的人民法院应当派员到被拘留人所在地的人民法院，请该院协助执行，受委托的人民法院应当及时派员协助执行。被拘留人申请复议或者在拘留期间承认并改正错误，需要提前解除拘留的，受委托人民法院应当向委托人民法院转达或者提出建议，由委托人民法院审查决定。

第一百八十条 人民法院对被拘留人采取拘留措施后，应当在二十四小时内通知其家属；确实无法按时通知或者通知不到的，应当记录在案。

第一百八十一条 因哄闹、冲击法庭，用暴力、威胁等方法抗拒执行公务等紧急情况，必须立即采取拘留措施的，可在拘留后，立即报告院长补办批准手续。院长认为拘留不当的，应当解除拘留。

第一百八十二条 被拘留人在拘留期间认错悔改的，可以责令其具结悔过，提前解除拘留。提前解除拘留,应报经院长批准,并作出提前解除拘留决定书,交负责看管的公安机关执行。

※法规解读:上述条文是对如何执行拘留这种强制措施的具体规定。主要内容是:(1)拘留由院长批准,由被拘留人所在地的公安机关执行。(2)异地拘留的委托和协助执行。(3)人民法院采取司法拘留后的义务:在24小时内通知被拘留人家属。(4)紧急情况下采取拘留措施的程序。(5)提前解除拘留的适用条件及程序。

第一百八十三条　民事诉讼法第一百一十三条至第一百一十六条规定的罚款、拘留可以单独适用,也可以合并适用。

第一百八十四条　对同一妨害民事诉讼行为的罚款、拘留不得连续适用。发生新的妨害民事诉讼行为的,人民法院可以重新予以罚款、拘留。

※法规解读:上述条文是对罚款、拘留具体适用的补充规定。第183条规定,罚款、拘留可以单独适用,也可以合并适用。罚款着眼于经济制裁,拘留着眼于人身制裁,二者功能互为补充,可以合并适用,以更好地实现保障诉讼进行的目的。第184条规定,对同一妨害民事诉讼行为的罚款、拘留不得连续适用。

第一百八十五条　被罚款、拘留的人不服罚款、拘留决定申请复议的,应当自收到决定书之日起三日内提出。上级人民法院应当在收到复议申请后五日内作出决定,并将复议结果通知下级人民法院和当事人。

第一百八十六条　上级人民法院复议时认为强制措施不当的,应当制作决定书,撤销或者变更下级人民法院作出的拘留、罚款决定。情况紧急的,可以在口头通知后三日内发出决定书。

※法规解读:上述条文是对罚款、拘留决定复议的补充规定。主要内容是:(1)不服罚款、拘留决定申请复议的期限,即自收到决定书之日起3日内可以向上级人民法院申请复议。(2)上级人民法院作出复议决定的期限为收到复议申请后5日内。上级人民法院复议时认为强制措施不当的,应当制作决定书。(3)情况紧急的,上级人民法院可以先口头通知,再发出复议决定书,发出复议决定书的期限从收到复议申请后5日内缩短为收到复议申请后3日内。

第一百二十条 【强制措施决定权】采取对妨害民事诉讼的强制措施必须由人民法院决定。任何单位和个人采取非法拘禁他人或者非法私自扣押他人财产追索债务的，应当依法追究刑事责任，或者予以拘留、罚款。

条文解读

本条是关于在民事诉讼过程中非法拘禁他人或者非法私自扣押他人财产追索债务的行为人追究刑事责任或采取拘留、罚款措施的规定。

《刑法》第238条中规定，非法拘禁他人或者以其他方法非法剥夺他人人身自由的，处3年以下有期徒刑、拘役、管制或者剥夺政治权利。具有殴打、侮辱情节的，从重处罚。国家机关工作人员利用职权犯非法拘禁罪的，从重处罚。从这一规定来看，非法拘禁罪的成立没有情节的规定，只要是行为人实施了非法拘禁行为，不论时间长短、次数多少、程度轻重，都应该构成非法拘禁罪。从重处罚的情形有两种：一是具有殴打、侮辱的行为；二是具有国家机关工作人员的特殊身份。债权人扣押债务人的财产追索债务的行为，在民法理论上称为自力行为，又称自助行为或自力救助，是指民事权利主体对其享有和行使的民事权利在受到非法损害或妨害时，以其力量（民事行为）加以自我保护的民事行为。自力保护容易产生侵权行为，使用不当会激化矛盾，从而导致一系列的严重后果。所以，世界各国立法对自力救济都持谨慎态度，我国也不例外。就财物自助行为来讲，只有发生旅客住宿不付费、吃饭不给钱等小额债务，公力救助不能及时解决纠纷的情况下，债权人才可以强行扣押行为人的随身财物抵偿欠款。而对于一些大额债务，债权人在没有当场占有债务人财产的情况下，其要实现自己的债权必须依靠公力救助。债权人采取私自非法扣押他人财产的手段实现债权，实施所谓的“自助行为”，实质上是一种违法行为。我国《刑法》对“非法扣押财产追索债务”并没有规定刑事责任，任何单位和个人通过非法私自扣押他人财产来追索债务的行为，情节严重的，往往以妨害民事诉讼行为进行认定，予以拘留、罚款。

第十一章　诉 讼 费 用

本章介绍

本章对诉讼费用作了原则性规定。诉讼费用，是指当事人进行民事诉讼，依照法律规定应当向人民法院交纳和支付的费用。征收诉讼费用，有利于减少纳税人的负担和国家的财政开支，有利于防止当事人滥用诉权，有利于制裁民事违法行为，有利于维护国家的经济利益。

第一百二十一条　【诉讼费用的交纳】 当事人进行民事诉讼，应当按照规定交纳案件受理费。财产案件除交纳案件受理费外，并按照规定交纳其他诉讼费用。

当事人交纳诉讼费用确有困难的，可以按照规定向人民法院申请缓交、减交或者免交。

收取诉讼费用的办法另行制定。

条文解读

本条共有 3 款，是关于交纳诉讼费用的规定。

本条第 1 款规定了诉讼费用的种类，包括案件受理费和其他诉讼费用两种。案件受理费是人民法院决定受理案件后，按照有关规定向当事人征收的费用，具有税收性质。除法律另有规定外，所有的民事案件都要征收案件受理费。案件受理费有两种：一是非财产案件受理费；二是财产案件受理费。《最高人民法院关于适用〈中华人民共和国民事诉讼法〉的解释》第 201 条第 1 款规定："既有财产性诉讼请求，又有非财产性诉讼请求的，按照财产性诉讼请求的标准交纳诉讼费。"根据国务院制定的《诉讼费用交纳办法》第 6 条的规定，当事人应当向人民法院交纳的诉讼费用包括：(1)案件受理费；(2)申请费；(3)证人、鉴定人、翻译人员、理算人员在人民法院指定日期出庭发生的交通费、住宿费、生活费和误工补贴。

本条第2款是关于缓交、减交或者免交诉讼费用的规定。诉讼费用缓交、减交或者免交制度，有利于经济上确有困难的当事人行使诉讼权利，不至于因交不起诉讼费用而无法获得司法保护。诉讼费用缓、减、免交的具体适用标准见《诉讼费用交纳办法》的相关规定。

本条第3款规定了收取诉讼费用的办法另行制定。国务院在2006年制定了《诉讼费用交纳办法》，该办法自2007年4月1日起施行。

配套法规及解读

《最高人民法院关于适用〈中华人民共和国民事诉讼法〉的解释》(2022年4月1日)

第一百九十四条 依照民事诉讼法第五十七条审理的案件不预交案件受理费，结案后按照诉讼标的额由败诉方交纳。

※法规解读：人数不确定的代表人诉讼案件，因难以确定诉讼标的额，因此不预交案件受理费，待结案后按照诉讼标的额由败诉方交纳。

第一百九十五条 支付令失效后转入诉讼程序的，债权人应当按照《诉讼费用交纳办法》补交案件受理费。

支付令被撤销后，债权人另行起诉的，按照《诉讼费用交纳办法》交纳诉讼费用。

※法规解读：本条第1款规定了督促程序转入诉讼程序的诉讼费用交纳问题。根据《诉讼费用交纳办法》第14条的规定，申请支付令的债权人不需要交案件受理费，需要交申请费，比照财产案件受理费标准的1/3交纳。因为和诉讼程序相比，督促程序简便，人民法院投入的司法资源较少。根据《民事诉讼法》第224条的规定，人民法院认为债务人对支付令提出的书面异议成立，应当裁定终结督促程序，支付令自行失效。支付令失效的，转入诉讼程序，这时债权人应当按照《诉讼费用交纳办法》补交案件受理费。

本条第2款规定了支付令撤销后债权人另案诉讼的诉讼费用交纳问题。根据本司法解释第441条，“人民法院院长发现本院已经发生法律效力的支付令确有错误，认为需要撤销的，应当提交本院审判委员会讨论决定后，裁定撤销支付令，驳回债权人的申请”。若债权人另行起诉的,因为适用诉讼程序,所以应按照《诉讼费用交纳办法》交纳诉讼费用。

第一百九十六条　人民法院改变原判决、裁定、调解结果的,应当在裁判文书中对原审诉讼费用的负担一并作出处理。

※法规解读:案件经过二审或者再审,如果改变原判决、裁定、调解结果,按照败诉方承担诉讼费用的一般原则,那么原审诉讼费用的负担会发生变化。因此,应在裁判文书中对原审诉讼费用的负担一并作出处理。

第一百九十七条　诉讼标的物是证券的,按照证券交易规则并根据当事人起诉之日前最后一个交易日的收盘价、当日的市场价或者其载明的金额计算诉讼标的金额。

※法规解读:本条规定了诉讼标的物是证券的,计算诉讼标的金额的标准。

第一百九十八条　诉讼标的物是房屋、土地、林木、车辆、船舶、文物等特定物或者知识产权,起诉时价值难以确定的,人民法院应当向原告释明主张过高或者过低的诉讼风险,以原告主张的价值确定诉讼标的金额。

※法规解读:对诉讼标的物是房屋、土地、林木、车辆、船舶、文物等特定物或者知识产权,起诉时价值难以确定的,在确定诉讼标的额时,人民法院对原告有释明诉讼风险的义务,并以原告主张的价值为准。如果原告对诉讼标的额主张过高,案件受理费、律师代理费相应就高,如果超出部分未被人民法院判决支持,则超出部分需要原告自己承担;但如果标的额主张过低,原告的利益也无法得到保障。

第一百九十九条　适用简易程序审理的案件转为普通程序的,原告自接到人民法院交纳诉讼费用通知之日起七日内补交案件受理费。

原告无正当理由未按期足额补交的,按撤诉处理,已经收取的诉讼费用退还一半。

※法规解读:根据《诉讼费用交纳办法》第16条的规定,适用简易程序审理的案件减半交纳案件受理费。当该案在人民法院审理中发现不宜适用简易程序的,裁定转为普通程序,原告应当补交案件受理费,期限为自接到人民法院交纳诉讼费用通知之日起7日内。本条第2款规定的是前述情况下原告无正当理由未按期足额补交的,按撤诉处理。同时,这类案件因为没经过完整的诉讼程序,人民法院投入的司法成本相对较低,因此减半收费。因为案件受理费在案件按撤诉处理之前已经预交,因此人民法院应将已经收取的诉讼费用退还一半。《诉讼费用交纳办

法》第15条只规定了当事人申请撤诉的,减半交纳案件受理费,但没规定按撤诉处理的该如何收费,本条解释补充了这一点。

第二百条 破产程序中有关债务人的民事诉讼案件,按照财产案件标准交纳诉讼费,但劳动争议案件除外。

第二百零一条 既有财产性诉讼请求,又有非财产性诉讼请求的,按照财产性诉讼请求的标准交纳诉讼费。

有多个财产性诉讼请求的,合并计算交纳诉讼费;诉讼请求中有多个非财产性诉讼请求的,按一件交纳诉讼费。

※法规解读:在民事案件诉讼费的收取上,目前是按照财产案件、非财产案件、知识产权案件、劳动争议案件作不同的划分,这种划分的疏漏之处在于:如果一个案件既有财产性诉讼请求,又有非财产性诉讼请求的,该划分到哪一类不太好判断。按照本条解释第1款的规定,此种情况按照财产性诉讼请求的标准交纳诉讼费,从而弥补了这一漏洞。按照本条第2款规定,有多个财产性诉讼请求的,合并计算交纳诉讼费。如原告要求被告承担医疗费、误工费、精神损失费,这三种财产性诉讼请求,应合并计算交纳诉讼费。有多个非财产性诉讼请求的,按一件交纳诉讼费。

第二百零二条 原告、被告、第三人分别上诉的,按照上诉请求分别预交二审案件受理费。

同一方多人共同上诉的,只预交一份二审案件受理费;分别上诉的,按照上诉请求分别预交二审案件受理费。

※法规解读:依据《诉讼费用交纳办法》,二审诉讼费用由上诉人预交,当一审原告、被告、第三人分别上诉时,他们就是二审程序的上诉人,因此应预交案件受理费,收费标准按照各自的上诉请求确定。同一方多人共同上诉的,因为有共同的诉讼请求,只预交一份二审案件受理费;分别上诉的,按照上诉请求分别预交二审案件受理费。

第二百零三条 承担连带责任的当事人败诉的,应当共同负担诉讼费用。

※法规解读:所谓连带责任,是指根据法律规定或当事人有效约定,两个或两个以上的连带义务人都对不履行义务承担全部责任。依债务人承担责任的先后顺序不同,可将连带责任划分为一般连带责任与补充连带责任。一般连带责任的各债务人之间不分主次,对整个债务无条件地承担连带责任,债权人可以不分顺序地

要求任何一个债务人清偿全部债务。补充连带责任则是指连带责任人之间责任的承担有先后顺序，只有在第一责任人不承担或不能承担责任的情况下，其他责任人才承担连带责任。按照本条规定，败诉的当事人无论是承担一般连带责任还是承担补充连带责任，应当共同负担诉讼费用。

第二百零四条　实现担保物权案件，人民法院裁定拍卖、变卖担保财产的，申请费由债务人、担保人负担；人民法院裁定驳回申请的，申请费由申请人负担。

申请人另行起诉的，其已经交纳的申请费可以从案件受理费中扣除。

※法规解读：实现担保物权案件是2012年《民事诉讼法》增加的一种非讼案件类型。在债务人不履行到期债务、债务人与债权人又未达成实现担保物权的协议时，担保物权人通过向人民法院申请拍卖、变卖担保财产，从而实现担保物权。若人民法院审查该申请符合担保物权的实现条件，则裁定拍卖、变卖担保财产，这种情况下申请费是由于债务人不履行到期债务而发生的，因此理应由债务人、担保人负担。如果人民法院审查该申请不符合担保物权的实现条件，则裁定驳回申请，申请费由申请人负担。申请人另行起诉的，申请人应预交案件受理费，其已经交纳的申请费可以从案件受理费中扣除，该费用最后由败诉方负担。

第二百零五条　拍卖、变卖担保财产的裁定作出后，人民法院强制执行的，按照执行金额收取执行申请费。

第二百零六条　人民法院决定减半收取案件受理费的，只能减半一次。

第二百零七条　判决生效后，胜诉方预交但不应负担的诉讼费用，人民法院应当退还，由败诉方向人民法院交纳，但胜诉方自愿承担或者同意败诉方直接向其支付的除外。

当事人拒不交纳诉讼费用的，人民法院可以强制执行。

※法规解读：本条规定了胜诉方预交但不应负担诉讼费用的三种处理办法：(1)人民法院应当退还，由败诉方向人民法院交纳；(2)胜诉方自愿承担，败诉方相应免除这部分费用；(3)人民法院不退，由败诉方将该笔费用直接向胜诉人支付。

关联法规索引

《诉讼费用交纳办法》

第二编　审 判 程 序

第十二章　第一审普通程序

本章介绍

第一审普通程序是人民法院审理第一审民事案件所适用的基本程序。相较其他民事诉讼审理程序,普通程序具有内容的最系统性、完整性以及适用范围的最广泛性。本章规定了起诉、受理、审理前的准备、开庭审理和裁判等普通程序的所有环节,并对诉讼中可能出现的特殊情况如撤诉、缺席判决、诉讼中止和诉讼终结等问题作了规定。

第一节　起诉和受理

第一百二十二条　【起诉条件】起诉必须符合下列条件:

(一)原告是与本案有直接利害关系的公民、法人和其他组织;

(二)有明确的被告;

(三)有具体的诉讼请求和事实、理由;

(四)属于人民法院受理民事诉讼的范围和受诉人民法院管辖。

条文解读

本条是关于起诉条件的规定。

民事诉讼中的起诉,是指公民、法人、其他组织认为自己的权益受到他人侵害,或者与他人发生民事权益的争议,从而请求人民法院通过审判给予司法保护的诉讼行为。依据本条,起诉应当符合以下四个方面的条件:

第一，原告是与本案有直接利害关系的公民、法人和其他组织。“原告与本案有直接利害关系”，是指争议的法律关系直接涉及原告所享有的或由其支配、保护的权益。第二，有明确的被告。即要求原告将起诉对象具体化、特定化，使人民法院能够明确原告起诉的是谁，从而实施文书送达等相关的诉讼行为。明确的被告，不仅要求被告的称谓要明确，能够确定其身份信息的相关简况也要明确。第三，有具体的诉讼请求和事实、理由。诉讼请求，是指原告起诉时通过受诉人民法院向被告提出的实体权利主张。诉讼请求应当明确、具体，否则人民法院也无法对案件进行审理和裁判。事实和理由则是原告提出诉讼请求的依据。第四，属于人民法院受理民事诉讼的范围和受诉人民法院管辖。即符合《民事诉讼法》关于主管和管辖的规定：首先，原告提交人民法院的争议事项应当属于人民法院行使审判权的职权范围，否则人民法院无权受理；其次，受诉人民法院对本案有管辖权，即符合《民事诉讼法》关于级别管辖和地域管辖的规定。

第一百二十三条　【起诉方式】起诉应当向人民法院递交起诉状，并按照被告人数提出副本。

书写起诉状确有困难的，可以口头起诉，由人民法院记入笔录，并告知对方当事人。

第一百二十四条　【起诉状】起诉状应当记明下列事项：

（一）原告的姓名、性别、年龄、民族、职业、工作单位、住所、联系方式，法人或者其他组织的名称、住所和法定代表人或者主要负责人的姓名、职务、联系方式；

（二）被告的姓名、性别、工作单位、住所等信息，法人或者其他组织的名称、住所等信息；

（三）诉讼请求和所根据的事实与理由；

（四）证据和证据来源，证人姓名和住所。

条文解读

第124条是关于起诉状内容的规定。

起诉状应当记明下列事项：

第一，原告的基本情况。由于原告对被告的基本情况了解的可能有限，因此2012年《民事诉讼法》将原来的一项分为两项，对原告和被告基本情况的叙写作了不同的要求。原告基本情况的叙写应当尽量详细，原告为公民的，应当写明其姓名、性别、年龄、民族、职业、工作单位、住所、联系方式；原告为法人或者其他组织的，应当写明其名称、住所和法定代表人或者主要负责人的姓名、职务、联系方式；这里之所以增加"联系方式"这一内容，主要是考虑到现在通信比较发达，与当事人联系并不限于住所。原告有法定代理人、委托诉讼代理人的，写明代理人的基本情况。

第二，被告的身份信息。对于被告基本情况的叙写，只要写明公民的姓名、性别、工作单位和住所，法人或者其他组织的名称、住所等基本信息即可。这主要是考虑到原告在与被告进行经济、民事活动时，一般能了解到的被告的基本情况比较有限，对于年龄、民族这些相对私密一些的信息无法获得，所以只需提供能够使被告特定化的基本信息即可。

第三，诉讼请求和所根据的事实与理由。在诉讼请求部分，原告应分项列明其对被告主张哪些实体权利，要求被告承担何种责任，或者要求人民法院如何确认或变更其与被告之间的法律关系，是否要求对方负担诉讼费用等。诉讼请求的表述应当明确、具体。在提出诉讼请求之后，原告应当在起诉状中写明起诉的事实依据和具体理由。事实部分的叙写应当客观、准确，理由部分要观点明确、有理有据。

第四，证据和证据来源，证人姓名和住所。证据是能够证明案件真实的客观材料，是当事人支持自己主张的依据。原告所主张的事实是否存在，应当有证据加以证明。因而，原告在起诉时应当向人民法院提交初步的证据，并表明证据的来源。申请证人出庭作证的，应当提供证人的姓名、住址、工作单位，以方便人民法院通知和传唤证人出庭。

关联法规索引

《最高人民法院关于适用〈中华人民共和国民事诉讼法〉的解释》第208~210条

第一百二十五条 【先行调解】 当事人起诉到人民法院的民事纠纷，适宜调解的，先行调解，但当事人拒绝调解的除外。

条文解读

本条是关于适宜调解的民事诉讼可予先行调解的规定。

民事纠纷属于私权争议,可处分性是民事纠纷的基本特点。根据自愿和合法的原则进行调解是民事诉讼的基本原则。由于当事人处分权的行使贯穿于诉讼的全过程,所以在诉讼的任何阶段,双方当事人都可以通过调解解决争议。调解相较于判决而言具有一定的优势:第一,由于协议是当事人双方协商的结果,因而体现的是当事人自己的意志;第二,调解的程序较为灵活、简便,一旦达成协议,纠纷即告解决,因而相较于判决其更有利于节约诉讼资源、提高诉讼效率;第三,能够恢复和谐的人际关系,具有较好的社会效果。相较于判决的非胜即负而言,调解的结果是实现"双赢"。因而,为了充分发挥调解制度的功能,2003 年 9 月 10 日公布的《最高人民法院关于适用简易程序审理民事案件的若干规定》中规定了六种类型的案件实行调解前置,开庭审理时先行调解。《民事诉讼法》借鉴了此种做法,并将先行调解的适用扩展至一审普通程序,并不限案件类型,只要人民法院认为案件适合调解的,就可以先行调解,但应当征得当事人的同意。自愿原则是调解活动的基本原则,当事人拒绝调解的,人民法院不能强制调解。

关联法规索引

《最高人民法院关于适用简易程序审理民事案件的若干规定》第 14 条

第一百二十六条 【受理程序和立案期限】 人民法院应当保障当事人依照法律规定享有的起诉权利。对符合本法第一百二十二条的起诉,必须受理。符合起诉条件的,应当在七日内立案,并通知当事人;不符合起诉条件的,应当在七日内作出裁定书,不予受理;原告对裁定不服的,可以提起上诉。

条文解读

本条是关于人民法院受理程序和立案期限的规定。

本条首先规定了人民法院依法保障当事人的起诉权。诉权是公民、法人、其他组织因民事权利义务争议请求司法保护的权利,是当事人的一项基本权利。起诉权是诉权的具体化,是当事人依法享有的基本诉讼权利。只有保障当事人依法享有的起诉权,才能保障当事人诉权的实现,维护当事人的合法权益。

受理是指人民法院对原告的起诉进行审查之后,认为符合法定条件,决定立案审理的职权行为。当事人的起诉是诉讼程序启动的前提,而人民法院的受理则意味着诉讼程序正式启动。人民法院的受理程序包括审查起诉和立案两个环节。审查起诉的内容主要是看原告的起诉是否符合《民事诉讼法》第122条规定的四个方面的条件。对于符合条件的起诉,人民法院必须立案受理,并通知当事人。对于不符合起诉条件的,人民法院裁定不予受理,并制作裁定书。原告对裁定不服的,可以自裁定书送达之日起10日内依法向上一级人民法院提出上诉,由上一级人民法院审理后作出最终的处理。

人民法院对原告起诉受理的期限为7日,从接到起诉状的次日起开始计算。无论是立案受理还是裁定不予受理,都应当在7日的法定期限内作出。人民法院因起诉状内容欠缺责令原告补正的,立案或不予受理的期间自补正后交人民法院的次日起计算。

配套法规及解读

《最高人民法院关于适用〈中华人民共和国民事诉讼法〉的解释》(2022年4月1日)

第二百零八条 人民法院接到当事人提交的民事起诉状时,对符合民事诉讼法第一百二十二条的规定,且不属于第一百二十七条规定情形的,应当登记立案;对当场不能判定是否符合起诉条件的,应当接收起诉材料,并出具注明收到日期的书面凭证。

需要补充必要相关材料的,人民法院应当及时告知当事人。在补齐相关材料后,应当在七日内决定是否立案。

立案后发现不符合起诉条件或者属于民事诉讼法第一百二十七条规定情形的,裁定驳回起诉。

※法规解读:为贯彻落实党的十八届四中全会决定关于改革人民法院案件受理制度的要求,保护当事人起诉权,本司法解释建立了立案登记制。依据本解释规

定，人民法院接到当事人提交的民事起诉状时，对符合《民事诉讼法》第 122 条规定且不属于第 127 条规定情形的起诉，应当登记立案；对当场不能判定是否符合起诉条件的，应当接收起诉材料，并出具注明收到日期的书面凭证。需要补充必要相关材料的，人民法院应当及时告知当事人。在补齐相关材料后，应当在 7 日内决定是否立案。立案后发现不符合起诉条件或者属于《民事诉讼法》第 127 条规定情形的，裁定驳回起诉。该条规定有利于切实保障当事人的起诉权，对符合《民事诉讼法》所规定的起诉条件的起诉，切实做到有案必立、有诉必理。

第二百零九条　原告提供被告的姓名或者名称、住所等信息具体明确，足以使被告与他人相区别的，可以认定为有明确的被告。

起诉状列写被告信息不足以认定明确的被告的，人民法院可以告知原告补正。原告补正后仍不能确定明确的被告的，人民法院裁定不予受理。

第二百一十条　原告在起诉状中有谩骂和人身攻击之辞的，人民法院应当告知其修改后提起诉讼。

第一百二十七条　【审查起诉】人民法院对下列起诉，分别情形，予以处理：

（一）依照行政诉讼法的规定，属于行政诉讼受案范围的，告知原告提起行政诉讼；

（二）依照法律规定，双方当事人达成书面仲裁协议申请仲裁、不得向人民法院起诉的，告知原告向仲裁机构申请仲裁；

（三）依照法律规定，应当由其他机关处理的争议，告知原告向有关机关申请解决；

（四）对不属于本院管辖的案件，告知原告向有管辖权的人民法院起诉；

（五）对判决、裁定、调解书已经发生法律效力的案件，当事人又起诉的，告知原告申请再审，但人民法院准许撤诉的裁定除外；

（六）依照法律规定，在一定期限内不得起诉的案件，在不得起诉的期限内起诉的，不予受理；

（七）判决不准离婚和调解和好的离婚案件，判决、调解维持收养关系的案件，没有新情况、新理由，原告在六个月内又起诉的，不予受理。

条文解读

本条是关于对不符合起诉条件的起诉如何处理的规定。

人民法院依据《民事诉讼法》第122条规定的起诉条件审查起诉，对于符合起诉条件的，应当受理；对不符合起诉条件的，分别情形予以处理：

上述第1～3项均属于不符合人民法院民事案件的主管范围，所以裁定不予受理。第4项属于不符合《民事诉讼法》关于管辖的规定，受诉人民法院无管辖权，故裁定不予受理，并告知原告向有管辖权的人民法院起诉。第5项属于"一事不再理"的情况。为了避免重复诉讼和维护审判机关生效裁判的稳定性、权威性，各国和地区的民事诉讼法规中普遍确立了"一事不再理"的原则。对判决、裁定、调解书已经发生法律效力的案件，禁止当事人再起诉。第6项属于法定"禁诉期"的情形。原则上，当事人行使诉权不应受到时间上的限制，但特殊情况下，为了体现对一方当事人合法权益的特殊保护，法律规定了一定期间内不得起诉的"禁诉期"。例如，我国《民法典》第1082条中规定，"女方在怀孕期间、分娩后一年内或者终止妊娠后六个月内，男方不得提出离婚"。此项规定旨在为女性和婴儿的合法权益提供特殊保护。但这一规定并非绝对，《民法典》该条文同时规定，"但是，女方提出离婚或者人民法院认为确有必要受理男方离婚请求的除外"。如此规定充分考虑到了尊重女方意愿和男方的合理要求。第7项规定，判决不准离婚和调解和好的离婚案件，判决、调解维持收养关系的案件，没有新情况、新理由，原告在6个月内又起诉的，不予受理。这样规定的目的于，在防止原告在案件情况与诉讼理由没有变化的情况下短时间内再次起诉，造成无谓的诉讼和司法资源的浪费。需要注意的是，此类案件，原告6个月后再起诉的，或者原告在6个月内起诉，有新情况、新理由的，或者被告在6个月内向人民法院起诉的，则人民法院应当受理。

配套法规及解读

《最高人民法院关于适用〈中华人民共和国民事诉讼法〉的解释》(2022年4月1日)

第二百一十一条 对本院没有管辖权的案件，告知原告向有管辖权的人民法院起诉；原告坚持起诉的，裁定不予受理；立案后发现本院没有管辖权的，应当将案件移送有管辖权的人民法院。

※**法规解读**:在审查起诉阶段,人民法院发现本院依法对案件没有管辖权的,可以告知原告到有管辖权的人民法院起诉,但原告坚持起诉的,应当作出不予受理的书面裁定。立案后发现本院没有管辖权的,依法移送到有管辖权的人民法院。本院没有管辖权可能是不符合《民事诉讼法》关于级别管辖的规定,也可能是不符合《民事诉讼法》关于地域管辖的规定。所以,移送管辖可以向同级的其他人民法院移送,也可以向不同级的其他人民法院移送。对此,《最高人民法院关于审理民事级别管辖异议案件若干问题的规定》第6条规定:"当事人未依法提出管辖权异议,但受诉人民法院发现其没有级别管辖权的,应当将案件移送有管辖权的人民法院审理。"第8条规定:"对于将案件移送上级人民法院管辖的裁定,当事人未提出上诉,但受移送的上级人民法院认为确有错误的,可以依职权裁定撤销。"

第二百一十二条　裁定不予受理、驳回起诉的案件,原告再次起诉,符合起诉条件且不属于民事诉讼法第一百二十七条规定情形的,人民法院应予受理。

※**法规解读**:本规定明确了裁定不予受理、驳回起诉的案件,原告仍可以再次起诉。如果其起诉符合《民事诉讼法》第122条规定的起诉条件,且不属于《民事诉讼法》第127条规定情形的,人民法院应当受理。

第二百一十三条　原告应当预交而未预交案件受理费,人民法院应当通知其预交,通知后仍不预交或者申请减、缓、免未获批准而仍不预交的,裁定按撤诉处理。

※**法规解读**:本条是关于因原告未交案件受理费而按撤诉处理的规定。原告预交案件受理费是其法定义务,原告未依法预交案件受理费的,视为其放弃要求人民法院继续审理,因而人民法院应当裁定按撤诉处理。

第二百一十四条　原告撤诉或者人民法院按撤诉处理后,原告以同一诉讼请求再次起诉的,人民法院应予受理。

原告撤诉或者按撤诉处理的离婚案件,没有新情况、新理由,六个月内又起诉的,比照民事诉讼法第一百二十七条第七项的规定不予受理。

※**法规解读**:本条第1款规定了撤诉后当事人再起诉的,人民法院应予受理。因为撤诉的情况下,人民法院并未对案件进行实体审理,只是在程序上终结诉讼。因而,撤诉视为未起诉,当事人仍可以同一诉讼请求再次起诉,人民法院也应当受理。但离婚案件例外。本条第2款规定,离婚案件原告撤诉或按撤诉处理的,应当比照《民事诉讼法》关于判决不准离婚和调解和好的离婚案件的有关规定处理,即

没有新情况、新理由，原告在6个月内又起诉的，人民法院不予受理。

第二百一十五条　依照民事诉讼法第一百二十七条第二项的规定，当事人在书面合同中订有仲裁条款，或者在发生纠纷后达成书面仲裁协议，一方向人民法院起诉的，人民法院应当告知原告向仲裁机构申请仲裁，其坚持起诉的，裁定不予受理，但仲裁条款或者仲裁协议不成立、无效、失效、内容不明确无法执行的除外。

第二百一十六条　在人民法院首次开庭前，被告以有书面仲裁协议为由对受理民事案件提出异议的，人民法院应当进行审查。

经审查符合下列情形之一的，人民法院应当裁定驳回起诉：

（一）仲裁机构或者人民法院已经确认仲裁协议有效的；

（二）当事人没有在仲裁庭首次开庭前对仲裁协议的效力提出异议的；

（三）仲裁协议符合仲裁法第十六条规定且不具有仲裁法第十七条规定情形的。

※法规解读：上述两个条文是关于当事人有书面仲裁协议时案件是否由人民法院管辖的规定。依据《仲裁法》和《民事诉讼法》的规定，在仲裁和诉讼的关系上，实行平行管辖、或裁或诉。当事人之间如果达成了有效的仲裁协议，人民法院无管辖权，裁定不予受理，但仲裁条款或者仲裁协议不成立、无效、失效、内容不明确无法执行的除外。人民法院受理案件后，首次开庭审理前，被告以有书面仲裁协议为由对受理民事案件提出异议的，人民法院经审查认为仲裁协议有效的，应当裁定驳回起诉。

第二百一十七条　夫妻一方下落不明，另一方诉至人民法院，只要求离婚，不申请宣告下落不明人失踪或者死亡的案件，人民法院应当受理，对下落不明人公告送达诉讼文书。

※法规解读：宣告公民失踪或死亡案件，在性质上属于非讼案件，目的是避免下落不明人与别人的民事法律关系处于不确定状态，维护利害关系人的合法权益，稳定社会经济秩序。宣告公民失踪或死亡与离婚诉讼也非前提性关系。夫妻一方下落不明，另一方诉至人民法院，只要求离婚，不申请宣告下落不明人失踪或死亡的，人民法院应当尊重当事人的处分权，依法受理并审理和解决离婚案件，对下落不明人可以用公告送达诉讼文书。

第二百一十八条　赡养费、扶养费、抚养费案件，裁判发生法律效力后，因新情况、新理由，一方当事人再行起诉要求增加或者减少费用的，人民法院应作为新案受理。

※法规解读：本条是对《民事诉讼法》第127条第5项的补充规定。“一事不再理”是各国诉讼制度的普遍规则，但也有例外。追索赡养费、扶养费、抚育费的案件，不同于一般的一次性财产给付的案件，赡养费、扶养费、抚育费是需要持续给付的，且数额受当事人情况、社会经济情况等多种因素的影响。因新情况、新理由，一方当事人再行起诉要求增加或减少费用的，是一个新的诉讼，人民法院应作为新案受理。

第二百一十九条 当事人超过诉讼时效期间起诉的，人民法院应予受理。受理后对方当事人提出诉讼时效抗辩，人民法院经审理认为抗辩事由成立的，判决驳回原告的诉讼请求。

※法规解读：诉讼时效属于实体性问题，属于实体审理需要解决的问题，而是否受理是程序性问题。因而当事人超过诉讼时效期间起诉的，人民法院应予受理。1992年《最高人民法院关于适用〈中华人民共和国民事诉讼法〉若干问题的意见》（已废止）第153条规定，“当事人超过诉讼时效期间起诉的，人民法院应予受理。受理后查明无中止、中断、延长事由的，判决驳回其诉讼请求。”此规定忽视了当事人的处分权，即诉讼时效已过的，当事人的实体权利并未消灭，对方当事人未对此提出抗辩的，该实体权利主张仍然成立。2008年《最高人民法院关于审理民事案件适用诉讼时效制度若干问题的规定》第3条规定：“当事人未提出诉讼时效抗辩，人民法院不应对诉讼时效问题进行释明及主动适用诉讼时效的规定进行裁判。”基于此，本条规定删除了人民法院主动查明和适用时效裁判的规定，进一步明确了只有在对方当事人提出时效抗辩的情况下，才能适用时效裁判。

第二百四十七条 当事人就已经提起诉讼的事项在诉讼过程中或者裁判生效后再次起诉，同时符合下列条件的，构成重复起诉：

（一）后诉与前诉的当事人相同；

（二）后诉与前诉的诉讼标的相同；

（三）后诉与前诉的诉讼请求相同，或者后诉的诉讼请求实质上否定前诉裁判结果。

当事人重复起诉的，裁定不予受理；已经受理的，裁定驳回起诉，但法律、司法解释另有规定的除外。

第二百四十八条 裁判发生法律效力后，发生新的事实，当事人再次提起诉讼的，人民法院应当依法受理。

※法规解读：上述第247条明确了判断重复起诉的标准；第248条明确了裁判生效后发生新的事实当事人再起诉的，不属于重复起诉，人民法院应当受理。

典型案例

王某与嘉峪关拓基矿业有限责任公司合伙协议纠纷案

※案情简介：2009年3月25日，嘉峪关拓基矿业有限责任公司（以下简称拓基公司）（甲方）与王某、胡某州（乙方）就金塔县黑山北滩七个井子沿铅锌矿合作事宜签订《合作协议书》。后王某依约向拓基公司支付转让金15万元及投资款15万元。2009年，黑山北滩七个井子沿铅锌矿被当地国土部门责令停止开采。2011年3月，王某以拓基公司为被告诉至甘肃省嘉峪关市人民法院，请求：（一）确认《合作协议书》无效；（二）判令拓基公司返还转让金15万元；（三）判令拓基公司赔偿损失10万元。一审法院于2011年7月26日作出民事判决：（一）确认王某与拓基公司签订的《合作协议书》无效；（二）拓基公司返还王某转让金15万元；（三）驳回王某的其他诉讼请求。拓基公司不服一审判决，上诉至甘肃省高级人民法院，该院认为一审判决认定事实不清、定性及判处不当，裁定发回一审法院重审。一审法院重审认为：王某与拓基公司签订《合作协议书》虽然约定转让50%铅锌矿开采收益权，但同时约定后续投入费用由双方各承担50%，双方共同经营管理并按相应比例享有权利和承担责任，双方共同投资、共同经营管理应属合伙关系。审理过程中多次向王某行使释明权，告知其变更诉讼请求，否则自行承担诉讼风险，但王某拒绝变更诉讼请求，一审法院于2012年6月19日作出民事裁定：驳回原告王某的起诉。

2013年3月15日，王某再次起诉至一审法院，认为拓基公司违反法律规定，明知其无权开采，根本不存在开采收益权，却采取欺诈手段骗得王某与其签订《合作协议书》进行合伙，收取王某转让金并造成财产损失，请求：（一）确认《合作协议书》采矿权转让及合伙无效；（二）拓基公司返还王某转让金15万元；（三）拓基公司赔偿损失10万元。一审法院认为，本案中王某再次以同一事实理由提起诉讼违背了民事诉讼法中"一事不再理"的原则，于2013年6月24日作出（2013）嘉民二初字第130号民事裁定:驳回王某起诉。王某不服该裁定,向二审法院提起上诉,请求撤销一审裁定,由一审法院依法受理。二审法院于2013年10月12日作出(2013)甘民二终字第214号民事裁定:驳回上诉,维持原裁定。

王某依据《中华人民共和国民事诉讼法》第二百条第(一)项、第(二)项、第(六)项之规定向最高人民法院申请再审。

※裁判结果:最高人民法院认为,王某最初起诉的一审法院(2011)嘉法民二初字第86号案,案由确定为确认合同无效纠纷;王某于2013年6月17日再次向一审人民法院提起诉讼,案由为合伙纠纷案,王某诉请为:确认《合作协议书》采矿权转让及合伙无效;拓基公司返还王某转让金15万元;拓基公司赔偿损失10万元。即王某再次起诉请求、事实理由已经变更。原裁定对此认定不当,应予纠正。"一事不再理"原则,是当事人就已经提起诉讼的事项在诉讼过程中或者裁判生效后,如果后诉与前诉的当事人相同、诉讼标的相同、诉讼请求相同,或者后诉的诉讼请求实质上否定前诉裁判结果,属于重复起诉,适用"一事不再理"原则。但本案王某再次起诉诉讼请求及事实理由发生变更,不属于此种情形,且"一事不再理"原则的适用,应该以实体审理过为原则,就本案而言,两级法院作出多次裁判,但并未对本案有过生效实体判决。原裁定以王某再次起诉因诉讼请求及事实理由与前诉实质相同、违反"一事不再理"原则为由驳回王某起诉不当,裁定撤销甘肃省高级人民法院(2013)甘民二终字第214号裁定和甘肃省嘉峪关市人民法院(2013)嘉民二初字第130号民事裁定,指令甘肃省嘉峪关市人民法院审理本案。

第二节　审理前的准备

第一百二十八条　【答辩状提出】人民法院应当在立案之日起五日内将起诉状副本发送被告,被告应当在收到之日起十五日内提出答辩状。答辩状应当记明被告的姓名、性别、年龄、民族、职业、工作单位、住所、联系方式;法人或者其他组织的名称、住所和法定代表人或者主要负责人的姓名、职务、联系方式。人民法院应当在收到答辩状之日起五日内将答辩状副本发送原告。

被告不提出答辩状的,不影响人民法院审理。

条文解读

本条共有2款，是关于人民法院送达起诉状副本、被告提交答辩状和送达答辩状副本的规定。

依据本条，人民法院受理案件以后，应当在5日内将原告提交的起诉状副本发送被告。原告口头起诉的，人民法院应当在5日内将口诉笔录的复制本发送被告，或者口头将原告起诉的内容通知被告。

为了保障当事人辩论权的行使，被告在接到原告起诉状副本之后，其答辩的期限为15日。答辩，是指被告针对原告在起诉状中提出的诉讼请求和事实理由进行回答和辩驳。关于被告答辩期的规定是保障当事人辩论权行使的体现。一般情况下，原告在起诉时无法提供被告的详细信息，所以《民事诉讼法》规定了被告在答辩状中写明基本情况即可。答辩状应当记明被告的姓名、性别、年龄、民族、职业、工作单位、住所、联系方式；法人或者其他组织的名称、住所和法定代表人或者主要负责人的姓名、职务、联系方式。被告应当按照原告的人数提交答辩状副本，人民法院应当在收到答辩状之日起5日内将答辩状副本发送原告。人民法院送达起诉状、答辩状副本的目的在于保障双方当事人的知情权，使双方在信息对称的情况下公平对抗。

本条第2款规定了被告不提出答辩状的，不影响人民法院审理，即被告不提交答辩状或逾期不作答辩的，不影响下一阶段民事诉讼程序的进行，不影响人民法院对案件的审理。

配套法规及解读

《最高人民法院关于民事诉讼证据的若干规定》(2019年12月25日)

第四十九条　被告应当在答辩期届满前提出书面答辩，阐明其对原告诉讼请求及所依据的事实和理由的意见。

※法规解读：本条是关于被告答辩的义务和答辩状内容的规定。第一，本条明确了被告“应当”答辩，即被告答辩不仅是其行使辩论权的方式，也是其应尽的义务。原告起诉后，其起诉状副本依法送达给被告，从而使被告了解了原告的请求、事实和理由、证据情况，而如果被告不答辩，则原告就无法了解被告的意见是什么，从而导致原被告双方信息不对称，有碍诉讼公正和效率的实现。所以被告答辩是其法定义务。第二，答辩状的内容应当是针对原告的诉讼请求和事实、理由的。实

践中，有些被告虽然提交了答辩状，但答辩状流于形式，没有实质内容，结果在庭审中造成对原告的突袭。因而，本条对答辩状的内容作了要求，即被告应当阐明对原告的诉讼请求是否同意，是全部同意还是部分同意；对原告主张的事实有何意见，是否全部或部分真实；对原告陈述的理由是否认同；等等。

第一百二十九条　【权利义务告知】人民法院对决定受理的案件，应当在受理案件通知书和应诉通知书中向当事人告知有关的诉讼权利义务，或者口头告知。

第一百三十条　【管辖权异议、应诉管辖】人民法院受理案件后，当事人对管辖权有异议的，应当在提交答辩状期间提出。人民法院对当事人提出的异议，应当审查。异议成立的，裁定将案件移送有管辖权的人民法院；异议不成立的，裁定驳回。

当事人未提出管辖异议，并应诉答辩的，视为受诉人民法院有管辖权，但违反级别管辖和专属管辖规定的除外。

条文解读

第130条共有2款，是关于当事人提出管辖权异议及其处理的规定。

第1款规定了当事人提出管辖权异议的期限和处理程序。管辖权异议，是指当事人提出的认为受诉人民法院无管辖权的主张。一般情况下，提出管辖权异议的主体为诉讼中的被告。管辖权异议的内容既包括案件的级别管辖，也包括案件的地域管辖。依据本款，当事人提出管辖权异议的期限为提交答辩状期间，即接到起诉状副本之日起的15日内。人民法院对当事人的异议应当进行审查。认为异议成立的，即受诉人民法院确实无管辖权，应裁定将案件移送至有管辖权的人民法院。认为异议不能成立的，即受诉人民法院依法享有对该案的管辖权，应当裁定驳回当事人的异议。

第2款是关于默示协议管辖的规定。受诉人民法院虽然没有对某一案件的管辖权，但在答辩期内，被告没有提出管辖权异议，并应诉答辩的，则视为双方通过默示的方式达成了协议管辖，受诉人民法院因而取得了对本案的管辖权。需要注意的是，由于级别管辖和专属管辖不适用协议管辖，所以默示协议管辖不能违反级别管辖和专属管辖的规定。

配套法规及解读

《最高人民法院关于审理民事级别管辖异议案件若干问题的规定》(2020 年 12 月 29 日)

第一条 被告在提交答辩状期间提出管辖权异议,认为受诉人民法院违反级别管辖规定,案件应当由上级人民法院或者下级人民法院管辖的,受诉人民法院应当审查,并在受理异议之日起十五日内作出裁定:

(一)异议不成立的,裁定驳回;

(二)异议成立的,裁定移送有管辖权的人民法院。

第二条 在管辖权异议裁定作出前,原告申请撤回起诉,受诉人民法院作出准予撤回起诉裁定的,对管辖权异议不再审查,并在裁定书中一并写明。

第三条 提交答辩状期间届满后,原告增加诉讼请求金额致使案件标的额超过受诉人民法院级别管辖标准,被告提出管辖权异议,请求由上级人民法院管辖的,人民法院应当按照本规定第一条审查并作出裁定。

第五条 被告以受诉人民法院同时违反级别管辖和地域管辖规定为由提出管辖权异议的,受诉人民法院应当一并作出裁定。

※法规解读:从诉讼理论上说,管辖权异议既包括当事人对地域管辖的异议,也包括当事人对级别管辖的异议。然而,长期以来,《民事诉讼法》规定的管辖权异议被理解为对地域管辖的异议,审判实践中对当事人提出级别管辖异议的,人民法院通常不作裁定处理,结果当事人不服的无法行使上诉权,不利于保护当事人的诉讼权利。因而,2009 年最高人民法院下发了《关于审理民事级别管辖异议案件若干问题的规定》,明确了对级别管辖异议的审理程序。上述第 1 条明确了当事人有权对案件的级别管辖提出管辖权异议,人民法院应当受理并审查,审查的期限为 15 日。当事人异议的理由不成立的,即受诉人民法院有管辖权,裁定驳回异议;当事人异议的理由成立的,即受诉人民法院无管辖权,裁定移送到有管辖权的其他上级或下级人民法院。第 2 条规定了当事人可以撤回管辖权异议,时间为人民法院对管辖权异议作出裁定之前。当事人撤回管辖权异议的,人民法院不必再对管辖权异议进行审查。第 3 条规定了因原告增加诉讼请求金额而导致案件标的额超过受诉人民法院级别管辖标准的,即使答辩期满,被告也有权提出管辖权异议。第 5 条规定了被告如果对案件的级别管辖和地域管辖均提出异议的,受诉人民法院应

当一并处理,作出裁定。

《最高人民法院关于适用〈中华人民共和国民事诉讼法〉的解释》(2022年4月1日)

第二百二十三条 当事人在提交答辩状期间提出管辖异议,又针对起诉状的内容进行答辩的,人民法院应当依照民事诉讼法第一百三十条第一款的规定,对管辖异议进行审查。

当事人未提出管辖异议,就案件实体内容进行答辩、陈述或者反诉的,可以认定为民事诉讼法第一百三十条第二款规定的应诉答辩。

※法规解读:本条是对默示协议管辖的补充规定。依据本条,被告在提交答辩状期间既对管辖提出异议,又应诉答辩的,不属于默示协议管辖,人民法院仍然要对被告的管辖异议进行审查。当事人未提出管辖异议,就案件实体内容进行答辩、陈述或者反诉的,可以认定为应诉答辩,适用默示协议管辖的规定。

第一百三十一条 【告知合议庭组成】 审判人员确定后,应当在三日内告知当事人。

第一百三十二条 【审核取证】 审判人员必须认真审核诉讼材料,调查收集必要的证据。

第一百三十三条 【法院调查程序】 人民法院派出人员进行调查时,应当向被调查人出示证件。

调查笔录经被调查人校阅后,由被调查人、调查人签名或者盖章。

第一百三十四条 【委托调查】 人民法院在必要时可以委托外地人民法院调查。

委托调查,必须提出明确的项目和要求。受委托人民法院可以主动补充调查。

受委托人民法院收到委托书后,应当在三十日内完成调查。因故不能完成的,应当在上述期限内函告委托人民法院。

第一百三十五条 【当事人追加】 必须共同进行诉讼的当事人没有参加诉讼的,人民法院应当通知其参加诉讼。

条文解读

第135条是关于追加当事人的规定。

受诉人民法院在审核诉讼材料过程中发现有必须参加共同诉讼的当事人没有参加诉讼的,应当通知其参加诉讼。这种情况仅限于必要共同诉讼中。必要共同诉讼,是指当事人一方或双方为二人以上,其诉讼标的为共同的诉讼。在必要共同诉讼中,共同诉讼人之间具有共同的诉讼权利或共同的诉讼义务,因而必须在同一程序中共同参加诉讼,由人民法院对其诉讼标的合并审理、合一裁判。

配套法规及解读

《最高人民法院关于适用〈中华人民共和国民事诉讼法〉的解释》(2022年4月1日)

第二百二十一条 基于同一事实发生的纠纷,当事人分别向同一人民法院起诉的,人民法院可以合并审理。

※法规解读:本条是关于人民法院合并审理的补充规定。基于同一事实发生的纠纷,因为事实和证据共通,当事人之间往往互负权利和义务,因而如果当事人分别向同一人民法院起诉的,人民法院合并审理有利于提高诉讼效率和避免矛盾裁判。

第二百二十二条 原告在起诉状中直接列写第三人的,视为其申请人民法院追加该第三人参加诉讼。是否通知第三人参加诉讼,由人民法院审查决定。

※法规解读:本条是关于追加第三人的补充规定。依据《民事诉讼法》,第三人包括有独立请求权的第三人和无独立请求无权的第三人,前者通过提起第三人参加之诉加入诉讼,后者根据当事人的申请或由人民法院通知其参加诉讼。因而,本条规定所指的第三人可理解为无独立请求权的第三人。

第一百三十六条 【开庭准备程序】人民法院对受理的案件,分别情形,予以处理:

(一)当事人没有争议,符合督促程序规定条件的,可以转入督促程序;

(二)开庭前可以调解的,采取调解方式及时解决纠纷;

（三）根据案件情况，确定适用简易程序或者普通程序；

（四）需要开庭审理的，通过要求当事人交换证据等方式，明确争议焦点。

条文解读

本条是关于开庭前分情形处理案件的规定。

依据本条，人民法院受理案件之后，开庭审理之前，应当根据案件的性质和情况，分别处理：

1. 当事人没有争议，符合督促程序规定条件的，可以转入督促程序。督促程序，是指人民法院根据债权人的申请，以支付令的方式，催促债务人在法定期间内向债权人履行给付金钱和有价证券义务。如果债务人在法定期间内未履行义务又不提出书面异议，债权人可以根据支付令向人民法院申请强制执行的程序。作为一种快速实现债权的非讼程序，督促程序主要适用于债权债务关系明确、双方当事人对他们之间的债权债务关系无争议、给付金钱和有价证券的案件，所以人民法院对于依照诉讼程序受理的案件，如果发现当事人没有争议且符合督促程序规定的条件的，可以转入督促程序。通过此规定将诉讼程序与督促程序衔接起来，有利于最大限度地节约诉讼资源、实现诉讼经济。

2. 开庭前可以调解的，采取调解方式及时解决纠纷。开庭前可以调解的案件，因为双方的认识较为一致，容易达成共识，所以适合通过调解方式及时解决纠纷，从而节约诉讼成本、提高诉讼效率。

3. 根据案件情况，确定适用简易程序或者普通程序。简易程序是基层人民法院及其派出法庭审理简单民事案件所适用的一种简便易行的程序。根据本法第160条的规定，对于事实清楚、权利义务关系明确、争议不大的简单民事案件，人民法院可以适用简易程序审理。其他民事案件，当事人也可以约定适用简易程序。依据相关司法解释的规定，当事人就适用简易程序有权提出异议，人民法院认为异议成立的，或者人民法院在审理过程中发现不宜适用简易程序的，应当将案件转入普通程序审理。

4. 需要开庭审理的，通过要求当事人交换证据等方式，明确争议焦点。需要开庭审理的案件，为了使庭审能够集中、高效地进行，人民法院应当在庭前通过要求当事人交换证据等方式，明确争议焦点。

配套法规及解读

《最高人民法院关于适用〈中华人民共和国民事诉讼法〉的解释》(2022年4月1日)

第二百二十四条 依照民事诉讼法第一百三十六条第四项规定,人民法院可以在答辩期届满后,通过组织证据交换、召集庭前会议等方式,作好审理前的准备。

第二百二十五条 根据案件具体情况,庭前会议可以包括下列内容:

(一)明确原告的诉讼请求和被告的答辩意见;

(二)审查处理当事人增加、变更诉讼请求的申请和提出的反诉,以及第三人提出的与本案有关的诉讼请求;

(三)根据当事人的申请决定调查收集证据,委托鉴定,要求当事人提供证据,进行勘验,进行证据保全;

(四)组织交换证据;

(五)归纳争议焦点;

(六)进行调解。

第二百二十六条 人民法院应当根据当事人的诉讼请求、答辩意见以及证据交换的情况,归纳争议焦点,并就归纳的争议焦点征求当事人的意见。

※法规解读:为了提前梳理当事人相关诉讼请求和意见、组织交换证据、归纳争议焦点,本司法解释增加规定了审理前准备和庭前会议制度。第224条明确了为做好审理前的准备,人民法院可以在答辩期届满后,采用组织证据交换、召集庭前会议等方式。第225条详细规定了庭前会议的具体内容。第226条规定了人民法院如何归纳争议焦点,并强调人民法院应当就归纳的争议焦点征求当事人的意见。

关联法规索引

《最高人民法院关于适用〈中华人民共和国民事诉讼法〉的解释》第269条;《最高人民法院关于民商事案件繁简分流和调解速裁操作规程(试行)》第3条

第三节　开庭审理

第一百三十七条　【审理方式】 人民法院审理民事案件，除涉及国家秘密、个人隐私或者法律另有规定的以外，应当公开进行。

离婚案件，涉及商业秘密的案件，当事人申请不公开审理的，可以不公开审理。

第一百三十八条　【巡回审理】 人民法院审理民事案件，根据需要进行巡回审理，就地办案。

第一百三十九条　【开庭通知及公告】 人民法院审理民事案件，应当在开庭三日前通知当事人和其他诉讼参与人。公开审理的，应当公告当事人姓名、案由和开庭的时间、地点。

第一百四十条　【庭前准备】 开庭审理前，书记员应当查明当事人和其他诉讼参与人是否到庭，宣布法庭纪律。

开庭审理时，由审判长或者独任审判员核对当事人，宣布案由，宣布审判人员、书记员名单，告知当事人有关的诉讼权利义务，询问当事人是否提出回避申请。

第一百四十一条　【法庭调查顺序】 法庭调查按照下列顺序进行：

（一）当事人陈述；

（二）告知证人的权利义务，证人作证，宣读未到庭的证人证言；

（三）出示书证、物证、视听资料和电子数据；

（四）宣读鉴定意见；

（五）宣读勘验笔录。

第一百四十二条　【当事人庭审权利】 当事人在法庭上可以提出新的证据。

当事人经法庭许可，可以向证人、鉴定人、勘验人发问。

当事人要求重新进行调查、鉴定或者勘验的，是否准许，由人民法院决定。

配套法规及解读

《最高人民法院关于适用〈中华人民共和国民事诉讼法〉的解释》(2022 年 4 月 1 日)

第二百三十一条 当事人在法庭上提出新的证据的,人民法院应当依照民事诉讼法第六十八条第二款规定和本解释相关规定处理。

※法规解读:本条司法解释对当事人在法庭上提出新证据作了补充规定,即当事人在法庭上虽然可以提出新的证据,但是否发生证据失权的后果,依照《民事诉讼法》第 68 条第 2 款规定和本司法解释的相关规定处理。

第一百四十三条 【诉的合并】原告增加诉讼请求,被告提出反诉,第三人提出与本案有关的诉讼请求,可以合并审理。

条文解读

本条是关于新增诉讼请求合并审理的规定。

当事人在诉讼中有权处分自己的实体权利和诉讼权利。在诉讼中,原告可以增加诉讼请求,被告有权提出反诉,有独立请求权的第三人有权提起参加之诉。原告新增诉讼请求、被告的反诉请求与已有诉讼请求通常基于同一法律事实或法律关系,第三人提出的与本案有关的诉讼请求虽然基于另外的请求权,与本诉的基础法律关系不同,但是直接针对本诉的诉讼标的,关系讼争利益的最终归属,所以通过合并审理,既可以节约诉讼成本、实现诉讼经济,也有利于人民法院全面解决纠纷,保护民事权利,避免作出相互矛盾的裁判。也正是因为合并审理可以简化诉讼程序、节约司法资源,《诉讼费用交纳办法》中规定,被告提起反诉,有独立请求权的第三人提出与本案有关的诉讼请求,人民法院决定合并审理的,分别减半交纳案件受理费。

配套法规及解读

《最高人民法院关于适用〈中华人民共和国民事诉讼法〉的解释》(2022 年 4 月 1 日)

第二百三十二条 在案件受理后,法庭辩论结束前,原告增加诉讼请求,被告提出反诉，第三人提出与本案有关的诉讼请求，可以合并审理的，人民法院应当合并审理。

※**法规解读：**本条规定了原告增加诉讼请求，被告提出反诉，第三人提出与本案有关的诉讼请求的时限为案件受理后，法庭辩论结束前。

第二百三十三条　反诉的当事人应当限于本诉的当事人的范围。

反诉与本诉的诉讼请求基于相同法律关系、诉讼请求之间具有因果关系，或者反诉与本诉的诉讼请求基于相同事实的，人民法院应当合并审理。

反诉应由其他人民法院专属管辖，或者与本诉的诉讼标的及诉讼请求所依据的事实、理由无关联的，裁定不予受理，告知另行起诉。

※**法规解读：**本条是关于反诉的构成要件的规定。反诉的构成要件问题较为复杂，此前审判实践中多有争议，本条规定明确了反诉的构成要件：第一，反诉的主体具有特定性，限于本诉当事人的范围。第二，反诉应与本诉具有关联性，即反诉与本诉基于同一法律关系、诉讼请求之间具有因果关系，或者反诉与本诉的诉讼请求基于相同事实。第三，反诉不属于专属管辖的案件范围。当事人提出的反诉不能成立的，人民法院应当书面裁定不予受理，并告知当事人另行起诉。

关联法规索引

《民事诉讼法》第54条；《最高人民法院关于适用〈中华人民共和国民事诉讼法〉的解释》第251～252条；《诉讼费用交纳办法》第18条

第一百四十四条　【法庭辩论】法庭辩论按照下列顺序进行：

（一）原告及其诉讼代理人发言；

（二）被告及其诉讼代理人答辩；

（三）第三人及其诉讼代理人发言或者答辩；

（四）互相辩论。

法庭辩论终结，由审判长或者独任审判员按照原告、被告、第三人的先后顺序征询各方最后意见。

第一百四十五条　【法庭辩论后的调解】法庭辩论终结，应当依法作出判决。判决前能够调解的，还可以进行调解，调解不成的，应当及时判决。

第一百四十六条 【按撤诉处理和缺席判决】 原告经传票传唤，无正当理由拒不到庭的，或者未经法庭许可中途退庭的，可以按撤诉处理；被告反诉的，可以缺席判决。

条文解读

第146条是关于对原告按撤诉处理和缺席判决的规定。

在确定的庭审期日，经人民法院传票传唤，原告有义务按时到庭，依法参加诉讼活动。原告因故无法到庭的，应在接到人民法院传票后及时向人民法院提出，由人民法院依法决定是否延期审理。人民法院经审查，认为原告有正当理由的，可以延期审理并通知原告。如果认为原告理由不正当的，可以决定不延期审理，并通知原告，原告应当按时出庭。在庭审进行过程中，原告不能随意退庭。原告未经允许中途退庭的，是一种藐视法庭的行为，有碍诉讼的正常进行。原告经传票传唤，无正当理由拒不到庭的，或者未经法庭许可中途退庭的，视为其放弃了诉讼，即不要求法院继续审理案件，所以人民法院可以按撤诉处理。如果被告提出反诉的，则原告作为反诉中的被告，应当适用《民事诉讼法》第147条的规定，人民法院可以对其缺席判决。

配套法规及解读

《最高人民法院关于适用〈中华人民共和国民事诉讼法〉的解释》（2022年4月1日）

第二百三十四条 无民事行为能力人的离婚诉讼，当事人的法定代理人应当到庭；法定代理人不能到庭的，人民法院应当在查清事实的基础上，依法作出判决。

※法规解读： 无民事行为能力人无诉讼行为能力，由其法定代理人代为实施诉讼。因而，无民事行为能力人的离婚诉讼，其法定代理人应当到庭。但是，离婚诉讼不同于财产争议，无民事行为能力人的法定代理人亦不能替代其作出意思表示，故其法定代理人不能到庭的，不影响案件的审理，由人民法院在查清事实的基础上，依法作出判决。

第二百三十五条 无民事行为能力的当事人的法定代理人，经传票传唤无正当理由拒不到庭,属于原告方的,比照民事诉讼法第一百四十六条的规定,按撤诉处理;属于被告方的,比照民事诉讼法第一百四十七条的规定,缺席判决。必要时,人民法院可以拘传其到庭。

第二百三十六条 有独立请求权的第三人经人民法院传票传唤,无正当理由拒不到庭的,或者未经法庭许可中途退庭的,比照民事诉讼法第一百四十六条的规定,按撤诉处理。

※法规解读:上述两个条文是对无民事行为能力人的法定代理人、有独立请求权的第三人按撤诉处理的规定。无民事行为能力人的法定代理人,具有类似于当事人的诉讼地位,因为代理对象的特殊性,决定了只能由法定代理人代为实施所有的诉讼行为。因而,无民事行为能力人的法定代理人经传票传唤,无正当理由拒不到庭的,或者未经法庭许可中途退庭的,可以适用《民事诉讼法》关于对原告按撤诉处理、对被告缺席判决的有关规定。有独立请求权的第三人,其参加诉讼的根据在于认为对原告、被告双方争议的诉讼标的有独立的请求权,其所提出的诉讼请求既是针对原告的,也是针对被告的,因而在其提起的参加之诉中具有类似于原告的诉讼地位。所以有独立请求权的第三人经传票传唤,无正当理由拒不到庭的,或者未经法庭许可中途退庭的,可以比照《民事诉讼法》第146条的规定对其提起的参加之诉按撤诉处理。

第二百三十七条 有独立请求权的第三人参加诉讼后,原告申请撤诉,人民法院在准许原告撤诉后,有独立请求权的第三人作为另案原告,原案原告、被告作为另案被告,诉讼继续进行。

※法规解读:有独立请求权的第三人参加诉讼后,原告申请撤诉人民法院准许的,本诉终结,但有独立请求权的第三人提起的参加之诉并未终结。而其提起的参加之诉中,有独立请求权的第三人是针对本诉的原告和被告提出了独立的诉讼请求,因而当原案因撤诉终结后,有独立请求权的第三人应作为另案原告,原案原告、被告作为另案被告,诉讼继续进行。

第二百三十九条 人民法院准许本诉原告撤诉的,应当对反诉继续审理;被告申请撤回反诉的,人民法院应予准许。

※法规解读:反诉与本诉既具有牵连性,又具有独立性。反诉是本诉被告针对本诉原告提起的具有独立意义的诉,因而人民法院准许本诉原告撤诉的,本诉虽然终结了,但反诉仍需继续审理。原告享有申请撤诉的权利,而本诉被告是反诉中的

原告，所以被告享有申请撤回反诉的权利。

关联法规索引

《最高人民法院关于适用〈中华人民共和国民事诉讼法〉的解释》第238条

第一百四十七条 【缺席判决】被告经传票传唤，无正当理由拒不到庭的，或者未经法庭许可中途退庭的，可以缺席判决。

条文解读

本条是关于对被告缺席判决的规定。

在确定的庭审期日，经人民法院传票传唤，被告有义务按时到庭，依法参加诉讼活动。被告因故不能参加诉讼的，应当向人民法院提出，由人民法院审查决定是否延期审理，并通知被告。被告经传票传唤，无正当理由拒不到庭的，或者未经法庭许可中途退庭的，人民法院可以缺席判决。缺席判决是相对于对席判决而言的，是指在一方当事人无正当理由拒不到庭或者未经法庭许可中途退庭的情况下，受诉人民法院经过开庭审理后，依法对案件所作的判决。通过缺席判决可以使诉讼不因为一方当事人的随意缺席而半途而废，从而全面维护各方当事人的合法权利。人民法院在缺席判决时，要对缺席一方提交的诉讼文书和证据材料进行认真审核，充分了解其诉讼请求和所依据的事实、理由，保护其应有的合法权益。

依法必须到庭的被告，经两次传票传唤，拒不到庭的，人民法院可以适用拘传。必须到庭的被告，一般是指追索赡养费、扶养费、抚养费、抚恤金、劳动报酬案件和离婚案件的被告以及其他不到庭就无法查清案情的被告。

缺席判决对缺席一方当事人的权益保护非常不利。为了保证司法公正、正确裁判，缺席判决必须以经过合法传唤为前提条件。依《民事诉讼法》第177、207条之规定，“违法缺席判决”属于发回重审和再审的事由。

配套法规及解读

《最高人民法院关于适用〈中华人民共和国民事诉讼法〉的解释》(2022 年 4 月 1 日)

第二百四十条　无独立请求权的第三人经人民法院传票传唤,无正当理由拒不到庭,或者未经法庭许可中途退庭的,不影响案件的审理。

※法规解读:无独立请求权的第三人虽然对本案的诉讼标的没有独立的请求权,但与案件处理结果具有法律上的利害关系。其参加诉讼的目的是维护自己的合法权益,并且只是辅助一方当事人进行诉讼,因而不能对诉讼标的主张实体权利。所以无独立请求权的第三人是否参加诉讼,不影响案件的审理。

第二百四十一条　被告经传票传唤无正当理由拒不到庭,或者未经法庭许可中途退庭的,人民法院应当按期开庭或者继续开庭审理,对到庭的当事人诉讼请求、双方的诉辩理由以及已经提交的证据及其他诉讼材料进行审理后,可以依法缺席判决。

※法规解读:本条规定明确了人民法院缺席判决的条件:第一,被告经传票传唤无正当理由拒不到庭,或者未经法庭许可中途退庭;第二,人民法院按期开庭或继续开庭;第三,对到庭的当事人诉讼请求、双方的诉辩理由以及已经提交的证据及其他诉讼材料依法进行了审理。

第一百四十八条　【撤诉】宣判前,原告申请撤诉的,是否准许,由人民法院裁定。

人民法院裁定不准许撤诉的,原告经传票传唤,无正当理由拒不到庭的,可以缺席判决。

条文解读

本条是关于原告申请撤诉的规定。

本条第 1 款是关于原告申请撤诉的规定。申请撤诉,是指当事人以积极的意思表示,向受人民诉法院要求撤回已提出之诉,不再要求人民法院对案件继续进行审判的行为。原告申请撤诉可以采用书面或口头方式,必须基于自己真实的意思表示，撤诉的目的需正当、合法，撤诉最迟应在人民法院宣告判决前提出。对于原告的撤诉申请，人民法院应当依法进行审查，认为符合条件的，依法裁定准许撤诉。经审查，认为不符合撤诉条件，如目的不正当、不合法，可能损害他人合法权益的，或原告有违法行为需要处理的，人民法院可以裁定不准许撤诉。人民法院依法裁定准许撤诉的，诉讼程序终结。撤诉视为未起诉，当事人又有争议的，仍然可以再起诉。

本条第 2 款是关于人民法院不准许撤诉时，原告无正当理由拒不到庭或未经许可中途退庭如何处理的规定。人民法院裁定不准许撤诉的，意味着诉讼程序应当继续进行。在接下来的庭审中，原告无正当理由拒不到庭或未经许可中途退庭的，人民法院可以缺席判决。

配套法规及解读

《最高人民法院关于适用〈中华人民共和国民事诉讼法〉的解释》（2022 年 4 月 1 日）

第二百三十八条 当事人申请撤诉或者依法可以按撤诉处理的案件，如果当事人有违反法律的行为需要依法处理的，人民法院可以不准许撤诉或者不按撤诉处理。

法庭辩论终结后原告申请撤诉，被告不同意的，人民法院可以不予准许。

※法规解读：本条第 1 款是对人民法院不准许撤诉或者不按撤诉处理的规定。撤诉制度设立的目的在于尊重当事人的处分权，因而无论是申请撤诉还是按撤诉处理，都可视为当事人处分的结果。当事人虽然有处分的自由，但不能逾越法律的界限，即处分权必须依法行使，否则人民法院会进行必要的干预。因而，如果当事人有违反法律的行为需要依法处理的，人民法院可以不准撤诉或者不按撤诉处理。

本条第 2 款是对被告限制原告申请撤诉权利的规定。法庭辩论终结后，案件的实质审理已经完成，双方当事人投入的诉讼成本即将通过一纸裁判获得收益。这时候如果允许原告任意撤诉，可能会使被告获得裁判的期望落空，不但已投入的诉讼成本无所回报，还可能因原告的再次起诉而不得不投入新的诉讼成本，对被告而言是不公平的。因而本司法解释赋予被告对原告撤诉拥有一定的限制权，即法庭辩论终结后原告申请撤诉，被告不同意的，人民法院可以不予准许。

关联法规索引

《最高人民法院关于审理环境民事公益诉讼案件适用法律若干问题的解释》第26、27条;《最高人民法院关于审理民间借贷案件适用法律若干问题的规定》第19条;《最高人民法院关于防范和制裁虚假诉讼的指导意见》第11条;《最高人民法院、最高人民检察院关于检察公益诉讼案件适用法律若干问题的解释》第19条

第一百四十九条　【延期审理】有下列情形之一的,可以延期开庭审理:

(一)必须到庭的当事人和其他诉讼参与人有正当理由没有到庭的;

(二)当事人临时提出回避申请的;

(三)需要通知新的证人到庭,调取新的证据,重新鉴定、勘验,或者需要补充调查的;

(四)其他应当延期的情形。

条文解读

本条是关于延期审理的规定。

延期审理,是指在开庭期日到来时,或者在开庭审理进行中,由于出现了法律规定的特殊情况,导致庭审无法如期或继续进行,从而将庭审推迟进行。依据本条规定,在下列情况下,可以延期开庭审理:

1. 必须到庭的当事人和其他诉讼参与人有正当理由没有到庭的。依据本法及相关司法解释,必须到庭的当事人包括两类:第一,能够正确表达意志的离婚案件的当事人;第二,负有赡养、扶养和抚育义务,不到庭就无法查清案件事实的被告。必须到庭的诉讼参与人泛指如果其不到庭就无法查清案情或进行庭审的其他诉讼参与人。

2. 当事人临时提出回避申请的。在审理前的准备阶段,合议庭成员确定后应当在3日内告知当事人,使其有充分时间考虑是否申请回避。当事人在案件开始审理时没有申请回避而是在后来的审理中临时提出,或者回避事由是在案件开始审理以后才知道,故临时提出回避申请的,人民法院应当延期审理,以便对被申请人是否回避作出决定。

3. 需要通知新的证人到庭，调取新的证据，重新鉴定、勘验，或者需要补充调查的。这些情况下庭审无法继续进行，因而应当延期审理。

4. 其他应当延期的情形。这是一项概括性规定，由受诉人民法院根据案件实际情况，灵活掌握。

第一百五十条 【法庭笔录】 书记员应当将法庭审理的全部活动记入笔录，由审判人员和书记员签名。

法庭笔录应当当庭宣读，也可以告知当事人和其他诉讼参与人当庭或者在五日内阅读。当事人和其他诉讼参与人认为对自己的陈述记录有遗漏或者差错的，有权申请补正。如果不予补正，应当将申请记录在案。

法庭笔录由当事人和其他诉讼参与人签名或者盖章。拒绝签名盖章的，记明情况附卷。

第一百五十一条 【宣判】 人民法院对公开审理或者不公开审理的案件，一律公开宣告判决。

当庭宣判的，应当在十日内发送判决书；定期宣判的，宣判后立即发给判决书。

宣告判决时，必须告知当事人上诉权利、上诉期限和上诉的法院。

宣告离婚判决，必须告知当事人在判决发生法律效力前不得另行结婚。

关联法规索引

《最高人民法院关于适用〈中华人民共和国民事诉讼法〉的解释》第253条

第一百五十二条 【审限】 人民法院适用普通程序审理的案件，应当在立案之日起六个月内审结。有特殊情况需要延长的，经本院院长批准，可以延长六个月；还需要延长的，报请上级人民法院批准。

第四节　诉讼中止和终结

第一百五十三条　【中止诉讼】 有下列情形之一的，中止诉讼：

（一）一方当事人死亡，需要等待继承人表明是否参加诉讼的；

（二）一方当事人丧失诉讼行为能力，尚未确定法定代理人的；

（三）作为一方当事人的法人或者其他组织终止，尚未确定权利义务承受人的；

（四）一方当事人因不可抗拒的事由，不能参加诉讼的；

（五）本案必须以另一案的审理结果为依据，而另一案尚未审结的；

（六）其他应当中止诉讼的情形。

中止诉讼的原因消除后，恢复诉讼。

条文解读

本条是关于诉讼中止的规定。

诉讼中止，是指在诉讼过程中，因为某些特殊情况的出现使本案诉讼活动难以继续进行时，受诉人民法院依法裁定暂时停止诉讼程序。依据本条，在出现下列情况时应中止诉讼：

1. 一方当事人死亡，需要等待继承人表明是否参加诉讼的。在财产纠纷案件中，如果一方当事人死亡，其诉讼权利能力消灭，实体权利由继承人享有，因而需要等待继承人表明是否参加诉讼。而确定继承人可能需要一定的时间，甚至对确定继承人存在争议，所以人民法院应暂时停止诉讼。

2. 一方当事人丧失诉讼行为能力，尚未确定法定代理人的。当事人丧失诉讼行为能力无法亲自实施诉讼，只能由其法定代理人代为实施诉讼。如果尚未确定代理人，需要人民法院暂时中止诉讼，等待确定法定代理人之后再恢复诉讼。

3. 作为一方当事人的法人或者其他组织终止，尚未确定权利义务承受人的。法人或者其他组织终止，其主体资格消灭，无法继续进行诉讼，需要等待其权利义务承受人确定之后再继续原来的诉讼。

4. 一方当事人因不可抗拒的事由，不能参加诉讼的。不可抗拒的事由是指非当事人主观上的原因,而是客观上发生了当事人意志以外的特殊情况,如突患重病、交通阻断、战争爆发等。

5. 本案必须以另一案的审理结果为依据,而另一案尚未审结的。这种情况下,如果不等待另一案件的审理结果而继续对本案审理,必然会在认定事实和适用法律上遇到难以逾越的障碍,甚至导致相互矛盾的裁判结果。所以需要中止本案的诉讼程序,等待另一案件的审结。

6. 其他应当中止诉讼的情形。这是一项概括性规定,由受诉人民法院视案件情况灵活掌握。

诉讼中止只是诉讼程序的中途搁置、暂时停止,因而导致中止诉讼的原因消除后,人民法院应当及时恢复诉讼。诉讼程序恢复后,已经进行的诉讼行为继续有效,对新出现的诉讼承担人具有约束力。

配套法规及解读

《最高人民法院关于适用〈中华人民共和国民事诉讼法〉的解释》(2022 年 4 月 1 日)

第二百四十六条 裁定中止诉讼的原因消除,恢复诉讼程序时,不必撤销原裁定,从人民法院通知或者准许当事人双方继续进行诉讼时起,中止诉讼的裁定即失去效力。

※法规解读:本条是关于诉讼中止之后恢复诉讼的规定。依据本条,导致诉讼中止的原因消失后,应当恢复诉讼程序,但人民法院不必撤销原裁定。因为撤销裁定通常适用于原裁定错误的情形,所以诉讼中止后恢复诉讼的,不适合采用撤销原裁定的方式,而是由人民法院通知或准许当事人双方继续进行诉讼,自通知或准许之日起,原裁定自动失效。

关联法规索引

《最高人民法院关于审理专利纠纷案件适用法律问题的若干规定》第 4 ~8 条;《最高人民法院关于适用〈中华人民共和国民事诉讼法〉的解释》第 347 条;《最高人民法院关于审理民间借贷案件适用法律若干问题的规定》第 7 条

第一百五十四条　【终结诉讼】有下列情形之一的，终结诉讼：

（一）原告死亡，没有继承人，或者继承人放弃诉讼权利的；

（二）被告死亡，没有遗产，也没有应当承担义务的人的；

（三）离婚案件一方当事人死亡的；

（四）追索赡养费、扶养费、抚养费以及解除收养关系案件的一方当事人死亡的。

条文解读

本条是关于诉讼终结的规定。

诉讼终结，是指在诉讼过程中，因为当事人死亡等特殊情况的出现，导致诉讼没有必要继续进行，而由人民法院裁定结束诉讼的制度。依据本条规定，在下列情况下应终结诉讼：

1. 原告死亡，没有继承人，或者继承人放弃诉讼权利的。这种情况下，因为没有了权利的主张者，诉讼无法继续进行，只能裁定结束诉讼。

2. 被告死亡，没有遗产，也没有应当承担义务的人的。被告死亡并有遗产，其继承人继承了遗产的，就必须参加诉讼。继承人放弃继承的，人民法院可在遗产范围内判决。但如果被告死亡没有留下遗产，且没有义务承受人的，则原告的诉讼请求不可能实现，继续审理已无必要，故应裁定结束诉讼。

3. 离婚案件一方当事人死亡的。这种情况下婚姻关系因为当事人的死亡而自然解除，离婚案件已无审理必要，故应裁定结束诉讼。

4. 追索赡养费、扶养费、抚养费以及解除收养关系案件的一方当事人死亡的。追索赡养费、扶养费、抚养费的案件，由于一方当事人的死亡，给付赡养费、扶养费、抚养费已无可能或无必要，案件无须继续审理。解除收养关系案件的一方当事人死亡的，收养关系自然解除，案件也无须继续审理。

诉讼终结仅为诉讼程序的终结，人民法院对案件争议的实体性问题不能作出任何处理。因而，人民法院裁定诉讼终结的，并不能确定死亡一方当事人财产的归属。

关联法规索引

《最高人民法院关于适用〈中华人民共和国民事诉讼法〉的解释》第320条

第五节　判决和裁定

第一百五十五条　【判决书】判决书应当写明判决结果和作出该判决的理由。判决书内容包括：

（一）案由、诉讼请求、争议的事实和理由；

（二）判决认定的事实和理由、适用的法律和理由；

（三）判决结果和诉讼费用的负担；

（四）上诉期间和上诉的法院。

判决书由审判人员、书记员署名，加盖人民法院印章。

条文解读

本条是关于判决书制作的规定。

判决书是人民法院依照法定程序，审理案件之后，对民事纠纷进行判定而制作的法律文书。民事判决既是人民法院行使审判权的体现，也是对当事人实体权利义务的最终判定，因而在司法活动中具有重要意义，所以本条对判决书的制作进行了规定。

依据本条规定，“判决书应当写明判决结果和作出该判决的理由”。增强裁判文书的说理一直是我国司法改革的重要内容。判决书是针对当事人诉讼请求的回应，通过判决书的理由，可以让当事人准确知晓法官判断的内容及其判断过程，进而决定是否进一步采取上诉或再审等救济方式。同时，判决书的理由揭示了法官对案件的演绎逻辑及其心证过程，使得法官的裁判权力得以公开化，在一定程度上限制了法官的恣意判断和权力滥用，也有助于让当事人和社会公众理解判决结果，增强判决结果在心理上的可接受性，提高司法的公信力。判决书的内容包括：

1. 案由、诉讼请求、争议的事实和理由。案由，是指按照诉讼请求的内容来划分的案件的种类，如离婚、合同、人身损害赔偿纠纷等。诉讼请求、事实理由部分既要载明原告的诉讼请求和事实、理由，也要载明被告针对原告诉讼请求承认或反驳的事实和理由，还要载明被告提出反诉的请求和事实、理由。

2. 判决认定的事实和理由、适用的法律和理由。即人民法院经过审理查明的案件事实及认定案件事实的依据，适用的法律依据及其理由。这意味着人民法院在判决书中不能只援引法律依据是什么，还要通过说理说明为什么。

3. 判决结果和诉讼费用的负担。判决结果是判决的主文部分，是对当事人诉讼请求的回复。判决结果的内容应当明确、具体，具有可操作性。人民法院审理终结后还应当根据案件的具体情况，依法确定诉讼费用由哪一方当事人负担或者如何分担。

4. 上诉期间和上诉的法院。上诉权是当事人的一项重要的诉讼权利，除最高人民法院作出的一审判决和适用非讼程序作出的判决以外，地方各级人民法院作出的一审判决都是可以上诉的判决，因而在制作判决书时应当写明上诉的期间和上诉的法院，以便当事人行使上诉权。

判决书由审判人员、书记员署名，加盖人民法院印章。

配套法规及解读

《最高人民法院关于人民法庭若干问题的规定》(1999 年 7 月 15 日)

第二十一条　人民法庭制作的判决书、裁定书、调解书、决定书、拘传票等诉讼文书，须加盖本院印章。

《最高人民法院关于适用〈中华人民共和国民事诉讼法〉的解释》(2022 年 4 月 1 日)

第二百六十二条　人民法庭制作的判决书、裁定书、调解书，必须加盖基层人民法院印章，不得用人民法庭的印章代替基层人民法院的印章。

※法规解读：人民法庭是基层人民法院为方便人民群众诉讼、方便人民法院审理案件而设立的派出机构，代表基层人民法院行使审判权。因而，人民法庭制作的判决书、裁定书、调解书等诉讼文书，必须加盖基层人民法院印章，不能用人民法庭的印章代替基层人民法院的印章。

第一百五十六条 【先行判决】 人民法院审理案件，其中一部分事实已经清楚，可以就该部分先行判决。

条文解读

本条是关于就部分已查清事实先行判决的规定。

根据是否对案件所有须判决事项一并判决，民事判决可分为全部判决和部分判决。在原告向人民法院提出多个诉讼请求、人民法院合并审理的情况下，如果其中一部分诉讼请求涉及的事实已经查明，但整个案件尚不能全部审结的情况下，为了及时保护当事人的合法权益，可以就部分已查清事实先行判决。但如果原告的多个诉讼请求相互之间不能独立的，则不允许作出部分先行判决。人民法院作出部分判决之后，案件审理并没有结束，对其他未判决事项，人民法院仍然要继续审理并作出裁判。部分先行判决的法律效力与全案判决的效力在性质上是相同的，如果是一审判决，当事人对部分先行判决不服的，可以依法提出上诉。当事人未在法定上诉期内提出上诉的，该部分先行判决即发生法律效力。

第一百五十七条 【裁定】 裁定适用于下列范围：

（一）不予受理；

（二）对管辖权有异议的；

（三）驳回起诉；

（四）保全和先予执行；

（五）准许或者不准许撤诉；

（六）中止或者终结诉讼；

（七）补正判决书中的笔误；

（八）中止或者终结执行；

（九）撤销或者不予执行仲裁裁决；

（十）不予执行公证机关赋予强制执行效力的债权文书；

（十一）其他需要裁定解决的事项。

对前款第一项至第三项裁定，可以上诉。

裁定书应当写明裁定结果和作出该裁定的理由。裁定书由审判人员、书记员署名，加盖人民法院印章。口头裁定的，记入笔录。

条文解读

本条共有3款，是关于裁定适用范围及裁定书制作的规定。

本条第1款规定了裁定适用的范围：

(1)不予受理。对原告的起诉不符合《民事诉讼法》第122条规定的起诉条件的，裁定不予受理。

(2)对管辖权有异议的。当事人认为受诉人民法院无管辖权的，有权提出管辖权异议，人民法院认为异议成立的，裁定移送有管辖权的人民法院；认为异议不成立的，裁定驳回。

(3)驳回起诉。人民法院受理原告的起诉以后，在案件审理中才发现原告的起诉不符合起诉条件的，应当裁定驳回起诉。

(4)保全和先予执行。依照《民事诉讼法》第9章的规定，人民法院适用保全和先予执行的，应当作出裁定。诉讼保全和先予执行的裁定一经作出，即具有法律效力，当事人不服的，不能上诉，但可向作出该裁定的人民法院申请复议一次。

(5)准许或者不准许撤诉。原告申请撤诉的，人民法院依法裁定准许或者不准许撤诉。原告无正当理由拒不到庭、未经许可中途退庭、没有预交案件受理费的，人民法院可以裁定按撤诉处理。

(6)中止或者终结诉讼。

(7)补正判决书中的笔误。依据最高人民法院的相关司法解释，判决书中的笔误指法律文书的误写、误算，诉讼费用漏写、误算和其他笔误。笔误是因为存在书写或计算上的差错，其不涉及当事人的实体权利和诉讼权利，所以可通过裁定补正。而涉及改变案件认定的事实和法律适用、判决主文内容的则不属于笔误，如有错误，只能通过审判监督程序纠正。

(8)中止或者终结执行。

(9)撤销或者不予执行仲裁裁决。

(10)不予执行公证机关赋予强制执行效力的债权文书。

(11)其他需要裁定解决的事项。

本条第2款规定了可以上诉的裁定有哪些。对于不予受理、管辖权异议以及驳回起诉的裁定,由于涉及当事人的诉权、人民法院的审判权、管辖权等重大程序问题,因而可以上诉。

本条第3款规定了对裁定书制作的要求。“裁定书应当写明裁定结果和作出该裁定的理由”,强调了裁定说理的要求。裁定是人民法院对诉讼中的程序性问题所作的权威性判定,对于民事案件的审理、执行程序的进行和终结具有重要的作用,也是人民法院行使裁判权的体现,因而裁定书的重要性不亚于判决书。裁判文书的说理不仅包括对判决书理由的说明,也包括对裁定书理由的说明。裁定书由审判人员、书记员署名,加盖人民法院印章。口头裁定的,记入笔录。

配套法规及解读

《最高人民法院关于适用〈中华人民共和国民事诉讼法〉的解释》(2022年4月1日)

第二百四十五条 民事诉讼法第一百五十七条第一款第七项规定的笔误是指法律文书误写、误算,诉讼费用漏写、误算和其他笔误。

※法规解读:本条是关于何谓判决书中的笔误的规定。笔误是指法律文书误写、误算,诉讼费用漏写、误算和其他笔误。例如,将当事人的姓名误写,对有关数额存在书写或计算上的差错,其不涉及的当事人实体权利和诉讼权利。而涉及改变案件认定的事实和法律适用、判决主文内容的则不属于笔误。

第一百五十八条 【生效裁判】最高人民法院的判决、裁定,以及依法不准上诉或者超过上诉期没有上诉的判决、裁定,是发生法律效力的判决、裁定。

关联法规索引

《最高人民法院关于适用〈中华人民共和国民事诉讼法〉的解释》第249条

第一百五十九条 【裁判文书公开】公众可以查阅发生法律效力的判决书、裁定书，但涉及国家秘密、商业秘密和个人隐私的内容除外。

条文解读

本条是关于公众查阅生效裁判文书的规定。

依据本条，社会公众有权查阅人民法院作出的已经生效的判决书、裁定书，但涉及国家秘密、商业秘密和个人隐私的内容，出于对国家利益和当事人利益的保护，不能查阅。

本条规定旨在实现裁判文书公开，保障社会公众的知情权，监督司法。审判公开的内容包括案件审理的过程和结果均向当事人和社会公众公开。裁判文书作为人民法院司法活动的载体，不仅承载着个案的审判结果，更是司法权运行效果的体现。因而裁判文书公开，允许社会公众查阅，是审判公开的应有之义，对于增强司法的透明度、满足公众的知情权、实现对司法的监督具有重要的意义，因而也是实现司法公正和司法民主的必然要求。调解书因为是双方当事人自愿协商达成协议的结果，而非人民法院裁判的结果，所以不涉及公开的问题，社会公众不能查阅。

配套法规及解读

《最高人民法院关于适用〈中华人民共和国民事诉讼法〉的解释》(2022 年 4 月 1 日)

第二百五十四条 公民、法人或者其他组织申请查阅发生法律效力的判决书、裁定书的，应当向作出该生效裁判的人民法院提出。申请应当以书面形式提出，并提供具体的案号或者当事人姓名、名称。

第二百五十五条 对于查阅判决书、裁定书的申请，人民法院根据下列情形分别处理：

(一)判决书、裁定书已经通过信息网络向社会公开的，应当引导申请人自行查阅；

(二)判决书、裁定书未通过信息网络向社会公开，且申请符合要求的，应当及时提供便捷的查阅服务；

（三）判决书、裁定书尚未发生法律效力，或者已失去法律效力的，不提供查阅并告知申请人；

（四）发生法律效力的判决书、裁定书不是本院作出的，应当告知申请人向作出生效裁判的人民法院申请查阅；

（五）申请查阅的内容涉及国家秘密、商业秘密、个人隐私的，不予准许并告知申请人。

※法规解读：这两个条文是对公众查阅生效裁判文书的细化规定。第254条明确了公众查阅生效裁判文书的方式，即向作出该生效裁判的人民法院提出书面申请，并提供具体的案号或者当事人姓名、名称。第255条规定了对于查阅判决书、裁定书的申请，人民法院应当如何分情形处理。

关联法规索引

《最高人民法院裁判文书公布管理办法》；《最高人民法院关于人民法院在互联网公布裁判文书的规定》

第十三章 简 易 程 序

本章介绍

简易程序是基层人民法院及其派出法庭审理第一审简单民事案件所适用的一种简便易行的程序。相对于普通程序而言，简易程序在某些环节上有所简化。《民事诉讼法》设立简易程序有利于案件的繁简分流，实现诉讼经济。本章规定了简易程序的适用范围、起诉和受理、传唤方式、审理方式、审理期限以及小额诉讼。2021年《民事诉讼法》增加了简易程序审理期限延长的规定，完善了小额诉讼的适用范围、审判方式、审理期限以及程序转换。

第一百六十条 【适用范围】基层人民法院和它派出的法庭审理事实清楚、权利义务关系明确、争议不大的简单的民事案件，适用本章规定。

基层人民法院和它派出的法庭审理前款规定以外的民事案件，当事人双方也可以约定适用简易程序。

条文解读

本条共有2款，是关于简易程序适用的规定。

本条第1款规定了简易程序的适用范围。简易程序是基层人民法院及其派出法庭审理简单民事案件所适用的一种简便易行的诉讼程序。对于比较简单的民事案件，适用简易程序审理，可以节约司法资源、实现诉讼经济。依据本款，第一，适用简易程序审理案件的法院只能是基层人民法院及其派出法庭。人民法庭主要设置在农村或者城乡接合部，是基层人民法院的派出机构和组成部分，在基层人民法院的领导下进行工作。人民法庭作出的裁判，就是基层人民法院的裁判。第二，适用简易程序审理的案件通常为事实清楚、权利义务关系明确、争议不大的简单的民事案件。“事实清楚”，是指当事人双方对争议的事实陈述基本一致，并能提供可靠的证据，无须人民法院调查收集证据即可判明事实、分清是非；"权利义务关系明确"，是指谁是责任的承担者，谁是权利的享有者，关系明确；"争议不大"，是指当事人对案件的是非、责任以及诉讼标的争执无原则性分歧。

本条第2款是关于当事人约定适用简易程序的规定。民事诉讼是解决私权的争议，当事人应当有权选择程序最简便、诉讼周期最短、成本最低廉的方式来解决纠纷，以尽快实现自己的权利，加快财产的流转。所以，《民事诉讼法》规定了当事人在适用简易程序上的选择权，即使不属于简单民事案件，双方当事人也可以约定适用简易程序。这既尊重了当事人的程序选择权，也有利于实现诉讼经济。最高人民法院在2003年颁布的《关于适用简易程序审理民事案件的若干规定》中已有类似规定，其第2条第1款规定，"基层人民法院适用第一审普通程序审理的民事案件，当事人各方自愿选择适用简易程序，经人民法院审查同意的，可以适用简易程序进行审理"。《民事诉讼法》在吸收该司法解释内容的基础上，删除了"经人民法院审查同意"的规定，进一步明确和保证了当事人选择适用简易程序的自主权。

配套法规及解读

《最高人民法院关于适用〈中华人民共和国民事诉讼法〉的解释》(2022年4月1日)

第二百五十六条 民事诉讼法第一百六十条规定的简单民事案件中的事实清楚，是指当事人对争议的事实陈述基本一致，并能提供相应的证据，无须人民法院调查收集证据即可查明事实；权利义务关系明确是指能明确区分谁是责任的承担者，谁是权利的享有者；争议不大是指当事人对案件的是非、责任承担以及诉讼标的争执无原则分歧。

第二百五十七条 下列案件，不适用简易程序：

(一)起诉时被告下落不明的；

(二)发回重审的；

(三)当事人一方人数众多的；

(四)适用审判监督程序的；

(五)涉及国家利益、社会公共利益的；

(六)第三人起诉请求改变或者撤销生效判决、裁定、调解书的；

（七）其他不宜适用简易程序的案件。

※法规解读：上述第256条是关于何为简单民事案件的具体解释，第257条是关于简易程序适用范围的规定。以下几类案件不适用简易程序：(1)起诉时被告下落不明的。被告下落不明的，其生死未卜，即使生存的，亦不知身在何处。人民法院公告送达诉讼文书，被告能否及时看到也不确定。因而，此类案件审理中，被告很可能不能来参加诉讼，为了保证案件正确处理，不宜适用简易程序。(2)发回重审的。第二审人民法院将案件发回重审的原因主要有二：第一，一审判决、裁定认定事实不清或主要证据不足的；第二，原审遗漏当事人或存在重大程序违法情况的。无论因为上述哪种原因发回重审，为了保证案件正确处理，都不宜适用简易程序。(3)当事人一方人数众多的。此类案件涉及的利益主体较多，法律关系相对复杂，因而不宜适用简易程序。(4)适用审判监督程序的。适用审判监督程序审理的案件为再审案件，为了保证案件得到正确处理，不宜适用简易程序。(5)涉及国家利益、社会公共利益的。此类案件具有公益性，为保证案件得到正确处理，不宜适用简易程序。(6)第三人起诉请求改变或者撤销生效判决、裁定、调解书的。第三人撤销之诉，因为涉及对已生效裁判、调解书的处理，因而不宜适用简易程序。(7)其他不宜适用简易程序的案件。

第二百六十四条　当事人双方根据民事诉讼法第一百六十条第二款规定约定适用简易程序的，应当在开庭前提出。口头提出的，记入笔录，由双方当事人签名或者捺印确认。

本解释第二百五十七条规定的案件，当事人约定适用简易程序的，人民法院不予准许。

※法规解读：本条补充规定了当事人双方约定适用简易程序的，应当在开庭前提出。本解释第257条规定的案件，属于不宜适用简易程序审理的案件，因而不允许当事人约定适用简易程序。

关联法规索引

《最高人民法院关于全面加强人民法庭工作的决定》第10条

第一百六十一条 【起诉方式】对简单的民事案件,原告可以口头起诉。

当事人双方可以同时到基层人民法院或者它派出的法庭,请求解决纠纷。基层人民法院或者它派出的法庭可以当即审理,也可以另定日期审理。

第一百六十二条 【简便方式传唤、送达和审理】基层人民法院和它派出的法庭审理简单的民事案件,可以用简便方式传唤当事人和证人、送达诉讼文书、审理案件,但应当保障当事人陈述意见的权利。

条文解读

第162条是关于人民法院可以用简便方式传唤当事人和证人、送达法律文书和审理案件的规定。

适用简易程序审理的案件有以下几个特点:第一,传唤方式简便。原告起诉以后,人民法院可以采取捎口信、电话、传真、电子邮件等简便方式随时传唤双方当事人、证人、送达法律文书。同时,为了保护当事人的合法权益,最高人民法院相关司法解释规定,以捎口信、电话、短信、传真、电子邮件等形式送达的开庭通知,未经当事人确认或者没有其他证据证明当事人已经收到的,人民法院不得将其作为按撤诉处理和缺席判决的根据。第二,审理方式简便。在审判组织形式上采用独任制,审理方式较普通程序简便、灵活。第三,应当保障当事人陈述意见的权利。简易程序虽然较普通程序在某些环节上有所简化,但必须保障当事人陈述意见的权利。辩论权是当事人基本的诉讼权利,不能因为简易程序在程序上有所简化而剥夺当事人的基本诉讼权利。

配套法规及解读

《最高人民法院关于适用〈中华人民共和国民事诉讼法〉的解释》(2022年4月1日)

第二百五十九条 当事人双方可就开庭方式向人民法院提出申请,由人民法院决定是否准许。经当事人双方同意,可以采用视听传输技术等方式开庭。

※法规解读:依据本条,适用简易程序审理民事案件,经人民法院准许在开庭方式上当事人可以选择简便易行的方式。经当事人双方同意,可以采用视听传输

技术等方式开庭。

第二百六十一条 适用简易程序审理案件,人民法院可以依照民事诉讼法第九十条、第一百六十二条的规定采取捎口信、电话、短信、传真、电子邮件等简便方式传唤双方当事人、通知证人和送达诉讼文书。

以简便方式送达的开庭通知,未经当事人确认或者没有其他证据证明当事人已经收到的,人民法院不得缺席判决。

适用简易程序审理案件,由审判员独任审判,书记员担任记录。

※法规解读:依据本条,第一,适用简易程序审理案件,人民法院可以采用简便方式传唤当事人、证人。这符合简易程序在保证诉讼公正的前提下追求诉讼效率的价值目标。但如果采取简便方式发送开庭通知的,必须经当事人确认或有足够证据表明当事人已经收到,否则当事人未出庭的,不能缺席判决。第二,适用简易程序审理案件,由审判员独任审判,书记员担任记录,审判人员不能自审自记。书记员是指在我国各级人民法院和人民检察院内担任办理案件的记录工作和有关事项的人员。简易程序虽然在审判组织上有所简化、实行独任制,但不能将书记员记录这一流程也简化掉。

第二百六十六条 适用简易程序案件的举证期限由人民法院确定,也可以由当事人协商一致并经人民法院准许,但不得超过十五日。被告要求书面答辩的,人民法院可在征得其同意的基础上,合理确定答辩期间。

人民法院应当将举证期限和开庭日期告知双方当事人,并向当事人说明逾期举证以及拒不到庭的法律后果,由双方当事人在笔录和开庭传票的送达回证上签名或者捺印。

当事人双方均表示不需要举证期限、答辩期间的,人民法院可以立即开庭审理或者确定开庭日期。

第二百六十七条 适用简易程序审理案件,可以简便方式进行审理前的准备。

※法规解读:这两个条文规定了适用简易程序审理案件,可以在举证期限、审理前准备方面有所简化。

第二百六十八条 对没有委托律师、基层法律服务工作者代理诉讼的当事人,人民法院在庭审过程中可以对回避、自认、举证证明责任等相关内容向其作必要的解释或者说明,并在庭审过程中适当提示当事人正确行使诉讼权利、履行诉讼义务。

※法规解读:本条规定明确了适用简易程序审理案件时人民法院如何正确行使释明权。

第二百七十条 适用简易程序审理的案件,有下列情形之一的,人民法院在制作判决书、裁定书、调解书时,对认定事实或者裁判理由部分可以适当简化:

(一)当事人达成调解协议并需要制作民事调解书的;

(二)一方当事人明确表示承认对方全部或者部分诉讼请求的;

(三)涉及商业秘密、个人隐私的案件,当事人一方要求简化裁判文书中的相关内容,人民法院认为理由正当的;

(四)当事人双方同意简化的。

※法规解读:本条规定明确了人民法院适用简易程序审理案件,制作判决书、裁定书、调解书时,在哪些情形下对认定事实或者裁判理由部分可以适当简化。

第一百六十三条 【审理方式】简单的民事案件由审判员一人独任审理,并不受本法第一百三十九条、第一百四十一条、第一百四十四条规定的限制。

条文解读

本条是关于简易程序审理方式的规定。

适用简易程序审理民事案件,在审判组织形式上,采用独任制,由审判员一人独任审理案件,但审判员不能自审自记。由于适用简易程序审理的案件一般是事实清楚、权利义务关系明确、争议不大的简单民事案件,因此无须采用合议制,由审判员一人独任审判,完全可以保证案件的审判质量。

适用简易程序审理案件,不受普通程序开庭3日前通知当事人和其他诉讼参与人的限制,不受本法规定的法庭调查、法庭辩论顺序的限制。适用简易程序审理的案件也应当开庭审理,但审理方式和步骤相对于普通程序可以简化。适用简易程序审理案件,不必像普通程序那样严格依照法律规定的步骤和顺序进行,而是可以由审判人员根据案件情况灵活掌握,可以打乱法庭调查和法庭辩论的顺序,两个阶段可以合并进行,也可以穿插进行。此外,根据《最高人民法院关于适用简易程序审理民事案件的若干规定》,适用简易程序审理的民事案件,一般应当一次开庭审结，除人民法院认为不宜当庭宣判的以外，应当当庭宣判。

关联法规索引

《最高人民法院关于适用简易程序审理民事案件的若干规定》第23条

第一百六十四条　【审理期限】人民法院适用简易程序审理案件，应当在立案之日起三个月内审结。有特殊情况需要延长的，经本院院长批准，可以延长一个月。

条文解读

本条是关于适用简易程序审理案件审理期限的规定。

简易程序审理案件的审理期限为3个月。2012年《民事诉讼法》没有关于审理期限延长的规定。考虑到适用简易程序审理的案件一律在3个月内审结不符合审判规律，2015年《最高人民法院关于适用〈中华人民共和国民事诉讼法〉的解释》规定了经双方当事人同意和本院院长批准，可以延长审理期限，延长后的审理期限累计不得超过6个月。2021年《民事诉讼法》在尊重审判规律、兼顾效率和公正的前提下，增加了简易程序审理案件在特殊情况下可以延长的规定，经本院院长批准，可以延长的期限为1个月。

配套法规及解读

《最高人民法院关于适用〈中华人民共和国民事诉讼法〉的解释》（2022年4月1日）

第二百五十八条第一款　适用简易程序审理的案件，审理期限到期后，有特殊情况需要延长的，经本院院长批准，可以延长审理期限。延长后的审理期限累计不得超过四个月。

※法规解读：本条第1款进一步明确了《民事诉讼法》关于简易程序审理期限的规定，即最长为4个月。

第一百六十五条 【小额诉讼程序】基层人民法院和它派出的法庭审理事实清楚、权利义务关系明确、争议不大的简单金钱给付民事案件，标的额为各省、自治区、直辖市上年度就业人员年平均工资百分之五十以下的，适用小额诉讼的程序审理，实行一审终审。

基层人民法院和它派出的法庭审理前款规定的民事案件，标的额超过各省、自治区、直辖市上年度就业人员年平均工资百分之五十但在二倍以下的，当事人双方也可以约定适用小额诉讼的程序。

条文解读

本条是关于小额诉讼制度的规定。

两审终审制是我国民事诉讼的基本制度，对于保证裁判的正确性、维护当事人权利、保证法律适用的统一、均衡各级人民法院工作负担具有重要的意义。但对于标的额特别小的案件，如果实行两审终审则可能导致程序成本大于程序收益，不利于实现诉讼经济。基于此，为了便于及时化解纠纷，提高诉讼效率，2012 年《民事诉讼法》增加了小额诉讼制度，2021 年《民事诉讼法》又对小额诉讼的适用范围进行了进一步完善。依据本条规定，第一，小额诉讼案件属于人民法院适用简易程序审理的简单民事案件且为金钱给付的案件。第二，小额诉讼案件的诉讼标的额为各省、自治区、直辖市上年度就业人员年平均工资 50% 以下。由于我国各地区经济发展水平不平衡，所以确定一个相对数额更符合实际需要。2021 年《民事诉讼法》提高了小额诉讼案件的标的额，有利于扩大小额诉讼的适用，缓解紧张的司法资源。第三，实行一审终审。基层人民法院及其派出法庭对小额案件审理和作出判决后，不允许当事人上诉，判决一经作出即发生法律效力。

本条第 2 款为新增条款，规定了双方当事人可以在法定范围内协议适用小额诉讼程序，从而使小额诉讼程序的适用除了人民法院决定适用之外还包括当事人约定适用，增加了当事人的程序选择权和自主权，便于充分发挥小额诉讼便捷、高效的制度优势。

配套法规及解读

《最高人民法院关于适用〈中华人民共和国民事诉讼法〉的解释》(2022 年 4 月 1 日)

第二百七十一条　人民法院审理小额诉讼案件,适用民事诉讼法第一百六十五条的规定,实行一审终审。

第二百七十二条　民事诉讼法第一百六十五条规定的各省、自治区、直辖市上年度就业人员年平均工资,是指已经公布的各省、自治区、直辖市上一年度就业人员年平均工资。在上一年度就业人员年平均工资公布前,以已经公布的最近年度就业人员年平均工资为准。

第二百七十三条　海事法院可以适用小额诉讼的程序审理海事、海商案件。案件标的额应当以实际受理案件的海事法院或者其派出法庭所在的省、自治区、直辖市上年度就业人员年平均工资为基数计算。

第二百七十六条　当事人对小额诉讼案件提出管辖异议的,人民法院应当作出裁定。裁定一经作出即生效。

第二百七十七条　人民法院受理小额诉讼案件后,发现起诉不符合民事诉讼法第一百二十二条规定的起诉条件的,裁定驳回起诉。裁定一经作出即生效。

※法规解读:2012 年《民事诉讼法》增加了小额诉讼制度,但规定得相对简单,导致司法实践中出现了不少法律适用上的困惑。之后的司法解释对小额诉讼程序的适用作了细化规定。上述条文明确了小额诉讼案件标的额的计算标准,明确了海事案件可以适用小额诉讼程序。适用小额诉讼程序审理的案件作出的驳回起诉、管辖权异议的裁定也实行一审终审。

第一百六十六条　【不适用小额诉讼程序的案件】人民法院审理下列民事案件,不适用小额诉讼的程序:

(一)人身关系、财产确权案件;

(二)涉外案件;

(三)需要评估、鉴定或者对诉前评估、鉴定结果有异议的案件;

(四)一方当事人下落不明的案件;

（五）当事人提出反诉的案件；

（六）其他不宜适用小额诉讼的程序审理的案件。

条文解读

本条是关于不适用小额诉讼程序审理的案件范围的规定，为2021年《民事诉讼法》新增条文。

小额诉讼程序的适用不完全以标的额为标准，还要考虑案件性质、审理难度，是否属于“事实清楚、权利义务关系明确、争议不大”的简单金钱给付案件。2015年《最高人民法院关于适用〈中华人民共和国民事诉讼法〉的解释》规定了以下五类案件不适用小额诉讼程序审理：（1）人身关系、财产确权纠纷；（2）涉外民事纠纷；（3）知识产权纠纷；（4）需要评估、鉴定或者对诉前评估、鉴定结果有异议的纠纷；（5）其他不宜适用一审终审的纠纷。本法吸收了上述司法解释的部分内容，调整为六类案件，取消了知识产权纠纷，增加了反诉案件，明确了小额诉讼的“负面清单”，避免了实践中小额诉讼程序的滥用或不当适用。

第一百六十七条 【小额诉讼的审理方式】 人民法院适用小额诉讼的程序审理案件，可以一次开庭审结并且当庭宣判。

条文解读

本条是关于小额诉讼审理方式的规定，为2021年《民事诉讼法》新增条文。

小额诉讼程序的制度价值在于便捷、高效。《民事诉讼法》和司法解释对小额诉讼的举证和答辩期限、审理期限、裁判文书制作作了更为简化的规定。在开庭审理阶段，一次开庭审结和当庭宣判可以提高诉讼效率，更有利于发挥小额诉讼程序的制度优势。

配套法规及解读

《最高人民法院关于适用〈中华人民共和国民事诉讼法〉的解释》(2022 年 4 月 1 日)

第二百七十四条 人民法院受理小额诉讼案件,应当向当事人告知该类案件的审判组织、一审终审、审理期限、诉讼费用交纳标准等相关事项。

第二百七十五条 小额诉讼案件的举证期限由人民法院确定,也可以由当事人协商一致并经人民法院准许,但一般不超过七日。

被告要求书面答辩的,人民法院可以在征得其同意的基础上合理确定答辩期间,但最长不得超过十五日。

当事人到庭后表示不需要举证期限和答辩期间的,人民法院可立即开庭审理。

第二百八十条 小额诉讼案件的裁判文书可以简化,主要记载当事人基本信息、诉讼请求、裁判主文等内容。

※法规解读:人民法院适用小额诉讼程序审理案件有告知当事人相关事项的义务。小额诉讼程序的举证期限相对于简易程序一般不超过 7 日,答辩期最长不超过 15 日。当事人到庭后表示不需要举证期限和答辩期间的,人民法院可立即开庭审理。小额诉讼程序的裁判文书可以简化。

第一百六十八条 【适用小额诉讼程序审理案件的期限】 人民法院适用小额诉讼的程序审理案件,应当在立案之日起两个月内审结。有特殊情况需要延长的,经本院院长批准,可以延长一个月。

条文解读

本条是关于适用小额诉讼程序审理案件的期限的规定,为 2021 年《民事诉讼法》新增条文。

2012 年《民事诉讼法》增加了小额诉讼的规定,但缺少细化的程序规定。2015 年《最高人民法院关于适用〈中华人民共和国民事诉讼法〉的解释》虽然完善了小额诉讼的程序规则,但对于小额诉讼案件的审理期限没有作出特别规定,仍然适用简易程序的规定。而缩短小额案件的审理期限,显然更符合小额诉讼程序便捷、高效的制度特点。因而,在2020年《最高人民法院民事诉讼程序繁简分流改革试点实施办法》第10条规定:"适用小额诉讼程序审理的案件,应当在立案之日起两个月内审结,有特殊情况需要延长的,经本院院长批准,可以延长一个月。"根据《最高人民法院关于民事诉讼程序繁简分流改革试点情况的中期报告》,"小额诉讼案件平均审理期限27天,少于法定审限的一半,提起再审率为0.1%,再审改发率为0.01%,实现了司法质量、效率双提升"。可见,从试点反馈的情况来看,缩短小额诉讼程序的审理期限是可行的。2021年《民事诉讼法》吸收了相关司法改革的成果,将小额诉讼程序的审限与简易程序的审限相区分,规定小额诉讼程序的审限为2个月,可有条件地延长1个月。如此规定进一步降低了诉讼成本,提高了审判效率,及时有效地维护当事人的合法权益。

第一百六十九条 【小额诉讼程序转换、当事人异议权】人民法院在审理过程中,发现案件不宜适用小额诉讼的程序的,应当适用简易程序的其他规定审理或者裁定转为普通程序。

当事人认为案件适用小额诉讼的程序审理违反法律规定的,可以向人民法院提出异议。人民法院对当事人提出的异议应当审查,异议成立的,应当适用简易程序的其他规定审理或者裁定转为普通程序;异议不成立的,裁定驳回。

条文解读

本条是关于小额诉讼程序转换以及当事人异议权的规定,为2021年《民事诉讼法》新增条文。2015年《最高人民法院关于适用〈中华人民共和国民事诉讼法〉的解释》对此已有类似规定,2021年《民事诉讼法》吸收了司法解释的内容并加以完善。本条第1款规定了小额诉讼程序的转换。人民法院在案件审理过程中才发现案情复杂或有其他原因,如当事人申请增加或者变更诉讼请求、提出反诉、追加当事人等,案件不宜适用小额诉讼程序审理,符合简易程序适用条件的,适用简易程序的其他规定审理;不符合简易程序适用条件的,裁定转为普通程序。

本条第2款规定了当事人的异议权。小额诉讼程序在追求效率的同时要兼顾公正,给当事人提供充分的程序保障。因而在程序的适用上,赋予当事人异议权,给当事人提供程序救济，有利于尊重当事人的程序主体地位，充分保护其合法权益。

配套法规及解读

《最高人民法院关于适用〈中华人民共和国民事诉讼法〉的解释》（2022 年 4 月 1 日）

第二百七十九条　当事人对按照小额诉讼案件审理有异议的，应当在开庭前提出。人民法院经审查，异议成立的，适用简易程序的其他规定审理或者裁定转为普通程序；异议不成立的，裁定驳回。裁定以口头方式作出的，应当记入笔录。

※法规解读：本条规定对小额诉讼当事人异议权作了细化规定，明确了当事人提出异议的时间为开庭审理前。对异议的处理应使用书面裁定，采用口头方式的须记入笔录。

第一百七十条　【简易程序转普通程序】人民法院在审理过程中，发现案件不宜适用简易程序的，裁定转为普通程序。

条文解读

本条是关于简易程序转为普通程序的规定。

人民法院适用简易程序审理民事案件，是为了在保证公正的同时实现效率，因而简易程序适用于本法所规定的简单民事案件，以及当事人约定适用简易程序的案件。确定简易程序通常是在案件受理阶段，人民法院尚未对案件进行实质审理，对案件情况只是有一个初步了解。随着案件审理过程的展开，人民法院如果发现案件并非简单的民事案件、一时难以审结，不宜适用简易程序的，则应当作出裁定，将本案审理程序由简易程序转为普通程序，以保证案件正确处理，维护当事人合法权益。

配套法规及解读

《最高人民法院关于适用〈中华人民共和国民事诉讼法〉的解释》（2022 年 4 月 1 日）

第二百五十八条第二、三款　人民法院发现案件不宜适用简易程序，需要转为普通程序审理的，应当在审理期限届满前作出裁定并将审判人员及相关事项书面通知双方当事人。

案件转为普通程序审理的，审理期限自人民法院立案之日计算。

第二百六十条 已经按照普通程序审理的案件，在开庭后不得转为简易程序审理。

第二百六十九条 当事人就案件适用简易程序提出异议，人民法院经审查，异议成立的，裁定转为普通程序；异议不成立的，裁定驳回。裁定以口头方式作出的，应当记入笔录。

转为普通程序的，人民法院应当将审判人员及相关事项以书面形式通知双方当事人。

转为普通程序前，双方当事人已确认的事实，可以不再进行举证、质证。

※法规解读：上述条文是关于简易程序和普通程序之间转换的补充规定。第258条第2、3款规定了人民法院发现案件不宜适用简易程序而转为普通程序的要求以及审理期限的计算。第260条规定了已经按照普通程序审理的案件，在开庭后不得转为简易程序审理。相对于《最高人民法院关于适用〈中华人民共和国民事诉讼法〉若干问题的意见》中规定的“已经按照普通程序审理的案件，在审理过程中无论是否发生了情况变化，都不得改用简易程序审理”，本司法解释作了一定的改变。第269条规定了因当事人提出异议而发生的简易程序转为普通程序的具体程序。

第十四章　第二审程序

本章介绍

我国实行两审终审制，当事人对地方各级人民法院的一审裁判不服的，有权依法上诉。上一级人民法院审理上诉案件的程序即为第二审程序。第二审程序对于纠正一审错误裁判、给当事人提供权利救济、实现上下级人民法院之间的监督、保证法律适用的统一具有重要的作用。本章规定了上诉的提起和受理、上诉的审查范围、上诉的审理和裁判、上诉的撤回、二审中的调解、二审裁判的效力、二审审理期限等内容。2021 年《民事诉讼法》完善了二审案件开庭审理的规定。

第一百七十一条　【上诉】当事人不服地方人民法院第一审判决的，有权在判决书送达之日起十五日内向上一级人民法院提起上诉。

当事人不服地方人民法院第一审裁定的，有权在裁定书送达之日起十日内向上一级人民法院提起上诉。

条文解读

本条共有 2 款，是关于提起上诉的规定。

本条第 1 款是关于当事人对第一审判决不服提起上诉的规定，第 2 款是关于当事人对第一审裁定不服提起上诉的规定。上诉权是当事人的基本诉讼权利。我国实行两审终审制，当事人不服地方各级人民法院的第一审未生效裁判的，有权提起上诉。理解本条时应注意以下几点：

第一，有权提起上诉的主体为案件的当事人，包括第一审程序中的原告、被告、共同诉讼人和有独立请求权的第三人，他们因对诉讼标的负有实体上的权利或义务而享有上诉权。此外，第一审判决确定其承担民事责任的无独立请求权的第三人，因为对诉讼标的负有义务，因而也享有上诉权。无诉讼行为能力当事人的法定代理人,可以代理当事人提起上诉。委托诉讼代理人代为提起上诉的,须由当事人授权。

第二,依法可以上诉的对象是地方各级人民法院的第一审未生效裁判。依法可以上诉的判决为地方各级人民法院作出的第一审未生效判决。最高人民法院作出的第一审判决和人民法院适用特别程序、公示催告程序审理案件所作的判决不能上诉。依法可以上诉的裁定为地方各级人民法院作出的不予受理、驳回起诉和管辖权异议的第一审未生效裁定。对于已经生效的第一审裁判,当事人不服的,无权上诉,只能依法申请再审。

第三,上诉的期限。对第一审判决不服上诉的期限为15日,自判决书送达次日起计算。对第一审裁定不服上诉的期限为10日,自裁定送达次日起计算。上诉期限以当事人各自收到判决书、裁定书后分别计算,任何一方在自己的上诉期内均可上诉,只有在所有当事人的上诉期限届满而都没有提起上诉的情况下,判决和裁定才会发生法律效力。共同诉讼中,在必要共同诉讼的情况下,以最后一个共同诉讼人的上诉期限为全体共同上诉人的上诉期限。在普通共同诉讼的情况下,共同诉讼人的上诉期限各自分别计算。

配套法规及解读

《最高人民法院关于适用〈中华人民共和国民事诉讼法〉的解释》(2022年4月1日)

第三百一十五条 双方当事人和第三人都提起上诉的,均列为上诉人。人民法院可以依职权确定第二审程序中当事人的诉讼地位。

※法规解读:本条是关于上诉人的规定。上诉是当事人享有的重要的诉讼权利,是对一审错误裁判救济的一种手段。任何一方当事人包括原告、被告、有独立请求权的第三人以及一审判决承担责任的无独立请求权的第三人均有权提起上诉。提起上诉的一方为上诉人,未提起上诉的一方为被上诉人,当事人都提起上诉的,均为上诉人。人民法院可以依职权确定第二审程序中当事人的诉讼地位。

第三百一十七条 必要共同诉讼人的一人或者部分人提起上诉的,按下列情形分别处理:

(一)上诉仅对与对方当事人之间权利义务分担有意见,不涉及其他共同诉讼人利益的，对方当事人为被上诉人，未上诉的同一方当事人依原审诉讼地位列明；

（二）上诉仅对共同诉讼人之间权利义务分担有意见，不涉及对方当事人利益的，未上诉的同一方当事人为被上诉人，对方当事人依原审诉讼地位列明；

（三）上诉对双方当事人之间以及共同诉讼人之间权利义务承担有意见的，未提起上诉的其他当事人均为被上诉人。

※法规解读：本条是关于必要共同诉讼中一人或部分人提起上诉如何确定上诉人的规定。必要共同诉讼是不可分之诉，必要共同诉讼人之间具有不可分的共同权利和义务，如果他们一同上诉，则均为上诉人。如果必要共同诉讼人中只有一人或部分人提起上诉的，确定上诉人和被上诉人则要区分该上诉请求是针对对方当事人的，还是针对其他共同诉讼人的。

第三百一十八条　一审宣判时或者判决书、裁定书送达时，当事人口头表示上诉的，人民法院应告知其必须在法定上诉期间内递交上诉状。未在法定上诉期间内递交上诉状的，视为未提起上诉。虽递交上诉状，但未在指定的期限内交纳上诉费的，按自动撤回上诉处理。

※法规解读：本条是关于上诉方式的规定。上诉必须采用书面方式，向人民法院递交书面的上诉状。上诉状是当事人不服一审裁判，要求上一级人民法院对案件再进行审理并撤销或改变一审裁判的法律文书。上诉状应当表明上诉请求、上诉的有关事实和理由。当事人的上诉是引发二审程序的前提，当事人仅口头表示上诉，但未在法定上诉期间内递交上诉状的，视为未提出上诉，不能引发二审程序。当事人提出上诉的，应当依法交纳上诉费，在指定的期限内未交纳上诉费的，视为其放弃了上诉，按自动撤回上诉处理。

第三百一十九条　无民事行为能力人、限制民事行为能力人的法定代理人，可以代理当事人提起上诉。

※法规解读：本条是关于无民事行为能力人、限制民事行为能力人上诉的规定。无民事行为能力人、限制民事行为能力人不具有诉讼行为能力，无法亲自实施诉讼行为，因而法律规定由其法定代理人代为实施所有诉讼行为，当然也包括代为实施上诉。不过，在这种情况下，上诉人仍为无民事行为能力人、限制民事行为能力人本人，其法定代理人只是诉讼代理人。

第一百七十二条 【上诉状】上诉应当递交上诉状。上诉状的内容，应当包括当事人的姓名，法人的名称及其法定代表人的姓名或者其他组织的名称及其主要负责人的姓名；原审人民法院名称、案件的编号和案由；上诉的请求和理由。

第一百七十三条 【上诉方式】上诉状应当通过原审人民法院提出，并按照对方当事人或者代表人的人数提出副本。

当事人直接向第二审人民法院上诉的，第二审人民法院应当在五日内将上诉状移交原审人民法院。

第一百七十四条 【受理上诉】原审人民法院收到上诉状，应当在五日内将上诉状副本送达对方当事人，对方当事人在收到之日起十五日内提出答辩状。人民法院应当在收到答辩状之日起五日内将副本送达上诉人。对方当事人不提出答辩状的，不影响人民法院审理。

原审人民法院收到上诉状、答辩状，应当在五日内连同全部案卷和证据，报送第二审人民法院。

第一百七十五条 【审查范围】第二审人民法院应当对上诉请求的有关事实和适用法律进行审查。

条文解读

第175条是关于上诉案件审查范围的规定。

依据本条，上诉案件的审查范围限于上诉请求的有关事实和适用法律，即第二审对上诉案件的审查应当限于当事人上诉请求涉及的有关事实，以及当事人上诉请求涉及的适用法律问题。对于一审裁判中认定的事实和裁判事项，如果双方当事人均未提出异议，没有要求第二审人民法院审理的，二审人民法院对没有上诉的部分不再审理。1982年《民事诉讼法（试行）》规定的是全面审查原则，即“第二审人民法院必须全面审查第一审人民法院认定的事实和适用法律，不受上诉范围的限制”。相较1982年《民事诉讼法（试行）》，2021年《民事诉讼法》规定的全面审查原则是一个重大的转变，即二审的审理范围由全面审查转为有限审查。这主要是出于对当事人处分权的尊重。民事诉讼解决的是私权争议，因而处分原则是诉讼的基本原则，并贯彻诉讼始终。对于当事人未上诉的事项，既然双方当事人均无争议，认可这部分裁判的内容，二审人民法院就应当尊重当事人的处分权，没必要再对这部分事项的事实认定和适用法律进行审查。同时，改全面审查为有限审查也可以避免重复审理，有利于节约司法资源、提高诉讼效率。

配套法规及解读

《最高人民法院关于适用〈中华人民共和国民事诉讼法〉的解释》(2022年4月1日)

第三百二十一条　第二审人民法院应当围绕当事人的上诉请求进行审理。

当事人没有提出请求的，不予审理，但一审判决违反法律禁止性规定，或者损害国家利益、社会公共利益、他人合法权益的除外。

※法规解读：上述司法解释的规定是对二审审查范围的进一步明确。第一，判决违反法律禁止性规定、侵害社会公共利益或者他人利益的，二审人民法院应当予以纠正，不受上诉请求的限制；第二，二审人民法院主要审查上诉人的上诉请求成立与否，对被上诉人在答辩中针对一审判决提出的请求可以不予审查。

第一百七十六条　【二审审理方式】第二审人民法院对上诉案件应当开庭审理。经过阅卷、调查和询问当事人，对没有提出新的事实、证据或者理由，人民法院认为不需要开庭审理的，可以不开庭审理。

第二审人民法院审理上诉案件，可以在本院进行，也可以到案件发生地或者原审人民法院所在地进行。

条文解读

本条共有2款，是关于二审审理方式和审理地点的规定。

本条第1款是关于二审审理方式的规定。第二审人民法院审理上诉案件，应当开庭审理。我国实行两审终审制，所以第二审程序既是上诉审程序，也是终审程序。为了保证案件得到正确处理和兼顾效率，在审判组织形式上，上诉案件的审理包括合议制和独任制。符合本法第41条第2款规定情形的上诉案件，可以由审判员独任审理是2021年《民事诉讼法》新增的规定。合议庭或独任审判员在对上诉行为进行审查和必要的准备工作之后，应当进行开庭审理。原则上，第二审人民法院审理上诉案件应当开庭审理。由于我国的二审程序既是事实审，又是法律审，而开庭审理和口头辩论有利于进一步发现事实，给当事人声明自己主张、宣泄不满的机会，有利于体现程序的公正性和保证案件正确处理，所以二审案件审理原则上应当采用公开开庭审理的方式。

同时，考虑到二审案件一律开庭审理实无必要，所以，本法又规定了径行判决、裁定的审理方式。经过阅卷、调查和询问当事人，对没有提出新的事实、证据或者理由，合议庭认为不需要开庭审理的，可以不开庭审理。这里，"没有提出新的事实、证据或者理由"，意在表明不开庭审理应当适用于在事实认定和法律适用上均没有新情况、新意见的情况。既然没有新情况、新意见，为了避免重复，合议庭认为不需要开庭审理的，可以不开庭审理。

本条第2款规定了上诉案件的审理地点。第二审人民法院决定开庭审理的，则应当确定开庭审理的地点。依据本款，上诉案件的审理，可以在本院进行，也可以到案件发生地或者原审人民法院所在地进行。这样规定是为了方便当事人进行诉讼，方便人民法院审理案件，提高办案效率，维护当事人合法权益。

配套法规及解读

《最高人民法院关于适用〈中华人民共和国民事诉讼法〉的解释》(2022年4月1日)

第三百三十一条 第二审人民法院对下列上诉案件，依照民事诉讼法第一百七十六条规定可以不开庭审理：

（一）不服不予受理、管辖权异议和驳回起诉裁定的；

（二）当事人提出的上诉请求明显不能成立的；

（三）原判决、裁定认定事实清楚，但适用法律错误的；

（四）原判决严重违反法定程序，需要发回重审的。

※法规解读：本条是二审不开庭审理的补充规定。依据本条，下列情况下，二审人民法院可以不开庭审理：(1)不服不予受理、管辖权异议和驳回起诉裁定的。对裁定上诉的案件涉及的均为程序问题，而开庭审理和口头辩论主要是有利于案件的实体审理，所以对裁定上诉的案件不必开庭审理。(2)当事人提出的上诉请求

明显不能成立的。既然上诉请求明显不能成立，那么就没有了开庭审理的必要。(3)原判决、裁定认定事实清楚，但适用法律错误的。开庭审理有利于发现事实，而如果二审人民法院发现原审裁判认定事实清楚，但适用法律错误的，可以决定不开庭审理。(4)原判决严重违反法定程序，需要发回重审的。

第一百七十七条　【二审裁判】 第二审人民法院对上诉案件，经过审理，按照下列情形，分别处理：

（一）原判决、裁定认定事实清楚，适用法律正确的，以判决、裁定方式驳回上诉，维持原判决、裁定；

（二）原判决、裁定认定事实错误或者适用法律错误的，以判决、裁定方式依法改判、撤销或者变更；

（三）原判决认定基本事实不清的，裁定撤销原判决，发回原审人民法院重审，或者查清事实后改判；

（四）原判决遗漏当事人或者违法缺席判决等严重违反法定程序的，裁定撤销原判决，发回原审人民法院重审。

原审人民法院对发回重审的案件作出判决后，当事人提起上诉的，第二审人民法院不得再次发回重审。

条文解读

本条共有2款，是关于上诉案件裁判的规定。

第二审人民法院对上诉案件，经过审理，应当根据不同情形，分别处理：

1. 原判决、裁定认定事实清楚，适用法律正确的，以判决、裁定方式驳回上诉，维持原判决、裁定。即原审裁判正确、合法，当事人上诉请求不能成立，所以驳回上诉，维持原裁判。

2. 原判决、裁定认定事实错误或者适用法律错误的，以判决、裁定方式依法改判、撤销或者变更。原审判决存在错误的，二审人民法院可视案件情况全部撤销、部分撤销、变更原审判决的内容，并依法改判。原审裁定存在错误的，二审人民法院裁定撤销原裁定，并分情况处理。

3. 原判决认定基本事实不清的，裁定撤销原判决，发回原审人民法院重审，或者查清事实后改判。事实清楚、适用法律正确是保证裁判正确的前提。因而原判决认定事实不清的，应当依法撤销。二审人民法院可以将案件发回原审人民法院重新审理，也可以在查清事实的基础上，依法改判。

4. 原判决遗漏当事人或者违法缺席判决等严重违反法定程序的，裁定撤销原判决，发回原审人民法院重审。原判决遗漏了必须参加诉讼的共同诉讼人的，考虑到其审级利益，二审人民法院不宜直接追加当事人并审理和裁判，应裁定撤销原判决，发回重审。原判决如果存在违法缺席判决等严重违反法定程序的情况，则对当事人而言，原审程序是不公正的，无论其实体结果正确与否，考虑到当事人的审级利益，应当裁定撤销原判决，发回重审。

原审人民法院对发回重审的案件作出判决后，当事人提起上诉的，第二审人民法院不得再次发回重审，即发回重审以一次为限，从而防止两级人民法院之间相互“踢皮球”，有利于维护当事人的合法权益和保证诉讼效率。

配套法规及解读

《最高人民法院关于适用〈中华人民共和国民事诉讼法〉的解释》(2022 年 4 月 1 日)

第三百二十三条 下列情形，可以认定为民事诉讼法第一百七十七条第一款第四项规定的严重违反法定程序：

(一)审判组织的组成不合法的；

(二)应当回避的审判人员未回避的；

(三)无诉讼行为能力人未经法定代理人代为诉讼的；

(四)违法剥夺当事人辩论权利的。

第三百二十四条 对当事人在第一审程序中已经提出的诉讼请求，原审人民法院未作审理、判决的，第二审人民法院可以根据当事人自愿的原则进行调解；调解不成的，发回重审。

第三百二十五条 必须参加诉讼的当事人或者有独立请求权的第三人，在第一审程序中未参加诉讼，第二审人民法院可以根据当事人自愿的原则予以调解；调解不成的，发回重审。

第三百二十六条 在第二审程序中，原审原告增加独立的诉讼请求或者原审被告提出反诉的,第二审人民法院可以根据当事人自愿的原则就新增加的诉讼请求或者反诉进行调解;调解不成的,告知当事人另行起诉。

双方当事人同意由第二审人民法院一并审理的,第二审人民法院可以一并裁判。

第三百二十七条 一审判决不准离婚的案件,上诉后,第二审人民法院认为应当判决离婚的,可以根据当事人自愿的原则,与子女抚养、财产问题一并调解;调解不成的,发回重审。

双方当事人同意由第二审人民法院一并审理的,第二审人民法院可以一并裁判。

第三百二十八条 人民法院依照第二审程序审理案件,认为依法不应由人民法院受理的,可以由第二审人民法院直接裁定撤销原裁判,驳回起诉。

第三百二十九条 人民法院依照第二审程序审理案件,认为第一审人民法院受理案件违反专属管辖规定的,应当裁定撤销原裁判并移送有管辖权的人民法院。

第三百三十条 第二审人民法院查明第一审人民法院作出的不予受理裁定有错误的,应当在撤销原裁定的同时,指令第一审人民法院立案受理;查明第一审人民法院作出的驳回起诉裁定有错误的,应当在撤销原裁定的同时,指令第一审人民法院审理。

第三百三十二条 原判决、裁定认定事实或者适用法律虽有瑕疵,但裁判结果正确的,第二审人民法院可以在判决、裁定中纠正瑕疵后,依照民事诉讼法第一百七十七条第一款第一项规定予以维持。

第三百三十三条 民事诉讼法第一百七十七条第一款第三项规定的基本事实,是指用以确定当事人主体资格、案件性质、民事权利义务等对原判决、裁定的结果有实质性影响的事实。

※法规解读:上述条文是对二审裁判的补充规定,主要内容有:(1)一审人民法院遗漏了当事人的诉讼请求或者必须参加诉讼的当事人、有独立请求权的第三人。二审人民法院应当根据自愿的原则进行调解,调解不成的发回重审,否则会影响当事人的审级利益。(2)二审中新增诉讼请求。原告增加诉讼请求、被告提出反诉,应当根据自愿的原则进行调解,调解不成的,告知当事人另行起诉。二审人民法院对新增的诉讼请求不能直接裁判,否则便违反两审终审制,由于原审中没有提出二审中新增的诉讼请求,所以也不能发回重审,因而只能通过当事人另行起诉处理。

但出于对当事人处分自己程序利益的尊重，本司法解释规定双方当事人同意由二审人民法院一并审理的，二审人民法院可以一并裁判。(3)一审判决不准离婚而上诉后二审人民法院认为应当判决离婚的案件。由于子女抚养、财产问题在一审过程中未处理，所以二审人民法院应当根据自愿的原则进行调解，调解不成的发回重审。但考虑到对当事人处分自己程序利益的尊重，本司法解释规定双方当事人同意由二审人民法院一并审理的，二审人民法院可以一并裁判。(4)二审中发现案件不符合人民法院民事主管。因为不符合起诉条件，所以二审人民法院直接裁定撤销原判决，驳回起诉。(5)二审中发现一审人民法院受理案件违反专属管辖规定。此种情况属于管辖错误，应当裁定撤销原裁判并移送有管辖权的人民法院。(6)对一审裁定的处理。一审人民法院不予受理裁定错误的，二审人民法院撤销原裁定，指令原审人民法院立案受理；一审驳回起诉裁定错误的，二审人民法院撤销原裁定，指令原审人民法院继续审理。(7)原判决、裁定认定事实或者适用法律虽有瑕疵，但裁判结果正确。二审人民法院可以在判决、裁定中纠正瑕疵后，维持原判。(8)发回重审。因严重违反法定程序发回重审的，其中严重违反法定程序只限于审判组织不合法、违反回避规定、无诉讼行为能力人未经法定代理人代为诉讼、违法剥夺当事人辩论权利四种情形。因原判决认定基本事实不清发回原审的，其中的基本事实是指用以确定当事人主体资格、案件性质、民事权利义务等对原判决、裁定的结果有实质性影响的事实。

第一百七十八条 【裁定上诉处理】 第二审人民法院对不服第一审人民法院裁定的上诉案件的处理，一律使用裁定。

第一百七十九条 【二审调解】 第二审人民法院审理上诉案件，可以进行调解。调解达成协议，应当制作调解书，由审判人员、书记员署名，加盖人民法院印章。调解书送达后，原审人民法院的判决即视为撤销。

第一百八十条 【撤回上诉】 第二审人民法院判决宣告前，上诉人申请撤回上诉的，是否准许，由第二审人民法院裁定。

配套法规及解读

《最高人民法院关于适用〈中华人民共和国民事诉讼法〉的解释》(2022 年 4 月 1 日)

第三百三十五条　在第二审程序中,当事人申请撤回上诉,人民法院经审查认为一审判决确有错误,或者当事人之间恶意串通损害国家利益、社会公共利益、他人合法权益的,不应准许。

※法规解读:本条是对二审中当事人撤回上诉的补充规定。人民法院不准许撤回上诉包括两种情形:第一,二审人民法院认为一审判决确有错误。这种情况下如果允许当事人撤诉会导致错误的一审裁判生效,所以不应准许。第二,当事人之间恶意串通损害国家利益、社会公共利益、他人合法权益。当事人的处分权必须依法行使,否则就需要人民法院进行必要的干预。

第三百三十六条　在第二审程序中,原审原告申请撤回起诉,经其他当事人同意,且不损害国家利益、社会公共利益、他人合法权益的,人民法院可以准许。准许撤诉的,应当一并裁定撤销一审裁判。

原审原告在第二审程序中撤回起诉后重复起诉的,人民法院不予受理。

※法规解读:本条是对二审中当事人撤回起诉的补充规定。出于对当事人处分权的尊重,原审原告在二审中申请撤回起诉的,人民法院可以准许。但为了防止原审原告滥用处分权以及兼顾其他当事人的程序利益,二审人民法院准许原审原告撤回起诉须具备两个条件:第一,经其他当事人同意;第二,不损害国家利益、社会公共利益、他人合法权益。同时,为了防止当事人滥诉,维护诉讼公正和诉讼效率,本条第 2 款还规定了原审原告在第二审程序中撤回起诉后再就该争议起诉的,属于重复起诉,人民法院不予受理。

典型案例

吴某诉四川省眉山西城纸业有限公司买卖合同纠纷案[1]

※案情简介:原告吴某系四川省眉山市东坡区吴某收旧站业主,从事废品收购

〔1〕 最高人民法院指导性案例第 2 号,2011 年 12 月 20 日发布。

业务。约自2004年开始,吴某出售废书给被告四川省眉山西城纸业有限公司(以下简称西城纸业公司)。2009年4月14日双方通过结算,西城纸业公司向吴某出具欠条载明:今欠吴某废书款壹佰玖拾柒万元整(¥1970000.00)。同年6月11日,双方又对后期货款进行了结算,西城纸业公司向吴某出具欠条载明:今欠吴某废书款伍拾肆万捌仟元整(¥548000.00)。因经多次催收上述货款无果,吴某向眉山市东坡区人民法院起诉,请求法院判令西城纸业公司支付货款251.8万元及利息。被告西城纸业公司对欠吴某货款251.8万元没有异议。

一审人民法院经审理后判决:被告西城纸业公司在判决生效之日起10日内给付原告吴某货款251.8万元及违约利息。宣判后,西城纸业公司向眉山市中级人民法院提起上诉。二审审理期间,西城纸业公司于2009年10月15日与吴某签订了一份还款协议,商定西城纸业公司的还款计划,吴某则放弃了支付利息的请求。同年10月20日,西城纸业公司以自愿与对方达成和解协议为由申请撤回上诉。眉山市中级人民法院裁定准予撤诉后,因西城纸业公司未完全履行和解协议,吴某向一审法院申请执行一审判决。眉山市东坡区人民法院对吴某申请执行一审判决予以支持。西城纸业公司向眉山市中级人民法院申请执行监督,主张不予执行原一审判决。

※争议焦点:二审期间双方当事人达成和解协议撤回上诉的,一方当事人申请执行一审判决法院应否支持?

※裁判结果:眉山市中级人民法院于2010年7月7日作出(2010)眉执督字第4号复函认为:根据吴某的申请,一审法院受理执行已生效法律文书并无不当,应当继续执行。法院认为:西城纸业公司对于撤诉的法律后果应当明知,即一旦法院裁定准予其撤回上诉,眉山市东坡区人民法院的一审判决即为生效判决,具有强制执行的效力。虽然二审期间双方在自愿基础上达成的和解协议对相关权利义务作出约定,西城纸业公司因该协议的签订而放弃行使上诉权,吴某则放弃了利息,但是该和解协议属于双方当事人诉讼外达成的协议,未经人民法院依法确认制作调解书,不具有强制执行力。西城纸业公司未按和解协议履行还款义务,违背了双方约定和诚实信用原则,故对其以双方达成和解协议为由,主张不予执行原生效判决的请求不予支持。

第一百八十一条　【二审适用程序】第二审人民法院审理上诉案件，除依照本章规定外，适用第一审普通程序。

第一百八十二条　【二审裁判效力】第二审人民法院的判决、裁定，是终审的判决、裁定。

第一百八十三条　【二审审限】人民法院审理对判决的上诉案件，应当在第二审立案之日起三个月内审结。有特殊情况需要延长的，由本院院长批准。

人民法院审理对裁定的上诉案件，应当在第二审立案之日起三十日内作出终审裁定。

第十五章　特 别 程 序

本章介绍

特别程序是民事审判程序的一种，与普通程序相对，是人民法院审理某些非民事权益纠纷案件所适用的特殊程序。人民法院审理这类案件的目的是在没有民事权利争议的情况下，确定公民或法人的民事权利和一定的法律事实是否存在。本章规定了适用特别程序审理的案件的范围、审级、审判组织、特别程序的终结、审限及选民资格案件、宣告公民失踪案件、宣告公民死亡案件、认定公民无民事行为能力或者限制民事行为能力案件、认定财产无主案件、确认调解协议案件和实现担保物权案件的具体审理程序规则。2021 年《民事诉讼法》扩大了确认调解协议案件的适用范围，完善了案件管辖规则。

第一节　一 般 规 定

第一百八十四条　【适用范围】人民法院审理选民资格案件、宣告失踪或者宣告死亡案件、认定公民无民事行为能力或者限制民事行为能力案件、认定财产无主案件、确认调解协议案件和实现担保物权案件，适用本章规定。本章没有规定的，适用本法和其他法律的有关规定。

条文解读

本条是关于适用特别程序审理的案件范围和法律适用的规定。

特别程序，是指人民法院审理某些非民事权益纠纷案件所适用的特殊程序。适用特别程序审理的案件包括选民资格案件、宣告公民失踪案件、宣告公民死亡案件、认定公民无民事行为能力案件、认定公民限制民事行为能力案件、认定财产无主案件、确认调解协议案件和实现担保物权案件。人民法院审理上述案件，在法律适用方面首先适用《民事诉讼法》关于特别程序的规定，特别程序没有规定时，适用《民事诉讼法》和其他法律的有关规定。

第一百八十五条　【审级及审判组织】 依照本章程序审理的案件，实行一审终审。选民资格案件或者重大、疑难的案件，由审判员组成合议庭审理；其他案件由审判员一人独任审理。

第一百八十六条　【特别程序转化】 人民法院在依照本章程序审理案件的过程中，发现本案属于民事权益争议的，应当裁定终结特别程序，并告知利害关系人可以另行起诉。

第一百八十七条　【审限】 人民法院适用特别程序审理的案件，应当在立案之日起三十日内或者公告期满后三十日内审结。有特殊情况需要延长的，由本院院长批准。但审理选民资格的案件除外。

条文解读

第187条是关于特别程序审理期限的规定。

案件审理期限是指人民法院必须在固定的期限内将案件予以结案的制度。其包括从立案到结案的全部时间，属于诉讼法上的一种法定期间。适用特别程序审理的案件不存在利害冲突的双方当事人，不存在民事权利义务之争，只是确认某种法律事实是否存在，确认某种权利的实际状况，其相较按普通程序和简易程序审理的案件来说比较简单，因而案件审结期限的规定较短。选民资格案件必须在选举日前审结，其他非讼案件必须在立案之日起30日内或者公告期满30日内审结。如果遇有特殊情况在审结期限内无法审结的，根据《最高人民法院关于严格执行案件审理期限制度的若干规定》的规定经本院院长批准，可延长30日，但审理选民资格案件必须在选举日前审结。

关联法规索引

《最高人民法院关于严格执行案件审理期限制度的若干规定》第2、12条

第二节 选民资格案件

第一百八十八条 【起诉与管辖】 公民不服选举委员会对选民资格的申诉所作的处理决定，可以在选举日的五日以前向选区所在地基层人民法院起诉。

条文解读

本条是关于选民资格案件的规定。

选民资格案件，是指公民对选举委员会公布的选民资格名单有不同意见，向选举委员会申诉后，对选举委员会就申诉所作的处理决定不服而向人民法院提起诉讼，由受诉人民法院来判决某公民有无选民资格的案件。本条规定体现了选民资格案件的以下几个要点：一是选民资格案件必须由选举委员会先行处理，这是法定的前置程序，不经过选举委员会的处理即向人民法院起诉的，人民法院不予受理；二是提起诉讼的可以是选民本人，也可以是其他公民；三是必须在选举日 5 日以前起诉；四是该类案件由选区所在地基层人民法院管辖。

第一百八十九条 【审限与判决】 人民法院受理选民资格案件后，必须在选举日前审结。

审理时，起诉人、选举委员会的代表和有关公民必须参加。

人民法院的判决书，应当在选举日前送达选举委员会和起诉人，并通知有关公民。

条文解读

本条共有 3 款，是关于选民资格案件审理有关问题的规定。

本条第 1 款规定了人民法院受理选民资格案件后，必须在选举日前审结。因为这类案件时间紧迫，不在选举日前审结，就会影响选举工作的正常进行。

本条第 2 款规定了选民资格案件的起诉人、选举委员会的代表和有关公民必须参加。有关公民，是指起诉人认为是漏掉的公民或者不应列入选举名单的人。如此规定有利于审判人员听取各方面相关人员的陈述和意见，查明情况，认定事实，适用法律，作出公民是否有选举权的判决。

本条第3款规定了关于选民资格案件的判决书应当在选举日前送达选举委员会和起诉人，并通知有关公民，以便于有选举权的公民在选举日到来时，能够行使选举权；同时有利于防止没有选举权的公民参加选举。

第三节　宣告失踪、宣告死亡案件

第一百九十条　【宣告失踪】公民下落不明满二年，利害关系人申请宣告其失踪的，向下落不明人住所地基层人民法院提出。

申请书应当写明失踪的事实、时间和请求，并附有公安机关或者其他有关机关关于该公民下落不明的书面证明。

条文解读

本条共有2款，是关于申请宣告公民失踪的规定。

宣告失踪，是指经利害关系人申请，由人民法院对下落不明满一定期间的人宣告为失踪人的制度。宣告失踪制度，是对一种不确定的事实状态的法律确认，目的在于结束失踪人财产关系的不确定状态，保护失踪人的利益，兼及利害关系人的利益。宣告失踪应依法定条件进行。本条第1款即规定提起宣告失踪的条件。(1)申请主体条件：必须由利害关系人向人民法院申请。利害关系人，是指与公民存在法律上或者事实上关系的人，包括下落不明人的配偶、父母、成年子女、祖父母、外祖父母、成年的兄弟姐妹、债权人、合伙人等。(2)事实条件：有下落不明的事实并下落不明满2年。下落不明，是指公民离开最后居住地后没有音讯的状况。战争期间下落不明的，下落不明的时间从战争结束之日或者有关机关确定的下落不明之日起计算。(3)形式条件：申请必须采用书面申请形式，必须经向下落不明人住所地基层人民法院提出。公民的住所地，是指其户籍所在地，如果经常居住地与户籍所在地不一致时，则将经常居住地视为住所地。

本条第2款规定申请宣告失踪利害关系人提交的申请书中应当载明失踪的事

实、时间和请求,并附有公安机关或者其他有关机关关于该公民下落不明的书面证明。

配套法规及解读

《最高人民法院关于适用〈中华人民共和国民事诉讼法〉的解释》(2022 年 4 月 1 日)

第三百四十四条 符合法律规定的多个利害关系人提出宣告失踪、宣告死亡申请的,列为共同申请人。

※法规解读:在申请宣告失踪案件中,所谓利害关系人,是指与公民存在法律上或者事实上关系的人,包括被申请宣告失踪人的配偶、父母、子女、兄弟姐妹、祖父母、外祖父母、孙子女、外孙子女以及其他与被申请人有民事权利义务关系的人。如果上述利害关系人中两个或两个以上的人向人民法院提起宣告失踪的申请,其他人被列为共同申请人。

关联法规索引

《民法典》第 40、41 条

第一百九十一条 【宣告死亡】公民下落不明满四年,或者因意外事件下落不明满二年,或者因意外事件下落不明,经有关机关证明该公民不可能生存,利害关系人申请宣告其死亡的,向下落不明人住所地基层人民法院提出。

申请书应当写明下落不明的事实、时间和请求,并附有公安机关或者其他有关机关关于该公民下落不明的书面证明。

条文解读

本条共有 2 款,是关于申请宣告公民死亡的规定。

宣告死亡,是指经利害关系人申请,由人民法院宣告下落不明满一定期间的自然人死亡的制度。法律设置该制度是为了解决失踪人的财产和人身关系长期不确定的问题。

本条第1款规定宣告死亡案件提起的条件:(1)自然人下落不明须达到法定期限,即自然人下落不明满4年,或者因意外事件下落不明满2年,或者因意外事件下落不明,经有关机关证明该公民不可能生存的。(2)须由利害关系人提出申请。宣告失踪人死亡,必须由与失踪人有利害关系的人提出申请。利害关系人,是指与被申请宣告死亡的人存在一定的人身关系或者民事权利义务关系的人。(3)向下落不明人住所地基层人民法院提出。在此,需要注意的是,宣告失踪不是宣告死亡的必经程序。公民下落不明,符合申请宣告死亡的条件,利害关系人可以不经申请宣告失踪而直接申请宣告死亡。但利害关系人只申请宣告失踪的,应当宣告失踪;同一顺序的利害关系人,有的申请宣告死亡,有的不同意宣告死亡,则应当宣告死亡。

本条第2款规定申请宣告死亡,利害关系人必须提交书面申请书,书面申请书中应当写明下落不明的事实、时间和请求,并附有公安机关或者其他有关机关关于该公民下落不明的书面证明。

配套法规及解读

《最高人民法院关于适用〈中华人民共和国民事诉讼法〉的解释》(2022年4月1日)

第三百四十三条 人民法院判决宣告公民失踪后,利害关系人向人民法院申请宣告失踪人死亡,自失踪之日起满四年的,人民法院应当受理,宣告失踪的判决即是该公民失踪的证明,审理中仍应依照民事诉讼法第一百九十二条规定进行公告。

第三百四十四条 符合法律规定的多个利害关系人提出宣告失踪、宣告死亡申请的,列为共同申请人。

※法规解读:第343条规定公民被人民法院依法宣告失踪后,利害关系人向人民法院申请宣告失踪人死亡的,只要被宣告失踪人失踪满4年,人民法院应当受理,这是提起宣告死亡的一种特殊情况。在这种情况下,人民法院宣告失踪的判决是公民下落不明的书面证明,审理中应依照《民事诉讼法》规定的公告期和相关司法解释规定的公告内容进行公告。

按照相关法律规定,可以提起宣告死亡的利害关系人的顺序是:(1)配偶;

(2)父母、子女;(3)兄弟姐妹、祖父母、外祖父母、孙子女、外孙子女;(4)其他有民事权利义务关系的人。根据第344条的规定,如果上述同一顺序中的多人符合提出宣告死亡条件的,他们被列为共同申请人。

关联法规索引

《民法典》第40~41、46~47条

第一百九十二条 【公告与判决】人民法院受理宣告失踪、宣告死亡案件后,应当发出寻找下落不明人的公告。宣告失踪的公告期间为三个月,宣告死亡的公告期间为一年。因意外事件下落不明,经有关机关证明该公民不可能生存的,宣告死亡的公告期间为三个月。

公告期间届满,人民法院应当根据被宣告失踪、宣告死亡的事实是否得到确认,作出宣告失踪、宣告死亡的判决或者驳回申请的判决。

配套法规及解读

《最高人民法院关于适用〈中华人民共和国民事诉讼法〉的解释》(2022年4月1日)

第三百四十五条 寻找下落不明人的公告应当记载下列内容:

(一)被申请人应当在规定期间内向受理法院申报其具体地址及其联系方式。否则,被申请人将被宣告失踪、宣告死亡;

(二)凡知悉被申请人生存现状的人,应当在公告期间内将其所知道情况向受理法院报告。

※法规解读:上述条文是对宣告失踪、宣告死亡案件中寻找下落不明人的公告内容的细化规定,公告应当记载要求被申请人在规定的期间内向受理法院申报其具体地址及其联系方式,否则被申请人将被宣告失踪、宣告死亡;凡知悉被申请人生存现状的人,应当在公告期间内将其所知道情况向受理法院报告。这样细化的规定有利于该类案件审理的规范性和正确性。

第一百九十三条　【判决撤销】被宣告失踪、宣告死亡的公民重新出现，经本人或者利害关系人申请，人民法院应当作出新判决，撤销原判决。

条文解读

本条是关于宣告失踪、宣告死亡判决被撤销的规定。

人民法院判决宣告公民失踪或死亡，只是根据法律规定的条件和程序认定该公民下落不明的事实，该公民完全有可能重新出现。根据法律规定，被宣告失踪或死亡的公民重新出现或者确知其下落的，本人或者利害关系人有权向原审人民法院提出申请，请求撤销宣告失踪或死亡的判决，以恢复其正常的权利义务状态。原审人民法院审查属实的，应当作出新判决，撤销原判决。

关联法规索引

《民法典》第45、50～53条

第四节　认定公民无民事行为能力、限制民事行为能力案件

第一百九十四条　【管辖与申请书】申请认定公民无民事行为能力或者限制民事行为能力，由利害关系人或者有关组织向该公民住所地基层人民法院提出。

申请书应当写明该公民无民事行为能力或者限制民事行为能力的事实和根据。

条文解读

本条共有2款，是关于认定公民为无民事行为能力或者限制民事行为能力申请人范围和管辖法院的规定。

认定公民无民事行为能力、限制民事行为能力案件，是指人民法院根据法定主

体的申请,对不能辨认或者不能完全辨认自己行为的成年人,按照法定程序,认定并宣告该公民为无民事行为能力或者限制民事行为能力的案件。本条第1款首先规定了能够提起申请认定公民为无民事行为能力或者限制民事行为能力的主体的范围。2021年《民事诉讼法》根据《民法典》的相关规定将申请认定公民为无民事行为能力或者限制民事行为能力的主体范围修改为利害关系人或者有关组织,以保持与《民法典》相关规定的协调一致。根据《民法典》的规定,这里的有关组织包括居民委员会、村民委员会、学校、医疗机构、妇女联合会、残疾人联合会、依法设立的老年人组织、民政部门等。另外,本条第1款规定了申请认定公民无民事行为能力、限制民事行为能力的案件,应当由该公民住所地的基层人民法院管辖。

本条第2款规定认定公民无民事行为能力、限制民事行为能力的申请应当以书面形式提出。申请书应当写明被申请公民无民事行为能力或限制民事行为能力的事实和根据。

配套法规及解读

《最高人民法院关于适用〈中华人民共和国民事诉讼法〉的解释》(2022年4月1日)

第三百四十七条 在诉讼中,当事人的利害关系人或者有关组织提出该当事人不能辨认或者不能完全辨认自己的行为,要求宣告该当事人无民事行为能力或者限制民事行为能力的,应由利害关系人或者有关组织向人民法院提出申请,由受诉人民法院按照特别程序立案审理,原诉讼中止。

※法规解读: 本条是关于诉讼程序中要求宣告当事人为无民事行为能力或者限制民事行为能力该如何处理的规定。这种情况下,应当由当事人的利害关系人或有关组织另案向人民法院提出申请,适用特别程序审理,原诉讼中止。

第一百九十五条 【鉴定】 人民法院受理申请后,必要时应当对被请求认定为无民事行为能力或者限制民事行为能力的公民进行鉴定。申请人已提供鉴定意见的,应当对鉴定意见进行审查。

条文解读

本条是关于对被请求认定为无民事行为能力或者限制民事行为能力的公民进行鉴定的规定。

认定公民是否为无民事行为能力或者限制民事行为能力,关键在于对该公民是否能够辨认自己的行为作出判断。人民法院认定被申请人为无民事行为能力或者限制民事行为能力要有依据。司法精神病学鉴定或者医学诊断、鉴定是确认公民是否为无民事行为能力或者限制民事行为能力的科学依据。但上述鉴定是在人民法院认为必要的情况下才进行。如果申请人在提出申请时,已经提交了鉴定意见的,人民法院应当对鉴定意见进行审查。经审查对鉴定意见无疑问的,人民法院无须再进行鉴定;经审查对鉴定意见有疑问的应当由人民法院交法定鉴定部门或者指定鉴定部门重新鉴定。

第一百九十六条　【代理、审理与判决】人民法院审理认定公民无民事行为能力或者限制民事行为能力的案件,应当由该公民的近亲属为代理人,但申请人除外。近亲属互相推诿的,由人民法院指定其中一人为代理人。该公民健康情况许可的,还应当询问本人的意见。

人民法院经审理认定申请有事实根据的,判决该公民为无民事行为能力或者限制民事行为能力人;认定申请没有事实根据的,应当判决予以驳回。

条文解读

本条共有 2 款,是关于人民法院审理认定公民为无民事行为能力或者限制民事行为能力案件诉讼代理人的选定和判决类型的规定。

本条第 1 款规定了人民法院审理认定公民为无民事行为能力或限制民事行为能力案件,应当由申请人以外的该公民的近亲属为代理人。如果近亲属互相推诿,则由人民法院指定其中一人为代理人。该公民健康情况许可的,还应当询问本人的意见。代理人只在案件审理期间行使代理权,不是该公民的当然监护人。

本条第 2 款规定了人民法院审理认定公民为无民事行为能力或者限制民事行为能力案件的判决类型有两种,即确认判决和驳回判决。人民法院经审理认定申请有事实根据的，判决该公民为无民事行为能力或者限制民事行为能力人；认定申请没有事实根据的，判决予以驳回。

配套法规及解读

《最高人民法院关于适用〈中华人民共和国民事诉讼法〉的解释》（2022年4月1日）

第三百五十条 申请认定公民无民事行为能力或者限制民事行为能力的案件，被申请人没有近亲属的，人民法院可以指定经被申请人住所地的居民委员会、村民委员会或者民政部门同意，且愿意担任代理人的个人或者组织为代理人。

没有前款规定的代理人的，由被申请人住所地的居民委员会、村民委员会或者民政部门担任代理人。

代理人可以是一人，也可以是同一顺序中的两人。

※法规解读：本条是对认定公民无民事行为能力或者限制民事行为能力案件中为被申请人指定代理人的补充规定。人民法院审理认定公民无民事行为能力或者限制民事行为能力的案件，应由被申请人的近亲属为代理人，没有近亲属时，由人民法院按下列顺序指定代理人：（1）经被申请人住所地的居民委员会、村民委员会或者民政部门同意，且愿意担任代理人的个人或者组织；（2）被申请人住所地的居民委员会、村民委员会或者民政部门。代理人可以是一人，也可以是同一顺序中的两人。

第一百九十七条 【判决撤销】人民法院根据被认定为无民事行为能力人、限制民事行为能力人本人、利害关系人或者有关组织的申请，证实该公民无民事行为能力或者限制民事行为能力的原因已经消除的，应当作出新判决，撤销原判决。

条文解读

本条是关于撤销认定公民无民事行为能力或者限制民事行为能力判决的规定。

公民被认定为无民事行为能力人或者限制民事行为能力人以后，经过治疗病情痊愈，精神恢复正常，能够正确辨认自己的行为的，表明致使其为无民事行为能力人或者限制民事行为能力人的原因已经消除。此时，该公民本人或其他主体，可以向原审人民法院提出撤销原判决的申请。人民法院应当作出新判决，撤销原判决。《民法典》第24条规定，被人民法院认定为无民事行为能力人或者限制民事行为能力人的，经本人、利害关系人或者有关组织申请，人民法院可以根据其智力、精神健康恢复的状况，认定该成年人恢复为限制民事行为能力人或者完全民事行为能力人。为与《民法典》的规定保持一致，2021年《民事诉讼法》第197条将申请撤销认定公民为无民事行为能力人或者限制民事行为能力人判决的主体修改为被认定为无民事行为能力人、限制民事行为能力人本人、利害关系人或者有关组织。

第五节　认定财产无主案件

第一百九十八条　【管辖与申请书】申请认定财产无主，由公民、法人或者其他组织向财产所在地基层人民法院提出。

申请书应当写明财产的种类、数量以及要求认定财产无主的根据。

条文解读

本条共有2款，是关于提起认定财产无主案件主体的范围和管辖法院的规定。

本条第1款规定了申请认定财产无主案件主体的范围，包括公民、法人或者其他组织。人民法院不得在无人申请的情况下，依职权认定财产无主。在实际生活中，发生财产无主的情况主要有以下几种：(1)所有人不明的埋藏物、隐藏物被发现；(2)遗失物自发布招领公告之日起6个月内无人认领；(3)无人继承的财产；(4)财产没有所有人或者所有人不明。被认定的无主财产，以有形财产为限。申请认定财产无主案件的管辖法院为财产所在地基层人民法院，这样便于人民法院了解无主财产的情况，寻找财产的原所有人，并及时作出裁判。

本条第2款规定了申请认定财产无主案件应当递交书面申请，申请书应当写明财产的种类、数量以及要求认定财产无主的根据。

第一百九十九条 【公告与判决】 人民法院受理申请后，经审查核实，应当发出财产认领公告。公告满一年无人认领的，判决认定财产无主，收归国家或者集体所有。

配套法规及解读

《最高人民法院关于适用〈中华人民共和国民事诉讼法〉的解释》(2022年4月1日)

第三百四十八条 认定财产无主案件，公告期间有人对财产提出请求的，人民法院应当裁定终结特别程序，告知申请人另行起诉，适用普通程序审理。

※法规解读：本条是关于在认定财产无主案件的公告期内有人对财产提出请求时，人民法院对案件处理程序的规定。在这种情况下，人民法院应当裁定终结特别程序，并告知申请人另行起诉，适用普通程序来审理其实体请求。

第二百条 【撤销判决】 判决认定财产无主后，原财产所有人或者继承人出现，在民法典规定的诉讼时效期间可以对财产提出请求，人民法院审查属实后，应当作出新判决，撤销原判决。

条文解读

本条是关于撤销认定财产无主判决的规定。

本条首先明确了可以对财产提出请求，要求撤销认定财产无主判决的主体范围，包括原财产所有人或者继承人。其次规定了对财产提出请求的期限限制，即要在《民法典》规定的诉讼时效期间内提起，人民法院审查属实后，应当作出新判决，撤销原判决。超过诉讼时效期间的，人民法院不予保护。

第六节　确认调解协议案件

第二百零一条　【申请条件与管辖】经依法设立的调解组织调解达成调解协议，申请司法确认的，由双方当事人自调解协议生效之日起三十日内，共同向下列人民法院提出：

（一）人民法院邀请调解组织开展先行调解的，向作出邀请的人民法院提出；

（二）调解组织自行开展调解的，向当事人住所地、标的物所在地、调解组织所在地的基层人民法院提出；调解协议所涉纠纷应当由中级人民法院管辖的，向相应的中级人民法院提出。

条文解读

本条是关于申请司法确认调解协议案件的规定。

《人民调解法》《最高人民法院关于人民调解协议司法确认程序的若干规定》《最高人民法院关于建立健全诉讼与非诉讼相衔接的矛盾纠纷解决机制的若干意见》规定了调解协议司法确认制度，经司法确认的调解协议具有强制执行效力。为做好法律之间的衔接，《民事诉讼法》在"特别程序"中专节规定确认调解协议案件，规定了申请司法确认调解协议程序启动的条件以及管辖的人民法院。根据《最高人民法院关于建立健全诉讼与非诉讼相衔接的矛盾纠纷解决机制的若干意见》以及《人民调解法》的规定，可以申请司法确认的调解协议不仅包括经人民调解所达成的调解协议，还包括经行政机关、商事调解组织、行业调解组织或者其他具有调解职能的社会组织对民商事争议调解后达成的调解协议。为做好法律之间的衔接以及明确司法确认程序的适用范围，2021 年《民事诉讼法》扩大了可以申请司法确认的调解协议的范围，从原来的"人民调解协议"扩大为"经依法设立的调解组织调解达成的调解协议"，并根据调解主体和调解类型的不同，明确了三种情形下司法确认案件的管辖规则。这些规定进一步发挥了司法确认制度对多元纠纷解决方式的促进保障作用，有利于完善诉讼与调解的对接，便于审查和执行。

配套法规及解读

《最高人民法院关于适用〈中华人民共和国民事诉讼法〉的解释》(2022 年 4 月 1 日)

第三百五十一条 申请司法确认调解协议的,双方当事人应当本人或者由符合民事诉讼法第六十一条规定的代理人依照民事诉讼法第二百零一条的规定提出申请。

第三百五十二条 调解组织自行开展的调解,有两个以上调解组织参与的,符合民事诉讼法第二百零一条规定的各调解组织所在地人民法院均有管辖权。

双方当事人可以共同向符合民事诉讼法第二百零一条规定的其中一个有管辖权的人民法院提出申请;双方当事人共同向两个以上有管辖权的人民法院提出申请的,由最先立案的人民法院管辖。

※法规解读:上述条文是对申请司法确认调解协议案件的申请主体及管辖法院的补充与细化规定。其中,第 351 条规定申请司法确认调解协议的主体应是双方当事人本人或者是符合《民事诉讼法》规定的代理人。第 352 条规定是关于申请司法确认调解协议案件共同管辖的规定,即有两个以上调解组织参与调解的,各调解组织所在地人民法院均有管辖权。在共同管辖的情况下,当事人有选择管辖人民法院的权利,但须由双方当事人共同选择其中的一个人民法院来管辖;如果双方当事人共同向两个以上人民法院提出申请的,由最先立案的人民法院管辖。这一规定将人民法院立案时间的先后作为确定管辖的标准,避免了人民法院在受理诉讼时互相推诿或者争抢管辖权情况的发生。

关联法规索引

《人民调解法》第 33 条;《最高人民法院关于适用〈中华人民共和国民事诉讼法〉的解释》第 353 ~355 条;《最高人民法院关于人民调解协议司法确认程序的若干规定》第 1 ~4 条;《最高人民法院关于建立健全诉讼与非诉讼相衔接的矛盾纠纷解决机制的若干意见》第 20、22 条

第二百零二条 【审查和裁定】 人民法院受理申请后，经审查，符合法律规定的，裁定调解协议有效，一方当事人拒绝履行或者未全部履行的，对方当事人可以向人民法院申请执行；不符合法律规定的，裁定驳回申请，当事人可以通过调解方式变更原调解协议或者达成新的调解协议，也可以向人民法院提起诉讼。

条文解读

本条规定了人民法院受理司法确认调解协议申请并进行审查后，视不同情况作出裁定有效与否的处理及裁定驳回申请后当事人的救济途径。

对双方当事人共同提出的司法确认调解协议申请，人民法院受理后，根据《人民调解法》等相关法律进行审查。经审查，符合法律规定的，以裁定的形式确认调解协议有效，经人民法院确认的调解协议与判决书、裁定书具有同等法律效力，当事人应当自觉履行调解协议。一方当事人拒绝履行或者未全部履行调解协议内容的，当事人可以以此裁定书作为执行依据向人民法院申请强制执行。经审查调解协议不符合法律规定的，裁定驳回申请。对于裁定驳回申请，当事人可以通过重新进行调解的方式变更原调解协议或者达成新的调解协议，也可以向人民法院提起诉讼。

配套法规及解读

《最高人民法院关于适用〈中华人民共和国民事诉讼法〉的解释》(2022 年 4 月 1 日)

第三百五十八条 经审查，调解协议有下列情形之一的，人民法院应当裁定驳回申请：

（一）违反法律强制性规定的；

（二）损害国家利益、社会公共利益、他人合法权益的；

（三）违背公序良俗的；

（四）违反自愿原则的；

（五）内容不明确的；

(六)其他不能进行司法确认的情形。

※法规解读:本条是对调解协议不符合法律规定,人民法院应当裁定驳回申请的六种法定情形的规定:一是违反法律强制性规定的。这里的法律强制性规定,指的是全国人大及其常委会制定的规范性法律文件中的强制性规定。如果仅仅违反了其中的非强制性规定,并不会导致人民法院不予确认调解协议的效力。二是损害国家利益、社会公共利益、他人合法权益的。三是违背公序良俗的。四是违反自愿原则的。五是内容不明确的。六是其他不能进行司法确认的情形。

关联法规索引

《人民调解法》第33条;《最高人民法院关于适用〈中华人民共和国民事诉讼法〉的解释》第356、357、372条

第七节　实现担保物权案件

第二百零三条　【申请与管辖】申请实现担保物权,由担保物权人以及其他有权请求实现担保物权的人依照民法典等法律,向担保财产所在地或者担保物权登记地基层人民法院提出。

条文解读

本条是关于实现担保物权案件的规定。

《民法典》第410条第2款规定:"抵押权人与抵押人未就抵押权实现方式达成协议的,抵押权人可以请求人民法院拍卖、变卖抵押财产。"第437条第1款规定:"出质人可以请求质权人在债务履行期限届满后及时行使质权;质权人不行使的,出质人可以请求人民法院拍卖、变卖质押财产。"第454条规定:"债务人可以请求留置权人在债务履行期限届满后行使留置权;留置权人不行使的,债务人可以请求人民法院拍卖、变卖留置财产。"《民法典》的这些规定对担保物权的实现途径作了扩展,无须诉讼即可以"请求人民法院拍卖、变卖财产"。根据《民法典》的规定,《民事诉讼法》赋予担保物权人直接向人民法院申请实现担保物权的权利。本条明

确规定，有权提起实现担保物权的申请主体为担保物权人以及其他有权请求实现担保物权的人，根据相关法律的规定包括抵押权人、质权人、留置权人、出质人和财产被留置的债务人。根据本条规定，申请实现担保物权案件的管辖法院为担保财产所在地或者担保物权登记地的基层人民法院。

配套法规及解读

《最高人民法院关于适用〈中华人民共和国民事诉讼法〉的解释》(2022 年 4 月 1 日)

第三百五十九条 民事诉讼法第二百零三条规定的担保物权人，包括抵押权人、质权人、留置权人；其他有权请求实现担保物权的人，包括抵押人、出质人、财产被留置的债务人或者所有权人等。

第三百六十条 实现票据、仓单、提单等有权利凭证的权利质权案件，可以由权利凭证持有人住所地人民法院管辖；无权利凭证的权利质权，由出质登记地人民法院管辖。

第三百六十一条 实现担保物权案件属于海事法院等专门人民法院管辖的，由专门人民法院管辖。

第三百六十二条 同一债权的担保物有多个且所在地不同，申请人分别向有管辖权的人民法院申请实现担保物权的，人民法院应当依法受理。

第三百六十三条 依照民法典第三百九十二条的规定，被担保的债权既有物的担保又有人的担保，当事人对实现担保物权的顺序有约定，实现担保物权的申请违反该约定的，人民法院裁定不予受理；没有约定或者约定不明的，人民法院应当受理。

第三百六十四条 同一财产上设立多个担保物权，登记在先的担保物权尚未实现的，不影响后顺位的担保物权人向人民法院申请实现担保物权。

※法规解读：第 359 条是对担保物权人范围的具体规定，明确了除抵押权人外，质权人与留置权人亦可作为实现担保物权案件的申请人，并明确了“其他有权请求实现担保物权的人”的范围。第 360～361 条是对实现担保物权案件管辖法院的细化规定。将实现权利质权案件管辖法院按照是否有权利凭证作了区分。有权利凭证的权利质权案件，可以由权利凭证持有人住所地人民法院管辖；无权利凭证

的权利质权案件，由出质登记地人民法院管辖；属于海事法院等专门人民法院管辖的，则由专门人民法院管辖。第362～364条是关于申请与受理的几种特殊情形的补充规定，明确了同一债权担保物有多个、混合担保以及同一财产上设立多个担保物权三种情形的法院受理问题。对于同一债权的担保物有多个且所在地不同，申请人可分别向有管辖权的人民法院申请实现担保物权。对于混合担保，当事人对实现担保物权的顺序有约定，实现担保物权的申请违反该约定的，人民法院裁定不予受理；没有约定或者约定不明的，人民法院应当受理。同一财产上设立多个担保物权，登记在先的担保物权尚未实现的，不影响后顺位的担保物权人向人民法院申请实现担保物权。

关联法规索引

《最高人民法院关于适用〈中华人民共和国民事诉讼法〉的解释》第365～366条

第二百零四条 【审查和裁定】人民法院受理申请后，经审查，符合法律规定的，裁定拍卖、变卖担保财产，当事人依据该裁定可以向人民法院申请执行；不符合法律规定的，裁定驳回申请，当事人可以向人民法院提起诉讼。

条文解读

本条是关于实现担保物权案件审理的规定。

担保权人依照《民法典》等法律向担保财产所在地基层人民法院提出申请实现担保物权，实质就是担保权人无须通过诉讼来实现担保物权，而是可以在证明担保物权和主债权存在之后，直接申请人民法院拍卖、变卖担保财产。本条规定人民法院受理申请后需要对申请人的申请进行审查，经审查认为申请符合法律规定的，裁定拍卖、变卖担保财产，该裁定就是执行依据。当事人依据该裁定可以向人民法院申请执行。人民法院经审查认为申请不符合法律规定的，裁定驳回申请，当事人不服该裁定的不得上诉，但可以向人民法院另行提起诉讼。

配套法规及解读

《最高人民法院关于适用〈中华人民共和国民事诉讼法〉的解释》(2022年4月1日)

第三百六十七条 实现担保物权案件可以由审判员一人独任审查。担保财产标的额超过基层人民法院管辖范围的,应当组成合议庭进行审查。

第三百六十八条 人民法院审查实现担保物权案件,可以询问申请人、被申请人、利害关系人,必要时可以依职权调查相关事实。

第三百六十九条 人民法院应当就主合同的效力、期限、履行情况,担保物权是否有效设立、担保财产的范围、被担保的债权范围、被担保的债权是否已届清偿期等担保物权实现的条件,以及是否损害他人合法权益等内容进行审查。

被申请人或者利害关系人提出异议的,人民法院应当一并审查。

第三百七十条 人民法院审查后,按下列情形分别处理:

(一)当事人对实现担保物权无实质性争议且实现担保物权条件成就的,裁定准许拍卖、变卖担保财产;

(二)当事人对实现担保物权有部分实质性争议的,可以就无争议部分裁定准许拍卖、变卖担保财产;

(三)当事人对实现担保物权有实质性争议的,裁定驳回申请,并告知申请人向人民法院提起诉讼。

※法规解读:上述条文是关于人民法院对申请实现担保物权案件的审查组织与形式、审查范围以及审查后的处理的补充细化规定。第367、368条是关于审查组织与审查形式的规定。第369条是关于审查范围的规定,主要审查主合同的效力、期限、履行情况,担保物权是否有效设立、担保财产的范围、被担保的债权范围、被担保的债权是否已届清偿期等担保物权实现的条件,以及是否损害他人合法权益等内容,一并审查被申请人或者利害关系人提出的异议。第370条是关于审查后的处理的规定,明确了依据双方当事人是否存在实质性争议分情形处理。无实质性争议且实现担保物权条件成就的,裁定准许拍卖、变卖担保财产;有部分实质性争议的,就无争议部分裁定准许拍卖、变卖担保财产;有实质性争议的,裁定驳回申请,并告知申请人向人民法院提起诉讼。

典型案例

申请人淮安市恒通典当有限公司要求实现担保物权案

※案情简介:2012年5月10日,申请人淮安市恒通典当有限公司(甲方)(以下简称恒通典当公司)与被申请人周某喜(乙方)签订《房地产抵押借款合同》(恒典字第201205号),其中约定乙方向甲方借款350万元;乙方用位于淮安市淮阴区国华御锦园202室房屋作为借款抵押担保,并办理了他项权证。被申请人顾某焱作为房屋共有人在合同上签名。同日,两被申请人在公证处办理了授权委托书,承诺如果违反约定,逾期不还款,自愿接受申请人向法院申请强制执行,所抵押的房地产用于偿还欠申请人的典当本金、利息、综合费用、违约金以及由此产生的费用等。2012年5月11日,申请人与被申请人签订了《当票》,约定典当金额为350万元,期限为2012年5月11日至2012年11月6日。典当期限届满后,经双方协商又续当1个月,续当期限为2012年11月7日至2012年12月6日。续当期限届满后,申请人未按期赎当或者续当。申请人诉至法院,申请实现担保物权,请求法院裁定拍卖、变卖被申请人位于淮安市淮阴区国华御锦园202室房屋,优先偿还申请人本金350万元及违约金(审理中申请人自愿调低按银行同期贷款利率的4倍,自2012年12月7日起计算至实际还款之日),律师代理费45200元。

※裁判结果:江苏省淮安市淮阴区人民法院于2013年3月14日作出(2013)淮商特字第1号民事裁定:准予对被申请人周某喜、顾某焱抵押房产采取拍卖、变卖依法变价;申请人恒通典当公司对变价后所得价款3545200元及自2012年12月7日起至实际还款之日按银行同期贷款利率的4倍计算违约金的范围内优先受偿。法院生效裁判认为,申请人恒通典当公司与被申请人周某喜、顾某焱签订的《当票》及《房地产抵押借款合同》是双方当事人的真实意思表示,且不违反法律法规规定,合法有效,双方均应严格按照约定履行义务。申请人依约向被申请人发放当金后,被申请人理应按期偿还当金,现被申请人未按期偿还当金,显属违约,应该支付违约金。现申请人自愿将违约金调整为按照银行同期贷款利率的4倍计算,不违反法律规定,法院予以准许。申请人委托律师参加诉讼,要求被申请人给付律师费45200元,符合双方约定及法律规定,故被申请人应支付申请人律师费45200元。因被申请人未能支付申请人当金、违约金、律师费,申请人有权按照抵押合同的约定,要求实现担保物权,就抵押物予以拍卖、变卖后就上述债权优先受偿。

第十六章 审判监督程序

本章介绍

审判实践中，由于各种原因，已经生效的判决、裁定存在错误在所难免。为了使判决、裁定在正确性的基础上获得更多的正当性，《民事诉讼法》设立了对已生效的瑕疵判决、裁定纠错的审判监督程序。审判监督程序的发动途径包括人民法院依职权提起再审、人民检察院抗诉再审和经当事人申请人民法院裁定再审。本章规定了再审程序启动的条件、程序，再审案件的审理和裁判，审理期限等内容。

第二百零五条 【法院依职权提起再审】各级人民法院院长对本院已经发生法律效力的判决、裁定、调解书，发现确有错误，认为需要再审的，应当提交审判委员会讨论决定。

最高人民法院对地方各级人民法院已经发生法律效力的判决、裁定、调解书，上级人民法院对下级人民法院已经发生法律效力的判决、裁定、调解书，发现确有错误的，有权提审或者指令下级人民法院再审。

条文解读

本条是关于人民法院依职权决定再审的规定。

第 1 款是有关人民法院基于自我监督而决定再审的规定。各级人民法院对本院作出的已经发生法律效力的判决、裁定、调解书，发现确有错误，认为需要再审的，由本院院长提交审判委员会讨论决定。这是人民法院进行自我监督的体现。人民法院审理民事案件应当以事实为根据、以法律为准绳，因而如果发现已经生效的判决、裁定、调解书，在认定事实或适用法律上存在错误，就应当按照有错必纠的原则予以纠正。经审判委员会讨论决定再审的，应当进入再审程序。

第 2 款是基于上下级人民法院之间的监督而决定再审的规定。按照《人民法院组织法》的规定，最高人民法院是国家的最高审判机关，有权监督地方各级人民法院和专门人民法院的审判工作。同时，上级人民法院有权监督下级人民法院的审判工作。因而，最高人民法院对地方各级人民法院已经发生法律效力的判决、裁定、调解书，上级人民法院对下级人民法院已经发生法律效力的判决、裁定、调解书，发现确有错误的，有权提审或者指令下级人民法院再审。

关于人民法院依职权决定再审的对象，《民事诉讼法》在判决、裁定之外，又规定了调解书。调解书作为当事人行使处分权的结果，人民法院本不应当干预，但如果有侵害国家利益、社会公共利益等情形的，则有必要予以纠正。对此，可以参考《最高人民法院关于适用〈中华人民共和国民事诉讼法〉审判监督程序若干问题的解释》第 21 条的规定："当事人未申请再审、人民检察院未抗诉的案件，人民法院发现原判决、裁定、调解协议有损害国家利益、社会公共利益等确有错误情形的，应当依照民事诉讼法第一百九十八条的规定提起再审。"

配套法规及解读

《最高人民法院关于适用〈中华人民共和国民事诉讼法〉审判监督程序若干问题的解释》（2020 年 12 月 29 日）

第二十一条 当事人未申请再审、人民检察院未抗诉的案件，人民法院发现原判决、裁定、调解协议有损害国家利益、社会公共利益等确有错误情形的，应当依照民事诉讼法第一百九十八条的规定提起再审。

※法规解读：2007 年《民事诉讼法》没有规定人民法院有权对已生效的调解书决定再审。但考虑到实践中，有些当事人通过虚假诉讼、达成调解等方式规避法律，恶意损害国家利益、社会公共利益，因而本条规定了人民法院基于审判监督权可以对调解书决定再审。

第二百零六条 【当事人申请再审】 当事人对已经发生法律效力的判决、裁定，认为有错误的，可以向上一级人民法院申请再审；当事人一方人数众多或者当事人双方为公民的案件，也可以向原审人民法院申请再审。当事人申请再审的，不停止判决、裁定的执行。

条文解读

本条是关于当事人申请再审的规定。

由于各种原因，已经生效的判决、裁定存在错误在所难免。因而，为了使裁判在正确的基础上获得更多的正当性，各国都在其诉讼制度的主体结构中确立了对瑕疵判决、裁定纠错的再审程序，通过当事人提出再审之诉，对其进行权利救济。我国 1991 年《民事诉讼法》开始确立了当事人申请再审的制度，规定当事人对已经发生法律效力的判决、裁定，认为有错误的，可以向原审人民法院或者上一级人民法院申请再审。2007 年《民事诉讼法》对向哪一级人民法院申请再审作了变动，修改为"可以向上一级人民法院申请再审"。当时主要是考虑到原审人民法院可以再审，上级人民法院甚至最高人民法院也可以再审，导致同一生效判决、裁定被多级人民法院重复审查甚至再审的现象时有发生，再审案件的多重管辖，不仅造成了当事人无序上访、多头申诉的混乱局面，也浪费了司法资源，因而取消了向原审人民法院申请再审的规定。考虑到有些案件当事人一方人数较多，由原审人民法院再审，有利于查清事实，将纠纷解决在当地。发生在公民之间的民事案件，为方便公民申请再审，不必都到上一级人民法院申请再审。所以，2012 年《民事诉讼法》在规定当事人可以向上一级人民法院申请再审的同时，补充规定了当事人一方人数众多或者当事人双方为公民的案件，也可以向原审人民法院申请再审。

当事人申请再审的，并不必然启动再审程序，人民法院还要经过审查，裁定决定是否对案件进行再审。依据本法第 211 条的规定，人民法院对再审申请的审查期间为自收到再审申请书之日起 3 个月内。因而，在人民法院作出再审决定之前，不停止原判决、裁定的执行。

配套法规及解读

《最高人民法院关于适用〈中华人民共和国民事诉讼法〉的解释》(2022 年 4 月 1 日)

第三百七十三条　当事人死亡或者终止的，其权利义务承继者可以根据民事诉讼法第二百零六条、第二百零八条的规定申请再审。

判决、调解书生效后，当事人将判决、调解书确认的债权转让，债权受让人对该判决、调解书不服申请再审的，人民法院不予受理。

※法规解读：本条是关于申请再审的主体的补充规定。生效判决、调解书的效力通常只及于当事人及其权利义务承继者，因而当事人死亡或终止的，其权利义务承继者有权申请再审。而当事人将生效判决、调解书确认的债权转让的，当事人的主体资格并未消灭，该判决、调解书效力的承担者仍然是当事人而非债权受让人，因而债权受让人对该判决、调解书无权申请再审。

第三百七十四条 民事诉讼法第二百零六条规定的人数众多的一方当事人，包括公民、法人和其他组织。

民事诉讼法第二百零六条规定的当事人双方为公民的案件，是指原告和被告均为公民的案件。

第三百七十七条 当事人一方人数众多或者当事人双方为公民的案件，当事人分别向原审人民法院和上一级人民法院申请再审且不能协商一致的，由原审人民法院受理。

第三百七十八条 适用特别程序、督促程序、公示催告程序、破产程序等非讼程序审理的案件，当事人不得申请再审。

※法规解读：第378条规定了适用非讼程序审理的案件不适用审判监督程序。适用非讼程序审理的案件不解决实质争议，而且即使存在错误，如支付令确有错误、除权判决错误，法律都赋予了当事人一定的救济途径，因而不适用审判监督程序，当事人不得申请再审。

第三百七十九条 当事人认为发生法律效力的不予受理、驳回起诉的裁定错误的，可以申请再审。

※法规解读：不予受理、驳回起诉的裁定属于重大程序问题，涉及当事人诉权和人民法院审判权的正确行使，如果确有错误的，应当通过再审予以纠正。

第三百八十条 当事人就离婚案件中的财产分割问题申请再审，如涉及判决中已分割的财产，人民法院应当依照民事诉讼法第二百零七条的规定进行审查，符合再审条件的，应当裁定再审；如涉及判决中未作处理的夫妻共同财产，应当告知当事人另行起诉。

※法规解读：本条是关于当事人就离婚案件中的财产分割问题申请再审的特殊规定。离婚判决生效后，就解除婚姻关系的内容不能申请再审，只能就判决中的财产分割问题申请再审。如果一方就原判决中未处理的夫妻共同财产主张分割的，为新案件，告知当事人另行起诉。

第三百八十一条 当事人申请再审,有下列情形之一的,人民法院不予受理:

(一)再审申请被驳回后再次提出申请的;

(二)对再审判决、裁定提出申请的;

(三)在人民检察院对当事人的申请作出不予提出再审检察建议或者抗诉决定后又提出申请的。

前款第一项、第二项规定情形,人民法院应当告知当事人可以向人民检察院申请再审检察建议或者抗诉,但因人民检察院提出再审检察建议或者抗诉而再审作出的判决、裁定除外。

※法规解读:为防止当事人滥用申请再审权利和因反复再审导致案件终审不决,本条规定了当事人申请再审人民法院不予受理的三种情况。这对于平衡权利救济和维护判决、裁定稳定性,实现诉讼公正和诉讼效率具有重要意义。

第二百零七条 **【申请再审的条件】**当事人的申请符合下列情形之一的,人民法院应当再审:

(一)有新的证据,足以推翻原判决、裁定的;

(二)原判决、裁定认定的基本事实缺乏证据证明的;

(三)原判决、裁定认定事实的主要证据是伪造的;

(四)原判决、裁定认定事实的主要证据未经质证的;

(五)对审理案件需要的主要证据,当事人因客观原因不能自行收集,书面申请人民法院调查收集,人民法院未调查收集的;

(六)原判决、裁定适用法律确有错误的;

(七)审判组织的组成不合法或者依法应当回避的审判人员没有回避的;

(八)无诉讼行为能力人未经法定代理人代为诉讼或者应当参加诉讼的当事人,因不能归责于本人或者其诉讼代理人的事由,未参加诉讼的;

(九)违反法律规定,剥夺当事人辩论权利的;

(十)未经传票传唤,缺席判决的;

(十一)原判决、裁定遗漏或者超出诉讼请求的;

(十二)据以作出原判决、裁定的法律文书被撤销或者变更的;

(十三)审判人员审理该案件时有贪污受贿,徇私舞弊,枉法裁判行为的。

条文解读

本条是关于当事人申请再审条件的规定。

当事人申请再审，需要具备法定事由，人民法院才能决定再审。依据本条，当事人申请再审的条件是：

1. 有新的证据，足以推翻原判决、裁定的。依据最高人民法院相关司法解释的规定，“新的证据”是指：(1)原审庭审结束前已客观存在庭审结束后新发现的证据；(2)原审庭审结束前已经发现，但因客观原因无法取得或在规定的期限内不能提供的证据；(3)原审庭审结束后原作出鉴定意见、勘验笔录者重新鉴定、勘验，推翻原结论的证据。当事人在原审中提供的主要证据，原审未予质证、认证，但足以推翻原判决、裁定的，应当视为新的证据。

2. 原判决、裁定认定的基本事实缺乏证据证明的。根据最高人民法院相关司法解释，“基本事实”，是指对原判决、裁定的结果有实质性影响，用以确定当事人主体资格、案件性质、具体权利义务和民事责任等主要内容所依据的事实。

3. 原判决、裁定认定事实的主要证据是伪造的。伪造证据的行为不仅是严重的妨害民事诉讼的行为，而且可能直接导致案件事实认定的错误，所以构成再审的条件。

4. 原判决、裁定认定事实的主要证据未经质证的。质证是查明案件事实的重要手段，所以《民事诉讼法》规定，无论是公开审理还是不公开审理的案件，证据必须在法庭上出示，并由当事人互相质证。证据只有通过质证才能辨明真伪。所以，未经过质证的证据不能作为认定案件事实的根据。如果判决、裁定认定事实的主要证据未经质证的，则应当作为再审的条件。

5. 对审理案件需要的主要证据，当事人因客观原因不能自行收集，书面申请人民法院调查收集，人民法院未调查收集的。当事人有责任对自己的主张提供证据加以证明，但有些情况下，由于客观原因，当事人不能自行收集的，有权申请人民法院调查收集。依据《民事诉讼法》相关规定：当事人及其诉讼代理人由于客观原因不能自行收集的证据，或者人民法院认为审理案件需要的证据，人民法院应当调查收集。审判人员在审理前的准备工作中，必须认真审核诉讼材料，调查收集必要的证据。所以，人民法院有依法调查收集证据的义务。2007 年《民事诉讼法》规定，只要是审理案件需要的证据，当事人因客观原因不能自行收集，书面申请人民法院调查收集,人民法院未调查收集的,即应当再审。而考虑到诉讼成本、维护生效裁判的稳定性和避免再审程序启动的随意性,2012 年《民事诉讼法》增加了“主要”这一限定条件,即只有对认定案件事实起主要作用的证据,如影响案件定性、责任是非的关键证据,具有上述情形的,构成再审的条件。

6. 原判决、裁定适用法律确有错误的。适用法律错误指的是原判决、裁定适用实体法错误,对此,《最高人民法院关于适用〈中华人民共和国民事诉讼法〉的解释》规定,适用法律错误包括:(1)适用的法律与案件性质明显不符的;(2)确定民事责任明显违背当事人约定或者法律规定的;(3)适用已经失效或者尚未施行的法律的;(4)违反法律溯及力规定的;(5)违反法律适用规则的;(6)明显违背立法原意的。

7. 审判组织的组成不合法或者依法应当回避的审判人员没有回避的。此两种情形都属于严重程序违法的行为,不仅违背程序公正,而且严重影响实体公正,所以构成再审的条件。

8. 无诉讼行为能力人未经法定代理人代为诉讼或者应当参加诉讼的当事人,因不能归责于本人或者其诉讼代理人的事由,未参加诉讼的。无诉讼行为能力人未经法定代理人代为诉讼,理论上说,其所进行的诉讼行为都是无效的,因而应当再审。应当参加诉讼的当事人,因不能归责于本人或者其诉讼代理人的事由,未参加诉讼的,主要是指必要共同诉讼的当事人没有参加诉讼的。其未参加诉讼,可能会导致裁判结果对其不利,而未参加诉讼的责任又不在己方,所以为维护其合法权益,应当再审。

9. 违反法律规定,剥夺当事人辩论权利的。《最高人民法院关于适用〈中华人民共和国民事诉讼法〉的解释》规定,原审开庭过程中审判人员不允许当事人发表辩论意见,应当开庭审理而未开庭审理,或者违反法律规定送达起诉状副本或上诉状副本,致使当事人无法行使辩论权利的,应当认定为“剥夺当事人辩论权利”。但依法缺席审理,依法径行判决、裁定的除外。

10. 未经传票传唤,缺席判决的。缺席判决的前提是经过合法的传票传唤,所以,未经传票传唤而缺席判决,严重损害了当事人的合法权益,因而构成再审的条件。

11. 原判决、裁定遗漏或者超出诉讼请求的。处分原则是民事诉讼的基本原则。依据处分原则,当事人有权处分自己的诉讼权利和实体权利,依法提出诉讼请求。人民法院只能在当事人请求的范围内审理案件，既不能超出当事人的诉讼请求作出判决、裁定，也不能对当事人的请求不作回应。因而，原判决、裁定遗漏或者超出诉讼请求的，构成再审的条件。

12. 据以作出原判决、裁定的法律文书被撤销或者变更的。原判决、裁定对基本事实和案件性质的认定系根据其他法律文书作出，而上述其他法律文书被撤销或变更的，构成再审的条件。

13. 审判人员审理该案件时有贪污受贿，徇私舞弊，枉法裁判行为的。“审判人员在审理该案件时有贪污受贿，徇私舞弊，枉法裁判行为”，是指该行为已经被相关刑事法律文书或者纪律处分决定确认的情形。由于审判人员的上述行为，很难保证裁判结果的公正，所以构成再审的条件。

配套法规及解读

《最高人民法院关于适用〈中华人民共和国民事诉讼法〉的解释》（2022 年 4 月 1 日）

第三百八十五条 再审申请人提供的新的证据，能够证明原判决、裁定认定基本事实或者裁判结果错误的，应当认定为民事诉讼法第二百零七条第一项规定的情形。

对于符合前款规定的证据，人民法院应当责令再审申请人说明其逾期提供该证据的理由；拒不说明理由或者理由不成立的，依照民事诉讼法第六十八条第二款和本解释第一百零二条的规定处理。

第三百八十六条 再审申请人证明其提交的新的证据符合下列情形之一的，可以认定逾期提供证据的理由成立：

（一）在原审庭审结束前已经存在，因客观原因于庭审结束后才发现的；

（二）在原审庭审结束前已经发现，但因客观原因无法取得或者在规定的期限内不能提供的；

（三）在原审庭审结束后形成，无法据此另行提起诉讼的。

再审申请人提交的证据在原审中已经提供，原审人民法院未组织质证且未作为裁判根据的，视为逾期提供证据的理由成立，但原审人民法院依照民事诉讼法第六十八条规定不予采纳的除外。

※法规解读:上述两条是对“有新的证据,足以推翻原判决、裁定的”这一再审事由的补充规定。第一,再审申请人提供新的证据属于逾期举证,再审申请人应当说明其逾期提供该证据的理由,拒不说明理由或者理由不成立的,人民法院不予采纳该证据或采纳该证据但予以训诫、罚款。第 386 条列举了四种情况下可以认定或视为逾期提供证据的理由成立,均系非可归责于当事人主观上怠于举证的情况。第二,“足以推翻原判决、裁定”是指能够证明原判决、裁定认定基本事实或者裁判结果错误。

第三百八十七条 当事人对原判决、裁定认定事实的主要证据在原审中拒绝发表质证意见或者质证中未对证据发表质证意见的,不属于民事诉讼法第二百零七条第四项规定的未经质证的情形。

※法规解读:原判决、裁定认定事实的主要证据未经质证的,应当再审。但如果未经质证的原因不在于人民法院,而是当事人拒绝质证或质证中未发表质证意见所致,则当事人应就其行为承担不利后果,不应再审。

第三百八十八条 有下列情形之一,导致判决、裁定结果错误的,应当认定为民事诉讼法第二百零七条第六项规定的原判决、裁定适用法律确有错误:

(一)适用的法律与案件性质明显不符的;

(二)确定民事责任明显违背当事人约定或者法律规定的;

(三)适用已经失效或者尚未施行的法律的;

(四)违反法律溯及力规定的;

(五)违反法律适用规则的;

(六)明显违背立法原意的。

※法规解读:本条是关于申请再审事由第 6 项“原判决、裁定适用法律确有错误”如何认定的规定。审判实践中,适用法律错误是申请再审当事人运用最为频繁的事由,也是较难把握和定性的再审事由之一。由于我国实行两审终审制,第二审既是事实审又是法律审,事实和法律问题经常纠缠在一起,导致在申请再审中,适用法律错误事由的界定成为难点。本条司法解释列举了适用法律错误的六种情形,以便于实践中操作的统一、规范,保证再审立案的正确性。

第三百八十九条 原审开庭过程中有下列情形之一的,应当认定为民事诉讼法第二百零七条第九项规定的剥夺当事人辩论权利:

(一)不允许当事人发表辩论意见的;

（二）应当开庭审理而未开庭审理的；

（三）违反法律规定送达起诉状副本或者上诉状副本，致使当事人无法行使辩论权利的；

（四）违法剥夺当事人辩论权利的其他情形。

※法规解读：本条是关于剥夺当事人辩论权利如何认定的规定。为了便于实践中的操作，本条司法解释对剥夺当事人辩论权利进行了解释，包括：(1)不允许当事人发表辩论意见的。(2)应当开庭审理而未开庭审理的。开庭审理是当事人集中行使辩论权的重要阶段，因而应当开庭审理而未开庭审理的，必然剥夺了当事人的辩论权。(3)违反法律规定送达起诉状副本或者上诉状副本，致使当事人无法行使辩论权利的。人民法院不依法送达相关诉讼文书，致使当事人不了解对方当事人的请求和意见，从而无法行使辩论权。(4)违法剥夺当事人辩论权利的其他情形。

第三百九十条 民事诉讼法第二百零七条第十一项规定的诉讼请求，包括一审诉讼请求、二审上诉请求，但当事人未对一审判决、裁定遗漏或者超出诉讼请求提起上诉的除外。

※法规解读：原判决、裁定遗漏或者超出诉讼请求的，应当再审。依据本条，这里的诉讼请求既包括一审诉讼请求，也包括二审上诉请求。但当事人未对一审判决、裁定遗漏或者超出诉讼请求提起上诉的，则不应再审。因为当事人放弃审级内的救济手段而选择再审有违诉讼公正和诉讼效率。

第三百九十一条 民事诉讼法第二百零七条第十二项规定的法律文书包括：

（一）发生法律效力的判决书、裁定书、调解书；

（二）发生法律效力的仲裁裁决书；

（三）具有强制执行效力的公证债权文书。

第三百九十二条 民事诉讼法第二百零七条第十三项规定的审判人员审理该案件时有贪污受贿、徇私舞弊、枉法裁判行为，是指已经由生效刑事法律文书或者纪律处分决定所确认的行为。

※法规解读：“审判人员审理该案件时有贪污受贿，徇私舞弊，枉法裁判行为”既属于违法行为，也损害了当事人的权益，因而应当作为再审的事由。这里的“有”是指查证属实，即当事人申请再审时，审判人员因为在审理该案件时的贪污受贿、徇私舞弊、枉法裁判行为已经由生效刑事法律文书或者纪律处分决定所确认。

关联法规索引

《最高人民法院关于适用〈中华人民共和国民事诉讼法〉审判监督程序若干问题的解释》第 11 条

典型案例

韩某彬诉内蒙古九郡药业有限责任公司等产品责任纠纷管辖权异议案[1]

※案情简介：原告韩某彬与被告内蒙古九郡药业有限责任公司（以下简称九郡药业）、上海云洲商厦有限公司（以下简称云洲商厦）、上海广播电视台（以下简称上海电视台）、大连鸿雁大药房有限公司（以下简称鸿雁大药房）产品质量损害赔偿纠纷一案，经辽宁省大连市中级人民法院一审、辽宁省高级人民法院二审后，九郡药业、云洲商厦不服二审审判决向最高人民法院申请再审。

最高人民法院再审裁定，撤销一、二审民事判决，发回辽宁省大连市中级人民法院重审。在重审中，九郡药业和云洲商厦提出管辖异议。辽宁省大连市中级人民法院认为该院重审此案系接受最高人民法院指令，被告之一鸿雁大药房住所地在辽宁省大连市中山区，遂裁定驳回九郡药业和云洲商厦对管辖权提出的异议。九郡药业、云洲商厦提起上诉，辽宁省高级人民法院裁定驳回上诉，维持原裁定。九郡药业、云洲商厦后分别向最高人民法院申请再审。

※争议焦点：再审裁定发回重审中当事人是否有权提出管辖权异议？

※裁判结果：最高人民法院于 2013 年 3 月 27 日作出（2013）民再申字第 27 号民事裁定，驳回九郡药业和云洲商厦的再审申请。理由主要是：依据《民事诉讼法》的规定，当事人对管辖权有异议的，应当在提交答辩状期间提出。当事人未提出管辖异议，并应诉答辩的，视为受诉人民法院有管辖权。最初一审时原告韩某彬的起诉状送达给九郡药业和云洲商厦，九郡药业和云洲商厦在答辩期内并没有对管辖权提出异议，说明其已接受了一审法院的管辖，管辖权已确定。在管辖权已确定的前提下，当事人无权再就管辖权提出异议。如果在重审中当事人仍可就管辖权提出异议，无疑会使已稳定的诉讼程序处于不确定的状态，破坏了诉讼程序的安定、

---

〔1〕 最高人民法院指导案例 56 号，最高人民法院审判委员会讨论通过，2015 年 11 月 19 日发布。

有序,拖延诉讼,不仅降低诉讼效率,浪费司法资源,而且不利于纠纷的解决。因此,基于管辖恒定原则、诉讼程序的确定性以及公正和效率的要求,不能支持重审案件当事人再就管辖权提出的异议。据此,九郡药业和云洲商厦就本案管辖权提出异议,没有法律依据,原审裁定驳回其管辖异议并无不当。

第二百零八条　【对调解书申请再审】当事人对已经发生法律效力的调解书,提出证据证明调解违反自愿原则或者调解协议的内容违反法律的,可以申请再审。经人民法院审查属实的,应当再审。

条文解读

本条是关于对调解书申请再审的规定。

调解书是人民法院在审理民事案件的过程中,根据自愿和合法的原则,在查清事实、分清是非的基础上,通过调解促使当事人达成协议而制作的法律文书。调解书经双方当事人签收后即具有法律效力。生效的调解书具有与生效判决相同的法律效力。调解应当遵循自愿和合法的原则,如果当事人提出证据证明调解违反自愿原则或者调解协议的内容违反法律的,可以申请再审。调解违反自愿原则包括两种情况:第一,在调解时违反自愿。按照《民事诉讼法》相关规定,人民法院审理民事案件,根据当事人自愿的原则进行调解。如果审判人员强迫当事人进行调解,则违反了自愿原则。第二,调解协议的内容违反自愿。本法规定,调解达成协议,必须双方自愿,不得强迫。所以如果审判人员强迫一方或双方当事人接受调解协议的内容,则违反了自愿原则。调解违反合法原则,主要是指调解协议的内容违法,即违反法律的强制性和禁止性规定。

第二百零九条　【离婚判决、调解不得再审】当事人对已经发生法律效力的解除婚姻关系的判决、调解书,不得申请再审。

条文解读

本条是关于离婚案件的判决、调解书不得申请再审的规定。

婚姻关系属于人身关系,与财产关系有着本质区别。离婚案件,经人民法院审理,无论是判决准予离婚还是通过调解协议离婚,判决、调解书生效后均不能申请再审。理由是:第一,一旦解除婚姻关系的判决、调解书生效,男、女任何一方都可以与他人再结婚,另一方申请再审已没有了意义。第二,解除婚姻关系的判决、调解书生效以后,如果男、女双方感情尚未彻底破裂,又均未与他人再婚,自愿恢复婚姻关系的,可以依据《民法典》的相关规定进行结婚登记,而不必通过再审来恢复婚姻关系。第三,对离婚判决、调解书涉及子女抚养内容不服的,可以向人民法院提起变更之诉,请求变更子女抚养关系、变更抚养费数额等,也不必申请再审。所以,法律规定对已经发生法律效力的解除婚姻关系的判决、调解书,不得申请再审。但是,当事人对离婚判决、调解书中的财产分割部分不服的,可以依法申请再审。

第二百一十条 【当事人申请再审程序】当事人申请再审的,应当提交再审申请书等材料。人民法院应当自收到再审申请书之日起五日内将再审申请书副本发送对方当事人。对方当事人应当自收到再审申请书副本之日起十五日内提交书面意见;不提交书面意见的,不影响人民法院审查。人民法院可以要求申请人和对方当事人补充有关材料,询问有关事项。

条文解读

本条是关于当事人申请再审程序的规定。

1991年《民事诉讼法》对当事人申请再审的程序没有明确规定,2007年《民事诉讼法》增加了本条规定,目的在于保障当事人再审权利的行使和人民法院对再审案件的审查。

依据本条及《最高人民法院关于适用〈中华人民共和国民事诉讼法〉的解释》规定,当事人申请再审应当采用书面方式,向人民法院提交再审申请书,并按照被申请人和原审其他当事人的人数提交副本。人民法院应当审查再审申请书是否载明下列事项:(1)再审申请人与被申请人及原审其他当事人的基本信息;(2)原审人民法院的名称,原审裁判文书案号;(3)具体的再审请求;(4)申请再审的法定情形及具体事实、理由。再审申请书应当明确申请再审的人民法院,并由再审申请人签名、捺印或者盖章。

人民法院应当自收到再审申请书之日起5日内将再审申请书副本发送对方当事人。对方当事人应当自收到再审申请书副本之日起15日内提交书面意见。由于此时尚未决定再审立案,所以对方当事人提交的是“书面意见”,即表明对案件进行再审的态度及相应的事实理由,而不是“答辩状”。对方当事人不提交书面意见的,不影响人民法院审查。

人民法院可以要求申请人和对方当事人补充有关材料,询问有关事项。申请再审人提交的再审申请书或者其他材料不符合规定或者含有人身攻击等内容,可能引起矛盾激化的,人民法院应当要求申请再审人补充或改正。人民法院认为仅审查再审申请书等材料难以作出裁定的,应当调阅原审卷宗予以审查。人民法院可以根据案情需要决定是否询问当事人。以有新的证据足以推翻原判决、裁定为由申请再审的,人民法院应当询问当事人。

配套法规及解读

《最高人民法院关于适用〈中华人民共和国民事诉讼法〉的解释》(2022年4月1日)

第三百七十五条 当事人申请再审,应当提交下列材料:

(一)再审申请书,并按照被申请人和原审其他当事人的人数提交副本;

(二)再审申请人是自然人的,应当提交身份证明;再审申请人是法人或者其他组织的,应当提交营业执照、组织机构代码证书、法定代表人或者主要负责人身份证明书。委托他人代为申请的,应当提交授权委托书和代理人身份证明;

(三)原审判决书、裁定书、调解书;

(四)反映案件基本事实的主要证据及其他材料。

前款第二项、第三项、第四项规定的材料可以是与原件核对无异的复印件。

第三百七十六条 再审申请书应当记明下列事项:

(一)再审申请人与被申请人及原审其他当事人的基本信息;

(二)原审人民法院的名称,原审裁判文书案号;

(三)具体的再审请求;

(四)申请再审的法定情形及具体事实、理由。

再审申请书应当明确申请再审的人民法院,并由再审申请人签名、捺印或者盖章。

第三百八十三条　人民法院应当自收到符合条件的再审申请书等材料之日起五日内向再审申请人发送受理通知书，并向被申请人及原审其他当事人发送应诉通知书、再审申请书副本等材料。

※法规解读：第375条规定了当事人申请再审应当提交的材料；第376条规定了再审申请书应当记明的事项，其和第375条共同构成了申请再审的法定形式要件；第383条规定了有关诉讼文书的送达。上述规范对于积极引导、规范当事人的申请再审行为，确保当事人申请再审权利的落实和审判监督程序的顺利进行具有重要意义。

第二百一十一条　【再审申请的审查与再审案件的审级】人民法院应当自收到再审申请书之日起三个月内审查，符合本法规定的，裁定再审；不符合本法规定的，裁定驳回申请。有特殊情况需要延长的，由本院院长批准。

因当事人申请裁定再审的案件由中级人民法院以上的人民法院审理，但当事人依照本法第二百零六条的规定选择向基层人民法院申请再审的除外。最高人民法院、高级人民法院裁定再审的案件，由本院再审或者交其他人民法院再审，也可以交原审人民法院再审。

条文解读

本条共有2款，是关于对再审申请的审查程序及再审案件管辖法院的规定。

本条第1款规定了对再审申请进行审查的程序。为了避免当事人提出再审申请以后，长期得不到人民法院的答复，2007年《民事诉讼法》明确了对当事人的再审申请进行审查的期限。人民法院应当自收到再审申请书之日起3个月内审查。符合本法第207条规定的条件的，裁定再审；不符合本法第207条规定的条件的，裁定驳回当事人的申请。如果有特殊情况，人民法院不能在3个月内审查完毕，需要延长审查期限的，由本院院长批准。

本条第2款规定了再审案件的管辖法院。因当事人申请再审而启动再审程序的，案件应由中级人民法院以上的人民法院审理，但当事人依法向原审的基层人民法院申请再审的除外。最高人民法院、高级人民法院裁定再审的案件，由本院再审或者交其他人民法院再审，也可以交原审人民法院再审。这样规定是因为：第一，最高人民法院和高级人民法院的工作负担较重，所以可以视情况将案件交由下级人民法院审理。第二，由于最高人民法院、高级人民法院通过对再审申请的审查，已经认定原审判决、裁定、调解书存在错误，因而，将案件交给下级人民法院或者原审人民法院审理，一般都会纠正判决、裁定、调解书中的错误，维护当事人的实体权益。第三，符合方便当事人诉讼和方便人民法院审理案件的“两便”原则。上一级人民法院可以根据案件的影响程度以及案件参与人等情况，决定是否指令再审。需要指令再审的，应当考虑便利当事人行使诉讼权利以及便利人民法院审理等因素。

配套法规及解读

《最高人民法院关于适用〈中华人民共和国民事诉讼法〉的解释》(2022 年 4 月 1 日)

第三百八十四条 人民法院受理申请再审案件后，应当依照民事诉讼法第二百零七条、第二百零八条、第二百一十一条等规定，对当事人主张的再审事由进行审查。

第三百九十三条 当事人主张的再审事由成立，且符合民事诉讼法和本解释规定的申请再审条件的，人民法院应当裁定再审。

当事人主张的再审事由不成立，或者当事人申请再审超过法定申请再审期限、超出法定再审事由范围等不符合民事诉讼法和本解释规定的申请再审条件的，人民法院应当裁定驳回再审申请。

第三百九十五条 人民法院根据审查案件的需要决定是否询问当事人。新的证据可能推翻原判决、裁定的，人民法院应当询问当事人。

※法规解读：第 395 条是关于人民法院审查再审案件询问当事人的规定。人民法院审查再审申请主要采用书面审查的方式，并可以视情况决定是否询问当事人，但当事人提出新的证据可能推翻原判决、裁定的，人民法院应当询问当事人，这是必经程序。

第三百九十六条 审查再审申请期间，被申请人及原审其他当事人依法提出再审申请的，人民法院应当将其列为再审申请人，对其再审事由一并审查，审查期限重新计算。经审查，其中一方再审申请人主张的再审事由成立的，应当裁定再审。各方再审申请人主张的再审事由均不成立的，一并裁定驳回再审申请。

※法规解读：本条是对再审申请合并审查的规定。申请再审是当事人一项重要的诉讼权利，各方当事人都享有。因而，一方当事人申请再审，被申请人及原审其他当事人也申请再审的，提出再审请求的当事人均为再审申请人，对其再审事由一并审查，审查期限重新计算。任何一方再审申请人的再审事由成立的，应当裁定再审。各方再审申请人的再审事由均不成立的，一并裁定驳回再审申请。

第三百九十七条 审查再审申请期间，再审申请人申请人民法院委托鉴定、勘验的，人民法院不予准许。

※法规解读：审查再审申请期间，再审申请人申请人民法院委托鉴定、勘验的，不合举证时限制度之立法旨意，因而人民法院不予准许。

第三百九十八条 审查再审申请期间，再审申请人撤回再审申请的，是否准许，由人民法院裁定。

再审申请人经传票传唤，无正当理由拒不接受询问的，可以按撤回再审申请处理。

※法规解读：本条是关于再审撤诉的规定，再审申请人在案件审查期间申请撤回再审申请的，人民法院可以裁定准许。但如果认为裁判确有错误需要纠正的，也可以裁定不准许。再审申请人经传票传唤，无正当理由拒不接受询问，视为放弃再审请求，可以按撤回再审申请处理。

第三百九十九条 人民法院准许撤回再审申请或者按撤回再审申请处理后，再审申请人再次申请再审的，不予受理，但有民事诉讼法第二百零七条第一项、第三项、第十二项、第十三项规定情形，自知道或者应当知道之日起六个月内提出的除外。

※法规解读：本条明确了再审撤诉的法律后果，即禁止再次申请再审，但有《民事诉讼法》第207条第1、3、12、13项规定情形，当事人自知道或者应当知道之日起6个月内提出的不受此限。

第四百条 再审申请审查期间，有下列情形之一的，裁定终结审查：

（一）再审申请人死亡或者终止，无权利义务承继者或者权利义务承继者声明放弃再审申请的；

（二）在给付之诉中，负有给付义务的被申请人死亡或者终止，无可供执行的财产，也没有应当承担义务的人的；

（三）当事人达成和解协议且已履行完毕的，但当事人在和解协议中声明不放弃申请再审权利的除外；

（四）他人未经授权以当事人名义申请再审的；

（五）原审或者上一级人民法院已经裁定再审的；

（六）有本解释第三百八十一条第一款规定情形的。

※法规解读：本条规定的1~3种情形属于因当事人死亡、债务已履行或无法履行等原因，对案件进行再审已不可能或无必要，因而裁定终结审查。本条规定的4~6种情形属于因申请再审的行为无效、案件已经被裁定再审、不得申请再审等原因，对再审申请已无审查的必要，因而裁定终结审查。

《最高人民法院关于民事审判监督程序严格依法适用指令再审和发回重审若干问题的规定》（2015年2月16日）

第二条 因当事人申请裁定再审的案件一般应当由裁定再审的人民法院审理。有下列情形之一的，最高人民法院、高级人民法院可以指令原审人民法院再审：

（一）依据民事诉讼法第二百条[1]第（四）项、第（五）项或者第（九）项裁定再审的；

（二）发生法律效力的判决、裁定、调解书是由第一审法院作出的；

（三）当事人一方人数众多或者当事人双方为公民的；

（四）经审判委员会讨论决定的其他情形。

人民检察院提出抗诉的案件，由接受抗诉的人民法院审理，具有民事诉讼法第二百条[2]第（一）至第（五）项规定情形之一的，可以指令原审人民法院再审。

人民法院依据民事诉讼法第一百九十八条[3]第二款裁定再审的，应当提审。

第三条 虽然符合本规定第二条可以指令再审的条件，但有下列情形之一的，应当提审：

（一）原判决、裁定系经原审人民法院再审审理后作出的；

（二）原判决、裁定系经原审人民法院审判委员会讨论作出的；

[1] 2021年《民事诉讼法》第207条。

[2] 2021年《民事诉讼法》第207条。

[3] 2021年《民事诉讼法》第205条。

(三)原审审判人员在审理该案件时有贪污受贿,徇私舞弊,枉法裁判行为的;

(四)原审人民法院对该案无再审管辖权的;

(五)需要统一法律适用或裁量权行使标准的;

(六)其他不宜指令原审人民法院再审的情形。

※法规解读:2008 年颁布的《最高人民法院关于适用〈中华人民共和国民事诉讼法〉审判监督程序若干问题的解释》明确了再审以提审为原则,但实践中,提审原则落实得不够彻底。其中一个重要原因,就是没有在指令再审和提审两种方式之间划出清楚的区分线,导致指令再审具有一定的随意性。2015 年《最高人民法院关于民事审判监督程序严格依法适用指令再审和发回重审若干问题的规定》(以下简称《规定》)则对审判监督程序中的提审和指令再审、发回重审、再审审理范围等问题进一步予以了明确。《规定》第 2 ~ 3 条划清了提审和指令再审的界限:第一,法院依职权裁定再审的案件一律提审。上级人民法院依据《民事诉讼法》第 205 条第 2 款裁定再审,须确认原生效裁判确有错误,既已审查确定错误的存在,提审可以更加及时、准确地纠错,并可避免不必要的重复劳动和可能的矛盾裁判,故人民法院依职权再审案件应当提审,没有任何例外规定。第二,因当事人申请裁定再审案件,以提审为原则,最高人民法院、高级人民法院在四种情形下可以指令再审,前三种情形界定清晰且范围较小,第四种情形则作了极为严格的程序性限制,即需要经本院审委会讨论,没有被滥用的空间。第三,因抗诉裁定再审的案件,由接受抗诉的人民法院再审。人民检察院的抗诉是向同级人民法院提出的,而抗诉的对象是下级人民法院的生效裁判,由接受抗诉的人民法院再审,也体现了提审原则。因《民事诉讼法》第 218 条规定,有《民事诉讼法》第 207 条第 1 项至第 5 项规定情形之一的,可以交由下一级人民法院再审。第四,《规定》第 3 条对可能影响再审纠错效果的情形进一步排除了指令再审的适用。

第二百一十二条 【当事人申请再审期限】 当事人申请再审,应当在判决、裁定发生法律效力后六个月内提出;有本法第二百零七条第一项、第三项、第十二项、第十三项规定情形的,自知道或者应当知道之日起六个月内提出。

条文解读

本条是关于申请再审期限的规定。

2012年《民事诉讼法》对当事人申请再审的期限作了改变，由原来的2年修改为6个月。对当事人申请再审期限作出规定主要是为了促使当事人及时行使申请再审的权利，便于再审工作顺利进行，防止当事人无休止地缠讼，维护民事法律关系的稳定性。原来规定的2年期限过长，不利于及时解决纠纷和法律关系的稳定。

在下列几种情况下，当事人申请再审的期限，自知道或者应当知道再审事由之日起6个月内提出，不受"判决、裁定发生法律效力后六个月内"这一规定的限制，包括：(1)有新的证据，足以推翻原判决、裁定的；(2)原判决、裁定认定事实的主要证据是伪造的；(3)据以作出原判决、裁定的法律文书被撤销或者变更的；(4)审判人员审理该案件时有贪污受贿，徇私舞弊，枉法裁判行为的。2012年《民事诉讼法》将原来规定的"三个月"期限延长到"六个月"，以方便当事人收集、提供证据。

配套法规及解读

《最高人民法院关于适用〈中华人民共和国民事诉讼法〉的解释》(2022年4月1日)

第三百八十二条 当事人对已经发生法律效力的调解书申请再审，应当在调解书发生法律效力后六个月内提出。

※法规解读：本条规定明确了当事人对调解书申请再审的期限为6个月，即调解书生效后的6个月内。

第二百一十三条 【中止执行及例外】按照审判监督程序决定再审的案件，裁定中止原判决、裁定、调解书的执行，但追索赡养费、扶养费、抚养费、抚恤金、医疗费用、劳动报酬等案件，可以不中止执行。

条文解读

本条是关于再审案件中止原判决、裁定、调解书执行的规定。

依照审判监督程序决定再审的案件，包括人民法院依职权决定再审的案件和根据当事人的申请,人民法院裁定再审的案件,以及因人民检察院抗诉,人民法院裁定再审的案件。依照审判监督程序决定再审的案件,原审判决、调解书可能有错误,再审结果很可能撤销原判决、裁定、调解书或者改判,如果此时原判决、裁定、调解书尚未执行完毕,则应中止执行,否则可能会损害再审申请人的利益,并造成司法资源的浪费。1991 年和 2007 年《民事诉讼法》只规定了再审案件中止执行原判决,对裁定、调解书的再审是否中止调解书的执行没有规定,2012 年《民事诉讼法》弥补了这个缺陷。同时,考虑到追索赡养费、扶养费、抚养费、抚恤金、医疗费用、劳动报酬等案件,如果中止执行可能会影响当事人的生计,涉及其生命健康,所以又规定了此类案件可以不中止执行。

配套法规及解读

《最高人民法院关于适用〈中华人民共和国民事诉讼法〉的解释》(2022 年 4 月 1 日)

第三百九十四条 人民法院对已经发生法律效力的判决、裁定、调解书依法决定再审,依照民事诉讼法第二百一十三条规定,需要中止执行的,应当在再审裁定中同时写明中止原判决、裁定、调解书的执行;情况紧急的,可以将中止执行裁定口头通知负责执行的人民法院,并在通知后十日内发出裁定书。

※法规解读:本条规定明确了再审案件裁定中止执行的具体程序。

第二百一十四条 【再审审理程序】人民法院按照审判监督程序再审的案件,发生法律效力的判决、裁定是由第一审法院作出的,按照第一审程序审理,所作的判决、裁定,当事人可以上诉;发生法律效力的判决、裁定是由第二审法院作出的,按照第二审程序审理,所作的判决、裁定,是发生法律效力的判决、裁定;上级人民法院按照审判监督程序提审的,按照第二审程序审理,所作的判决、裁定是发生法律效力的判决、裁定。

人民法院审理再审案件,应当另行组成合议庭。

条文解读

本条共有2款，是关于再审案件审理程序的规定。

本条第1款规定了再审案件适用何种程序审理。依据《民事诉讼法》规定，再审案件可能由原审人民法院（或其同级其他人民法院）审理，也可能由上级人民法院提审。因而，再审案件的审理有两种情况：第一，再审案件由原审人民法院（或其同级其他人民法院）审理时，适用原审程序审理，即发生法律效力的判决、裁定是由第一审人民法院作出的，按照第一审程序审理，所作的判决、裁定当事人可以上诉；发生法律效力的判决、裁定是由第二审人民法院作出的，按照第二审程序审理，所作的判决、裁定是终审的判决、裁定，不允许当事人上诉。第二，上级人民法院按照审判监督程序提审的，则一律按照第二审程序审理，所作的判决、裁定是终审的判决、裁定，不允许当事人上诉。

本条第2款规定了再审案件的审判组织。再审案件审理应当采用合议制，组成合议庭来审理，合议庭成员为3人以上的单数。再审如果适用第一审程序审理的，可以由审判长、审判员和陪审员共同组成合议庭。再审案件适用第二审程序审理的，陪审员不能参加。合议庭必须另行组成，原审已经参加过案件审理的审判人员不能参加。

配套法规及解读

《最高人民法院关于适用〈中华人民共和国民事诉讼法〉的解释》(2022年4月1日)

第四百零一条　人民法院审理再审案件应当组成合议庭开庭审理，但按照第二审程序审理，有特殊情况或者双方当事人已经通过其他方式充分表达意见，且书面同意不开庭审理的除外。

符合缺席判决条件的，可以缺席判决。

第四百零二条　人民法院开庭审理再审案件，应当按照下列情形分别进行：

（一）因当事人申请再审的，先由再审申请人陈述再审请求及理由，后由被申请人答辩、其他原审当事人发表意见；

（二）因抗诉再审的，先由抗诉机关宣读抗诉书，再由申请抗诉的当事人陈述，后由被申请人答辩、其他原审当事人发表意见；

（三）人民法院依职权再审，有申诉人的，先由申诉人陈述再审请求及理由，后由被申诉人答辩、其他原审当事人发表意见；

（四）人民法院依职权再审，没有申诉人的，先由原审原告或者原审上诉人陈述，后由原审其他当事人发表意见。

对前款第一项至第三项规定的情形，人民法院应当要求当事人明确其再审请求。

※法规解读：上述两个条文规定了再审案件审理的方式和开庭审理的程序。人民法院审理再审案件应当组成合议庭开庭审理。开庭审理的方式有利于当事人充分表达自己的意见，通过庭审质证和口头辩论更有利于发现事实，从而保证案件的正确处理。所以，人民法院适用第一审程序审理的案件一律应当开庭审理，再审的案件也不例外。按照第二审程序审理的再审案件，原则上也应开庭审理，但有特殊情况或者双方当事人已经其他方式充分表达意见，且书面同意不开庭审理的，则可以不开庭审理。

第四百零三条 人民法院审理再审案件应当围绕再审请求进行。当事人的再审请求超出原审诉讼请求的，不予审理；符合另案诉讼条件的，告知当事人可以另行起诉。

被申请人及原审其他当事人在庭审辩论结束前提出的再审请求，符合民事诉讼法第二百一十二条规定的，人民法院应当一并审理。

人民法院经再审，发现已经发生法律效力的判决、裁定损害国家利益、社会公共利益、他人合法权益的，应当一并审理。

※法规解读：本条规定了再审案件的审理范围。作为纠错和救济的程序，对再审案件的审理应围绕再审请求进行。当事人的再审请求超出原审诉讼请求的，不属于再审的范围，不予审理，符合另案诉讼条件的，告知其另行起诉。同时，当事人再审请求未涉及，但再审人民法院发现已生效判决、裁定损害国家利益、社会公共利益、他人合法权益的，应当予以纠正，一并审理。被申请人及原审其他当事人在庭审辩论结束前提出的再审请求，符合法定申请再审期限的，人民法院应当一并审理。

第四百零四条 再审审理期间，有下列情形之一的，可以裁定终结再审程序：

（一）再审申请人在再审期间撤回再审请求，人民法院准许的；

（二）再审申请人经传票传唤，无正当理由拒不到庭的，或者未经法庭许可中途退庭，按撤回再审请求处理的；

（三）人民检察院撤回抗诉的；

（四）有本解释第四百条第一项至第四项规定情形的。

因人民检察院提出抗诉裁定再审的案件，申请抗诉的当事人有前款规定的情形，且不损害国家利益、社会公共利益或者他人合法权益的，人民法院应当裁定终结再审程序。

再审程序终结后，人民法院裁定中止执行的原生效判决自动恢复执行。

第四百零五条 人民法院经再审审理认为，原判决、裁定认定事实清楚、适用法律正确的，应予维持；原判决、裁定认定事实、适用法律虽有瑕疵，但裁判结果正确的，应当在再审判决、裁定中纠正瑕疵后予以维持。

原判决、裁定认定事实、适用法律错误，导致裁判结果错误的，应当依法改判、撤销或者变更。

第四百零六条 按照第二审程序再审的案件，人民法院经审理认为不符合民事诉讼法规定的起诉条件或者符合民事诉讼法第一百二十七条规定不予受理情形的，应当裁定撤销一、二审判决，驳回起诉。

第四百零七条 人民法院对调解书裁定再审后，按照下列情形分别处理：

（一）当事人提出的调解违反自愿原则的事由不成立，且调解书的内容不违反法律强制性规定的，裁定驳回再审申请；

（二）人民检察院抗诉或者再审检察建议所主张的损害国家利益、社会公共利益的理由不成立的，裁定终结再审程序。

前款规定情形，人民法院裁定中止执行的调解书需要继续执行的，自动恢复执行。

第四百零八条 一审原告在再审审理程序中申请撤回起诉，经其他当事人同意，且不损害国家利益、社会公共利益、他人合法权益的，人民法院可以准许。裁定准许撤诉的，应当一并撤销原判决。

一审原告在再审审理程序中撤回起诉后重复起诉的，人民法院不予受理。

※法规解读：上述五个条文规定了再审案件的审理结果。包括：(1)裁定终结再审程序。(2)维持原判决、裁定。(3)依法改判、撤销或者变更原判决、裁定。(4)裁定撤销一、二审判决，驳回起诉。(5)对调解书裁定驳回再审申请或终结再审程序。(6)裁定准许撤回起诉并撤销原判决。

第四百一十条 部分当事人到庭并达成调解协议，其他当事人未作出书面表示的，人民法院应当在判决中对该事实作出表述；调解协议内容不违反法律规定，且不损害其他当事人合法权益的，可以在判决主文中予以确认。

※法规解读：本条规定明确了部分当事人达成调解协议，其他当事人未作出书面表示的，人民法院可以依法对该调解协议在判决主文中确认。此规定体现出鼓励调解、尊重当事人处分权、兼顾诉讼效率的政策导向。

第四百二十条 必须共同进行诉讼的当事人因不能归责于本人或者其诉讼代理人的事由未参加诉讼的，可以根据民事诉讼法第二百零七条第八项规定，自知道或者应当知道之日起六个月内申请再审，但符合本解释第四百二十一条规定情形的除外。

人民法院因前款规定的当事人申请而裁定再审，按照第一审程序再审的，应当追加其为当事人，作出新的判决、裁定；按照第二审程序再审，经调解不能达成协议的，应当撤销原判决、裁定，发回重审，重审时应追加其为当事人。

※法规解读：本条是关于再审程序中追加当事人的规定。原审遗漏了必须参加诉讼的必要共同诉讼人的，如其未参加诉讼的原因不能归责于本人或者其诉讼代理人，可依法申请再审。按照第一审程序再审的，应当追加其为当事人，撤销原判决，作出新的判决、裁定。按照第二审程序再审，经调解不能达成协议的，应当撤销原判决、裁定，发回重审，重审时应追加其为当事人。这样规定保证了遗漏的必要共同诉讼人参加诉讼的权利，维护了其程序利益。

第四百二十四条 对小额诉讼案件的判决、裁定，当事人以民事诉讼法第二百零七条规定的事由向原审人民法院申请再审的，人民法院应当受理。申请再审事由成立的，应当裁定再审，组成合议庭进行审理。作出的再审判决、裁定，当事人不得上诉。

当事人以不应按小额诉讼案件审理为由向原审人民法院申请再审的，人民法院应当受理。理由成立的，应当裁定再审，组成合议庭审理。作出的再审判决、裁定，当事人可以上诉。

※法规解读：本条是关于小额诉讼案件适用审判监督程序的规定。对小额诉讼案件的判决、裁定，当事人有权依法申请再审，具体而言：(1)具备《民事诉讼法》第 207 条规定的再审事由而再审的，实行一审终审，作出的再审判决、裁定，当事人不得上诉。(2)因不应按小额诉讼案件审理而再审的，实行两审终审，作出的再审判决、裁定，当事人可以上诉。(3)前述两种情况下，当事人均应向原审人民法院申

请再审,裁定再审的,组成合议庭审理。

《最高人民法院关于民事审判监督程序严格依法适用指令再审和发回重审若干问题的规定》(2015年2月16日)

第四条 人民法院按照第二审程序审理再审案件,发现原判决认定基本事实不清的,一般应当通过庭审认定事实后依法作出判决。但原审人民法院未对基本事实进行过审理的,可以裁定撤销原判决,发回重审。原判决认定事实错误的,上级人民法院不得以基本事实不清为由裁定发回重审。

第五条 人民法院按照第二审程序审理再审案件,发现第一审人民法院有下列严重违反法定程序情形之一的,可以依照民事诉讼法第一百七十条[1]第一款第(四)项的规定,裁定撤销原判决,发回第一审人民法院重审:

(一)原判决遗漏必须参加诉讼的当事人的;

(二)无诉讼行为能力人未经法定代理人代为诉讼,或者应当参加诉讼的当事人,因不能归责于本人或者其诉讼代理人的事由,未参加诉讼的;

(三)未经合法传唤缺席判决,或者违反法律规定剥夺当事人辩论权利的;

(四)审判组织的组成不合法或者依法应当回避的审判人员没有回避的;

(五)原判决、裁定遗漏诉讼请求的。

※法规解读:上述两个条文明确了再审发回重审的适用标准。第一,因事实问题发回重审。“原判决认定基本事实不清的”,以“通过庭审认定事实后依法作出判决”为原则,以发回重审为例外,同时规定,对“认定事实错误的”不得发回重审。仅将“未对基本事实进行过审理”作为“认定基本事实不清”而发回重审的例外情形。对基本事实未经过庭审审理,相关证据没有组织过举证质证,因而可能需要发回重审,听取当事人的意见。第二,因违反法定程序发回重审。主要包括两个方面:一是明确只有一审程序严重违法,才可发回重审。一审程序合法,二审程序存在严重违反法定程序情形的,因再审可以弥补原二审程序存在的问题,因而不得发回重审。二是结合《民事诉讼法》第177条第1款第4项的规定,将可以发回重审的程序性事由限定为原判决遗漏必须参加诉讼的当事人等五种具体情形。

第七条 再审案件应当围绕申请人的再审请求进行审理和裁判。对方当事人在再审庭审辩论终结前也提出再审请求的,应一并审理和裁判。当事人的再审请

---

〔1〕 2021年《民事诉讼法》第177条。

求超出原审诉讼请求的不予审理，构成另案诉讼的应告知当事人可以提起新的诉讼。

第八条　再审发回重审的案件，应当围绕当事人原诉讼请求进行审理。当事人申请变更、增加诉讼请求和提出反诉的，按照《最高人民法院关于适用〈中华人民共和国民事诉讼法〉的解释》第二百五十二条的规定审查决定是否准许。当事人变更其在原审中的诉讼主张、质证及辩论意见的，应说明理由并提交相应的证据，理由不成立或证据不充分的，人民法院不予支持。

※法规解读：上述两个条文进一步明确了再审的审理范围。第7条强调再审应覆盖当事人在再审期间的全部争议。第8条强调再审发回重审案件，应当围绕当事人原诉讼请求进行审理。当事人申请变更、增加诉讼请求和提出反诉的，只有在《最高人民法院关于适用〈中华人民共和国民事诉讼法〉的解释》第252条规定的四种特殊情况下才予准许，且应当有充分的理由和证据。

第二百一十五条　【检察院提出抗诉或者检察建议】最高人民检察院对各级人民法院已经发生法律效力的判决、裁定，上级人民检察院对下级人民法院已经发生法律效力的判决、裁定，发现有本法第二百零七条规定情形之一的，或者发现调解书损害国家利益、社会公共利益的，应当提出抗诉。

地方各级人民检察院对同级人民法院已经发生法律效力的判决、裁定，发现有本法第二百零七条规定情形之一的，或者发现调解书损害国家利益、社会公共利益的，可以向同级人民法院提出检察建议，并报上级人民检察院备案；也可以提请上级人民检察院向同级人民法院提出抗诉。

各级人民检察院对审判监督程序以外的其他审判程序中审判人员的违法行为，有权向同级人民法院提出检察建议。

条文解读

本条共有3款，是关于人民检察院对生效判决、裁定、调解书提出抗诉、检察建议的规定。

本条第1款规定了民事抗诉的提出，即由哪一级人民检察院对哪一级人民法院的生效判决、裁定、调解书提出抗诉。抗诉原则上实行“上级抗”，即上级人民检察院对下级人民法院生效的判决、裁定、调解书向与上级人民检察院同级的人民法院提出抗诉。包括两种情况:第一,最高人民检察院对各级人民法院已经发生法律效力的判决、裁定,发现有《民事诉讼法》第207条规定情形之一的,应当提出抗诉;最高人民检察院对各级人民法院已经发生法律效力的调解书,发现损害国家利益、社会公共利益的,应当提出抗诉。第二,上级人民检察院对下级人民法院已经发生法律效力的判决、裁定,发现有《民事诉讼法》第207条规定情形之一的,应当提出抗诉。上级人民检察院对下级人民法院已经发生法律效力的调解书,发现损害国家利益、社会公共利益的,应当提出抗诉。需要说明的是,最高人民检察院可以进行"同级抗",对最高人民法院生效的判决、裁定、调解书,依法提出抗诉。

本条第2款是关于地方各级人民检察院提出检察建议的规定。由于只有最高人民检察院可以"同级抗",所以,地方各级人民检察院对同级人民法院已经发生法律效力的判决、裁定,发现有《民事诉讼法》第207条规定情形之一的,或者发现调解书损害国家利益、社会公共利益的,不能直接抗诉,可以提请上级人民检察院向同级人民法院提出抗诉。同时,《民事诉讼法》还规定了可以向同级人民法院提出检察建议,并报上级人民检察院备案。在这种情况下,如果同级人民法院接受检察建议、决定再审的,既实现了检查监督的目的,又节约了抗诉的成本,因而有利于节约司法资源,提高审判监督程序的效率。

本条第3款规定了各级人民检察院对审判监督程序以外的民事审判活动如何实施监督。人民检察院作为国家的法律监督机关,对民事诉讼活动进行监督是我国民事诉讼立法的一项基本原则。因而,人民检察院的监督应该贯穿于诉讼的全过程,而不应仅限于事后监督。所以本条第3款规定,各级人民检察院对审判监督程序以外的其他审判程序中审判人员的违法行为,有权向同级人民法院提出检察建议,从而完善了人民检察院对民事审判活动的监督权。

配套法规及解读

《最高人民法院关于适用〈中华人民共和国民事诉讼法〉的解释》(2022年4月1日)

第四百一十一条 人民检察院依法对损害国家利益、社会公共利益的发生法律效力的判决、裁定、调解书提出抗诉,或者经人民检察院检察委员会讨论决定提出再审检察建议的,人民法院应予受理。

第四百一十二条　人民检察院对已经发生法律效力的判决以及不予受理、驳回起诉的裁定依法提出抗诉的,人民法院应予受理,但适用特别程序、督促程序、公示催告程序、破产程序以及解除婚姻关系的判决、裁定等不适用审判监督程序的判决、裁定除外。

第四百一十三条　人民检察院依照民事诉讼法第二百一十六条第一款第三项规定对有明显错误的再审判决、裁定提出抗诉或者再审检察建议的,人民法院应予受理。

第四百一十四条　地方各级人民检察院依当事人的申请对生效判决、裁定向同级人民法院提出再审检察建议,符合下列条件的,应予受理:

(一)再审检察建议书和原审当事人申请书及相关证据材料已经提交;

(二)建议再审的对象为依照民事诉讼法和本解释规定可以进行再审的判决、裁定;

(三)再审检察建议书列明该判决、裁定有民事诉讼法第二百一十五条第二款规定情形;

(四)符合民事诉讼法第二百一十六条第一款第一项、第二项规定情形;

(五)再审检察建议经该人民检察院检察委员会讨论决定。

不符合前款规定的,人民法院可以建议人民检察院予以补正或者撤回;不予补正或者撤回的,应当函告人民检察院不予受理。

※法规解读:第 411 ~413 条进一步明确了人民检察院提出抗诉或再审检察建议的适用范围。第 414 条明确了人民法院受理再审检察建议的条件和程序。

关联法规索引

《宪法》第 134 ~138 条;《人民检察院民事诉讼监督规则》;《人民检察院检察建议工作规定》

第二百一十六条　【当事人申请检察建议或者抗诉】有下列情形之一的,当事人可以向人民检察院申请检察建议或者抗诉:

(一)人民法院驳回再审申请的;

（二）人民法院逾期未对再审申请作出裁定的；

（三）再审判决、裁定有明显错误的。

人民检察院对当事人的申请应当在三个月内进行审查，作出提出或者不予提出检察建议或者抗诉的决定。当事人不得再次向人民检察院申请检察建议或者抗诉。

条文解读

本条共有 2 款，是关于当事人申请检察建议或者抗诉的规定。

本条第 1 款规定了当事人向人民检察院申请检察建议或者抗诉的情形。实践中有些当事人既向人民法院申请了再审，同时向检察机关提出了申诉。因而，为更好地配置司法资源，增强法律监督实效，避免多头申诉，有必要明确当事人申请检察建议或者抗诉的条件：(1)人民法院驳回再审申请的，即当事人提出再审申请以后，人民法院经审查认为不符合再审条件，或者超过申请期限，而裁定驳回再审申请的。(2)人民法院逾期未对再审申请作出裁定的，即人民法院没有依据《民事诉讼法》第 211 条的规定，自收到再审申请书之日起后 3 个月内审查并作出裁定，也没有延长期限的情况。(3)再审判决、裁定有明显错误的，即案件经过再审后，仍然存在明显错误。本款规定实际上明确了当事人向人民法院申请再审是向检察机关申请检察建议或者抗诉的前置程序。

本条第 2 款规定了人民检察院对当事人申请检察建议或者抗诉的处理程序。人民检察院对当事人的申请应当进行审查，审查期限为 3 个月。经审查，认为具备本条第 1 款规定情形的，作出提出检察建议或者抗诉的决定；反之，作出不予提出检察建议或者抗诉的决定。为了防止当事人滥诉，造成终审不终的局面，当事人申请检察建议或者抗诉以一次为限，已经申请过的，当事人不得再次向人民检察院提出申请。

第二百一十七条　【检察院的调查权】人民检察院因履行法律监督职责提出检察建议或者抗诉的需要，可以向当事人或者案外人调查核实有关情况。

条文解读

本条是关于人民检察院调查权的规定。

为了保证人民检察院正确履行法律监督职责，提高检察监督的质量，《民事诉讼法》规定了人民检察院因履行法律监督职责提出检察建议或者抗诉的需要，可以行使调查权，传唤、询问本案当事人或者案外人，调查核实有关情况。当事人和案外人应当支持人民检察院依法履行职责，如实提供有关信息。依照本条行使调查权主要是了解与生效判决、裁定、调解书有关的特定信息，从而决定是否提出检察建议或者抗诉。人民检察院在行使调查权时要注意严格遵守法律，根据提出检察建议或者抗诉的需要了解必要的信息，尊重并保护民事诉讼当事人的合法权益。

关联法规索引

《最高人民法院关于适用〈中华人民共和国民事诉讼法〉的解释》第 419 条

第二百一十八条　【抗诉案件的审理】人民检察院提出抗诉的案件，接受抗诉的人民法院应当自收到抗诉书之日起三十日内作出再审的裁定；有本法第二百零七条第一项至第五项规定情形之一的，可以交下一级人民法院再审，但经该下一级人民法院再审的除外。

条文解读

本条是关于对抗诉案件裁定再审的期限以及抗诉案件管辖法院的规定。

1991 年《民事诉讼法》并未明确人民法院在接到人民检察院的抗诉之后，在多长的期限内裁定再审。2007 年《民事诉讼法》明确了接受抗诉的人民法院应当自收到抗诉书之日起 30 日内作出再审的裁定。与当事人申请再审不同，人民检察院基于法律监督权依法提出抗诉以后，人民法院必须再审。因而这 30 日的期限并非对抗诉进行审查的期限。

接受抗诉的人民法院是提出抗诉的人民检察院的同级人民法院，也是对案件进行再审的人民法院。但如果有《民事诉讼法》第 207 条第 1 项至第 5 项规定情形之一的，可以交下一级人民法院再审。因为这 5 项规定情形涉及的主要是案件事实问题，由原审人民法院再审，方便对证据的调查。对此，2012 年《民事诉讼法》增加了一项限制，即如果案件已经经过原审人民法院再审，为了保证客观、公正，则不能由其再次审理。

配套法规及解读

《最高人民法院关于适用〈中华人民共和国民事诉讼法〉的解释》(2022 年 4 月 1 日)

第四百一十五条 人民检察院依当事人的申请对生效判决、裁定提出抗诉，符合下列条件的，人民法院应当在三十日内裁定再审：

(一)抗诉书和原审当事人申请书及相关证据材料已经提交；

(二)抗诉对象为依照民事诉讼法和本解释规定可以进行再审的判决、裁定；

(三)抗诉书列明该判决、裁定有民事诉讼法第二百一十五条第一款规定情形；

(四)符合民事诉讼法第二百一十六条第一款第一项、第二项规定情形。

不符合前款规定的，人民法院可以建议人民检察院予以补正或者撤回；不予补正或者撤回的，人民法院可以裁定不予受理。

※法规解读：为保证人民检察院依法行使抗诉权，正确履行审判监督职能，本条规定了人民法院对人民检察院提出的抗诉裁定再审应当具备的条件，并且规定了抗诉不符合法定条件的，人民法院可以建议人民检察院予以补正或者撤回；不予补正或者撤回的，人民法院可以裁定不予受理。

第四百一十六条 当事人的再审申请被上级人民法院裁定驳回后，人民检察院对原判决、裁定、调解书提出抗诉，抗诉事由符合民事诉讼法第二百零七条第一项至第五项规定情形之一的，受理抗诉的人民法院可以交由下一级人民法院再审。

※法规解读：本条规定明确了受理抗诉的人民法院可以将案件交由下一级人民法院再审的具体情形。

第四百一十七条 人民法院收到再审检察建议后，应当组成合议庭，在三个月内进行审查，发现原判决、裁定、调解书确有错误，需要再审的，依照民事诉讼法第二百零五条规定裁定再审，并通知当事人；经审查，决定不予再审的，应当书面回复人民检察院。

※法规解读：本条规定明确了人民法院对再审检察建议的处理程序和处理

结果。

第四百一十八条　人民法院审理因人民检察院抗诉或者检察建议裁定再审的案件，不受此前已经作出的驳回当事人再审申请裁定的影响。

第二百一十九条　【抗诉书】人民检察院决定对人民法院的判决、裁定、调解书提出抗诉的，应当制作抗诉书。

第二百二十条　【检察员出庭】人民检察院提出抗诉的案件，人民法院再审时，应当通知人民检察院派员出席法庭。

配套法规及解读

《最高人民法院关于适用〈中华人民共和国民事诉讼法〉的解释》(2022 年 4 月 1 日)

第四百一十九条　人民法院开庭审理抗诉案件，应当在开庭三日前通知人民检察院、当事人和其他诉讼参与人。同级人民检察院或者提出抗诉的人民检察院应当派员出庭。

人民检察院因履行法律监督职责向当事人或者案外人调查核实的情况，应当向法庭提交并予以说明，由双方当事人进行质证。

※法规解读：本条第 1 款规定了人民法院开庭审理抗诉案件通知人民检察院、当事人和其他诉讼参与人的期限为开庭 3 日前。本条第 2 款规定了人民检察院因履行法律监督职责行使调查权，向当事人或者案外人调查核实的情况，应当向法庭提交并予以说明，由双方当事人进行质证。这有利于保障当事人的辩论权，实现诉讼公正。

第十七章　督 促 程 序

本章介绍

督促程序是人民法院根据债权人提出的要求债务人给付一定的金钱或者有价证券的申请，向债务人发出支付令，催促债务人限期履行义务，或在法定期间提出异议，否则该支付令即生效并可作为执行根据的一种程序。在债务人对债务无争议的情况下，债权人可以利用督促程序快速实现债权。本章规定了债权人申请支付令的条件、支付令的审查和签发、支付令异议、督促程序终结等内容。

第二百二十一条　【支付令申请】 债权人请求债务人给付金钱、有价证券，符合下列条件的，可以向有管辖权的基层人民法院申请支付令：

（一）债权人与债务人没有其他债务纠纷的；

（二）支付令能够送达债务人的。

申请书应当写明请求给付金钱或者有价证券的数量和所根据的事实、证据。

条文解读

本条共有 2 款，是关于申请支付令的条件以及申请书内容的规定。

本条第 1 款规定了债权人申请签发支付令的条件：第一，只适用于请求给付金钱、有价证券的案件。金钱和有价证券的给付在实践中便于计算和操作，这类给付之诉相对于其他诉讼请求更容易得到迅速清偿，对造成的损失也更易于弥补。第二，债权人与债务人没有其他债务纠纷，即债务人对债权人单向负有给付义务且不附任何条件。如果债权人对债务人也负有给付义务或者债务人的给付义务是附条件的，则不适用督促程序。第三，支付令能够送达债务人，即人民法院能够依照法定送达方式将支付令实际送达债务人。支付令的送达以直接送达为原则，只有债务人拒绝接受支付令时才适用留置送达。公告送达和通过外交途径送达因为无法保证实际送达而不适用。第四,向有管辖权的人民法院提出支付令申请。根据《最高人民法院关于适用〈中华人民共和国民事诉讼法〉的解释》的规定,债权人申请支付令,适用《民事诉讼法》“原告就被告”的规定,由债务人住所地的基层人民法院管辖。

本条第2款规定了申请书应当具备的内容。申请书是债权人向人民法院提出的旨在引起督促程序发生的诉讼文书。申请书应当列明下列事项:(1)当事人及其法定代理人的基本情况。(2)请求给付金钱或有价证券的数量以及所依据的事实和证据。(3)提出表明申请人民法院签发支付令的意愿并陈述理由。(4)申请发出支付令的人民法院的名称和当事人签名。

配套法规及解读

《最高人民法院关于适用〈中华人民共和国民事诉讼法〉的解释》(2022年4月1日)

第二十三条　债权人申请支付令,适用民事诉讼法第二十二条规定,由债务人住所地基层人民法院管辖。

第四百二十五条　两个以上人民法院都有管辖权的,债权人可以向其中一个基层人民法院申请支付令。

债权人向两个以上有管辖权的基层人民法院申请支付令的,由最先立案的人民法院管辖。

※法规解读:上述司法解释明确了债权人申请支付令的级别管辖和地域管辖,即只能由债务人住所地基层人民法院管辖,且不受争议金额的限制。这也符合督促程序非讼程序的性质。债权人申请支付令也适用《民事诉讼法》关于共同管辖和选择管辖的有关规定,即当数个人民法院对同一申请支付令案件都有管辖权时,债权人选择其中一个人民法院申请支付令。债权人向两个以上有管辖权的人民法院申请支付令的,先立案的人民法院有管辖权。

关联法规索引

《海事诉讼特别程序法》第99条;《劳动合同法》第30条;《民事诉讼法》第22、36条

第二百二十二条 【受理】债权人提出申请后，人民法院应当在五日内通知债权人是否受理。

配套法规及解读

《最高人民法院关于适用〈中华人民共和国民事诉讼法〉的解释》（2022年4月1日）

第四百二十六条 人民法院收到债权人的支付令申请书后，认为申请书不符合要求的，可以通知债权人限期补正。人民法院应当自收到补正材料之日起五日内通知债权人是否受理。

第四百二十七条 债权人申请支付令，符合下列条件的，基层人民法院应当受理，并在收到支付令申请书后五日内通知债权人：

（一）请求给付金钱或者汇票、本票、支票、股票、债券、国库券、可转让的存款单等有价证券；

（二）请求给付的金钱或者有价证券已到期且数额确定，并写明了请求所根据的事实、证据；

（三）债权人没有对待给付义务；

（四）债务人在我国境内且未下落不明；

（五）支付令能够送达债务人；

（六）收到申请书的人民法院有管辖权；

（七）债权人未向人民法院申请诉前保全。

不符合前款规定的，人民法院应当在收到支付令申请书后五日内通知债权人不予受理。

基层人民法院受理申请支付令案件，不受债权金额的限制。

※法规解读：上述两个条文明确了人民法院受理债权人支付令申请的条件和程序。

第二百二十三条　【支付令的审理、异议和执行】 人民法院受理申请后，经审查债权人提供的事实、证据，对债权债务关系明确、合法的，应当在受理之日起十五日内向债务人发出支付令；申请不成立的，裁定予以驳回。

债务人应当自收到支付令之日起十五日内清偿债务，或者向人民法院提出书面异议。

债务人在前款规定的期间不提出异议又不履行支付令的，债权人可以向人民法院申请执行。

条文解读

本条共有3款，是关于支付令申请的审理、异议和执行的规定。

本条第1款规定了支付令申请的审理。人民法院接到支付令申请后，应当依据债权人提供的事实、证据进行审查。在审查方式上主要实行书面审查，无须开庭审理，也不实行对审辩论。审查以债权人的请求为限，主要审查双方债权债务关系是否明确、合法。其中，明确，是指债权债务关系清楚、数额明确，债务人对债权人有给付义务。合法是指债权债务的内容不违反法律和公序良俗。经审查，认为双方债权债务关系明确、合法的，人民法院应当在受理之日起15日内向债务人发出支付令，催促债务人主动履行债务。反之，认为债权人的申请不能成立的，裁定驳回申请。

本条第2款规定了债务人异议。为了保证债务人的合法权利，保证支付令签发的正确性，本款规定了债务人不服支付令所确定的给付义务的，有权提出异议。支付令异议成立的条件是：第一，须由债务人及其法定代理人、授权的委托诉讼代理人提出。第二，必须采用书面形式，口头异议无效。第三，须在法律规定的期限内提出异议，即接到支付令之日起15日内。第四，所提出的异议是对债务本身存在与否的异议，如主张以缺乏履行能力作为抗辩的，不构成异议。

本条第3款规定了支付令的生效和执行。债务人接到支付令后，在法定的期限内既未依法提出异议，又不履行支付令中的给付义务的，支付令生效。生效的支付令可作为执行根据，由债权人向人民法院申请强制执行。

配套法规及解读

《最高人民法院关于适用〈中华人民共和国民事诉讼法〉的解释》(2022年4月1日)

第四百二十八条 人民法院受理申请后,由审判员一人进行审查。经审查,有下列情形之一的,裁定驳回申请:

(一)申请人不具备当事人资格的;

(二)给付金钱或者有价证券的证明文件没有约定逾期给付利息或者违约金、赔偿金,债权人坚持要求给付利息或者违约金、赔偿金的;

(三)要求给付的金钱或者有价证券属于违法所得的;

(四)要求给付的金钱或者有价证券尚未到期或者数额不确定的。

人民法院受理支付令申请后,发现不符合本解释规定的受理条件的,应当在受理之日起十五日内裁定驳回申请。

※法规解读:本条第1款列举了人民法院经审查裁定驳回申请的具体情形。本条第2款明确了人民法院受理支付令申请后发现不符合受理条件的,在受理之日起15日内裁定驳回申请。

第四百二十九条 向债务人本人送达支付令,债务人拒绝接收的,人民法院可以留置送达。

※法规解读:本条是关于支付令适用留置送达的规定。留置送达,是指受送达人拒绝签收向其送达的诉讼文书时,送达人依法将诉讼文书放置在受送达人的住所并履行相应手续即视为完成送达手续的送达方式。依据本条,人民法院向债务人本人送达支付令时,债务人拒绝签收的,可以留置送达。

第四百三十条 有下列情形之一的,人民法院应当裁定终结督促程序,已发出支付令的,支付令自行失效:

(一)人民法院受理支付令申请后,债权人就同一债权债务关系又提起诉讼的;

(二)人民法院发出支付令之日起三十日内无法送达债务人的;

(三)债务人收到支付令前,债权人撤回申请的。

※法规解读:在上述三种情况下,督促程序已无继续进行的必要或可能,因而应裁定终结督促程序,已发出支付令的,支付令自行失效。

第四百三十一条 债务人在收到支付令后,未在法定期间提出书面异议,而向其他人民法院起诉的,不影响支付令的效力。

债务人超过法定期间提出异议的,视为未提出异议。

第四百三十二条 债权人基于同一债权债务关系,在同一支付令申请中向债务人提出多项支付请求,债务人仅就其中一项或者几项请求提出异议的,不影响其他各项请求的效力。

第四百三十三条 债权人基于同一债权债务关系,就可分之债向多个债务人提出支付请求,多个债务人中的一人或者几人提出异议的,不影响其他请求的效力。

第四百三十四条 对设有担保的债务的主债务人发出的支付令,对担保人没有拘束力。

债权人就担保关系单独提起诉讼的,支付令自人民法院受理案件之日起失效。

第四百三十五条 经形式审查,债务人提出的书面异议有下列情形之一的,应当认定异议成立,裁定终结督促程序,支付令自行失效:

(一)本解释规定的不予受理申请情形的;

(二)本解释规定的裁定驳回申请情形的;

(三)本解释规定的应当裁定终结督促程序情形的;

(四)人民法院对是否符合发出支付令条件产生合理怀疑的。

第四百三十六条 债务人对债务本身没有异议,只是提出缺乏清偿能力、延缓债务清偿期限、变更债务清偿方式等异议的,不影响支付令的效力。

人民法院经审查认为异议不成立的,裁定驳回。

债务人的口头异议无效。

※法规解读:上述条文规定了不构成支付令异议以及部分异议的情形及其效力、支付令异议成立的情形及其效力。

第四百三十七条 人民法院作出终结督促程序或者驳回异议裁定前,债务人请求撤回异议的,应当裁定准许。

债务人对撤回异议反悔的,人民法院不予支持。

※法规解读:本条规定了支付令异议的撤回及其效力。人民法院作出终结督促程序或者驳回异议裁定前,债务人有权撤回异议但不得反悔。

第二百二十四条 【终结督促程序】 人民法院收到债务人提出的书面异议后,经审查,异议成立的,应当裁定终结督促程序,支付令自行失效。

支付令失效的,转入诉讼程序,但申请支付令的一方当事人不同意提起诉讼的除外。

条文解读

本条共有 2 款,是关于支付令失效后督促程序终结以及督促程序与诉讼程序衔接的规定。

本条第 1 款规定了督促程序的终结。对于债务人提出的支付令异议,人民法院应当审查异议是否成立。人民法院对债务人的书面异议仅进行形式审查,这也符合督促程序的非讼性质。督促程序以假定债权债务人之间无争议为前提,一旦双方出现争议就应该通过诉讼程序解决。所以人民法院在督促程序中无须对支付令异议进行实质审查,经形式审查异议成立的,直接裁定终结督促程序。已签发的支付令自行失效。

本条第 2 款规定了督促程序与诉讼程序的衔接。督促程序在我国民事司法实践中的适用性并不高,其原因之一是缺少与诉讼程序的衔接。债权人如果利用督促程序主张债权,一旦债务人提出支付令异议,督促程序即告终结,双方的财产争议仍然需要另案通过诉讼程序来解决。在这种情况下,已经进行的督促程序不但没有解决问题,反而耗费了当事人和人民法院的资源。所以很多当事人会直接选择进行诉讼。在国外,有些国家如德国、日本等国,督促程序终结后直接转入诉讼程序,诉讼程序溯及督促程序开始之时,支付令的申请视为起诉。这种做法虽然提高了纠纷解决的效率,但是却忽视了当事人的意愿和处分权利。2012 年《民事诉讼法》在借鉴国外督促程序与诉讼程序具有一定衔接的同时,考虑到尊重当事人的自主意愿和处分权利,规定支付令失效的,督促程序即可转入诉讼程序,除非申请支付令的一方不同意提起诉讼,从而兼顾了效率和自由。

配套法规及解读

《最高人民法院关于适用〈中华人民共和国民事诉讼法〉的解释》(2022年4月1日)

第四百三十八条 支付令失效后，申请支付令的一方当事人不同意提起诉讼的，应当自收到终结督促程序裁定之日起七日内向受理申请的人民法院提出。

申请支付令的一方当事人不同意提起诉讼的，不影响其向其他有管辖权的人民法院提起诉讼。

第四百三十九条 支付令失效后，申请支付令的一方当事人自收到终结督促程序裁定之日起七日内未向受理申请的人民法院表明不同意提起诉讼的，视为向受理申请的人民法院起诉。

债权人提出支付令申请的时间，即为向人民法院起诉的时间。

※法规解读：上述两条是对督促程序与诉讼程序衔接的补充规定。支付令失效后，存在以下两种情形：第一，申请支付令的一方当事人不同意提起诉讼的，应当自收到终结督促程序裁定之日起7日内向受理申请的人民法院提出，其仍有向有管辖权的人民法院起诉的权利。第二，申请支付令的一方当事人未在收到终结督促程序7日内表明不同意提起诉讼的，视为向受理申请的人民法院起诉。督促程序转入诉讼程序，债权人提出支付令申请的时间，即为向人民法院起诉的时间。

第四百四十一条 人民法院院长发现本院已经发生法律效力的支付令确有错误，认为需要撤销的，应当提交本院审判委员会讨论决定后，裁定撤销支付令，驳回债权人的申请。

※法规解读：本条规定了对支付令错误的救济。已经生效的支付令并非不可更改，可以依法撤销。如果人民法院发现本院已经生效的支付令确有错误的，由院长提交审判委员会讨论决定后，裁定撤销支付令，驳回债权人的申请。如果已经执行的，适用《民事诉讼法》执行回转的有关规定。

关联法规索引

《最高人民法院关于适用〈中华人民共和国民事诉讼法〉的解释》第440条

第十八章　公示催告程序

本章介绍

公示催告程序，是指人民法院根据当事人的申请，以公示的方式催告不明利害关系人，在法定期间内申报权利，逾期无人申报，根据当事人的申请作出除权判决的程序。公示催告程序为非讼程序，只是确认票据丧失、无人申报、票据无效等事实，并不解决票据争议。通过公示催告程序，有利于维护失票人的合法权益，对利害关系人的合法权益进行救济，确保票据安全流通。本章规定了申请公示催告程序的条件、止付和公告、利害关系人申报权利、申请和作出除权判决等内容。

第二百二十五条　【适用范围】按照规定可以背书转让的票据持有人，因票据被盗、遗失或者灭失，可以向票据支付地的基层人民法院申请公示催告。依照法律规定可以申请公示催告的其他事项，适用本章规定。

申请人应当向人民法院递交申请书，写明票面金额、发票人、持票人、背书人等票据主要内容和申请的理由、事实。

条文解读

本条共有2款，是关于公示催告的适用范围和如何申请公示催告的规定。

本条第1款规定了公示催告的适用范围，包括：(1)可以背书转让的票据。票据是由出票人签发的，承诺由自己或委托付款人在见票时无条件支付一定数额金钱的凭证。我国《票据法》中规定的票据包括本票、汇票和支票。背书转让，是指票据持有人在票据背面签名，将票据上的权利转让给他人。除在票据上表明不得背书转让以外，本票、汇票和支票三种票据均可以通过背书转让。(2)法律规定可以申请公示催告的其他事项。目前，我国法律中还没有明确规定除票据外的哪些事项可以申请公示催告。这项规定属于兜底条款，主要是为了适应社会发展需要。

随着商品经济和社会生活的日益发展，今后可能有法律对适用公示催告的事项作出规定，所以《民事诉讼法》在这里作了灵活规定。申请公示催告案件的管辖法院为票据支付地的基层人民法院。

本条第2款规定了公示催告申请书的制作要求。公示催告程序依申请而开始。依据本款规定，申请公示催告应当采用书面形式，向人民法院提交申请书。申请书的内容包括：(1)申请人的姓名、名称等基本情况。(2)票据的主要内容，包括票据的种类、名称、号码、票面金额、付款日期、发票人、持票人、背书人、被背书人。(3)申请的理由、事实，即票据被盗、遗失、灭失的有关事实，申请人对票据有哪些权利，票据是否背书转让。

配套法规及解读

《最高人民法院关于适用〈中华人民共和国民事诉讼法〉的解释》(2022年4月1日)

第四百四十二条　民事诉讼法第二百二十五条规定的票据持有人，是指票据被盗、遗失或者灭失前的最后持有人。

※法规解读：本条是关于票据持有人的规定。公示催告的申请人应为票据的持有人。依据本条，票据的持有人是票据被盗、遗失或者灭失前的最后持有人，其可以是债权人，也可以是代收款项的人等。只有票据的最后持有人才有资格申请公示催告，而票据的前手都已不再享有票据权利，所以不能申请公示催告。

关联法规索引

《海事诉讼特别程序法》第100条；《公司法》第143条；《最高人民法院关于对遗失金融债券可否按"公示催告"程序办理的复函》

典型案例

上海甲商事有限公司申请提单公示催告案[1]

※案情简介:2004 年 2 月 17 日,上海海事法院收到上海甲商事有限公司提交的公示催告申请书,称:申请人合法取得的提单不慎遗失,后凭保函提取货物。为防止非法取得提单的第三方主张权利,请求法院:(1)依法发出公示催告,督促利害关系人就涉案提单申报权利;(2)公示催告期间无人申报权利的,依法判决宣告涉案提单无效。法院经审查查明,本案所涉及的提单系承运人于 2004 年 1 月 9 日签发的,卸货港为中国连云港,货物到达目的港后,因该套提单遗失,申请人凭保函提取了该提单项下的货物。法院于 2004 年 2 月 23 日作出了(2004)沪海法受初字第 3 号民事裁定书,以申请人的申请不符合提单公示催告的受理条件为由,裁定不予受理。

※争议焦点:提单公示催告申请应符合什么条件?

※裁判结果:法院认为,申请提单公示催告应由提单持有人提出,并根据法定程序进行提单公示催告,即在受理后,应先通知承运人停止放货,并在 3 日内发出公告督促利害关系人申报权利。本案申请人就该提单项下的货物已凭保函向承运人提取了货物,承运人凭保函放货的行为违反了提单公示催告的法定程序,申请人及承运人应对此行为承担可能产生的风险和法律责任。故,申请人的申请不符合提单公示催告的受理条件,裁定驳回申请,不予受理。

第二百二十六条 【公告及期限】人民法院决定受理申请,应当同时通知支付人停止支付,并在三日内发出公告,催促利害关系人申报权利。公示催告的期间,由人民法院根据情况决定,但不得少于六十日。

条文解读

本条是关于人民法院受理公示催告申请后,通知止付和进行公示催告的规定。

---

〔1〕 该案件根据上海海事法院(2004)沪海法受初字第 3 号民事裁定书整理。参见法律图书馆网:http://www.law-lib.com/cpws/cpws_view.asp? id=200400881953,2019 年 5 月 21 日访问。

依据本条及《最高人民法院关于适用〈中华人民共和国民事诉讼法〉的解释》的规定，人民法院接到公示催告的申请之后，应当在7日内审查完毕，并决定是否受理。经审查认为符合申请公示催告条件的，应立即受理并通知申请人；认为不符合立案条件的，裁定驳回申请。接受申请的人民法院无管辖权的，告知申请人向有管辖权的人民法院申请。

为了保护申请人的合法权益，人民法院在决定受理的同时，应当向支付人发出停止支付的通知。停止支付通知，又称止付通知，是人民法院向支付人发出的停止向任何人支付票面金额的法律文书。由于票据具有流通性、无因性的特点，为避免失票人的权利受到损害，人民法院受理公示催告案件后，应当立即向支付机构发出止付通知。支付人在收到人民法院的止付通知以后，应当立即停止支付。支付人拒不执行止付通知的，由付款人承担相应的法律后果。

人民法院在发出止付通知后，应当在3日内发布公告，催促利害关系人申报权利。公告的内容包括：公示催告申请人的姓名、名称等基本情况；票据的种类、票面金额、发票人、持票人、背书人等事项；申报权利的期间；在公示催告期间转让票据权利无效；利害关系人不申报的法律后果。公示催告的期间根据票据的种类、流通的范围、支付期日、转让次数等具体情况来决定。但为了保证利害关系人的合法权利，公告的期间不得少于60日。公告可以张贴于人民法院的布告栏中，也可以发布在报纸、广播、电视等媒体上。人民法院所在地有证券交易所的，还应张贴于该交易所。通过公告，使利害关系人能够知晓相关情况以便及时申报，也可以提示社会公众注意到该票据处于权利不确定状态，不接受该票据。

配套法规及解读

《最高人民法院关于适用〈中华人民共和国民事诉讼法〉的解释》(2022年4月1日)

第四百四十三条 人民法院收到公示催告的申请后，应当立即审查，并决定是否受理。经审查认为符合受理条件的，通知予以受理，并同时通知支付人停止支付；认为不符合受理条件的，七日内裁定驳回申请。

※法规解读：本条补充规定了人民法院收到公示催告的申请后，审查并决定是否受理的期限为7日。审查的内容主要是公示催告的申请是否符合《民事诉讼法》

第225条规定的受理条件。经审查,符合受理条件的,通知予以受理,并同时通知支付人停止支付;不符合受理条件的,7日内裁定驳回申请。

第四百四十四条 因票据丧失,申请公示催告的,人民法院应结合票据存根、丧失票据的复印件、出票人关于签发票据的证明、申请人合法取得票据的证明、银行挂失止付通知书、报案证明等证据,决定是否受理。

※法规解读:本条规定明确了人民法院收到公示催告的申请后,审查并决定是否受理时应当依据哪些证据。

第四百四十五条 人民法院依照民事诉讼法第二百二十六条规定发出的受理申请的公告,应当写明下列内容:

(一)公示催告申请人的姓名或者名称;

(二)票据的种类、号码、票面金额、出票人、背书人、持票人、付款期限等事项以及其他可以申请公示催告的权利凭证的种类、号码、权利范围、权利人、义务人、行权日期等事项;

(三)申报权利的期间;

(四)在公示催告期间转让票据等权利凭证,利害关系人不申报的法律后果。

第四百四十六条 公告应当在有关报纸或者其他媒体上刊登,并于同日公布于人民法院公告栏内。人民法院所在地有证券交易所的,还应当同日在该交易所公布。

第四百四十七条 公告期间不得少于六十日,且公示催告期间届满日不得早于票据付款日后十五日。

※法规解读:上述三个条文是关于公告的内容、方式和期限的规定。

第二百二十七条 【停止支付】支付人收到人民法院停止支付的通知,应当停止支付,至公示催告程序终结。

公示催告期间,转让票据权利的行为无效。

条文解读

本条共有2款,是关于支付人停止支付以及公示催告期间转让票据行为效力的规定。

本条第 1 款规定了支付人停止支付的义务。支付人收到人民法院的停止支付通知后,不得向任何票据持有人支付票面上的金额,一直到人民法院通知其公示催告程序终结。支付人拒不执行止付通知,擅自支付票据的,票据权利人有权向付款人主张赔偿损失。

本条第 2 款规定了公示催告期间,转让票据权利的行为无效。公示催告期间,由于票据上的权利处于不确定状态,因而转让票据的行为无效。票据持有人想以此票据抵偿债务,债权人有权拒收。

配套法规及解读

《最高人民法院关于适用〈中华人民共和国民事诉讼法〉的解释》(2022 年 4 月 1 日)

第四百五十四条　人民法院依照民事诉讼法第二百二十七条规定通知支付人停止支付,应当符合有关财产保全的规定。支付人收到停止支付通知后拒不止付的,除可依照民事诉讼法第一百一十四条、第一百一十七条规定采取强制措施外,在判决后,支付人仍应承担付款义务。

※法规解读:本条是关于支付人停止支付的规定。止付通知实际上是对失票人财产利益的一项保全措施,具有财产保全的性质,所以人民法院通知支付人停止支付,应符合有关财产保全的规定。支付人收到停止支付通知后拒不止付的,属于妨害民事诉讼的行为,人民法院可依照《民事诉讼法》的有关规定采取强制措施。而且,人民法院作出除权判决后,支付人仍应承担付款义务。

第二百二十八条　【申报票据权利】利害关系人应当在公示催告期间向人民法院申报。

人民法院收到利害关系人的申报后,应当裁定终结公示催告程序,并通知申请人和支付人。

申请人或者申报人可以向人民法院起诉。

条文解读

本条共有3款,是关于利害关系人申报权利的规定。

本条第1款规定了利害关系人申报权利应当在公示催告期间内。这里的“利害关系人”一般指票据的实际占有人,是申请人之外对票据主张权利的人。如果票据无效将导致其无法实现票据上的权利,而在公示催告期间内,利害关系人应当向人民法院申报,表明自己对该票据享有权利。

本条第2款规定了利害关系人申报权利的程序效果。利害关系人申报权利的,应当出示票据,人民法院通知申请人查看票据。经形式审查,确认利害关系人出示的票据与申请公示催告的票据一致的,人民法院裁定终结公示催告程序,并通知申请人和支付人。利害关系人出示的票据与申请公示催告的票据不一致的,人民法院应当裁定驳回利害关系人的申报。

本条第3款规定了争议的处理途径,即申请人或者申报人存在票据权利纠纷或其他非票据权利纠纷的,任何一方均可以向人民法院提起诉讼。

配套法规及解读

《最高人民法院关于适用〈中华人民共和国民事诉讼法〉的解释》(2022年4月1日)

第四百五十五条 人民法院依照民事诉讼法第二百二十八条规定终结公示催告程序后,公示催告申请人或者申报人向人民法院提起诉讼,因票据权利纠纷提起的,由票据支付地或者被告住所地人民法院管辖;因非票据权利纠纷提起的,由被告住所地人民法院管辖。

※法规解读:本条规定明确了申请人和利害关系人之间争议的管辖法院。属于票据权利纠纷的,适用特殊地域管辖的规则,由票据支付地或者被告住所地人民法院管辖;属于非票据权利纠纷的,适用一般地域管辖的规则,由被告住所地人民法院管辖。

第四百五十六条 依照民事诉讼法第二百二十八条规定制作的终结公示催告程序的裁定书,由审判员、书记员署名,加盖人民法院印章。

第二百二十九条　【公示催告判决】没有人申报的，人民法院应当根据申请人的申请，作出判决，宣告票据无效。判决应当公告，并通知支付人。自判决公告之日起，申请人有权向支付人请求支付。

条文解读

本条是关于除权判决的规定。

公告期满，无人申报权利或申报被驳回的，人民法院应当根据申请人的申请作出除权判决。除权判决是人民法院向社会宣告票据无效的判决。除权判决须依申请人的申请，且在法定期限内。根据最高人民法院的相关司法解释的规定，公示催告申请人应自申报权利期间届满的次日起1个月内申请人民法院作出判决。逾期不申请判决的，终结公示催告程序。判决应当公告，并通知支付人。除权判决作出并公告后，产生两个方面的法律效力：一方面，公示催告程序终结，任何人不得对判决提出上诉；另一方面，申请公示催告的票据无效，票据上的权利专属于申请人所有，他人因占有而享有的票据权利被排除，申请人可依据除权判决向支付人要求支付票面金额。

第二百三十条　【利害关系人起诉】利害关系人因正当理由不能在判决前向人民法院申报的，自知道或者应当知道判决公告之日起一年内，可以向作出判决的人民法院起诉。

条文解读

本条是关于利害关系人因故未能申报权利如何救济的规定。

虽然人民法院确定了不少于60日的公告期间，但利害关系人有可能因为某些原因，如患病或出国，未能知道公告的内容，错过了申报权利的期限，在人民法院作出判决后才发现票据已经被宣告无效。如果利害关系人认为自己对票据上的权利是正当、合法的，但在发现票据无效之后却没有了救济的途径，则对他而言是不公平的。因而本条规定，利害关系人自知道或者应当知道判决公告之日起1年内，可以向作出判决的人民法院起诉，通过诉讼程序来解决其与公示催告申请人之间的票据权利争议。之所以规定起诉的期限为利害关系人知道或者应当知道判决公告之日起1年内,主要是为了督促利害关系人及时主张权利,以利于社会经济关系和经济秩序的稳定。

配套法规及解读

《最高人民法院关于适用〈中华人民共和国民事诉讼法〉的解释》(2022年4月1日)

第四百五十七条 依照民事诉讼法第二百三十条的规定,利害关系人向人民法院起诉的,人民法院可按票据纠纷适用普通程序审理。

※法规解读:本条是关于利害关系人向人民法院起诉案件适用普通程序审理的规定。利害关系人依据《民事诉讼法》第230条向人民法院起诉的,属于票据纠纷,人民法院应当适用普通程序审理,而不能适用简易程序。因为票据纠纷案件,事实关系比较复杂,不容易查清事实的真相,并且权利义务关系也不是很明确,所以不属于简单民事案件,应适用普通程序审理。

第四百五十八条 民事诉讼法第二百三十条规定的正当理由,包括:

(一)因发生意外事件或者不可抗力致使利害关系人无法知道公告事实的;

(二)利害关系人因被限制人身自由而无法知道公告事实,或者虽然知道公告事实,但无法自己或者委托他人代为申报权利的;

(三)不属于法定申请公示催告情形的;

(四)未予公告或者未按法定方式公告的;

(五)其他导致利害关系人在判决作出前未能向人民法院申报权利的客观事由。

※法规解读:本条规定列举了哪些情况下利害关系人未向人民法院申报权利属于有"正当理由"。利害关系人因意外事件、不可抗力、人身自由被限制、不属于法定申请公示催告情形、公告方式不合法、其他客观事由而无法知道公告事实或虽知道公告事实但无法申报的,其责任不可归于利害关系人,因而均属于有正当理由。

第四百五十九条 根据民事诉讼法第二百三十条的规定,利害关系人请求人民法院撤销除权判决的,应当将申请人列为被告。

利害关系人仅诉请确认其为合法持票人的,人民法院应当在裁判文书中写明,确认利害关系人为票据权利人的判决作出后,除权判决即被撤销。

※法规解读:本条第1款规定了如何确定利害关系人请求人民法院撤销除权判决的当事人,即利害关系人为原告,申请人为被告。本条第2款规定了利害关系人仅诉请确认其为合法持票人的,人民法院经审理作出确认利害关系人为票据权利人的判决后,之前的除权判决视为撤销。

第三编　执 行 程 序

第十九章　一 般 规 定

本章介绍

民事执行程序是《民事诉讼法》规定的由法定组织和人员运用国家的强制力量，根据生效法律文书的规定，强制民事义务人履行所负义务的程序。法律文书一经生效，义务人应自觉履行。如拒不履行，权利人可申请人民法院强制执行。本章规定了执行根据、执行管辖、对执行行为的异议、变更执行法院、案外人异议、执行机构、执行程序、委托执行、执行和解、执行担保、执行承担、执行回转、调解书的执行以及民事执行的法律监督等内容。

第二百三十一条　【执行根据、管辖】发生法律效力的民事判决、裁定，以及刑事判决、裁定中的财产部分，由第一审人民法院或者与第一审人民法院同级的被执行的财产所在地人民法院执行。

法律规定由人民法院执行的其他法律文书，由被执行人住所地或者被执行的财产所在地人民法院执行。

条文解读

本条共有2款，是关于执行根据和执行管辖的规定。

执行根据也称执行文书，是申请人据以申请执行和执行人员据以执行的凭证，即法律规定由人民法院执行的法律文书。作为执行根据的法律文书有以下几种：

1. 人民法院制作的发生法律效力的民事判决书、裁定书、调解书。作为执行根据的民事判决书必须具有给付内容。作为执行根据的裁定主要是财产保全裁定、先予执行的裁定。民事调解书,是人民法院在审理民事案件时依法进行调解,根据当事人达成的协议而制作的法律文书。

2. 发生法律效力而具有财产内容的刑事判决书、裁定书。比如,依据《刑法》判处被告人罚金、没收被告人财产或者责令被告人赔偿被害人的经济损失,都可以作为执行根据。

3. 法律规定由人民法院执行的其他法律文书,主要包括仲裁机构制作的生效的裁决书,公证机构制作的依法赋予强制执行效力的债权文书,人民法院依督促程序发布的支付令,依法应由人民法院执行的行政处罚决定、行政处理决定。

执行管辖,是指生效的法律文书由哪一个人民法院负责执行。发生法律效力的民事判决、裁定以及刑事判决、裁定中的财产部分,由第一审人民法院或者与第一审人民法院同级的被执行财产所在地的人民法院执行。法律规定由人民法院执行其他地法律文书,由被执行人住所地或者被执行财产所在地的人民法院执行。

配套法规及解读

《最高人民法院关于适用〈中华人民共和国民事诉讼法〉的解释》(2022 年 4 月 1 日)

第四百六十条　发生法律效力的实现担保物权裁定、确认调解协议裁定、支付令,由作出裁定、支付令的人民法院或者与其同级的被执行财产所在地的人民法院执行。

认定财产无主的判决,由作出判决的人民法院将无主财产收归国家或者集体所有。

※法规解读:本条主要是关于实现担保物权裁定、确认调解协议裁定、支付令和认定财产无主的判决执行管辖法院的规定,是关于执行管辖的补充规定。实现担保物权裁定、确认调解协议裁定、支付令由作出裁定、支付令的人民法院或者与其同级的被执行财产所在地的人民法院执行。认定财产无主的判决由作出判决的人民法院执行。

《最高人民法院关于人民法院执行工作若干问题的规定(试行)》(2020年12月29日)

9. 在国内仲裁过程中,当事人申请财产保全,经仲裁机构提交人民法院的,由被申请人住所地或被申请保全的财产所在地的基层人民法院裁定并执行;申请证据保全的,由证据所在地的基层人民法院裁定并执行。

10. 在涉外仲裁过程中,当事人申请财产保全,经仲裁机构提交人民法院的,由被申请人住所地或被申请保全的财产所在地的中级人民法院裁定并执行;申请证据保全的,由证据所在地的中级人民法院裁定并执行。

11. 专利管理机关依法作出的处理决定和处罚决定,由被执行人住所地或财产所在地的省、自治区、直辖市有权受理专利纠纷案件的中级人民法院执行。

12. 国务院各部门、各省、自治区、直辖市人民政府和海关依照法律、法规作出的处理决定和处罚决定,由被执行人住所地或财产所在地的中级人民法院执行。

13. 两个以上人民法院都有管辖权的,当事人可以向其中一个人民法院申请执行;当事人向两个以上人民法院申请执行的,由最先立案的人民法院管辖。

※法规解读:上述条文是对执行管辖的补充规定。第9、10条是关于在国内仲裁和涉外仲裁过程中财产保全和证据保全执行管辖的规定。第11条是关于专利管理机关依法作出的处理决定和处罚决定管辖法院的规定。第12条是关于国务院各部门、各省、自治区、直辖市人民政府和海关依照法律、法规作出处理决定和处罚决定管辖法院的规定。第13条是关于当两个以上的人民法院都有管辖权时处理规则的规定。在这种情况下法律赋予当事人选择权,当事人根据自己的意愿选择其中一个人民法院申请执行,若当事人向两个以上人民法院申请执行的,由最先立案的人民法院管辖。

关联法规索引

《最高人民法院关于适用〈中华人民共和国仲裁法〉若干问题的解释》第29条;《最高人民法院关于适用〈中华人民共和国民事诉讼法〉执行程序若干问题的解释》第1~4条;《最高人民法院关于人民法院执行工作若干问题的规定(试行)》第2条

第二百三十二条　【执行异议】 当事人、利害关系人认为执行行为违反法律规定的，可以向负责执行的人民法院提出书面异议。当事人、利害关系人提出书面异议的，人民法院应当自收到书面异议之日起十五日内审查，理由成立的，裁定撤销或者改正；理由不成立的，裁定驳回。当事人、利害关系人对裁定不服的，可以自裁定送达之日起十日内向上一级人民法院申请复议。

条文解读

本条是关于执行行为异议制度的规定。

首先，本条明确了执行行为异议的提出。提出执行异议的主体为当事人和利害关系人。当事人是指申请执行人和被执行人。利害关系人是指执行当事人以外，因强制执行而侵害到其法律上的权益的公民、法人或者其他组织。异议指向的对象为人民法院的执行行为。异议的理由为认为执行行为违反法律规定，这里的“法律”主要是指《民事诉讼法》和有关司法解释，但也不限于此。如果其他法律中对强制执行有明确规定，执行人员违反该规定的，当事人、利害关系人也可以提出异议。异议的法定形式为书面异议。提出异议的时限为在执行过程中。异议的管辖法院为负责执行的人民法院。

其次，对于执行行为的异议，本条明确规定了人民法院的处理程序。负责执行的人民法院应当自收到书面异议之日起 15 日内审查，经审查，发现执行行为确实违反法律规定的，应当裁定“撤销”或者“改正”；经审查，认为执行行为没有违反法律规定的，裁定驳回。本条还进一步赋予了当事人、利害关系人向上一级法院申请复议的权利，即当事人、利害关系人对裁定不服的，还可以自裁定送达之日起 10 日内向上一级人民法院申请复议。

配套法规及解读

《最高人民法院关于人民法院办理执行异议和复议案件若干问题的规定》（2020 年 12 月 29 日）

第一条　异议人提出执行异议或者复议申请人申请复议，应当向人民法院提交申请书。申请书应当载明具体的异议或者复议请求、事实、理由等内容，并附下列材料：

（一）异议人或者复议申请人的身份证明；

（二）相关证据材料；

（三）送达地址和联系方式。

第二条 执行异议符合民事诉讼法第二百二十五条[1]或者第二百二十七条[2]规定条件的，人民法院应当在三日内立案，并在立案后三日内通知异议人和相关当事人。不符合受理条件的，裁定不予受理；立案后发现不符合受理条件的，裁定驳回申请。

执行异议申请材料不齐备的，人民法院应当一次性告知异议人在三日内补足，逾期未补足的，不予受理。

异议人对不予受理或者驳回申请裁定不服的，可以自裁定送达之日起十日内向上一级人民法院申请复议。上一级人民法院审查后认为符合受理条件的，应当裁定撤销原裁定，指令执行法院立案或者对执行异议进行审查。

第三条 执行法院收到执行异议后三日内既不立案又不作出不予受理裁定，或者受理后无正当理由超过法定期限不作出异议裁定的，异议人可以向上一级人民法院提出异议。上一级人民法院审查后认为理由成立的，应当指令执行法院在三日内立案或者在十五日内作出异议裁定。

第四条 执行案件被指定执行、提级执行、委托执行后，当事人、利害关系人对原执行法院的执行行为提出异议的，由提出异议时负责该案件执行的人民法院审查处理；受指定或者受委托的人民法院是原执行法院的下级人民法院的，仍由原执行法院审查处理。

执行案件被指定执行、提级执行、委托执行后，案外人对原执行法院的执行标的提出异议的，参照前款规定处理。

第五条 有下列情形之一的，当事人以外的自然人、法人和非法人组织，可以作为利害关系人提出执行行为异议：

（一）认为人民法院的执行行为违法，妨碍其轮候查封、扣押、冻结的债权受

---

〔1〕2021年《民事诉讼法》第232条。

〔2〕2021年《民事诉讼法》第234条。

偿的；

（二）认为人民法院的拍卖措施违法，妨碍其参与公平竞价的；

（三）认为人民法院的拍卖、变卖或者以物抵债措施违法，侵害其对执行标的的优先购买权的；

（四）认为人民法院要求协助执行的事项超出其协助范围或者违反法律规定的；

（五）认为其他合法权益受到人民法院违法执行行为侵害的。

※法规解读：上述条文是对执行行为异议的补充规定。第 1 条规定了异议人提出执行异议或者复议申请人申请复议，向人民法院提交申请书应当载明的具体内容和所附的材料。第 2 条第 1 款对符合受理条件的执行异议、不符合受理条件的执行异议以及立案后发现不符合受理条件的执行异议，人民法院分别应当如何处理作出了规定；第 2 款对执行异议申请材料不齐备的应如何处理作出了规定；第 3 款规定了异议人对不予受理或者驳回申请裁定不服的，可以在法定期限内向上一级人民法院申请复议，上一级人民法院审查后认为符合受理条件的，应当裁定撤销原裁定，指令执行法院立案或者对执行异议进行审查。第 3 条对异议人向上一级人民法院提出异议的条件以及上一级人民法院应如何处理作出了规定。第 4 条对执行案件被指定执行、提级执行、委托执行后，当事人、利害关系人对原执行法院的执行行为提出异议时应由哪个人民法院审查处理作出了规定。第 5 条是对当事人以外的自然人、法人和非法人组织作为利害关系人提出执行异议的具体情形的规定。

《最高人民法院关于适用〈中华人民共和国民事诉讼法〉执行程序若干问题的解释》（2020 年 12 月 29 日）

第六条　当事人、利害关系人依照民事诉讼法第二百二十五条[1]规定申请复议的，应当采取书面形式。

第七条　当事人、利害关系人申请复议的书面材料，可以通过执行法院转交，也可以直接向执行法院的上一级人民法院提交。

执行法院收到复议申请后，应当在五日内将复议所需的案卷材料报送上一级人民法院；上一级人民法院收到复议申请后，应当通知执行法院在五日内报送复议

〔1〕 2021 年《民事诉讼法》第 232 条。

所需的案卷材料。

第八条 当事人、利害关系人依照民事诉讼法第二百二十五条[1]规定申请复议的,上一级人民法院应当自收到复议申请之日起三十日内审查完毕,并作出裁定。有特殊情况需要延长的,经本院院长批准,可以延长,延长的期限不得超过三十日。

第九条 执行异议审查和复议期间,不停止执行。

被执行人、利害关系人提供充分、有效的担保请求停止相应处分措施的,人民法院可以准许;申请执行人提供充分、有效的担保请求继续执行的,应当继续执行。

※法规解读:上述条文是对执行行为复议的补充规定。主要内容有:(1)当事人、利害关系人对裁定不服申请复议应当采取书面形式。(2)书面复议申请可以通过执行法院转交,也可以直接向执行法院的上一级人民法院提交。(3)上一级人民法院对复议的审查实行合议制。(4)对复议审查的期限为30日。遇有特殊情况需要延长的,经本院院长批准,可以延长,延长的期限不得超过30日。复议处理形式为裁定。(5)执行异议审查和复议期间,不停止执行。

第二百三十三条 【向上级法院申请执行】人民法院自收到申请执行书之日起超过六个月未执行的,申请执行人可以向上一级人民法院申请执行。上一级人民法院经审查,可以责令原人民法院在一定期限内执行,也可以决定由本院执行或者指令其他人民法院执行。

条文解读

本条是关于向上一级人民法院申请执行的规定。

本条赋予了申请执行人向上一级人民法院申请执行的权利,并对向上一级人民法院申请执行的条件、程序及审查处理作出了明确的规定。向上一级人民法院申请执行的条件为人民法院自收到申请执行书之日起超过6个月未执行的。向上一级人民法院申请执行的审查处理程序为:上一级人民法院在收到申请后应对该申请进行审查,审查申请执行人提出要求执行法院限期执行、变更执行法院事由的

〔1〕 2021年《民事诉讼法》第232条。

事实是否成立,证据是否确实、充分。经审查,根据情况作出责令原人民法院在一定期限内执行、决定由本院执行或者指令其他人民法院执行。本条所规定的6个月期间,不计算执行中的公告期间、鉴定评估期间、管辖争议处理期间、执行争议协调期间、暂缓执行期间以及中止执行期间。

配套法规及解读

《最高人民法院关于适用〈中华人民共和国民事诉讼法〉执行程序若干问题的解释》(2020年12月29日)

第十条 依照民事诉讼法第二百二十六条[1]的规定,有下列情形之一的,上一级人民法院可以根据申请执行人的申请,责令执行法院限期执行或者变更执行法院:

(一)债权人申请执行时被执行人有可供执行的财产,执行法院自收到申请执行书之日起超过六个月对该财产未执行完结的;

(二)执行过程中发现被执行人可供执行的财产,执行法院自发现财产之日起超过六个月对该财产未执行完结的;

(三)对法律文书确定的行为义务的执行,执行法院自收到申请执行书之日起超过六个月未依法采取相应执行措施的;

(四)其他有条件执行超过六个月未执行的。

第十一条 上一级人民法院依照民事诉讼法第二百二十六条[2]规定责令执行法院限期执行的,应当向其发出督促执行令,并将有关情况书面通知申请执行人。

上一级人民法院决定由本院执行或者指令本辖区其他人民法院执行的,应当作出裁定,送达当事人并通知有关人民法院。

第十二条 上一级人民法院责令执行法院限期执行,执行法院在指定期间内无正当理由仍未执行完结的,上一级人民法院应当裁定由本院执行或者指令本辖区其他人民法院执行。

---

〔1〕 2021年《民事诉讼法》第233条。

〔2〕 2021年《民事诉讼法》第233条。

第十三条 民事诉讼法第二百二十六条[1]规定的六个月期间，不应当计算执行中的公告期间、鉴定评估期间、管辖争议处理期间、执行争议协调期间、暂缓执行期间以及中止执行期间。

※法规解读：上述条文是对向上一级人民法院申请执行的补充规定。主要内容有：(1)对超过6个月未执行的情形进行了列举和概括的规定。(2)上一级人民法院责令执行法院限期执行的，应当向其发出督促执行令，并将有关情况书面通知申请执行人。上一级人民法院决定由本院执行或者指令本辖区其他人民法院执行的，应当作出裁定，送达当事人并通知有关人民法院。(3)在何种情况下由上一级人民法院裁定由本院执行或者指令本辖区其他人民法院执行。(4)执行中的一些法定期间不计算在人民法院6个月的执行期间内。

关联法规索引

《最高人民法院关于执行案件督办工作的规定(试行)》

第二百三十四条 【案外人异议】执行过程中，案外人对执行标的提出书面异议的，人民法院应当自收到书面异议之日起十五日内审查，理由成立的，裁定中止对该标的的执行；理由不成立的，裁定驳回。案外人、当事人对裁定不服，认为原判决、裁定错误的，依照审判监督程序办理；与原判决、裁定无关的，可以自裁定送达之日起十五日内向人民法院提起诉讼。

条文解读

本条是关于案外人执行异议及其处理的规定。

本条首先规定了案外人提出执行异议应具备的条件。案外人异议，是指在执行过程中，案外人对人民法院强制执行标的主张权利。提出执行异议，应具备下列条件：(1)在执行程序过程中。(2)由案外人提出。案外人即执行案件当事人以外的人，可以是公民、法人或其他组织。(3)执行异议的内容是对执行标的主张实体

[1] 2021年《民事诉讼法》第233条。

权利。案外人对执行标的主张自己的权利,既包括对该标的的全部主张权利,也包括对该标的的一部分主张权利。(4)异议应以书面形式向人民法院提出。(5)异议应向有管辖权的法院提出。执行异议的管辖法院为执行法院。

其次,本条规定了对案外人执行异议的审查处理。案外人对执行标的提出异议,执行人民法院应当自收到书面异议之日起15日内审查。经审查异议理由成立的,裁定中止对该标的的执行。理由不成立的,裁定驳回。对于法院的裁定,案外人、当事人可能不服,案外人、当事人对裁定不服的处理分为两种情况:认为原判决、裁定错误的,依照审判监督程序办理;与原判决、裁定无关的,可以自裁定送达之日起15日内向人民法院提起诉讼。案外人、当事人提起诉讼的,由执行法院管辖。

配套法规及解读

《最高人民法院关于适用〈中华人民共和国民事诉讼法〉的解释》(2022年4月1日)

第三百零二条 根据民事诉讼法第二百三十四条规定,案外人、当事人对执行异议裁定不服,自裁定送达之日起十五日内向人民法院提起执行异议之诉的,由执行法院管辖。

第三百零三条 案外人提起执行异议之诉,除符合民事诉讼法第一百二十二条规定外,还应当具备下列条件:

(一)案外人的执行异议申请已经被人民法院裁定驳回;

(二)有明确的排除对执行标的执行的诉讼请求,且诉讼请求与原判决、裁定无关;

(三)自执行异议裁定送达之日起十五日内提起。

人民法院应当在收到起诉状之日起十五日内决定是否立案。

第三百零四条 申请执行人提起执行异议之诉,除符合民事诉讼法第一百二十二条规定外,还应当具备下列条件:

(一)依案外人执行异议申请,人民法院裁定中止执行;

(二)有明确的对执行标的继续执行的诉讼请求,且诉讼请求与原判决、裁定无关;

(三)自执行异议裁定送达之日起十五日内提起。

人民法院应当在收到起诉状之日起十五日内决定是否立案。

第三百零五条 案外人提起执行异议之诉的,以申请执行人为被告。被执行人反对案外人异议的,被执行人为共同被告;被执行人不反对案外人异议的,可以列被执行人为第三人。

第三百零六条 申请执行人提起执行异议之诉的,以案外人为被告。被执行人反对申请执行人主张的,以案外人和被执行人为共同被告;被执行人不反对申请执行人主张的,可以列被执行人为第三人。

第三百零七条 申请执行人对中止执行裁定未提起执行异议之诉,被执行人提起执行异议之诉的,人民法院告知其另行起诉。

第三百零八条 人民法院审理执行异议之诉案件,适用普通程序。

第三百零九条 案外人或者申请执行人提起执行异议之诉的,案外人应当就其对执行标的享有足以排除强制执行的民事权益承担举证证明责任。

第三百一十条 对案外人提起的执行异议之诉,人民法院经审理,按照下列情形分别处理:

(一)案外人就执行标的享有足以排除强制执行的民事权益的,判决不得执行该执行标的;

(二)案外人就执行标的不享有足以排除强制执行的民事权益的,判决驳回诉讼请求。

案外人同时提出确认其权利的诉讼请求的,人民法院可以在判决中一并作出裁判。

第三百一十一条 对申请执行人提起的执行异议之诉,人民法院经审理,按照下列情形分别处理:

(一)案外人就执行标的不享有足以排除强制执行的民事权益的,判决准许执行该执行标的;

(二)案外人就执行标的享有足以排除强制执行的民事权益的,判决驳回诉讼请求。

第三百一十二条 对案外人执行异议之诉,人民法院判决不得对执行标的执行的,执行异议裁定失效。

对申请执行人执行异议之诉,人民法院判决准许对该执行标的执行的,执行异议裁定失效,执行法院可以根据申请执行人的申请或者依职权恢复执行。

第三百一十三条　案外人执行异议之诉审理期间，人民法院不得对执行标的进行处分。申请执行人请求人民法院继续执行并提供相应担保的，人民法院可以准许。

被执行人与案外人恶意串通，通过执行异议、执行异议之诉妨害执行的，人民法院应当依照民事诉讼法第一百一十六条规定处理。申请执行人因此受到损害的，可以提起诉讼要求被执行人、案外人赔偿。

第三百一十四条　人民法院对执行标的裁定中止执行后，申请执行人在法律规定的期间内未提起执行异议之诉的，人民法院应当自起诉期限届满之日起七日内解除对该执行标的采取的执行措施。

※法规解读:《民事诉讼法》第234条确立了执行异议之诉，但没有作细化的规定，上述条文就是关于执行异议之诉的细化规定。《最高人民法院关于适用〈中华人民共和国民事诉讼法〉的解释》构建了一个完整的执行异议之诉的审理程序。主要内容是:(1)执行异议之诉提起的主体、时限和管辖法院；(2)案外人提起执行异议之诉的条件、申请执行人提起执行异议之诉的条件；(3)案外人提起异议之诉、申请执行人提起执行异议之诉相关当事人的确定；(4)裁定中止执行后，申请执行人没有提起执行异议之诉，而被执行人提起执行异议之诉的，应该另行起诉；(5)执行异议之诉的审理适用普通程序；(6)执行异议之诉中案外人应当就其对执行标的享有足以排除强制执行的民事权益承担举证责任；(7)案外人提起的执行异议之诉、申请执行人提起的执行异议之诉的审理结果和对原执行异议裁定的处理；(8)案外人执行异议之诉审理中对执行标的能否处分，以及被执行人与案外人恶意提起执行异议、执行异议之诉的，对其如何处理；(9)裁定中止执行后，申请执行人在法定期间内未提起执行异议之诉的法律后果。

第四百六十二条　根据民事诉讼法第二百三十四条规定，案外人对执行标的提出异议的，应当在该执行标的执行程序终结前提出。

第四百六十三条　案外人对执行标的提出的异议，经审查，按照下列情形分别处理:

(一)案外人对执行标的不享有足以排除强制执行的权益的，裁定驳回其异议；

(二)案外人对执行标的享有足以排除强制执行的权益的，裁定中止执行。

驳回案外人执行异议裁定送达案外人之日起十五日内，人民法院不得对执行标的进行处分。

※法规解读：上述两个条文是对案外人提出执行异议的补充规定。第 462 条明确了案外人提出执行异议的期限为执行程序终结前。第 463 条规定了对案外人执行异议的审查标准为是否足以排除强制执行的权益，处理后果为裁定驳回异议或裁定中止执行。裁定驳回异议的，该裁定送达案外人之日起 15 日内人民法院不得对执行标的进行处分，因为在这期间案外人有权提起执行异议之诉。

关联法规索引

《最高人民法院关于适用〈中华人民共和国民事诉讼法〉的解释》第 477 条；《最高人民法院关于人民法院办理执行异议和复议案件若干问题的规定》第 6、15、24～26 条

第二百三十五条　【执行机构、要求】执行工作由执行员进行。

采取强制执行措施时，执行员应当出示证件。执行完毕后，应当将执行情况制作笔录，由在场的有关人员签名或者盖章。

人民法院根据需要可以设立执行机构。

第二百三十六条　【委托执行】被执行人或者被执行的财产在外地的，可以委托当地人民法院代为执行。受委托人民法院收到委托函件后，必须在十五日内开始执行，不得拒绝。执行完毕后，应当将执行结果及时函复委托人民法院；在三十日内如果还未执行完毕，也应当将执行情况函告委托人民法院。

受委托人民法院自收到委托函件之日起十五日内不执行的，委托人民法院可以请求受委托人民法院的上级人民法院指令受委托人民法院执行。

条文解读

第 236 条是关于委托执行的规定。

委托执行，是指因被执行人或者被执行人的财产在外地人民法院管辖范围内，而由立案人民法院委托被执行人住所地或财产所在地人民法院执行的一项制度。第 236 条第 1 款规定了委托执行的条件和程序。委托执行的条件是：被执行人或

者被执行的财产在外地。委托执行的程序为:受理执行申请的人民法院应当发出委托执行函件,委托函应当提出明确的执行要求,并附生效的法律文书(副本)。受委托人民法院在收到委托函件后,必须在 15 日内开始执行,不得拒绝。受委托人民法院应在 30 日内执行完毕,执行完毕后应当将执行结果及时函复委托人民法院;在 30 日内如果还未执行完毕,也应当将执行情况函告委托人民法院。

第 236 条第 2 款规定了受委托人民法院自收到委托函件之日起 15 日内不执行的,委托人民法院可以请求受委托人民法院的上级人民法院指令受委托人民法院执行。

配套法规及解读

《最高人民法院关于委托执行若干问题的规定》(2020 年 12 月 29 日)

第一条　执行法院经调查发现被执行人在本辖区内已无财产可供执行,且在其他省、自治区、直辖市内有可供执行财产的,可以将案件委托异地的同级人民法院执行。

执行法院确需赴异地执行案件的,应当经其所在辖区高级人民法院批准。

第二条　案件委托执行后,受托法院应当依法立案,委托法院应当在收到受托法院的立案通知书后作销案处理。

委托异地法院协助查询、冻结、查封、调查或者送达法律文书等有关事项的,受托法院不作为委托执行案件立案办理,但应当积极予以协助。

第三条　委托执行应当以执行标的物所在地或者执行行为实施地的同级人民法院为受托执行法院。有两处以上财产在异地的,可以委托主要财产所在地的人民法院执行。

被执行人是现役军人或者军事单位的,可以委托对其有管辖权的军事法院执行。

执行标的物是船舶的,可以委托有管辖权的海事法院执行。

第四条　委托执行案件应当由委托法院直接向受托法院办理委托手续,并层报各自所在的高级人民法院备案。

事项委托应当通过人民法院执行指挥中心综合管理平台办理委托事项的相关手续。

第五条 案件委托执行时，委托法院应当提供下列材料：

（一）委托执行函；

（二）申请执行书和委托执行案件审批表；

（三）据以执行的生效法律文书副本；

（四）有关案件情况的材料或者说明，包括本辖区无财产的调查材料、财产保全情况、被执行人财产状况、生效法律文书的履行情况等；

（五）申请执行人地址、联系电话；

（六）被执行人身份证件或者营业执照复印件、地址、联系电话；

（七）委托法院执行员和联系电话；

（八）其他必要的案件材料等。

第六条 委托执行时，委托法院应当将已经查封、扣押、冻结的被执行人的异地财产，一并移交受托法院处理，并在委托执行函中说明。

委托执行后，委托法院对被执行人财产已经采取查封、扣押、冻结等措施的，视为受托法院的查封、扣押、冻结措施。受托法院需要继续查封、扣押、冻结，持委托执行函和立案通知书办理相关手续。续封续冻时，仍为原委托法院的查封冻结顺序。

查封、扣押、冻结等措施的有效期限在移交受托法院时不足1个月的，委托法院应当先行续封或者续冻，再移交受托法院。

第七条 受托法院收到委托执行函后，应当在7日内予以立案，并及时将立案通知书通过委托法院送达申请执行人，同时将指定的承办人、联系电话等书面告知委托法院。

委托法院收到上述通知书后，应当在7日内书面通知申请执行人案件已经委托执行，并告知申请执行人可以直接与受托法院联系执行相关事宜。

第八条 受托法院如发现委托执行的手续、材料不全，可以要求委托法院补办。委托法院应当在30日内完成补办事项，在上述期限内未完成的，应当作出书面说明。委托法院既不补办又不说明原因的，视为撤回委托，受托法院可以将委托材料退回委托法院。

第九条 受托法院退回委托的，应当层报所在辖区高级人民法院审批。高级人民法院同意退回后，受托法院应当在15日内将有关委托手续和案卷材料退回委托法院，并作出书面说明。

委托执行案件退回后，受托法院已立案的，应当作销案处理。委托法院在案件退回原因消除之后可以再行委托。确因委托不当被退回的，委托法院应当决定撤销委托并恢复案件执行，报所在的高级人民法院备案。

第十条　委托法院在案件委托执行后又发现有可供执行财产的，应当及时告知受托法院。受托法院发现被执行人在受托法院辖区外另有可供执行财产的，可以直接异地执行，一般不再行委托执行。根据情况确需再行委托的，应当按照委托执行案件的程序办理，并通知案件当事人。

※法规解读：上述条文是对委托执行的补充规定。主要内容有：(1)委托执行适用条件的细化。(2)案件委托执行后，受托法院和委托法院在程序上的处理。(3)特殊情况下受托法院的选择。(4)委托的手续及备案的规定。(5)案件委托执行时，委托法院应当提供的材料。(6)委托执行时，已查封、扣押、冻结的被执行人的异地财产的处理。(7)委托执行中受托法院的立案要求、通知义务及委托法院的通知义务。(8)委托执行中委托手续、材料不全情况的处理及后果。(9)退回委托的程序及处理。(10)委托法院委托执行后又发现有可供执行财产情况的处理和受托法院发现被执行人在受托法院辖区外另有可供执行财产情况的处理。

第二百三十七条　【执行和解】在执行中，双方当事人自行和解达成协议的，执行员应当将协议内容记入笔录，由双方当事人签名或者盖章。

申请执行人因受欺诈、胁迫与被执行人达成和解协议，或者当事人不履行和解协议的，人民法院可以根据当事人的申请，恢复对原生效法律文书的执行。

条文解读

本条共有2款，是关于执行和解的规定。

本条第1款规定了执行和解的条件。执行和解，是指在人民法院执行过程中，双方当事人经过自愿协商，达成协议，结束执行程序的活动。执行和解要符合一定的条件，包括：(1)执行和解只能在执行程序中适用；(2)执行和解的主体是申请执行人和被执行人；(3)执行和解必须出于双方当事人的自愿；(4)和解协议的内容必须符合法律规定；(5)人民法院执行员应当将协议内容记入笔录；(6)由双方签名或盖章。

本条第 2 款规定了恢复对原生效法律文书执行的情况。恢复对原生效法律文书执行的情况有两种：一种是申请执行人因受欺诈、胁迫与被执行人达成和解协议。这种情况下因为当事人意思表示不真实，所以和解协议无效。另一种是当事人不履行和解协议。发生这两种情况是否恢复对原生效法律文书的执行依当事人的申请而定，如果当事人申请恢复对原生效法律文书的执行，人民法院可以恢复对原生效法律文书的执行；如果当事人没有申请，人民法院不能主动依职权恢复对原生效法律文书的执行。

配套法规及解读

《最高人民法院关于适用〈中华人民共和国民事诉讼法〉的解释》(2022 年 4 月 1 日)

第四百六十四条 申请执行人与被执行人达成和解协议后请求中止执行或者撤回执行申请的，人民法院可以裁定中止执行或者终结执行。

第四百六十五条 一方当事人不履行或者不完全履行在执行中双方自愿达成的和解协议，对方当事人申请执行原生效法律文书的，人民法院应当恢复执行，但和解协议已履行的部分应当扣除。和解协议已经履行完毕的，人民法院不予恢复执行。

第四百六十六条 申请恢复执行原生效法律文书，适用民事诉讼法第二百四十六条申请执行期间的规定。申请执行期间因达成执行中的和解协议而中断，其期间自和解协议约定履行期限的最后一日起重新计算。

※法规解读：上述条文是关于执行和解的补充规定。第 464 条是关于申请执行人与被执行人达成和解协议后请求中止执行或者撤回执行申请的，人民法院可以怎样处理的规定。第 465 条是关于对不履行或者不完全履行和解协议根据不同情况采取不同处理措施的规定。第 466 条是关于申请恢复执行原生效法律文书期间适用申请执行期间的规定。

《最高人民法院关于执行和解若干问题的规定》(2020 年 12 月 29 日)

第一条 当事人可以自愿协商达成和解协议，依法变更生效法律文书确定的权利义务主体、履行标的、期限、地点和方式等内容。

和解协议一般采用书面形式。

第二条　和解协议达成后，有下列情形之一的，人民法院可以裁定中止执行：

（一）各方当事人共同向人民法院提交书面和解协议的；

（二）一方当事人向人民法院提交书面和解协议，其他当事人予以认可的；

（三）当事人达成口头和解协议，执行人员将和解协议内容记入笔录，由各方当事人签名或者盖章的。

第九条　被执行人一方不履行执行和解协议的，申请执行人可以申请恢复执行原生效法律文书，也可以就履行执行和解协议向执行法院提起诉讼。

第十一条　申请执行人以被执行人一方不履行执行和解协议为由申请恢复执行，人民法院经审查，理由成立的，裁定恢复执行；有下列情形之一的，裁定不予恢复执行：

（一）执行和解协议履行完毕后申请恢复执行的；

（二）执行和解协议约定的履行期限尚未届至或者履行条件尚未成就的，但符合民法典第五百七十八条规定情形的除外；

（三）被执行人一方正在按照执行和解协议约定履行义务的；

（四）其他不符合恢复执行条件的情形。

※法规解读：上述条文是关于执行和解的补充规定。第1条是关于执行和解协议内容及形式的规定。第2条是对和解协议达成后，人民法院可以裁定中止执行的几种情形的规定。第9条规定了在被执行人不履行执行和解协议的情形下，申请执行人可以选择的保护其合法权益的两种方式，即申请执行人既可以申请恢复执行原生效法律文书，也可以就履行执行和解协议向执行法院提起诉讼。第11条对不予恢复执行的情形作出了规定。

第二百三十八条　【执行担保】在执行中，被执行人向人民法院提供担保，并经申请执行人同意的，人民法院可以决定暂缓执行及暂缓执行的期限。被执行人逾期仍不履行的，人民法院有权执行被执行人的担保财产或者担保人的财产。

条文解读

本条是关于执行担保的规定。

执行担保，是指在执行过程中，被执行人向人民法院以担保方式保证其能履行生效法律文书规定的义务，并经申请执行人同意而暂缓执行的一种方式。本条规定了执行担保的适用条件和审查处理。执行担保的适用条件为：(1)在执行过程中；(2)由被执行人提出担保要求；(3)经申请执行人同意；(4)由人民法院进行审查。执行担保既可以是担保人或者被执行人以财产担保，也可以是保证人以其信誉为被执行人担保。保证人以其信誉担保的，应当具有代为履行的能力。经过审查，人民法院可以决定对执行担保暂缓执行及暂缓执行的期限。被执行人逾期仍不履行的，人民法院有权直接执行被执行人的担保财产或者担保人的财产。执行担保财产以应履行义务部分的财产为限。

配套法规及解读

《最高人民法院关于适用〈中华人民共和国民事诉讼法〉的解释》(2022 年 4 月 1 日)

第四百六十七条 人民法院依照民事诉讼法第二百三十八条规定决定暂缓执行的，如果担保是有期限的，暂缓执行的期限应当与担保期限一致，但最长不得超过一年。被执行人或者担保人对担保的财产在暂缓执行期间有转移、隐藏、变卖、毁损等行为的，人民法院可以恢复强制执行。

第四百六十八条 根据民事诉讼法第二百三十八条规定向人民法院提供执行担保的，可以由被执行人或者他人提供财产担保，也可以由他人提供保证。担保人应当具有代为履行或者代为承担赔偿责任的能力。

他人提供执行保证的，应当向执行法院出具保证书，并将保证书副本送交申请执行人。被执行人或者他人提供财产担保的，应当参照民法典的有关规定办理相应手续。

第四百六十九条 被执行人在人民法院决定暂缓执行的期限届满后仍不履行义务的，人民法院可以直接执行担保财产，或者裁定执行担保人的财产，但执行担保人的财产以担保人应当履行义务部分的财产为限。

※法规解读：上述条文是对执行担保的补充规定：(1)人民法院决定暂缓执行

的,如果担保是有期限的,暂缓执行的期限应当与担保期限一致,但最长不得超过一年。在暂缓执行期间,被执行人或者担保人对担保的财产有转移、隐藏、变卖、毁损等行为的,人民法院可以恢复强制执行。(2)执行担保的方式分为两种:一种是财产担保,该财产既可以是被执行人本人的,也可以是他人的,并且提供执行财产担保的人应办理相应的手续;另一种是人的保证,保证人应当具有代为履行或者代为承担赔偿责任的能力,并应出具保证书。(3)被执行人在暂缓执行期限届满后仍不履行义务的,在程序上人民法院如何处理。

《最高人民法院关于执行担保若干问题的规定》(2020年12月29日)

第四条 担保书中应当载明担保人的基本信息、暂缓执行期限、担保期间、被担保的债权种类及数额、担保范围、担保方式、被执行人于暂缓执行期限届满后仍不履行时担保人自愿接受直接强制执行的承诺等内容。

提供财产担保的,担保书中还应当载明担保财产的名称、数量、质量、状况、所在地、所有权或者使用权归属等内容。

第八条 人民法院决定暂缓执行的,可以暂缓全部执行措施的实施,但担保书另有约定的除外。

第九条 担保书内容与事实不符,且对申请执行人合法权益产生实质影响的,人民法院可以依申请执行人的申请恢复执行。

第十一条 暂缓执行期限届满后被执行人仍不履行义务,或者暂缓执行期间担保人有转移、隐藏、变卖、毁损担保财产等行为的,人民法院可以依申请执行人的申请恢复执行,并直接裁定执行担保财产或者保证人的财产,不得将担保人变更、追加为被执行人。

执行担保财产或者保证人的财产,以担保人应当履行义务部分的财产为限。被执行人有便于执行的现金、银行存款的,应当优先执行该现金、银行存款。

※法规解读:上述条文是对执行担保的补充规定。第4条第1款对担保书中的一般性内容作出了规定;第2款对提供财产担保的担保书的内容作了进一步的规定。第8条规定,除担保书另有约定外,人民法院决定暂缓执行的,可以暂缓全部执行措施的实施。第9条规定,担保书内容与事实不符,且对申请执行人合法权益产生实质影响的情况下,人民法院可依申请执行人的申请恢复执行。第11条第1款明确了依申请恢复执行的两个条件以及在此种情形下人民法院直接裁定执行担保财产或保证人的财产;第2款明确了担保财产和其他财产的执行顺位。

第二百三十九条 【执行承担】 作为被执行人的公民死亡的，以其遗产偿还债务。作为被执行人的法人或者其他组织终止的，由其权利义务承受人履行义务。

条文解读

本条是关于作为被执行人的公民死亡或者法人、其他组织终止时如何执行的规定。

执行中，在作为被执行人的公民死亡或法人、其他组织因为各种原因终止的情况下，如果终止执行程序，权利人的权益就会落空。因此，本条规定作为被执行人的公民死亡的，以其遗产偿还债务。作为被执行人的法人或者其他组织终止的，由其权利义务承受人履行义务。

配套法规及解读

《最高人民法院关于适用〈中华人民共和国民事诉讼法〉的解释》(2022 年 4 月 1 日)

第四百七十条 依照民事诉讼法第二百三十九条规定，执行中作为被执行人的法人或者其他组织分立、合并的，人民法院可以裁定变更后的法人或者其他组织为被执行人；被注销的，如果依照有关实体法的规定有权利义务承受人的，可以裁定该权利义务承受人为被执行人。

第四百七十一条 其他组织在执行中不能履行法律文书确定的义务的，人民法院可以裁定执行对该其他组织依法承担义务的法人或者公民个人的财产。

第四百七十二条 在执行中，作为被执行人的法人或者其他组织名称变更的，人民法院可以裁定变更后的法人或者其他组织为被执行人。

第四百七十三条 作为被执行人的公民死亡，其遗产继承人没有放弃继承的，人民法院可以裁定变更被执行人，由该继承人在遗产的范围内偿还债务。继承人放弃继承的，人民法院可以直接执行被执行人的遗产。

※法规解读： 上述条文是对执行承担的补充规定。第 470 条和第 472 条是关于被执行人为法人或其他组织的，发生变更时的执行承担的规定。其中，第 470 条

是关于法人或其他组织发生实体上的变更即分立、合并和注销时的执行承担的规定。第472条是关于法人或其他组织发生形式上的变更即名称变更时的执行承担的规定。第471条是关于其他组织在执行中不能履行法律文书确定的义务的，人民法院可以裁定执行对该其他组织依法承担义务的法人或者公民个人的财产的规定。第473条是对《民事诉讼法》第239条"作为被执行人的公民死亡的，以其遗产偿还债务"规定的细化规定，分为继承人没有放弃继承和继承人放弃继承两种情况，规定了在这两种情况下人民法院分别该如何执行。

关联法规索引

《最高人民法院关于民事执行中变更、追加当事人若干问题的规定》

第二百四十条 【执行回转】执行完毕后，据以执行的判决、裁定和其他法律文书确有错误，被人民法院撤销的，对已被执行的财产，人民法院应当作出裁定，责令取得财产的人返还；拒不返还的，强制执行。

条文解读

本条是关于执行回转的规定。

执行回转，是指在执行完毕后，如果据以执行的法律文书因为确有错误而被撤销，将已经被执行的财产归还给被执行人，使其恢复到执行程序开始的状态。执行回转制度是针对执行发生的错误而采取的一种补救措施。本条规定了执行回转的适用条件和程序。执行回转必须具备以下条件：（1）执行程序已经完毕；（2）执行根据确有错误被依法撤销；（3）执行回转的对象为已被执行的财产；（4）以裁定书作为执行回转的根据。执行回转的程序是：符合执行回转条件的人民法院应当作出裁定，责令取得财产的人返还；拒不返还的，强制执行。返还财产包括原物及其孳息。

配套法规及解读

《最高人民法院关于适用〈中华人民共和国民事诉讼法〉的解释》(2022 年 4 月 1 日)

第四百七十四条 法律规定由人民法院执行的其他法律文书执行完毕后，该法律文书被有关机关或者组织依法撤销的，经当事人申请，适用民事诉讼法第二百四十条规定。

※法规解读：本条是对其他法律文书适用执行回转的补充规定。《民事诉讼法》第 240 条只规定了其他法律文书确有错误，被人民法院撤销的情况下，适用执行回转。而本条明确了作为执行根据的其他法律文书被有关机关或者组织依法撤销的，也适用执行回转，为相关当事人提供了更完善的救济途径。

第二百四十一条 【调解书执行】人民法院制作的调解书的执行，适用本编的规定。

条文解读

本条是关于调解书执行的规定。

人民法院制作的调解书经双方当事人签收后，即具有法律效力，与生效判决具有同等的法律效力，是人民法院据以强制执行的法律根据之一。本条规定，调解书的执行适用执行程序的规定。当事人没有自觉履行调解书规定的给付内容的，对方当事人可以申请人民法院强制执行。

第二百四十二条 【民事执行法律监督】人民检察院有权对民事执行活动实行法律监督。

条文解读

本条是关于人民检察院对民事执行活动行使监督权的规定。

根据我国《宪法》和《人民检察院组织法》的规定，我国检察机关是国家法律监督机关，享有对人民法院的检察监督权。人民法院的职权活动，既包括审判活动，也包括执行活动。无论审判活动还是执行活动都是在行使公权力，而任何公权力都必须接受监督，因此人民法院的执行活动理应纳入检察机关的监督范围。本条明确规定人民检察院有权对民事执行活动实行法律监督，从而将人民检察院的监督权覆盖民事诉讼活动的全过程。

关联法规索引

《人民检察院民事诉讼监督规则》第104～110条；《最高人民法院、最高人民检察院关于民事执行活动法律监督若干问题的规定》

第二十章　执行的申请和移送

本章介绍

在人民法院作出裁判后，当事人应当自觉履行法律文书确定的内容。由于债务人不履行或拒绝履行法律文书确定的义务，当事人可以在法定的执行时效内向有管辖权的人民法院申请执行。民事执行程序的启动以申请执行为原则，少数情况下实行移送执行，即人民法院审判人员将生效的判决书、裁定书移送给执行员执行。本章规定了申请执行和移送执行、仲裁裁决的执行、公证债权文书的执行、申请执行的期间以及执行通知。2021年《民事诉讼法》对分期履行情形下申请执行期间的起算点作了修改。

第二百四十三条　【申请执行和移送执行】发生法律效力的民事判决、裁定，当事人必须履行。一方拒绝履行的，对方当事人可以向人民法院申请执行，也可以由审判员移送执行员执行。

调解书和其他应当由人民法院执行的法律文书，当事人必须履行。一方拒绝履行的，对方当事人可以向人民法院申请执行。

条文解读

本条共有2款，是关于申请执行和移送执行的规定。

本条第1款首先明确规定了发生法律效力的民事判决、裁定，当事人必须履行；其次规定了申请执行和移送执行。申请执行，是指根据生效法律文书，享有权利的一方当事人在对方拒绝履行义务的情况下，向人民法院提出申请，请求人民法院强制执行。移送执行，是指人民法院审判人员将生效的民事判决书、裁定书移送给执行员执行。根据《最高人民法院关于人民法院执行工作若干问题的规定（试行）》第17条的规定，发生法律效力的具有给付赡养费、扶养费、抚育费内容的法律文书、民事制裁决定书，以及刑事附带民事判决、裁定、调解书，由审判庭移送执行机构执行。除上述范围以外的其他案件不存在移送问题。移送执行原则上要求在法律文书生效后立即移送执行。

本条第2款规定了调解书和其他应当由人民法院执行的法律文书，当事人必须履行。一方拒绝履行的，对方当事人可以向人民法院申请执行。即对发生法律效力的调解书和其他应当由人民法院执行的法律文书义务人拒绝履行的，只能适用申请执行，不能适用移送执行。

配套法规及解读

《最高人民法院关于人民法院执行工作若干问题的规定（试行）》（2020年12月29日）

16. 人民法院受理执行案件应当符合下列条件：

（1）申请或移送执行的法律文书已经生效；

（2）申请执行人是生效法律文书确定的权利人或其继承人、权利承受人；

（3）申请执行的法律文书有给付内容，且执行标的和被执行人明确；

（4）义务人在生效法律文书确定的期限内未履行义务；

（5）属于受申请执行的人民法院管辖。

人民法院对符合上述条件的申请，应当在七日内予以立案；不符合上述条件之一的，应当在七日内裁定不予受理。

17. 生效法律文书的执行，一般应当由当事人依法提出申请。

发生法律效力的具有给付赡养费、扶养费、抚育费内容的法律文书、民事制裁决定书，以及刑事附带民事判决、裁定、调解书，由审判庭移送执行机构执行。

18. 申请执行，应向人民法院提交下列文件和证件：

（1）申请执行书。申请执行书中应当写明申请执行的理由、事项、执行标的，以及申请执行人所了解的被执行人的财产状况。

申请执行人书写申请执行书确有困难的，可以口头提出申请。人民法院接待人员对口头申请应当制作笔录，由申请执行人签字或盖章。

外国一方当事人申请执行的，应当提交中文申请执行书。当事人所在国与我国缔结或共同参加的司法协助条约有特别规定的，按照条约规定办理。

(2)生效法律文书副本。

(3)申请执行人的身份证明。自然人申请的,应当出示居民身份证;法人申请的,应当提交法人营业执照副本和法定代表人身份证明;非法人组织申请的,应当提交营业执照副本和主要负责人身份证明。

(4)继承人或权利承受人申请执行的,应当提交继承或承受权利的证明文件。

(5)其他应当提交的文件或证件。

19. 申请执行仲裁机构的仲裁裁决,应当向人民法院提交有仲裁条款的合同书或仲裁协议书。

申请执行国外仲裁机构的仲裁裁决的,应当提交经我国驻外使领馆认证或我国公证机关公证的仲裁裁决书中文本。

20. 申请执行人可以委托代理人代为申请执行。委托代理的,应当向人民法院提交经委托人签字或盖章的授权委托书,写明代理人的姓名或者名称、代理事项、权限和期限。

委托代理人代为放弃、变更民事权利,或代为进行执行和解,或代为收取执行款项的,应当有委托人的特别授权。

21. 执行申请费的收取按照《诉讼费用交纳办法》办理。

※法规解读:上述条文是对申请执行和移送执行的补充规定。主要规定内容包括:(1)人民法院受理申请执行案件应当符合的条件。(2)适用移送执行的法律文书的范围。(3)申请执行,应向人民法院提交的文件和证件。(4)申请执行国内仲裁机构的仲裁裁决或申请执行国外仲裁机构的仲裁裁决应当提交的书面材料。(5)代为申请执行时应提交的材料以及委托代理人代为实体权利处分时应当有委托人的特别授权。(6)申请人民法院强制执行,应当按照《诉讼费用交纳办法》的规定交纳申请执行费。

关联法规索引

《最高人民法院关于执行案件立案、结案若干问题的意见》;《最高人民法院关于审理环境民事公益诉讼案件适用法律若干问题的解释》第32条;《最高人民法院关于执行案件移送破产审查若干问题的指导意见》

第二百四十四条　【仲裁裁决执行】对依法设立的仲裁机构的裁决，一方当事人不履行的，对方当事人可以向有管辖权的人民法院申请执行。受申请的人民法院应当执行。

被申请人提出证据证明仲裁裁决有下列情形之一的，经人民法院组成合议庭审查核实，裁定不予执行：

（一）当事人在合同中没有订有仲裁条款或者事后没有达成书面仲裁协议的；

（二）裁决的事项不属于仲裁协议的范围或者仲裁机构无权仲裁的；

（三）仲裁庭的组成或者仲裁的程序违反法定程序的；

（四）裁决所根据的证据是伪造的；

（五）对方当事人向仲裁机构隐瞒了足以影响公正裁决的证据的；

（六）仲裁员在仲裁该案时有贪污受贿，徇私舞弊，枉法裁决行为的。

人民法院认定执行该裁决违背社会公共利益的，裁定不予执行。

裁定书应当送达双方当事人和仲裁机构。

仲裁裁决被人民法院裁定不予执行的，当事人可以根据双方达成的书面仲裁协议重新申请仲裁，也可以向人民法院起诉。

条文解读

本条共有 5 款，是关于仲裁裁决执行的规定。

本条第 1 款明确规定对依法设立的仲裁机构的裁决，当事人必须履行。一方当事人不履行的，对方当事人可以向有管辖权的人民法院申请执行。受申请的人民法院应当执行。仲裁裁决一经作出即具有执行效力，但是必须依据法律向人民法院申请强制执行。对于仲裁裁决，有权受理执行的人民法院是被申请执行人的住所地人民法院或被执行财产所在地人民法院。

本条第 2 款规定，被申请人提出证据证明仲裁裁决有如下情形之一的，经人民法院组成合议庭审查核实，裁定不予执行：(1) 当事人在合同中没有订有仲裁条款或者事后没有达成书面仲裁协议的。仲裁以当事人双方自愿为前提，当事人没有选择仲裁，仲裁机构进行仲裁的，违背了仲裁的基本原则，因此所作的裁决，人民法院可以不予执行。(2) 裁决的事项不属于仲裁协议的范围或者仲裁机构无权仲裁的。仲裁机构裁决的事项要受到双方当事人协议的限制，仲裁机构不能超出当事人协议的范围进行仲裁。此外，根据《仲裁法》第3条的规定，婚姻、收养、监护、扶养、继承纠纷和依法应当由行政机关处理的行政争议不能仲裁，如若仲裁机构对此类纠纷进行仲裁属于无权仲裁。(3)仲裁庭的组成或者仲裁的程序违反法定程序的。(4)裁决所根据的证据是伪造的。(5)对方当事人向仲裁机构隐瞒了足以影响公正裁决的证据的。(6)仲裁员在仲裁该案时有贪污受贿，徇私舞弊，枉法裁决行为的。上述规定统一了不予执行仲裁裁决和撤销仲裁裁决的审查标准，防止当事人以不同的事由先后申请撤销和不予执行仲裁裁决，滥用诉讼权利，影响仲裁裁决效力的稳定。

本条第3款规定，人民法院认定执行该裁决违背社会公共利益的，裁定不予执行。对于仲裁裁决违背社会公共利益的，无须当事人提出，人民法院可以直接依职权裁定不予执行。

本条第4款规定，裁定书应当送达双方当事人和仲裁机构。

本条第5款规定，仲裁裁决被人民法院裁定不予执行时，当事人可以选择的救济途径。

配套法规及解读

《最高人民法院关于适用〈中华人民共和国民事诉讼法〉的解释》(2022年4月1日)

第四百七十五条 仲裁机构裁决的事项，部分有民事诉讼法第二百四十四条第二款、第三款规定情形的，人民法院应当裁定对该部分不予执行。

应当不予执行部分与其他部分不可分的，人民法院应当裁定不予执行仲裁裁决。

第四百七十六条 依照民事诉讼法第二百四十四条第二款、第三款规定，人民法院裁定不予执行仲裁裁决后，当事人对该裁定提出执行异议或者复议的，人民法院不予受理。当事人可以就该民事纠纷重新达成书面仲裁协议申请仲裁，也可以向人民法院起诉。

※法规解读：上述条文是对不予执行仲裁裁决的情形及不予执行仲裁裁决的救济的细化补充规定。仲裁裁决存在《民事诉讼法》第244条第2、3款规定的情形

时，将全部不予执行。第475条对有《民事诉讼法》第244条第2、3款规定情形的仲裁裁决的法律后果进行了更为合理和柔性的规定。将仲裁机构裁决细化为部分有《民事诉讼法》第244条第2、3款规定的情形，对这种情况一般应裁定对该部分不予执行，在应当不予执行部分与其他部分不可分时，人民法院应当裁定不予执行仲裁裁决。第476条对人民法院裁定不予执行仲裁裁决后，当事人对该裁定提出执行异议或者复议，人民法院不予受理的救济方式作出了规定。

关联法规索引

《最高人民法院关于适用〈中华人民共和国民事诉讼法〉的解释》第479条；《最高人民法院关于仲裁司法审查案件报核问题的有关规定》；《最高人民法院关于审理仲裁司法审查案件若干问题的规定》；《最高人民法院关于人民法院办理仲裁裁决执行案件若干问题的规定》

第二百四十五条　【公证债权文书执行】对公证机关依法赋予强制执行效力的债权文书，一方当事人不履行的，对方当事人可以向有管辖权的人民法院申请执行，受申请的人民法院应当执行。

公证债权文书确有错误的，人民法院裁定不予执行，并将裁定书送达双方当事人和公证机关。

条文解读

本条共有2款，是关于执行公证债权文书的规定。

公证文书一般不产生强制执行效力，但公证机关依法赋予强制执行效力的债权文书除外。《公证法》第37条规定："对经公证的以给付为内容并载明债务人愿意接受强制执行承诺的债权文书，债务人不履行或者履行不适当的，债权人可以依法向有管辖权的人民法院申请执行。"因此，本条第1款规定对公证机关依法赋予强制执行效力的债权文书，一方当事人不履行的，对方当事人可以向有管辖权的人民法院申请执行，受申请的人民法院应当执行。本条第2款规定了不予执行公证债权文书的情形。

配套法规及解读

《最高人民法院关于适用〈中华人民共和国民事诉讼法〉的解释》(2022年4月1日)

第四百七十八条 有下列情形之一的,可以认定为民事诉讼法第二百四十五条第二款规定的公证债权文书确有错误:

(一)公证债权文书属于不得赋予强制执行效力的债权文书的;

(二)被执行人一方未亲自或者未委托代理人到场公证等严重违反法律规定的公证程序的;

(三)公证债权文书的内容与事实不符或者违反法律强制性规定的;

(四)公证债权文书未载明被执行人不履行义务或者不完全履行义务时同意接受强制执行的。

人民法院认定执行该公证债权文书违背社会公共利益的,裁定不予执行。

公证债权文书被裁定不予执行后,当事人、公证事项的利害关系人可以就债权争议提起诉讼。

※法规解读:本条对"公证债权文书确有错误"的具体情形进行了列举,规定了公证债权文书违背社会公共利益的,人民法院裁定不予执行;明确了公证债权文书被裁定不予执行后,当事人、公证事项的利害关系人可以就债权争议提起诉讼以获得司法救济。

《最高人民法院、司法部关于公证机关赋予强制执行效力的债权文书执行有关问题的联合通知》(2000年9月1日)

一、公证机关赋予强制执行效力的债权文书应当具备以下条件:

(一)债权文书具有给付货币、物品、有价证券的内容;

(二)债权债务关系明确,债权人和债务人对债权文书有关给付内容无疑义;

(三)债权文书中载明债务人不履行义务或不完全履行义务时,债务人愿意接受依法强制执行的承诺。

二、公证机关赋予强制执行效力的债权文书的范围:

(一)借款合同、借用合同、无财产担保的租赁合同;

(二)赊欠货物的债权文书;

(三)各种借据、欠单;

（四）还款（物）协议；

（五）以给付赡养费、扶养费、抚育费、学费、赔（补）偿金为内容的协议；

（六）符合赋予强制执行效力条件的其他债权文书。

三、公证机关在办理符合赋予强制执行的条件和范围的合同、协议、借据、欠单等债权文书公证时，应当依法赋予该债权文书具有强制执行效力。

未经公证的符合本通知第二条规定的合同、协议、借据、欠单等债权文书，在履行过程中，债权人申请公证机关赋予强制执行效力的，公证机关必须征求债务人的意见；如债务人同意公证并愿意接受强制执行的，公证机关可以依法赋予该债权文书强制执行效力。

四、债务人不履行或不完全履行公证机关赋予强制执行效力的债权文书的，债权人可以向原公证机关申请执行证书。

五、公证机关签发执行证书应当注意审查以下内容：

（一）不履行或不完全履行的事实确实发生；

（二）债权人履行合同义务的事实和证据，债务人依照债权文书已经部分履行的事实；

（三）债务人对债权文书规定的履行义务有无疑义。

六、公证机关签发执行证书应当注明被执行人、执行标的和申请执行的期限。债务人已经履行的部分，在执行证书中予以扣除。因债务人不履行或不完全履行而发生的违约金、利息、滞纳金等，可以列入执行标的。

七、债权人凭原公证书及执行证书可以向有管辖权的人民法院申请执行。

八、人民法院接到申请执行书，应当依法按规定程序办理。必要时，可以向公证机关调阅公证卷宗，公证机关应当提供。案件执行完毕后，由人民法院在十五日内将公证卷宗附结案通知退回公证机关。

※法规解读：上述条文是对公证债权文书执行的细化规定。主要内容包括：(1)公证机关赋予强制执行效力的债权文书应当具备的条件。(2)公证机关赋予强制执行效力的债权文书的范围。(3)公证机关在办理符合赋予强制执行的条件和范围的债权文书公证时应当履行的义务。(4)债权人在债务人不履行或不完全履行公证机关赋予强制执行效力的债权文书时，可以向原公证机关申请执行证书。(5)公证机关签发执行证书时应当就一些事项进行审查。(6)公证机关签发执行证书应当注明的事项。(7)债权人凭原公证书及执行证书可以向有管辖权的人民

法院申请执行。(8)人民法院接到申请执行书,应当依法按规定程序办理。必要时,可以向公证机关调阅公证卷宗,公证机关应当提供。

关联法规索引

《最高人民法院关于适用〈中华人民共和国民事诉讼法〉的解释》第479条;《最高人民法院、司法部、中国银监会关于充分发挥公证书的强制执行效力服务银行金融债权风险防控的通知》

第二百四十六条 【申请执行期间】申请执行的期间为二年。申请执行时效的中止、中断,适用法律有关诉讼时效中止、中断的规定。

前款规定的期间,从法律文书规定履行期间的最后一日起计算;法律文书规定分期履行的,从最后一期履行期限届满之日起计算;法律文书未规定履行期间的,从法律文书生效之日起计算。

条文解读

本条共有2款,是关于申请执行期间的规定。

本条第1款规定了申请执行的期间并将申请执行期间定位为时效制度,明确规定申请执行期间可以中止、中断。根据本条规定,申请执行的期间为2年,属于可变期间,可中止、中断,其中止、中断的条件适用法律有关诉讼时效中止、中断的规定。

诉讼时效的中止,是指在诉讼时效进行中,因一定的法定事由产生而使权利人无法行使请求权,暂停计算诉讼时效期间。《最高人民法院关于适用〈中华人民共和国民事诉讼法〉执行程序若干问题的解释》第19条规定:"在申请执行时效期间的最后六个月内,因不可抗力或者其他障碍不能行使请求权的,申请执行时效中止。从中止时效的原因消除之日起,申请执行时效期间继续计算。"执行时效中止之前已经经过的期间与中止时效的事由消失之后继续进行的期间合并计算,而中止的时间过程则不计入时效期间。

诉讼时效的中断,是指在诉讼时效进行中,因发生一定的法定事由,致使已经经过的诉讼时效期间统归无效，待该法定事由消除后，诉讼时效期间重新起算的制度。《最高人民法院关于适用〈中华人民共和国民事诉讼法〉执行程序若干问题的解释》第20条规定："申请执行时效因申请执行、当事人双方达成和解协议、当事人一方提出履行要求或者同意履行义务而中断。从中断时起，申请执行时效期间重新计算。"

本条第2款规定了申请执行的起算时间。2021年《民事诉讼法》规定为"从最后一期履行期限届满之日起计算"，这将分期履行情形下的执行申请期限起算时间点与《民法典》关于分期履行的诉讼时效期间相统一，增强了对当事人权利的保护，也有利于减少不必要的纠纷。

关联法规索引

《最高人民法院关于适用〈中华人民共和国民事诉讼法〉的解释》第481条；《最高人民法院关于适用〈中华人民共和国民事诉讼法〉执行程序若干问题的解释》第19～21条

第二百四十七条　【执行通知与强制执行】执行员接到申请执行书或者移交执行书，应当向被执行人发出执行通知，并可以立即采取强制执行措施。

条文解读

本条是关于执行通知和立即强制执行的规定。

依据本条规定，执行员接到申请执行书或者移交执行书，应当向被执行人发出执行通知，并可以立即采取强制执行措施。执行通知是人民法院执行机构向被执行人发出的要求被执行人在指定期间内履行生效法律文书确定的义务，逾期将承担强制执行后果的一种告示文书。执行通知旨在督促当事人自觉履行法律义务，避免使用强制措施。然而，在执行实践中，当事人收到执行通知后，往往不履行义务，而是转移财产逃避执行。因而，《民事诉讼法》规定人民法院的执行员在向被执行人发出执行通知的同时就可以立即采取强制执行措施。立即执行的规定，更有利于防止被执行人隐匿、转让财产，促进执行的顺利开展，对于解决"执行难"问题有着重要意义。是否立即采取强制执行措施,由法院执行人员根据案件情况自行决定。

配套法规及解读

《最高人民法院关于适用〈中华人民共和国民事诉讼法〉的解释》(2022 年 4 月 1 日)

第四百八十条 人民法院应当在收到申请执行书或者移交执行书后十日内发出执行通知。

执行通知中除应责令被执行人履行法律文书确定的义务外,还应通知其承担民事诉讼法第二百六十条规定的迟延履行利息或者迟延履行金。

※法规解读:本条是对人民法院发出执行通知的时限和执行通知的内容的具体规定。依据本条规定,人民法院应当在收到申请执行书或者移交执行书后 10 日内发出执行通知。执行通知中除应责令被执行人履行法律文书确定的义务外,还应通知其承担迟延履行利息或者迟延履行金,这些具体规定有利于提高执行的效率和效果。

第二十一章　执 行 措 施

本章介绍

执行措施是执行机关按照法定程序，为实现法律文书所规定的内容而采取的强制手段。人民法院在采取执行措施、强制处置义务人的财产时，要根据法律文书确定的义务予以决定，既要保护申请人的权益，也要照顾被执行人及其供养家属的需要。采取执行措施，必须严格遵守法律规定的程序，履行必要的批准手续。本章规定了几种执行措施及其实施应当遵守的条件和程序。

第二百四十八条　【被执行人报告财产义务】被执行人未按执行通知履行法律文书确定的义务，应当报告当前以及收到执行通知之日前一年的财产情况。被执行人拒绝报告或者虚假报告的，人民法院可以根据情节轻重对被执行人或者其法定代理人、有关单位的主要负责人或者直接责任人员予以罚款、拘留。

条文解读

本条是关于被执行人申报财产制度的规定。

本条明确规定了被执行人报告财产义务的适用条件、报告财产的时间范围和被执行人拒绝报告或者虚假报告的法律责任。（1）被执行人报告财产义务的适用条件。只要被执行人未按执行通知履行法律文书确定的义务，就负有报告财产状况的法定义务。（2）报告财产的时间范围。被执行人应当报告当前以及收到执行通知之日前一年的财产情况。当前，指被执行人报告时。财产情况，指在此期间内的财产变动情况，即要报告取得了哪些财产以及取得的方式，减少了哪些财产以及减少的方式。被执行人应当申报的财产包括不动产、动产及其他财产。被执行人申报财产不限于足够清偿申请执行人债权的财产，而是要申报所有可供执行的财产。(3)被执行人拒绝报告或者虚假报告的法律责任。对于拒绝报告或者虚假报告的,人民法院可以根据情节轻重对被执行人或者其法定代理人、有关单位的主要负责人或者直接责任人员予以罚款、拘留。在被执行人为无民事行为能力人或者限制民事行为能力人的情形下,被执行人的法定代理人是申报财产义务人。因此,该法定代理人对被执行人的财产拒绝报告或者进行虚假报告的,人民法院即可依法予以罚款、拘留。被执行人若是法人或其他组织的,则对有关单位的主要负责人或者直接责任人员予以罚款、拘留。

关联法规索引

《最高人民法院关于民事执行中财产调查若干问题的规定》

典型案例

首都师范大学与中建物业管理公司供用热力合同纠纷执行案[1]

※案情简介:首都师范大学与中建物业管理公司供用热力合同纠纷一案,北京市海淀区人民法院判决中建物业管理公司给付首都师范大学供暖费2913715.7元以及利息270025.17元。一审判决后,中建物业管理公司提起上诉。北京市第一中级人民法院二审判决驳回上诉,维持原判。

由于中建物业管理公司未履行生效判决确定的义务,首都师范大学向北京市海淀区人民法院申请执行。执行法院要求中建物业管理公司申报财产情况。中建物业管理公司申报了中国工商银行和兴业银行两个银行账户,执行法院对两个账户进行了冻结,仅扣划到9800元。执行法院进一步调查发现,中建物业管理公司在中国建设银行还开立有一个账户,执行法院遂冻结了该账上仅有的存款13289.02元。执行法院要求中建物业管理公司负责人到庭说明为何没有如实申报财产,并要求中建物业管理公司提供3个银行账户的对账单和会计凭证供调查。中建物业管理公司负责人未到庭,且未提供对账单和会计凭证。鉴于此,执行法院对中建物业管理公司的办公场所进行了搜查。通过查阅搜查获取的会计账簿,发

〔1〕 该案例为2011年7月5日最高人民法院公布的9起反规避执行典型案例之案例一。

现中建物业管理公司以工资、药费、差旅费等名义向中建北配楼招待所支付了大笔费用，累计近百万元。执行法院调取了中建物业管理公司的中国建设银行账户交易记录，显示在执行法院发出执行通知书后，中建物业管理公司仍有多笔大额资金往来。执行法院到中建北配楼招待所的经营场所进行调查，发现招待所条件十分简陋，仅有6名员工，月经营收入为20000元至30000元。

经过调查，执行法院掌握了大量确凿的证据，证明中建物业管理公司在收到执行通知书后，未如实申报财产情况，其将经营收入等大笔资金转入中建北配楼招待所的银行账户，以达到转移财产、规避执行的目的。因此，执行法院对中建物业管理公司的负责人采取了拘留措施，并决定对中建物业管理公司的账目进行审计。执行法院采取强制措施后，中建物业管理公司迫于压力，3日内向法院支付了180余万元执行款，并与申请人首都师范大学达成了执行和解协议，并已分期履行完毕。

※典型意义：执行法院严格落实财产报告制度，加大依职权调查财产的力度，适当运用审计方法调查被执行人财产，使得该案得以顺利执结。

第二百四十九条　【查询、扣押、冻结、划拨、变价金融资产】被执行人未按执行通知履行法律文书确定的义务，人民法院有权向有关单位查询被执行人的存款、债券、股票、基金份额等财产情况。人民法院有权根据不同情形扣押、冻结、划拨、变价被执行人的财产。人民法院查询、扣押、冻结、划拨、变价的财产不得超出被执行人应当履行义务的范围。

人民法院决定扣押、冻结、划拨、变价财产，应当作出裁定，并发出协助执行通知书，有关单位必须办理。

条文解读

本条共有2款，是关于查询被执行人财产和对被执行人财产强制执行的规定。

本条第1款规定了当被执行人未按执行通知履行法律文书确定的义务时，人民法院有权向有关单位查询被执行人的存款、债券、股票、基金份额等财产情况。《民事诉讼法》规定的被查询单位的范围不仅包括银行、信用合作社和其他有储蓄业务的单位，还包括证券公司、基金公司等其他有关单位；查询财产的范围不但包括存款，还包括债券、股票、基金份额等财产。查询财产之后根据不同情况，人民法院可以扣押、冻结、划拨、变价被执行人的财产,但人民法院查询、扣押、冻结、划拨、变价的财产不得超出被执行人应当履行义务的范围。

本条第2款规定了人民法院决定扣押、冻结、划拨、变价财产,应当履行法定的程序,即应制作裁定书,并发出协助执行通知书,有关单位必须办理。

配套法规及解读

《最高人民法院关于适用〈中华人民共和国民事诉讼法〉的解释》(2022年4月1日)

第四百八十二条 对必须接受调查询问的被执行人、被执行人的法定代表人、负责人或者实际控制人,经依法传唤无正当理由拒不到场的,人民法院可以拘传其到场。

人民法院应当及时对被拘传人进行调查询问,调查询问的时间不得超过八小时;情况复杂,依法可能采取拘留措施的,调查询问的时间不得超过二十四小时。

人民法院在本辖区以外采取拘传措施时,可以将被拘传人拘传到当地人民法院,当地人民法院应予协助。

第四百八十三条 人民法院有权查询被执行人的身份信息与财产信息,掌握相关信息的单位和个人必须按照协助执行通知书办理。

第四百八十四条 对被执行的财产,人民法院非经查封、扣押、冻结不得处分。对银行存款等各类可以直接扣划的财产,人民法院的扣划裁定同时具有冻结的法律效力。

※法规解读:上述条文是关于人民法院查询被执行人的金融资产以及对被执行人的财产进行处分和采取措施的补充规定。第482条是关于对必须接受调查询问的被执行人、被执行人的法定代表人、负责人或者实际控制人采取拘传措施的法定条件、调查询问的时限以及如何在执行法院辖区外采取拘传措施的具体规定。第483条是对人民法院查询被执行人个人信息的范围以及掌握相关信息的单位和个人协助义务的规定。明确了人民法院查询被执行人个人信息的范围包括身份信息与财产信息,掌握相关信息的单位和个人必须按照协助执行通知书办理。第484条是关于人民法院处分被执行的财产的限制性条件以及对冻结法律依据形式的补充规定。

关联法规索引

《最高人民法院关于人民法院执行工作若干问题的规定(试行)》第 26 ~ 27 条;《最高人民法院关于冻结、拍卖上市公司国有股和社会法人股若干问题的规定》;《最高人民法院关于冻结、扣划证券交易结算资金有关问题的通知》;《最高人民法院、最高人民检察院、公安部、中国证券监督管理委员会关于查询、冻结、扣划证券和证券交易结算资金有关问题的通知》;《最高人民法院关于网络查询、冻结被执行人存款的规定》;《最高人民法院、中国银行业监督管理委员会关于人民法院与银行业金融机构开展网络执行查控和联合信用惩戒工作的意见》;《最高人民法院、中国银行业监督管理委员会关于人民法院、银行业、金融机构网络执行查控工作规范》

第二百五十条　【扣留、提取收入】被执行人未按执行通知履行法律文书确定的义务,人民法院有权扣留、提取被执行人应当履行义务部分的收入。但应当保留被执行人及其所扶养家属的生活必需费用。

人民法院扣留、提取收入时,应当作出裁定,并发出协助执行通知书,被执行人所在单位、银行、信用合作社和其他有储蓄业务的单位必须办理。

条文解读

本条共有 2 款,是关于扣留、提取被执行人收入的规定。

本条第 1 款规定了被执行人未按执行通知履行法律文书确定的义务,人民法院有权扣留、提取被执行人应当履行义务部分的收入。扣留被执行人的收入,主要指被执行人所在单位按照人民法院的协助执行通知书扣留被执行人的工资、奖金等收入。提取被执行人的收入,主要指人民法院通过银行、信用合作社和其他有储蓄业务的单位或者被执行人所在单位将被执行人的收入支取出来,交给申请执行人。扣留、提取被执行人的收入主要是针对自然人采取的措施。收入主要指金钱收入,包括工资收入和非工资收入。扣留、提取被执行人应当履行义务部分的收入,应当保留被执行人及其所扶养家属的生活必需费用。

本条第 2 款规定了相关单位的协助义务。人民法院扣留、提取收入时,应当作出裁定，并发出协助执行通知书，被执行人所在单位、银行、信用合作社和其他有储蓄业务的单位必须办理。

配套法规及解读

《最高人民法院关于人民法院执行工作若干问题的规定（试行）》（2020年12月29日）

28. 作为被执行人的自然人，其收入转为储蓄存款的，应当责令其交出存单。拒不交出的，人民法院应当作出提取其存款的裁定，向金融机构发出协助执行通知书，由金融机构提取被执行人的存款交人民法院或存入人民法院指定的账户。

29. 被执行人在有关单位的收入尚未支取的，人民法院应当作出裁定，向该单位发出协助执行通知书，由其协助扣留或提取。

30. 有关单位收到人民法院协助执行被执行人收入的通知后，擅自向被执行人或其他人支付的，人民法院有权责令其限期追回；逾期未追回的，应当裁定其在支付的数额内向申请执行人承担责任。

※法规解读：上述条文是对扣留、提取被执行人收入的补充规定。第28条是关于作为被执行人的自然人将收入转为储蓄存款时，人民法院可以采取的执行措施的规定。第29条是关于被执行人在有关单位的收入尚未支取时，人民法院可以采取的执行措施的规定。第30条是关于有关协助单位收到人民法院协助执行被执行人收入的通知后，擅自向被执行人或其他人支付时，人民法院有权责令其限期追回；逾期未追回的，应当裁定其在支付的数额内向申请执行人承担责任的规定。

第二百五十一条 【查封、扣押、冻结、拍卖、变卖被执行人财产】被执行人未按执行通知履行法律文书确定的义务，人民法院有权查封、扣押、冻结、拍卖、变卖被执行人应当履行义务部分的财产。但应当保留被执行人及其所扶养家属的生活必需品。

采取前款措施，人民法院应当作出裁定。

条文解读

本条共有 2 款，是关于查封、扣押、冻结、拍卖、变卖被执行人财产的规定。

本条第 1 款规定，被执行人未按执行通知履行法律文书确定的义务，人民法院有权查封、扣押、冻结、拍卖、变卖被执行人应当履行义务部分的财产。查封，是指把被执行人的财产清查封闭贴上封条，就地封存，不准任何人转移和处理。扣押，是指把被执行人的财产就地或者运到另外的场所，加以扣留。冻结，是指人民法院对被申请执行人在金融单位的存款所采取的不准其提取或转移的一种强制措施。存款被冻结后，非经人民法院通知，任何单位和个人不得提取和转移。拍卖，是指人民法院以公开、竞争的方式，按最高的价格成交，出售被申请执行人的财产。变卖，是指强制出卖被申请执行人的财产，以所得价款清偿债务的措施。人民法院在执行中需要变卖被申请执行人财产的，可以交由有关单位变卖，也可以由人民法院直接变卖。人民法院查封、扣押、冻结、拍卖、变卖被执行人的财产以其应当履行义务的部分为限，并且应当保留被执行人及其所扶养家属的生活必需品。

根据本条第 2 款规定，人民法院查封、扣押、冻结、拍卖、变卖被执行人应当履行义务部分的财产，应当作出裁定。

配套法规及解读

《最高人民法院关于适用〈中华人民共和国民事诉讼法〉的解释》(2022 年 4 月 1 日)

第四百八十五条　人民法院冻结被执行人的银行存款的期限不得超过一年，查封、扣押动产的期限不得超过两年，查封不动产、冻结其他财产权的期限不得超过三年。

申请执行人申请延长期限的，人民法院应当在查封、扣押、冻结期限届满前办理续行查封、扣押、冻结手续，续行期限不得超过前款规定的期限。

人民法院也可以依职权办理续行查封、扣押、冻结手续。

※法规解读：本条是关于人民法院查封、扣押或冻结被执行人的不同类型财产的期限、申请执行人申请延长期限的时限、续行期限以及续行查封、扣押、冻结手续办理的规定。

《最高人民法院关于人民法院执行工作若干问题的规定(试行)》(2020年12月29日)

38.对被执行人在有限责任公司、其他法人企业中的投资权益或股权,人民法院可以采取冻结措施。

冻结投资权益或股权的,应当通知有关企业不得办理被冻结投资权益或股权的转移手续,不得向被执行人支付股息或红利。被冻结的投资权益或股权,被执行人不得自行转让。

※法规解读:本条是对冻结被执行人财产的具体化补充规定。

《最高人民法院关于人民法院民事执行中查封、扣押、冻结财产的规定》(2020年12月29日)

第三条 人民法院对被执行人下列的财产不得查封、扣押、冻结:

(一)被执行人及其所扶养家属生活所必需的衣服、家具、炊具、餐具及其他家庭生活必需的物品;

(二)被执行人及其所扶养家属所必需的生活费用。当地有最低生活保障标准的,必需的生活费用依照该标准确定;

(三)被执行人及其所扶养家属完成义务教育所必需的物品;

(四)未公开的发明或者未发表的著作;

(五)被执行人及其所扶养家属用于身体缺陷所必需的辅助工具、医疗物品;

(六)被执行人所得的勋章及其他荣誉表彰的物品;

(七)根据《中华人民共和国缔结条约程序法》,以中华人民共和国、中华人民共和国政府或者中华人民共和国政府部门名义同外国、国际组织缔结的条约、协定和其他具有条约、协定性质的文件中规定免于查封、扣押、冻结的财产;

(八)法律或者司法解释规定的其他不得查封、扣押、冻结的财产。

第四条 对被执行人及其所扶养家属生活所必需的居住房屋,人民法院可以查封,但不得拍卖、变卖或者抵债。

第五条 对于超过被执行人及其所扶养家属生活所必需的房屋和生活用品,人民法院根据申请执行人的申请,在保障被执行人及其所扶养家属最低生活标准所必需的居住房屋和普通生活必需品后,可予以执行。

第六条 查封、扣押动产的,人民法院可以直接控制该项财产。人民法院将查封、扣押的动产交付其他人控制的,应当在该动产上加贴封条或者采取其他足以公示查封、扣押的适当方式。

第七条 查封不动产的，人民法院应当张贴封条或者公告，并可以提取保存有关财产权证照。

查封、扣押、冻结已登记的不动产、特定动产及其他财产权，应当通知有关登记机关办理登记手续。未办理登记手续的，不得对抗其他已经办理了登记手续的查封、扣押、冻结行为。

第八条 查封尚未进行权属登记的建筑物时，人民法院应当通知其管理人或者该建筑物的实际占有人，并在显著位置张贴公告。

第九条 扣押尚未进行权属登记的机动车辆时，人民法院应当在扣押清单上记载该机动车辆的发动机编号。该车辆在扣押期间权利人要求办理权属登记手续的，人民法院应当准许并及时办理相应的扣押登记手续。

※法规解读：上述条文是对查封、扣押、冻结被执行人财产的具体化补充规定。其中，第3条规定了人民法院不得查封、扣押、冻结的被执行人财产的范围。第4、5条是关于执行被执行人及其所扶养家属生活所必需的居住房屋和生活用品时可以采取的措施及其限制的规定。第6条是关于人民法院如何查封、扣押动产的规定。第7条规定了人民法院查封、扣押不动产应遵循的规则和限制条件。第8条规定了人民法院查封尚未进行权属登记的建筑物时应遵循的程序性规则。第9条规定了人民法院扣押尚未进行权属登记的机动车辆时应遵循的程序性规则。

关联法规索引

《最高人民法院关于人民法院民事执行中查封、扣押、冻结财产的规定》

第二百五十二条 【查封、扣押财产程序】 人民法院查封、扣押财产时，被执行人是公民的，应当通知被执行人或者他的成年家属到场；被执行人是法人或者其他组织的，应当通知其法定代表人或者主要负责人到场。拒不到场的，不影响执行。被执行人是公民的，其工作单位或者财产所在地的基层组织应当派人参加。

对被查封、扣押的财产，执行员必须造具清单，由在场人签名或者盖章后，交被执行人一份。被执行人是公民的，也可以交他的成年家属一份。

第二百五十三条 【查封财产保管】被查封的财产，执行员可以指定被执行人负责保管。因被执行人的过错造成的损失，由被执行人承担。

第二百五十四条 【拍卖、变卖财产】财产被查封、扣押后，执行员应当责令被执行人在指定期间履行法律文书确定的义务。被执行人逾期不履行的，人民法院应当拍卖被查封、扣押的财产；不适于拍卖或者当事人双方同意不进行拍卖的，人民法院可以委托有关单位变卖或者自行变卖。国家禁止自由买卖的物品，交有关单位按照国家规定的价格收购。

条文解读

第254条是关于拍卖或者变卖被查封、扣押的财产的规定。

本条明确规定了执行中拍卖、变卖的适用条件。在查封、扣押财产之后，人民法院应当给被执行人指定一个履行期限，责令他在此期限内履行义务。如果被执行人逾期不履行，人民法院应当拍卖被查封、扣押的财产。《民事诉讼法》规定了拍卖优先的原则，即财产被查封、扣押后，被执行人逾期不履行义务的，人民法院首先应当拍卖被查封、扣押的财产，对不适于拍卖或者当事人双方同意不进行拍卖的财产，人民法院可以进行变卖处理。对于国家禁止自由买卖的物品，交有关单位按照国家规定的价格收购。

配套法规及解读

《最高人民法院关于适用〈中华人民共和国民事诉讼法〉的解释》(2022年4月1日)

第四百八十六条 依照民事诉讼法第二百五十四条规定，人民法院在执行中需要拍卖被执行人财产的，可以由人民法院自行组织拍卖，也可以交由具备相应资质的拍卖机构拍卖。

交拍卖机构拍卖的，人民法院应当对拍卖活动进行监督。

第四百八十七条 拍卖评估需要对现场进行检查、勘验的，人民法院应当责令被执行人、协助义务人予以配合。被执行人、协助义务人不予配合的，人民法院可以强制进行。

第四百八十八条　人民法院在执行中需要变卖被执行人财产的，可以交有关单位变卖，也可以由人民法院直接变卖。

对变卖的财产，人民法院或者其工作人员不得买受。

第四百八十九条　经申请执行人和被执行人同意，且不损害其他债权人合法权益和社会公共利益的，人民法院可以不经拍卖、变卖，直接将被执行人的财产作价交申请执行人抵偿债务。对剩余债务，被执行人应当继续清偿。

第四百九十条　被执行人的财产无法拍卖或者变卖的，经申请执行人同意，且不损害其他债权人合法权益和社会公共利益的，人民法院可以将该项财产作价后交付申请执行人抵偿债务，或者交付申请执行人管理；申请执行人拒绝接收或者管理的，退回被执行人。

第四百九十一条　拍卖成交或者依法定程序裁定以物抵债的，标的物所有权自拍卖成交裁定或者抵债裁定送达买受人或者接受抵债物的债权人时转移。

※法规解读：上述条文是关于拍卖、变卖被执行人财产以及被执行人财产作价抵偿、折价问题的细化补充规定。其中，第486条是关于拍卖主体以及人民法院对拍卖活动进行法律的规定。第487条规定了拍卖评估需要对现场进行检查、勘验时，被执行人、协助义务人的配合义务以及不配合的法律后果。第488条第1款是关于变卖主体的规定；第2款是关于人民法院或者其工作人员不得作为变卖财产的买受主体的规定。第489条是关于人民法院不经拍卖、变卖被执行人财产，直接将被执行人的财产作价交申请执行人抵偿债务的法定条件以及对剩余债务被执行人应当继续清偿的规定。第490条是关于当无法拍卖或者变卖被执行人的财产时，人民法院可以将该项财产作价后交付申请执行人抵偿债务，或者交付申请执行人管理的条件以及申请执行人拒绝接收或者管理时如何处理的规定。第491条是关于拍卖成交或者依法定程序裁定以物抵债的标的物所有权转移时间的规定。

关联法规索引

《最高人民法院关于人民法院民事执行中拍卖、变卖财产的规定》；《最高人民法院关于人民法院委托评估、拍卖工作的若干规定》；《最高人民法院关于人民法院网络司法拍卖若干问题的规定》；《最高人民法院关于人民法院执行公开的若干规定》第10条

第二百五十五条 【搜查被执行人财产】 被执行人不履行法律文书确定的义务,并隐匿财产的,人民法院有权发出搜查令,对被执行人及其住所或者财产隐匿地进行搜查。

采取前款措施,由院长签发搜查令。

条文解读

本条共有2款,是关于搜查被执行人财产的规定。

本条规定了搜查被执行人财产的法定条件和程序。人民法院搜查被执行人的财产应符合以下条件:(1)作为执行依据的生效法律文书确定的履行期限已经届满。(2)被执行人不履行法律文书确定的义务并有隐匿财产的行为。如果被执行人员不履行法律文书确定的义务,但并无隐匿财产行为的,或者被执行人虽然隐匿了财产,但还有其他可供执行的财产,则不适用搜查,只能适用其他强制措施。(3)搜查的范围仅限于被执行人及其住所或者财产隐匿地。(4)进行民事搜查必须由院长签发搜查令,并由执行人员执行。

配套法规及解读

《最高人民法院关于适用〈中华人民共和国民事诉讼法〉的解释》(2022年4月1日)

第四百九十四条 在执行中,被执行人隐匿财产、会计账簿等资料的,人民法院除可依照民事诉讼法第一百一十四条第一款第六项规定对其处理外,还应责令被执行人交出隐匿的财产、会计账簿等资料。被执行人拒不交出的,人民法院可以采取搜查措施。

第四百九十五条 搜查人员应当按规定着装并出示搜查令和工作证件。

第四百九十六条 人民法院搜查时禁止无关人员进入搜查现场;搜查对象是公民的,应当通知被执行人或者他的成年家属以及基层组织派员到场;搜查对象是法人或者其他组织的,应当通知法定代表人或者主要负责人到场。拒不到场的,不影响搜查。

搜查妇女身体,应当由女执行人员进行。

第四百九十七条　搜查中发现应当依法采取查封、扣押措施的财产，依照民事诉讼法第二百五十二条第二款和第二百五十四条规定办理。

第四百九十八条　搜查应当制作搜查笔录，由搜查人员、被搜查人及其他在场人签名、捺印或者盖章。拒绝签名、捺印或者盖章的，应当记入搜查笔录。

※法规解读：上述条文是对搜查被执行人财产及其他资料的程序和规则的补充规定。其中，第494条是关于在执行中，被执行人隐匿财产、会计账簿等资料的，人民法院可以采取的措施的规定。第495、496、498条是关于搜查时搜查人员应当履行的必要程序和应当遵守的规则的规定。第497条是关于如何处理搜查中发现的应当依法采取查封、扣押措施的财产的规定。

第二百五十六条　【指定交付】法律文书指定交付的财物或者票证，由执行员传唤双方当事人当面交付，或者由执行员转交，并由被交付人签收。

有关单位持有该项财物或者票证的，应当根据人民法院的协助执行通知书转交，并由被交付人签收。

有关公民持有该项财物或者票证的，人民法院通知其交出。拒不交出的，强制执行。

配套法规及解读

《最高人民法院关于适用〈中华人民共和国民事诉讼法〉的解释》（2022年4月1日）

第四百九十三条　他人持有法律文书指定交付的财物或者票证，人民法院依照民事诉讼法第二百五十六条第二款、第三款规定发出协助执行通知后，拒不转交的，可以强制执行，并可依照民事诉讼法第一百一十七条、第一百一十八条规定处理。

他人持有期间财物或者票证毁损、灭失的，参照本解释第四百九十二条规定处理。

他人主张合法持有财物或者票证的，可以根据民事诉讼法第二百三十四条规定提出执行异议。

※法规解读：本条是对他人持有法律文书指定交付的财物、票证的如何执行的补充规定。本条第1款规定他人持有法律文书指定交付的财物或者票证，人民法院发出协助执行通知书后，拒不转交的，可以强制执行，并对拒不转交的当事人可以适用妨害民事诉讼的强制措施，即罚款或拘留。第2款是关于他人持有期间财物或者票证毁损、灭失的应该如何执行的规定。第3款规定了他人主张合法持有财物或者票证的，可以适用的救济程序。

第二百五十七条 【对不动产的执行】强制迁出房屋或者强制退出土地，由院长签发公告，责令被执行人在指定期间履行。被执行人逾期不履行的，由执行员强制执行。

强制执行时，被执行人是公民的，应当通知被执行人或者他的成年家属到场；被执行人是法人或者其他组织的，应当通知其法定代表人或者主要负责人到场。拒不到场的，不影响执行。被执行人是公民的，其工作单位或者房屋、土地所在地的基层组织应当派人参加。执行员应当将强制执行情况记入笔录，由在场人签名或者盖章。

强制迁出房屋被搬出的财物，由人民法院派人运至指定处所，交给被执行人。被执行人是公民的，也可以交给他的成年家属。因拒绝接收而造成的损失，由被执行人承担。

条文解读

本条共有3款，是关于对房屋、土地等不动产强制执行的规定。

强制迁出房屋或强制退出土地，是指人民法院执行人员强制搬迁被申请执行人在房屋内或特定土地上的财物，腾出房屋或土地，交给申请执行人的一种执行措施。本条规定了强制迁出房屋或强制退出土地的法定程序：(1)人民法院院长签发公告。当事人不按法律文书规定迁出房屋和退出土地时，由执行人民法院院长签发公告，责令被执行人在指定的期间履行；被执行人逾期不履行的，由执行员强制执行。(2)通知到场。被执行人是公民的，应当通知被执行人或者他的成年家属到场；被执行人是法人或者其他组织的，应当通知其法定代表人或者主要负责人到场。拒不到场的，不影响执行。(3)通知相关单位派员参加。被执行人是公民的，其工作单位或者房屋、土地所在地的基层组织应当派人参加。(4)制作执行笔录。执行员应当将强制执行情况记入笔录,由在场人签名或者盖章。(5)被搬出财物的交付。强制迁出房屋被搬出的财物,由人民法院派人运至指定处所,交给被执行人。被执行人是公民的,也可以交给他的成年家属。因拒绝接收而造成的损失,由被执行人承担。

第二百五十八条　【财产权证照转移】在执行中,需要办理有关财产权证照转移手续的,人民法院可以向有关单位发出协助执行通知书,有关单位必须办理。

条文解读

本条是关于在执行中办理财产权证照转移手续的规定。

在执行过程中,有些财产被执行后改变了权利人,只有办理了财产权证照的转移手续才算财产权利交付完成,执行任务彻底完成。人民法院的执行人员在办理这些证照转移手续时,需向有关单位发出协助执行通知书,通知有关单位协助办理;有关单位必须办理。对不予协助办理证照转移手续的根据《民事诉讼法》第117条的规定,人民法院可以对其主要负责人或者直接责任人员予以罚款;对仍不履行协助义务的,可以予以拘留;并可以向监察机关或者有关机关提出予以纪律处分的司法建议。有关财产权的证照,是指有财产权内容的证照,如土地证、房产证、山林所有权证、专利证书、商标证书、车辆执照等。

配套法规及解读

《最高人民法院关于适用〈中华人民共和国民事诉讼法〉的解释》(2022年4月1日)

第五百条　人民法院在执行中需要办理房产证、土地证、林权证、专利证书、商标证书、车船执照等有关财产权证照转移手续的,可以依照民事诉讼法第二百五十八条规定办理。

※法规解读:本条是对适用《民事诉讼法》第258条规定的办理有关财产权

证照转移手续中的财产权证照范围的细化规定。

关联法规索引

《最高人民法院、国土资源部、建设部关于依法规范人民法院执行和国土资源房地产管理部门协助执行若干问题的通知》;《最高人民法院关于转发住房和城乡建设部〈关于无证房产依据协助执行文书办理产权登记有关问题的函〉的通知》

第二百五十九条 【对行为执行】对判决、裁定和其他法律文书指定的行为,被执行人未按执行通知履行的,人民法院可以强制执行或者委托有关单位或者其他人完成,费用由被执行人承担。

条文解读

本条是关于对行为执行的规定。

人民法院作出的生效的判决、裁定和其他法律文书,有的属于要求当事人履行某种行为,被执行人应当履行。被执行人未按执行通知书指定的期间履行生效法律文书指定行为的,人民法院可以强制其履行。根据法律文书指定的行为是否可以替代,可将其划分为可以替代的行为和不可替代的行为。可以替代的行为可以由被执行人以外的人代替被执行人履行;不可替代的行为只能由被执行人自己履行。对于可以替代履行的行为,可以委托有关单位或他人完成,因完成上述行为产生的费用由被执行人承担。对于只能由被执行人完成的行为,经教育,被执行人仍拒不履行的,人民法院应当按照妨害执行行为的有关规定处理。

配套法规及解读

《最高人民法院关于适用〈中华人民共和国民事诉讼法〉的解释》(2022年4月1日)

第五百零一条 被执行人不履行生效法律文书确定的行为义务,该义务可由他人完成的,人民法院可以选定代履行人;法律、行政法规对履行该行为义务有资格限制的,应当从有资格的人中选定。必要时,可以通过招标的方式确定代履行人。

申请执行人可以在符合条件的人中推荐代履行人，也可以申请自己代为履行，是否准许，由人民法院决定。

第五百零二条　代履行费用的数额由人民法院根据案件具体情况确定，并由被执行人在指定期限内预先支付。被执行人未预付的，人民法院可以对该费用强制执行。

代履行结束后，被执行人可以查阅、复制费用清单以及主要凭证。

第五百零三条　被执行人不履行法律文书指定的行为，且该项行为只能由被执行人完成的，人民法院可以依照民事诉讼法第一百一十四条第一款第六项规定处理。

被执行人在人民法院确定的履行期间内仍不履行的，人民法院可以依照民事诉讼法第一百一十四条第一款第六项规定再次处理。

※法规解读：上述条文是关于对行为执行的细化补充规定，将应执行的行为分为可以代履行的行为和不可代履行的行为，并分别对其执行时应遵循的规则和处理方式作了细化规定。其中，第501、502条主要是关于可以代履行行为的代履行的适用条件、代履行义务人如何选定、代履行费用数额的确定以及代履行费用实现方式的规定。第503条是关于被执行人不履行法律文书指定的不可代履行的行为时应如何处理的规定。

第二百六十条　【迟延履行】被执行人未按判决、裁定和其他法律文书指定的期间履行给付金钱义务的，应当加倍支付迟延履行期间的债务利息。被执行人未按判决、裁定和其他法律文书指定的期间履行其他义务的，应当支付迟延履行金。

条文解读

本条是关于被执行人加倍支付迟延履行利息、迟延履行金的规定。

本条规定了被执行人未按判决、裁定和其他法律文书指定的期间履行给付金钱义务或者其他义务的，应当加倍支付迟延履行期间的债务利息或者迟延履行金。迟延履行债务利息，是指被执行人没有按期履行金钱债务而应当向债权人支付的除债务本金之外的一定费用。延迟履行金，是指被执行人未按判决、裁定和其他法律文书指定的期间履行非金钱给付义务的，应当向权利人支付的除原债务以外的款项。该条属于惩罚性法律规范，加重了迟延履行人的法律义务。

配套法规及解读

《最高人民法院关于适用〈中华人民共和国民事诉讼法〉的解释》(2022 年 4 月 1 日)

第五百零四条 被执行人迟延履行的，迟延履行期间的利息或者迟延履行金自判决、裁定和其他法律文书指定的履行期间届满之日起计算。

第五百零五条 被执行人未按判决、裁定和其他法律文书指定的期间履行非金钱给付义务的，无论是否已给申请执行人造成损失，都应当支付迟延履行金。已经造成损失的，双倍补偿申请执行人已经受到的损失；没有造成损失的，迟延履行金可以由人民法院根据具体案件情况决定。

※法规解读：上述条文是对迟延履行利息和迟延履行金的补充规定。其中，第 504 条是关于迟延履行利息和迟延履行金支付的起算日的规定。第 505 条是关于迟延履行金支付条件以及迟延履行金支付标准、数额的规定。

《最高人民法院关于执行程序中计算迟延履行期间的债务利息适用法律若干问题的解释》(2014 年 7 月 7 日)

第一条 根据民事诉讼法第二百五十三条[1]规定加倍计算之后的迟延履行期间的债务利息，包括迟延履行期间的一般债务利息和加倍部分债务利息。

迟延履行期间的一般债务利息，根据生效法律文书确定的方法计算；生效法律文书未确定给付该利息的，不予计算。

加倍部分债务利息的计算方法为：加倍部分债务利息 = 债务人尚未清偿的生效法律文书确定的除一般债务利息之外的金钱债务 × 日万分之一点七五 × 迟延履行期间。

第二条 加倍部分债务利息自生效法律文书确定的履行期间届满之日起计算；生效法律文书确定分期履行的，自每次履行期间届满之日起计算；生效法律文

[1] 2021 年《民事诉讼法》第 260 条。

书未确定履行期间的,自法律文书生效之日起计算。

第三条 加倍部分债务利息计算至被执行人履行完毕之日;被执行人分次履行的,相应部分的加倍部分债务利息计算至每次履行完毕之日。

人民法院划拨、提取被执行人的存款、收入、股息、红利等财产的,相应部分的加倍部分债务利息计算至划拨、提取之日;人民法院对被执行人财产拍卖、变卖或者以物抵债的,计算至成交裁定或者抵债裁定生效之日;人民法院对被执行人财产通过其他方式变价的,计算至财产变价完成之日。

非因被执行人的申请,对生效法律文书审查而中止或者暂缓执行的期间及再审中止执行的期间,不计算加倍部分债务利息。

第四条 被执行人的财产不足以清偿全部债务的,应当先清偿生效法律文书确定的金钱债务,再清偿加倍部分债务利息,但当事人对清偿顺序另有约定的除外。

第五条 生效法律文书确定给付外币的,执行时以该种外币按日万分之一点七五计算加倍部分债务利息,但申请执行人主张以人民币计算的,人民法院应予准许。

以人民币计算加倍部分债务利息的,应当先将生效法律文书确定的外币折算或者套算为人民币后再进行计算。

外币折算或者套算为人民币的,按照加倍部分债务利息起算之日的中国外汇交易中心或者中国人民银行授权机构公布的人民币对该外币的中间价折合成人民币计算;中国外汇交易中心或者中国人民银行授权机构未公布汇率中间价的外币,按照该日境内银行人民币对该外币的中间价折算成人民币,或者该外币在境内银行、国际外汇市场对美元汇率,与人民币对美元汇率中间价进行套算。

第六条 执行回转程序中,原申请执行人迟延履行金钱给付义务的,应当按照本解释的规定承担加倍部分债务利息。

※法规解读:上述条文是对迟延履行期间的债务利息的补充规定。其中,第1条第1款规定了加倍计算之后的迟延履行期间的债务利息,包括迟延履行期间的一般债务利息和加倍部分债务利息;第2款规定了迟延履行期间的一般债务利息的计算方法;第3款规定了加倍部分债务利息的计算方法。第2条规定了加倍部分债务利息的起算日。第3条第1款规定了加倍部分债务利息的计算截止日;第2款规定了人民法院划拨、提取被执行人的存款、收入、股息、红利等财产的,人民法

院对被执行人财产拍卖、变卖或者以物抵债的，以及人民法院对被执行人财产通过其他方式变价的情况下，相应部分的加倍部分债务利息计算截止日；第3款规定了不计算加倍部分债务利息的期间。第4条规定了被执行人的财产不足以清偿全部债务时，加倍部分债务利息与生效法律文书确定的金钱债务的清偿顺序。第5条规定了生效法律文书确定给付外币时，申请执行人没有主张以人民币计算加倍部分债务利息和申请执行人主张以人民币计算加倍部分债务利息的两种情况下，加倍部分债务利息应如何计算。第6条规定了执行回转程序中原申请执行人迟延履行金钱给付义务的，应当按照该解释的规定计算加倍部分债务利息。

第二百六十一条 【继续履行】人民法院采取本法第二百四十九条、第二百五十条、第二百五十一条规定的执行措施后，被执行人仍不能偿还债务的，应当继续履行义务。债权人发现被执行人有其他财产的，可以随时请求人民法院执行。

条文解读

本条是关于继续履行义务及随时申请执行的规定。

本条规定了人民法院在对被执行人的财产采取冻结、提取、扣留、划拨、查封、扣押、拍卖、变卖后，被执行人仍不能偿还债务的，应当继续履行义务。也即被执行人应当履行的义务不能因为采取了执行措施而终结，也不能因为被执行人一时没有履行能力而被免除；被执行人今后什么时候有履行能力，什么时候就应履行义务，一直到义务履行完毕。同时规定，申请人发现被执行人在人民法院采取强制措施后还有其他可供执行的财产，或者发现被执行人经过一段时间后，又获得了新的财产，可以随时请求人民法院执行，不受2年执行时效期间的限制。

配套法规及解读

《最高人民法院关于适用〈中华人民共和国民事诉讼法〉的解释》(2022年4月1日)

第五百一十五条 债权人根据民事诉讼法第二百六十一条规定请求人民法院

继续执行的，不受民事诉讼法第二百四十六条规定申请执行时效期间的限制。

※法规解读：本条是关于债权人请求人民法院继续执行的期间不受申请执行时效期间的限制的规定。

第二百六十二条　【对被执行人的限制出境等措施】被执行人不履行法律文书确定的义务的，人民法院可以对其采取或者通知有关单位协助采取限制出境，在征信系统记录、通过媒体公布不履行义务信息以及法律规定的其他措施。

条文解读

本条是关于对被执行人限制出境等措施的规定。

被执行人应当履行法律文书确定的义务；当被执行人有履行能力而不履行法律文书确定的义务时，人民法院可以对其采取或者通知有关单位协助采取限制出境，在征信系统记录、通过媒体公布不履行义务信息以及法律规定的其他措施。限制出境的对象是被申请执行人，包括自然人、法人及其他组织。被执行人为单位的，可以对其法定代表人、主要负责人或者影响债务履行的直接责任人员限制出境。被执行人为无民事行为能力人或者限制民事行为能力人的，可以对其法定代理人限制出境。法律将不履行法律文书确定的义务的行为记录在征信系统中，主要指记录在人民银行征信局的信贷征信系统和人民法院的拒不履行生效法律文书的被申请执行人的征信系统中。通过媒体公布不履行义务信息，是指将被执行人不履行法律文书确定义务的信息，通过报纸、广播、电视、互联网等媒体公布。

配套法规及解读

《最高人民法院关于适用〈中华人民共和国民事诉讼法〉执行程序若干问题的解释》(2020年12月29日)

第二十三条　依照民事诉讼法第二百五十五条[1]规定对被执行人限制出境

〔1〕 2021年《民事诉讼法》第262条。

的，应当由申请执行人向执行法院提出书面申请；必要时，执行法院可以依职权决定。

第二十四条 被执行人为单位的，可以对其法定代表人、主要负责人或者影响债务履行的直接责任人员限制出境。

被执行人为无民事行为能力人或者限制民事行为能力人的，可以对其法定代理人限制出境。

第二十五条 在限制出境期间，被执行人履行法律文书确定的全部债务的，执行法院应当及时解除限制出境措施；被执行人提供充分、有效的担保或者申请执行人同意的，可以解除限制出境措施。

第二十六条 依照民事诉讼法第二百五十五条[1]规定，执行法院可以依职权或者依申请执行人的申请，将被执行人不履行法律文书确定义务的信息，通过报纸、广播、电视、互联网等媒体公布。

媒体公布的有关费用，由被执行人负担；申请执行人申请在媒体公布的，应当垫付有关费用。

※法规解读：上述条文是对被执行人限制出境、通过媒体公布不履行义务信息执行措施的具体补充规定。其中，第23条是对被执行人限制出境执行措施启动方式的规定。第24条是关于对被执行人为单位和无民事行为能力人或者限制民事行为能力人时，限制出境执行措施的实施对象的规定。第25条是关于应当以及可以解除限制出境措施的情形的规定。第26条是对通过媒体公布不履行义务信息措施实施的启动方式、公布的内容以及媒体公布的有关费用的负担的规定。

关联法规索引

《最高人民法院关于适用〈中华人民共和国民事诉讼法〉的解释》第516条；《最高人民法院关于限制被执行人高消费及有关消费的若干规定》；《最高人民法院关于公布失信被执行人名单信息的若干规定》

---

[1] 2021年《民事诉讼法》第262条。

典型案例

郑彦某与郑庆某买卖合同纠纷执行案[1]

※案情简介：郑彦某与郑庆某买卖合同纠纷一案，生效调解书确认郑庆某于2012年7月19日即调解协议签订之日给付郑彦某10000元，余款23930元于2012年12月31日全部付清。

然而，郑庆某除签订调解协议时给付的10000元外，余款23930元并未按协议如期履行。2013年4月22日，郑彦某向河北省枣强县人民法院申请执行。该案进入执行程序后，执行法院依法向被执行人送达了执行通知书、报告财产令，但被执行人既未履行调解书确定的义务，也未向执行法院报告财产，更不依传票传唤到庭接受调查。执行法院将被执行人在枣强县农村信用合作联社的存款2400元予以强制扣划，此外再未发现被执行人名下有可供执行的财产。后经执行法院查明，被执行人向某客户出售过一批兔皮。为此，执行法院决定以被执行人拒不报告财产、有履行能力而拒不履行生效法律文书确定的义务为由对被执行人予以司法拘留。

后执行法院在调查中了解到，由于皮毛市场行情看好，为把生意做大，被执行人正在办理银行贷款和公司注册登记手续。针对上述情况，执行法院向枣强县各金融机构、工商管理部门等送达了《枣强县人民法院不予办理失信被执行人申请事项建议书》，建议有关机构和部门在该案未执行结案前不为被执行人办理贷款业务和公司登记等事项。2013年8月20日，被执行人郑庆某来到执行法院，称因自己的失信行为，银行不同意向其发放贷款，工商部门也已停止为其办理公司注册登记。被执行人表示愿意主动履行民事调解书确定的义务，请求人民法院将其从失信被执行人名单中删除。同年8月22日，当事人双方达成和解协议，郑庆某一次性给付郑彦某货款20000元（含执行法院自信用社强制扣划部分），余款郑彦某自愿放弃。此案最终顺利结案。

※典型意义：向有关单位定向通报失信被执行人名单信息，由受通报单位在政府采购、招标投标、行政审批、政府扶持、融资信贷、市场准入、资质认定等方面对失

[1] 该案例为2013年11月5日最高人民法院公布的5起有关失信被执行人名单制度的典型案例之案例四。

信被执行人施以信用惩戒,是失信被执行人名单制度发挥功能和效果的一个重要渠道。本案被执行人正是由于在贷款、开办公司等方面受到了限制,导致无法开展经营活动,社会生存空间被挤压,才主动向执行法院履行了义务。

第二十二章　执行中止和终结

本章介绍

执行中止，是指在案件的执行过程中，由于出现了法定情形而暂时停止执行，等障碍消除后，再恢复执行的法律制度。执行终结，是指在执行程序中，由于发生了某些特殊情况，执行程序不可能执行或者无法执行，从而结束执行程序。执行终结由人民法院作出裁定，当事人不能提起上诉，也不能申请复议。本章规定了执行中止和执行终结的法定情形以及执行中止和执行终结的裁定效力。

第二百六十三条　【执行中止】有下列情形之一的，人民法院应当裁定中止执行：

（一）申请人表示可以延期执行的；

（二）案外人对执行标的提出确有理由的异议的；

（三）作为一方当事人的公民死亡，需要等待继承人继承权利或者承担义务的；

（四）作为一方当事人的法人或者其他组织终止，尚未确定权利义务承受人的；

（五）人民法院认为应当中止执行的其他情形。

中止的情形消失后，恢复执行。

条文解读

本条共有 2 款，是关于执行中止的规定。

执行中止是执行程序开始后，由于出现某种法定原因暂时停止执行，等待法定原因解除后再继续执行；人民法院应当作出中止执行裁定。本条第 1 款规定中止执行的原因有五种：

1. 申请人表示可以延期执行。申请人有权处分自己的民事实体权利和民事诉讼权利。因此,申请人表示可以延期执行,在所延长期限届满前,执行程序应当中止。

2. 案外人对执行标的提出确有理由的异议。案外人对执行提出了确有理由的异议,对案外人的异议在审结以前,执行程序应当中止。案外人对执行标的提出异议并非必然发生执行中止的法律后果,而需要由人民法院进行审查后作出是否中止执行的决定。

3. 作为一方当事人的公民死亡,需要等待继承人继承权利或者承担义务。执行开始后,如果申请执行的人死亡,需要等待他的继承人继承权利;如果被执行人死亡,需要等待他的继承人承担义务。在继承人继承权利或者承担义务之前,执行程序应当中止,等待继承人继承权利或者承担义务之后,执行工作继续进行。

4. 作为一方当事人的法人或者其他组织终止,尚未确定权利义务承受人。执行开始后,如果作为一方当事人的法人或者其他组织终止,需要确定其权利或义务的承受人。在尚未确定权利义务承受人之前,执行程序应当中止,等待权利义务人承担权利义务后,执行工作继续进行。

5. 除上述四种情况外人民法院认为应当中止执行的其他情形。

本条第 2 款规定中止的情形消失后,恢复执行。中止执行的情形消失后,执行法院可以根据当事人的申请或依职权恢复执行。恢复执行应当书面通知当事人。

关联法规索引

《最高人民法院关于适用〈中华人民共和国民事诉讼法〉的解释》第 511 条

第二百六十四条 【执行终结】 有下列情形之一的,人民法院裁定终结执行:

(一)申请人撤销申请的;

(二)据以执行的法律文书被撤销的;

(三)作为被执行人的公民死亡,无遗产可供执行,又无义务承担人的;

(四)追索赡养费、扶养费、抚养费案件的权利人死亡的;

（五）作为被执行人的公民因生活困难无力偿还借款，无收入来源，又丧失劳动能力的；

（六）人民法院认为应当终结执行的其他情形。

条文解读

本条是关于执行终结的规定。

执行终结分为正常情况下的执行终结和特殊情况下的执行终结。前者是指法院执行员按照已经生效的法律文书的要求，采取相应措施全部执行完毕；后者是指执行开始后，由于出现某种法定原因使执行工作永远无法进行或者无须进行，因而以裁定的方式结束执行程序。本条规定的内容即属于特殊情况下的执行终结。人民法院裁定终结执行程序的情形有：

1. 申请人撤销申请。执行程序一般是因当事人的申请而开始。如果当事人撤销申请，只要符合法律规定，不违背社会公共利益，人民法院应当准许，执行程序也因此而终结。

2. 据以执行的法律文书被撤销。法律文书是权利人据以申请执行的凭证，是人民法院采取执行措施的依据。如果作为执行根据的法律文书被撤销，继续执行将缺乏法律依据，因此人民法院应当裁定终结执行。

3. 作为被执行人的公民死亡，无遗产可供执行，又无义务承担人。被执行人是执行程序中负有义务的一方当事人，如果在执行过程中死亡，依照本法第263条的规定，人民法院首先应当裁定中止执行，等待继承人承受义务。如无遗产可供执行，又无义务承担人，则裁定终结执行。

4. 追索赡养费、扶养费、抚养费案件的权利人死亡。追索赡养费、扶养费、抚养费案件的权利人死亡，权利主体不存在，也就没有了执行的必要。

5. 作为被执行人的公民因生活困难无力偿还借款，无收入来源，又丧失劳动能力。执行既要保护权利人的合法权益，也要适当照顾被执行人必要的生活需要。在此种情况下，被执行人不仅现在而且将来也无力履行法律文书确定的义务，所以人民法院可以终结执行。

6. 除上述五种情况外人民法院认为应当中止执行的其他情形。

配套法规及解读

《最高人民法院关于适用〈中华人民共和国民事诉讼法〉的解释》(2022 年 4 月 1 日)

第五百一十七条 经过财产调查未发现可供执行的财产,在申请执行人签字确认或者执行法院组成合议庭审查核实并经院长批准后,可以裁定终结本次执行程序。

依照前款规定终结执行后,申请执行人发现被执行人有可供执行财产的,可以再次申请执行。再次申请不受申请执行时效期间的限制。

第五百一十八条 因撤销申请而终结执行后,当事人在民事诉讼法第二百四十六条规定的申请执行时效期间内再次申请执行的,人民法院应当受理。

第五百一十九条 在执行终结六个月内,被执行人或者其他人对已执行的标的有妨害行为的,人民法院可以依申请排除妨害,并可以依照民事诉讼法第一百一十四条规定进行处罚。因妨害行为给执行债权人或者其他人造成损失的,受害人可以另行起诉。

※法规解读:第 517 条规定了因无可供执行的财产而终结执行的程序以及申请执行人发现被执行人有可供执行财产的,可以再次申请执行且不受申请执行时效的限制。第 518 条规定了因撤销申请而终结执行后再次申请执行的受理问题。第 519 条规定了在执行终结 6 个月内,被执行人或者其他人对已执行的标的有妨害行为的应如何处理。

关联法规索引

《最高人民法院关于执行案件立案、结案若干问题的意见》;《最高人民法院关于适用〈中华人民共和国民事诉讼法〉的解释》第 513 条;《最高人民法院关于对人民法院终结执行行为提出执行异议期限问题的批复》;《最高人民法院关于严格规范终结本次执行程序的规定(试行)》

第二百六十五条 【中止、终结裁定的效力】 中止和终结执行的裁定,送达当事人后立即生效。

条文解读

本条是关于中止执行和终结执行裁定的效力问题的规定。

中止执行裁定是执行法院针对在执行过程中因为某种特殊情况的发生而制作的暂时停止执行程序的法律文书。终结执行裁定是执行法院针对在执行过程中出现因某种法定原因使执行工作永远无法进行或者无须进行的情况而制作的结束执行程序的法律文书。

人民法院执行中止裁定一经送达当事人后立即生效。当事人不得上诉,不得申请复议。执行程序中止,人民法院暂时停止案件的执行工作,不得采取新的措施。当执行中止的原因消除后,执行程序可以根据当事人的申请或者人民法院依职权而恢复,继续进行。终结执行的裁定一经送达当事人后立即生效,执行程序即宣告结束,以后也不再恢复;人民法院不再以强制力强制义务人履行义务,不再强制性地保护权利人的权利。

第四编　涉外民事诉讼程序的特别规定

第二十三章　一般原则

本章介绍

涉外民事诉讼程序是人民法院受理、审理和执行具有涉外因素的民事案件所适用的诉讼程序。本章对涉外民事诉讼程序的一般原则作了规定，主要有适用我国民事诉讼法原则、信守国际条约原则、民事司法豁免原则、使用我国通用的语言文字原则、委托中国律师原则。

第二百六十六条　【适用本国法】在中华人民共和国领域内进行涉外民事诉讼，适用本编规定。本编没有规定的，适用本法其他有关规定。

条文解读

本条规定了在我国领域内进行涉外民事诉讼活动应适用我国《民事诉讼法》。

涉外民事诉讼，是指当事人一方或双方是外国人、无国籍人、外国企业或组织的，或者经常居住地在中国域外的，或者当事人之间民事法律关系的设立、变更、终止的法律事实发生在外国的，或者诉讼标的物在国外的民事诉讼。涉外民事诉讼适用法院地法是国际私法的一项原则。根据本条，涉外民事诉讼首先适用本编规定，即涉外民事诉讼程序的特别规定；没有特别规定的，才适用《民事诉讼法》的一般规定。之所以如此规定，是出于维护国家主权的需要。司法权是国家主权的重要组成部分，因此，在一个主权国家领域内进行民事诉讼时适用该国的法律，为世界各国所普遍接受。

配套法规及解读

《最高人民法院关于适用〈中华人民共和国民事诉讼法〉的解释》(2022 年 4 月 1 日)

第五百二十条　有下列情形之一，人民法院可以认定为涉外民事案件：

(一)当事人一方或者双方是外国人、无国籍人、外国企业或者组织的；

(二)当事人一方或者双方的经常居所地在中华人民共和国领域外的；

(三)标的物在中华人民共和国领域外的；

(四)产生、变更或者消灭民事关系的法律事实发生在中华人民共和国领域外的；

(五)可以认定为涉外民事案件的其他情形。

※**法规解读**：本条是对涉外民事诉讼涉外因素的界定。

关联法规索引

《最高人民法院关于适用〈中华人民共和国涉外民事关系法律适用法〉若干问题的解释(一)》第 1 条；《最高人民法院关于适用〈中华人民共和国民事诉讼法〉的解释》第 549 条

第二百六十七条　【国际条约优先】中华人民共和国缔结或者参加的国际条约同本法有不同规定的，适用该国际条约的规定，但中华人民共和国声明保留的条款除外。

条文解读

本条是关于信守国际条约原则的规定。

国际条约，是指国家间的各种公约、协定、声明的总称。信守国际条约原则是国际关系中公认的一项原则。履行国际条约是各缔约国或参加国的义务。信守国际条约原则，是指优先适用我国缔结或者参加的国际条约；当国际条约与国内法不一致时，适用国际条约的规定，除非我国声明保留。例如，我国于 1991 年正式加入了 1965 年签订于海牙的《关于向国外送达民事或商事司法文书和司法外文书公约》,但是我国对通过邮寄方式在我国境内进行送达等条款作了保留,即这些条款在我国涉外民事诉讼案件中不予适用。

第二百六十八条 【外交特权与豁免】对享有外交特权与豁免的外国人、外国组织或者国际组织提起的民事诉讼,应当依照中华人民共和国有关法律和中华人民共和国缔结或者参加的国际条约的规定办理。

条文解读

本条是关于民事司法豁免原则的规定。

司法豁免包括刑事豁免、民事豁免和行政豁免三个部分。该原则源于"平等者间无管辖权"的原则,即各国都是平等独立的,一国不能接受另一国家的统治、管辖。民事司法豁免原则,是指外交代表和有特殊身份的外交官员的民事行为及其财产免受驻在国法院管辖,如不受驻在国法院审判、不受强制执行等。此外,某些外国组织和国际组织也享有民事司法豁免权。但是,民事司法豁免不是绝对的,上述人员只能在我国法律和我国缔结或者参加的国际条约规定的范围内享有民事司法豁免。我国《外交特权与豁免条例》第 14 条第 2 款对外交代表享有民事管辖豁免和行政管辖豁免的例外情况规定如下:(1)外交代表以私人身份进行的遗产继承的诉讼;(2)外交代表在中国境内从事公务范围以外的职业或者商业活动的诉讼。

第二百六十九条 【语言文字】人民法院审理涉外民事案件,应当使用中华人民共和国通用的语言、文字。当事人要求提供翻译的,可以提供,费用由当事人承担。

条文解读

本条是关于使用我国通用的语言文字原则的规定。

根据本条规定,外国人在我国进行诉讼时,使用我国通用的语言、文字。这是国际上的一致做法,是国家主权的体现。外国当事人提供的有关诉讼材料必须附有中文译本,人民法院用中文制作各种诉讼文书。外国当事人要求提供翻译的,人民法院可以提供,以方便外国当事人进行诉讼。因提供翻译所需的费用,由要求提供翻译的当事人承担。

第二百七十条　【中国律师代理】外国人、无国籍人、外国企业和组织在人民法院起诉、应诉,需要委托律师代理诉讼的,必须委托中华人民共和国的律师。

条文解读

本条是关于外国当事人需要委托律师代理诉讼的,必须委托中国律师的规定。

外国当事人可以亲自在我国法院进行诉讼活动,也可以委托他人代理诉讼。但是委托律师代理诉讼的,必须委托中国律师。这是因为,一国的司法制度只能适用于本国领域内,不能延伸到国外。律师制度是一国司法制度的重要组成部分,允许外国律师代理出庭诉讼实际上是允许外国律师干预国内司法事务,有损国家主权。此外,当事人委托律师的目的是求得法律上的帮助,一般来说,外国律师对法院地国的法律并不熟悉,因而无法达到上述目的。因此,各国原则上禁止外国律师以该国律师身份在法院地国出庭代理诉讼。当然,根据最高人民法院相关司法解释的规定,外国当事人可以委托外国律师以非律师身份担任诉讼代理人。

配套法规及解读

《最高人民法院关于适用〈中华人民共和国民事诉讼法〉的解释》(2022年4月1日)

第五百二十六条　涉外民事诉讼中的外籍当事人,可以委托本国人为诉讼代理人,也可以委托本国律师以非律师身份担任诉讼代理人;外国驻华使领馆官员,受本国公民的委托,可以以个人名义担任诉讼代理人,但在诉讼中不享有外交或者领事特权和豁免。

※法规解读:本条是对涉外民事诉讼中的外籍当事人可以委托的诉讼代理人

范围的规定，包括：委托本国人为诉讼代理人、委托本国律师以非律师身份担任诉讼代理人以及外国驻华使领馆官员以个人名义担任诉讼代理人。

第五百二十七条 涉外民事诉讼中，外国驻华使领馆授权其本馆官员，在作为当事人的本国国民不在中华人民共和国领域内的情况下，可以以外交代表身份为其本国国民在中华人民共和国聘请中华人民共和国律师或者中华人民共和国公民代理民事诉讼。

※法规解读：本条规定了涉外民事诉讼中，在作为当事人的本国国民不在中国领域内的情况下，外国驻华使领馆有权授权其本馆官员以外交代表身份为该当事人聘请中国律师或者中国公民代理民事诉讼，从而解决了当事人因不在中国境内，无法在中国签订授权委托书的问题。

第二百七十一条 【公证和认证】在中华人民共和国领域内没有住所的外国人、无国籍人、外国企业和组织委托中华人民共和国律师或者其他人代理诉讼，从中华人民共和国领域外寄交或者托交的授权委托书，应当经所在国公证机关证明，并经中华人民共和国驻该国使领馆认证，或者履行中华人民共和国与该所在国订立的有关条约中规定的证明手续后，才具有效力。

条文解读

本条是关于在中国没有住所的外国当事人从域外寄交或者托交的授权委托书须办理有关证明手续的规定。

根据本条规定，在中国没有住所的外国当事人从域外寄交或者托交的授权委托书应当经所在国公证机关证明，并经中国驻该国使领馆认证，或者履行中国与该所在国订立的有关条约中规定的证明手续后，才具有效力。这是对授权委托书法定形式的要求。之所以这样规定，是为了保障授权委托书的真实性。如果外国当事人在中国有住所或者虽无住所但授权委托书是其在我国国内递交的，则无须履行本条规定的公证、认证手续。

配套法规及解读

《最高人民法院关于适用〈中华人民共和国民事诉讼法〉的解释》(2022年4月1日)

第五百二十二条　依照民事诉讼法第二百七十一条以及本解释第五百二十一条规定,需要办理公证、认证手续,而外国当事人所在国与中华人民共和国没有建立外交关系的,可以经该国公证机关公证,经与中华人民共和国有外交关系的第三国驻该国使领馆认证,再转由中华人民共和国驻该第三国使领馆认证。

第五百二十三条　外国人、外国企业或者组织的代表人在人民法院法官的见证下签署授权委托书,委托代理人进行民事诉讼的,人民法院应予认可。

第五百二十四条　外国人、外国企业或者组织的代表人在中华人民共和国境内签署授权委托书,委托代理人进行民事诉讼,经中华人民共和国公证机构公证的,人民法院应予认可。

※法规解读:上述第522条规定的是在外国当事人所在国与中国没有建立外交关系的情况下,授权委托书等法律文书如何认证的问题。《民事诉讼法》第271条规定的是从域外寄交或托交的授权委托书须办理公证、认证手续;而在中国境内签署的授权委托书需要办理什么手续来保障其真实性,则未作出规定。上述司法解释第523、524条对此作了规定,即授权委托书在人民法院法官的见证下签署或者经中国公证机构公证,两种方式任选其一。

关联法规索引

《最高人民法院关于适用〈中华人民共和国民事诉讼法〉的解释》第521条

第二十四章　管　　辖

本章介绍

本章规定了涉外民事诉讼管辖中的特殊地域管辖和专属管辖。涉外民事诉讼管辖是指对涉外民事案件，依一定的连接关系，决定各国之间的法院管辖权。在确定涉外民事诉讼管辖时，应当优先适用国际条约，其次适用本章的规定。本章没有规定的，适用《民事诉讼法》第 2 章“管辖”和其他有关管辖的规定。

第二百七十二条　【特殊地域管辖】因合同纠纷或者其他财产权益纠纷，对在中华人民共和国领域内没有住所的被告提起的诉讼，如果合同在中华人民共和国领域内签订或者履行，或者诉讼标的物在中华人民共和国领域内，或者被告在中华人民共和国领域内有可供扣押的财产，或者被告在中华人民共和国领域内设有代表机构，可以由合同签订地、合同履行地、诉讼标的物所在地、可供扣押财产所在地、侵权行为地或者代表机构住所地人民法院管辖。

条文解读

本条是关于特殊地域管辖的规定。

依据本条规定，涉外财产纠纷案件中的被告在中国没有住所，如果是合同纠纷案件，则合同签订地、合同履行地、诉讼标的物所在地、可供扣押财产所在地、被告代表机构所在地这几个地点中的一个在中国，我国法院就可以行使管辖权。对合同纠纷以外的财产纠纷案件，只要诉讼标的物所在地、可供扣押财产所在地、被告代表机构所在地、侵权行为地这几个地点中的一个在中国，我国法院就可以行使管辖权。需要指出的是，首先，本条是针对在我国没有住所的被告；如果被告在我国有住所或有经常居住地，我国法院当然有管辖权。其次，本条涉及的案件案由是合同等财产纠纷，其他涉外民事案件的管辖仍应当按照本法第2章的规定加以确定。

关联法规索引

《最高人民法院关于涉外民商事案件诉讼管辖若干问题的规定》；《最高人民法院关于明确第一审涉外民商事案件级别管辖标准以及归口办理有关问题的通知》

第二百七十三条　【专属管辖】因在中华人民共和国履行中外合资经营企业合同、中外合作经营企业合同、中外合作勘探开发自然资源合同发生纠纷提起的诉讼，由中华人民共和国人民法院管辖。

条文解读

本条是关于我国涉外民事诉讼中的专属管辖的规定。

涉外民事诉讼中的专属管辖，是指特定的涉外民事案件专属某个国家的法院管辖，任何其他国家或者组织、个人都不得剥夺该国对这类案件的管辖权。我国《民法典》第467条第2款规定，在我国境内履行的中外合资经营企业合同、中外合作经营企业合同、中外合作勘探开发自然资源合同，适用中国法律。中国法律包括实体法和程序法。民事诉讼法就是程序法之一。以上三种案件都是合同纠纷，应由与合同有最密切联系的国家管辖。在我国境内履行中外合资经营企业合同、中外合作经营企业合同、中外合作勘探开发自然资源合同，我国作为合同履行地，当然有最密切联系，这也是国家主权原则的体现。属于我国人民法院专属管辖的案件，当事人不得用书面协议选择其他国家法院管辖，但协议选择仲裁裁决的除外。

配套法规及解读

《最高人民法院关于适用〈中华人民共和国民事诉讼法〉的解释》（2022年4月1日）

第五百二十九条　涉外合同或者其他财产权益纠纷的当事人，可以书面协议选择被告住所地、合同履行地、合同签订地、原告住所地、标的物所在地、侵权行为地等与争议有实际联系地点的外国法院管辖。

根据民事诉讼法第三十四条和第二百七十三条规定,属于中华人民共和国法院专属管辖的案件,当事人不得协议选择外国法院管辖,但协议选择仲裁的除外。

※法规解读:本条是对协议管辖、专属管辖与仲裁关系的补充规定。按照本条规定,对专属管辖的案件,当事人不能协议选择外国法院管辖,但有权协议选择仲裁来解决争议。

第二十五章　送达、期间

本章介绍

本章规定了域外送达和涉外民事诉讼期间。涉外案件当事人在我国有住所的，适用《民事诉讼法》关于送达和期间的一般规定；没有住所的，适用本章的有关规定。

第二百七十四条　【送达方式】 人民法院对在中华人民共和国领域内没有住所的当事人送达诉讼文书，可以采用下列方式：

（一）依照受送达人所在国与中华人民共和国缔结或者共同参加的国际条约中规定的方式送达；

（二）通过外交途径送达；

（三）对具有中华人民共和国国籍的受送达人，可以委托中华人民共和国驻受送达人所在国的使领馆代为送达；

（四）向受送达人委托的有权代其接受送达的诉讼代理人送达；

（五）向受送达人在中华人民共和国领域内设立的代表机构或者有权接受送达的分支机构、业务代办人送达；

（六）受送达人所在国的法律允许邮寄送达的，可以邮寄送达，自邮寄之日起满三个月，送达回证没有退回，但根据各种情况足以认定已经送达的，期间届满之日视为送达；

（七）采用传真、电子邮件等能够确认受送达人收悉的方式送达；

（八）不能用上述方式送达的，公告送达，自公告之日起满三个月，即视为送达。

条文解读

本条是关于向我国域外送达的方式的规定。

依据本条，域外送达的方式有：

1. 依照受送达人所在国与中国缔结或者共同参加的国际条约中规定的方式送达。按照国际条约优先适用原则，如果受送达人所在国与我国缔结或者共同参加的国际条约中规定了送达，则依其规定。

2. 通过外交途径送达。《最高人民法院、外交部、司法部关于我国法院和外国法院通过外交途径相互委托送达法律文书若干问题的通知》规定，我国法院通过外交途径向国外当事人送达法律文书，应按下列程序和要求办理：(1)要求送达的法律文书须经省、自治区、直辖市高级人民法院审查，由外交部领事司负责转递。(2)须准确注明受送达人姓名、性别、年龄、国籍及其在国外的详细外文地址，并将该案的基本情况函告外交部领事司，以便转递。(3)须附有送达委托书。

3. 委托我国驻外使领馆代为送达。送达对象为在我国无住所的中国国籍受送达人，而且中国国籍受送达人驻在国允许我国驻外使领馆代为送达，才可以适用此种方式。

4. 向受送达人委托的有权代其接受送达的诉讼代理人送达。根据《最高人民法院关于涉外民事或商事案件司法文书送达问题若干规定》第 4 条的规定，除受送达人在授权委托书中明确表明其诉讼代理人无权代为接收有关司法文书外，其委托的诉讼代理人均有权代其接受送达，人民法院可以向该诉讼代理人送达。

5. 向受送达人在中国领域内设立的代表机构或者有权接受送达的分支机构、业务代办人送达。这种送达方式是针对外国企业、组织而言的，人民法院可以向其设在中国境内的代表机构、有权接受送达的分支机构、业务代办人直接送达。

6. 邮寄送达。适用这种送达方式的前提是受送达人所在国的法律允许。

7. 采用传真、电子邮件等方式送达。随着互联网的兴起和网络技术的发展，电子送达方式被越来越多的国家和地区的立法确认。这种送达方式有两大优点：一是能够缩短送达时间，大大提高办案效率；二是能够降低诉讼成本。根据《最高人民法院关于进一步加强民事送达工作的若干意见》中的规定，采用传真、电子邮件方式送达的，送达人员应记录传真发送和接收号码、电子邮件发送和接收邮箱、发送时间、送达诉讼文书名称，并打印传真发送确认单、电子邮件发送成功网页，存卷备查。采用短信、微信等方式送达的，送达人员应记录收发手机号码、发送时间、送达诉讼文书名称，并将短信、微信等送达内容拍摄照片，存卷备查。对于移动通信工具能够接通但无法直接送达、邮寄送达的，除判决书、裁定书、调解书外，可以采取电话送达的方式，由送达人员告知当事人诉讼文书内容，并记录拨打、接听电话号码、通话时间、送达诉讼文书内容，通话过程应当录音以存卷备查。

8. 公告送达。不能用上述方式送达的，公告送达，自公告之日起满3个月，即视为送达。2012年《民事诉讼法》缩短了公告期，从原来的6个月缩短为3个月。

配套法规及解读

《最高人民法院关于适用〈中华人民共和国民事诉讼法〉的解释》(2022年4月1日)

第五百三十二条 对在中华人民共和国领域内没有住所的当事人，经用公告方式送达诉讼文书，公告期满不应诉，人民法院缺席判决后，仍应当将裁判文书依照民事诉讼法第二百七十四条第八项规定公告送达。自公告送达裁判文书满三个月之日起，经过三十日的上诉期当事人没有上诉的，一审判决即发生法律效力。

第五百三十五条 人民法院一审时采取公告方式向当事人送达诉讼文书的，二审时可径行采取公告方式向其送达诉讼文书，但人民法院能够采取公告方式之外的其他方式送达的除外。

※法规解读：上述两个条文是对涉外民事诉讼程序中适用公告送达的程序及其效力的补充规定。

第五百三十三条 外国人或者外国企业、组织的代表人、主要负责人在中华人民共和国领域内的，人民法院可以向该自然人或者外国企业、组织的代表人、主要负责人送达。

外国企业、组织的主要负责人包括该企业、组织的董事、监事、高级管理人员等。

※法规解读：本条规定扩展了直接送达的适用。除了向受送达人的诉讼代理人、受送达人在中国领域内设立的代表机构或者有权接受送达的分支机构、业务代办人送达之外，本条增加了规定向外国人或者外国企业、组织在中国的代表人、主要负责人送达。

第五百三十四条 受送达人所在国允许邮寄送达的，人民法院可以邮寄送达。

邮寄送达时应当附有送达回证。受送达人未在送达回证上签收但在邮件回执上签收的，视为送达，签收日期为送达日期。

自邮寄之日起满三个月，如果未收到送达的证明文件，且根据各种情况不足以认定已经送达的，视为不能用邮寄方式送达。

※法规解读：本条是对涉外民事诉讼程序中适用邮寄送达的补充规定。

《最高人民法院关于涉外民事或商事案件司法文书送达问题若干规定》（2020年12月29日）

第九条 人民法院依照民事诉讼法第二百六十七条[1]第（八）项规定的公告方式送达时，公告内容应在国内外公开发行的报刊上刊登。

※法规解读：本条是对涉外民事诉讼程序中适用公告送达的特殊要求，不同于非涉外民商事案件司法文书的送达。

关联法规索引

《最高人民法院关于涉外民事或商事案件司法文书送达问题若干规定》；《最高人民法院关于涉港澳民商事案件司法文书送达问题若干规定》；《最高人民法院关于进一步加强民事送达工作的若干意见》

第二百七十五条 【答辩期间】被告在中华人民共和国领域内没有住所的，人民法院应当将起诉状副本送达被告，并通知被告在收到起诉状副本后三十日内提出答辩状。被告申请延期的，是否准许，由人民法院决定。

第二百七十六条 【上诉期间】在中华人民共和国领域内没有住所的当事人，不服第一审人民法院判决、裁定的，有权在判决书、裁定书送达之日起三十日内提起上诉。被上诉人在收到上诉状副本后，应当在三十日内提出答辩状。当事人不能在法定期间提起上诉或者提出答辩状，申请延期的，是否准许，由人民法院决定。

第二百七十七条 【审理期限】人民法院审理涉外民事案件的期间，不受本法第一百五十二条、第一百八十三条规定的限制。

〔1〕 2021年《民事诉讼法》第274条。

第二十六章　仲　　裁

本章介绍

本章所称的仲裁，是具有涉外因素的经济贸易、运输和海事纠纷的仲裁，即涉外仲裁。涉外仲裁机构可能是中国的，也可能是另一方当事人所在国或第三国的。在认定是涉外仲裁还是国内仲裁时，要看所仲裁的民事法律关系的性质：如果属于涉外民事法律关系，则为涉外仲裁；反之，则为国内仲裁。

本章规定了涉外仲裁与诉讼的关系、涉外仲裁的财产保全、我国涉外仲裁的效力、涉外仲裁裁决的执行等问题。

第二百七十八条　【涉外仲裁与诉讼关系】涉外经济贸易、运输和海事中发生的纠纷，当事人在合同中订有仲裁条款或者事后达成书面仲裁协议，提交中华人民共和国涉外仲裁机构或者其他仲裁机构仲裁的，当事人不得向人民法院起诉。

当事人在合同中没有订有仲裁条款或者事后没有达成书面仲裁协议的，可以向人民法院起诉。

条文解读

本条是关于涉外仲裁实行或裁或审原则的规定。

涉外仲裁，是指对涉外经济贸易、海事和运输争议，当事人依据在合同中订立的仲裁条款或者事后签订的仲裁协议申请仲裁，仲裁机构依法在事实上作出判断，在权利义务上作出裁决的法律制度。根据本条规定，对涉外经济贸易、运输和海事中发生的纠纷，我国确立了或裁或审原则，即当事人只能择一作为争议解决方式。仲裁必须是双方的共同意愿；至于书面仲裁协议或仲裁条款是纠纷发生前达成的还是纠纷发生后达成的，并不影响涉外仲裁机构的管辖。根据《仲裁法》第 16 条的规定，仲裁协议应当具有下列内容：(1)请求仲裁的意思表示；(2)仲裁事项；(3)选定的仲裁委员会。如果在合同中没有订立仲裁条款或者事后没有达成书面仲裁协议的，可以向人民法院起诉。

涉外仲裁可以向我国的涉外仲裁机构申请，也可以向国外的仲裁机构申请。我国的涉外仲裁机构主要有中国国际经济贸易仲裁委员会、中国海事仲裁委员会。至于在省、自治区、直辖市人民政府所在地的市和其他设区的市设立的仲裁机构能否受理涉外仲裁案件，《仲裁法》并没有明确规定。1996 年 6 月 8 日，国务院办公厅发布了《关于贯彻实施〈中华人民共和国仲裁法〉需要明确的几个问题的通知》。该通知规定，新组建的仲裁委员会的主要职责是受理国内仲裁案件；涉外仲裁案件的当事人自愿选择新组建的仲裁委员会仲裁的，新组建的仲裁委员会可以受理。据此，依照《仲裁法》设立或重新组建的仲裁机构，如北京仲裁委员会、上海仲裁委员会等，在涉外仲裁案件的当事人自愿选择其进行仲裁时，对该涉外仲裁案件具有管辖权。

第二百七十九条　【涉外仲裁保全】当事人申请采取保全的，中华人民共和国的涉外仲裁机构应当将当事人的申请，提交被申请人住所地或者财产所在地的中级人民法院裁定。

条文解读

本条是关于涉外仲裁中的财产保全的规定。

依据本条规定，在涉外仲裁中，申请人申请财产保全的，中国的涉外仲裁机构无权裁定是否采取保全措施，而应提交被申请人住所地或者财产所在地的中级人民法院裁定。这是因为，仲裁机构是民间团体，其权力行使不以国家强制力为后盾，它本身没有执行权，而保全措施与法律文书的执行密切相关。

配套法规及解读

《最高人民法院关于适用〈中华人民共和国民事诉讼法〉的解释》(2022 年 4 月 1 日)

第五百四十条　依照民事诉讼法第二百七十九条规定，中华人民共和国涉外仲裁机构将当事人的保全申请提交人民法院裁定的,人民法院可以进行审查,裁定是否进行保全。裁定保全的,应当责令申请人提供担保,申请人不提供担保的,裁定驳回申请。

当事人申请证据保全,人民法院经审查认为无需提供担保的,申请人可以不提供担保。

※法规解读:本条规定了法院裁定涉外仲裁中采取保全措施的,申请人应提供担保,证据保全可以不提供担保。

第二百八十条 【涉外仲裁效力】经中华人民共和国涉外仲裁机构裁决的,当事人不得向人民法院起诉。一方当事人不履行仲裁裁决的,对方当事人可以向被申请人住所地或者财产所在地的中级人民法院申请执行。

条文解读

本条是关于我国涉外仲裁效力的规定。

首先,本条明确了涉外仲裁实行"一裁终局"的制度;裁决作出后,当事人就同一纠纷向人民法院起诉的,人民法院不予受理。这样规定一方面有利于当事人纠纷的迅速解决,另一方面有利于树立仲裁机构的权威。既然仲裁是当事人共同选择的争议解决方式,而且仲裁员一般也是当事人选择的,那么当事人就应自觉执行仲裁裁决。其次,本条规定了一方当事人不履行仲裁裁决的,对方当事人可以向被申请人住所地或者财产所在地的中级人民法院申请执行。

关联法规索引

《最高人民法院关于适用〈中华人民共和国民事诉讼法〉的解释》第538条

典型案例

上海金纬机械制造有限公司与瑞士瑞泰克公司仲裁裁决执行复议案〔1〕

※案情简介：上海金纬机械制造有限公司（以下简称金纬公司）与瑞士瑞泰克公司（以下简称瑞泰克公司）买卖合同纠纷一案，由中国国际经济贸易仲裁委员会于2006年9月18日作出仲裁裁决。2007年8月27日，金纬公司向瑞士联邦兰茨堡（Lenzburg）法院（以下简称兰茨堡法院）申请承认和执行该仲裁裁决。2007年10月25日，兰茨堡法院以其提供的翻译件不能满足《纽约公约》第四条第二点关于"译文由公设或宣誓之翻译员或外交或领事人员认证"的规定为由，驳回金纬公司的申请。

2008年7月30日，金纬公司发现瑞泰克公司有一批机器设备正在上海市浦东新区展览，遂于当日向上海市第一中级人民法院（以下简称上海一中院）申请执行。上海一中院于同日立案执行并查封、扣押了瑞泰克公司的参展机器设备。瑞泰克公司遂以金纬公司申请执行已超过《民事诉讼法》规定的期限为由提出异议，要求上海一中院不受理该案，并解除查封，停止执行。

※争议焦点：我国法院对该案是否具有管辖权以及申请执行期间应当从何时开始起算？

※裁判结果：一、关于我国法院的执行管辖权问题。上海一中院认为：根据《民事诉讼法》的规定，我国涉外仲裁机构作出的仲裁裁决，如果被执行人或者其财产不在我国领域内，应当由当事人直接向有管辖权的外国法院申请承认和执行。鉴于本案所涉仲裁裁决生效时，被执行人瑞泰克公司及其财产均不在我国领域内，因此，在当时，我国法院对该仲裁裁决的执行没有管辖权。2008年7月30日，金纬公司发现被执行人瑞泰克公司有财产正在上海市参展。依据《民事诉讼法》"一方当事人不履行仲裁裁决的，对方当事人可以向被申请人住所地或者财产所在地的中级人民法院申请执行"的规定，本案中瑞泰克公司不履行仲裁裁决义务且有财产在上海的事实，金纬公司向上海一中院申请执行，上海一中院对该执行申请有管辖权。

---

〔1〕 最高人民法院指导案例37号，最高人民法院审判委员会讨论通过，2014年12月18日发布。

二、关于本案申请执行期间起算问题。依照《民事诉讼法》(2007年修正)第215条的规定,“申请执行的期间为二年”。“前款规定的期间,从法律文书规定履行期间的最后一日起计算;法律文书规定分期履行的,从规定的每次履行期间的最后一日起计算;法律文书未规定履行期间的,从法律文书生效之日起计算”。我国法律有关申请执行期间起算,是针对生效法律文书作出时,被执行人或者其财产在我国领域内的一般情况作出的规定。而本案的具体情况是,仲裁裁决生效当时,我国法院对该案并没有执行管辖权,当事人依法向外国法院申请承认和执行该裁决而未能得到执行,不存在怠于行使申请执行权的问题;被执行人一直拒绝履行裁决所确定的法律义务;申请执行人在发现被执行人有财产在我国领域内之后,即向人民法院申请执行。考虑到这种情况下,外国被执行人或者其财产何时会再次进入我国领域内,具有较大的不确定性,因此,应当合理确定申请执行期间起算点,才能公平保护申请执行人的合法权益。本案中执行管辖权是民事强制执行请求权的基础和前提。本案应当自执行管辖确定之日,即发现被执行人可供执行财产之日,开始计算申请执行人的申请执行期限。

上海一中院于2008年11月17日作出民事裁定,驳回瑞泰克公司的异议。裁定送达后,瑞泰克公司向上海市高级人民法院申请执行复议。2011年12月20日,上海市高级人民法院驳回复议申请。

第二百八十一条　【涉外仲裁裁决不予执行】对中华人民共和国涉外仲裁机构作出的裁决,被申请人提出证据证明仲裁裁决有下列情形之一的,经人民法院组成合议庭审查核实,裁定不予执行:

(一)当事人在合同中没有订有仲裁条款或者事后没有达成书面仲裁协议的;

(二)被申请人没有得到指定仲裁员或者进行仲裁程序的通知,或者由于其他不属于被申请人负责的原因未能陈述意见的;

(三)仲裁庭的组成或者仲裁的程序与仲裁规则不符的;

(四)裁决的事项不属于仲裁协议的范围或者仲裁机构无权仲裁的。

人民法院认定执行该裁决违背社会公共利益的,裁定不予执行。

条文解读

本条是关于不予执行中国涉外仲裁机构的仲裁裁决的规定。

本条第 1 款规定了人民法院不予执行我国涉外仲裁机构作出的仲裁裁决的四种情况,这四种情况均属于程序性问题。

本条第 2 款规定,人民法院认定执行该裁决违背社会公共利益的,裁定不予执行。社会公共利益是一个抽象的概念,需要法院在具体案件中予以解释和适用。

本条赋予了人民法院对仲裁机构一定的监督权;这种监督限于仲裁程序问题和是否有违社会公共利益问题,不涉及对仲裁裁决在认定事实和适用法律上是否存在错误的审查。

配套法规及解读

《最高人民法院关于审理仲裁司法审查案件若干问题的规定》(2017 年 12 月 26 日)

第一条 本规定所称仲裁司法审查案件,包括下列案件:

(一)申请确认仲裁协议效力案件;

(二)申请执行我国内地仲裁机构的仲裁裁决案件;

(三)申请撤销我国内地仲裁机构的仲裁裁决案件;

(四)申请认可和执行香港特别行政区、澳门特别行政区、台湾地区仲裁裁决案件;

(五)申请承认和执行外国仲裁裁决案件;

(六)其他仲裁司法审查案件。

第十二条 仲裁协议或者仲裁裁决具有《最高人民法院关于适用〈中华人民共和国涉外民事关系法律适用法〉若干问题的解释(一)》第一条规定情形的,为涉外仲裁协议或者涉外仲裁裁决。

第二十一条 人民法院受理的申请确认涉及香港特别行政区、澳门特别行政区、台湾地区仲裁协议效力的案件,申请执行或者撤销我国内地仲裁机构作出的涉及香港特别行政区、澳门特别行政区、台湾地区仲裁裁决的案件,参照适用涉外仲裁司法审查案件的规定审查。

※法规解读:第 1 条是对仲裁司法审查案件外延的界定,包括确认仲裁协议效

力案件、撤销仲裁裁决案件和承认与执行仲裁裁决案件三类，涵盖了非涉外仲裁案件、涉外仲裁案件和外国仲裁裁决案件。第 12 条是对涉外仲裁的界定。第 21 条规定了对涉港澳台地区的仲裁案件参照适用涉外仲裁司法审查案件的规定。

《最高人民法院关于仲裁司法审查案件报核问题的有关规定》(2021 年 12 月 24 日)

第二条 各中级人民法院或者专门人民法院办理涉外涉港澳台仲裁司法审查案件，经审查拟认定仲裁协议无效，不予执行或者撤销我国内地仲裁机构的仲裁裁决，不予认可和执行香港特别行政区、澳门特别行政区、台湾地区仲裁裁决，不予承认和执行外国仲裁裁决，应当向本辖区所属高级人民法院报核；高级人民法院经审查拟同意的，应当向最高人民法院报核。待最高人民法院审核后，方可依最高人民法院的审核意见作出裁定。

各中级人民法院或者专门人民法院办理非涉外涉港澳台仲裁司法审查案件，经审查拟认定仲裁协议无效，不予执行或者撤销我国内地仲裁机构的仲裁裁决，应当向本辖区所属高级人民法院报核；待高级人民法院审核后，方可依高级人民法院的审核意见作出裁定。

第三条 本规定第二条第二款规定的非涉外涉港澳台仲裁司法审查案件，高级人民法院经审查，拟同意中级人民法院或者专门人民法院以违背社会公共利益为由不予执行或者撤销我国内地仲裁机构的仲裁裁决的，应当向最高人民法院报核，待最高人民法院审核后，方可依最高人民法院的审核意见作出裁定。

第四条 依据本规定第二条第二款由高级人民法院审核的案件，高级人民法院应当在作出审核意见之日起十五日内向最高人民法院报备。

※法规解读：对于涉外仲裁裁决撤销、不予执行和仲裁协议无效的认定需要层报至最高人民法院；而非涉外涉港澳台仲裁司法审查案件除第 3 条规定的情况外，原则上只需要向本辖区所属高级人民法院报核，采取“以上报高院为原则，上报最高院为例外”的做法。此前，我国对于仲裁协议和仲裁裁决的司法审查程序长期采取“内外有别”的方式：对于非涉外涉港澳台仲裁司法审查案件可以通过中级人民法院作出最终决定，无须向上级报核；而对于涉外仲裁裁决撤销、不予执行和仲裁协议无效认定则需要层报至最高人民法院，后者被称为“报告制度”或者“内请制度”。由于仲裁司法审查案件一审终审，当事人不享有上诉、复议以及申请再审的权利，对检察机关的抗诉人民法院也不予受理。一旦出现错案，当事人缺乏有效的

救济途径,有必要对非涉外涉港澳台仲裁司法审查案件也建立相应的制度加以规范。因此,2017年《最高人民法院关于仲裁司法审查案件报核问题的有关规定》将非涉外涉港澳台仲裁司法审查案件也纳入需向上级人民法院报核的范围。报核制度,对于统一仲裁司法审查案件的裁量标准、避免仲裁协议或裁决被随意否定、维护国内外仲裁的终局性和权威性无疑将发挥积极的作用。

关联法规索引

《最高人民法院关于适用〈中华人民共和国民事诉讼法〉的解释》第539条;《最高人民法院关于适用〈中华人民共和国涉外民事关系法律适用法〉若干问题的解释(一)》;《最高人民法院关于审理仲裁司法审查案件若干问题的规定》;《最高人民法院关于仲裁司法审查案件报核问题的有关规定》

典型案例

株式会社スタビロ申请无锡市德林防务装备股份有限公司执行涉外仲裁裁决案〔1〕

※案情简介:株式会社スタビロ向无锡市中级人民法院申请称,其与无锡市海联舰船附件有限公司(以下简称海联公司)技术转让合同纠纷一案,经上海国际经济贸易仲裁委员会于2016年12月20日作出(2016)沪贸仲裁字第553号仲裁裁决,裁决海联公司支付技术转让费20万美元、律师费5000美元及仲裁费人民币67842.67元。该仲裁裁决已生效,请求无锡市中级人民法院执行上述仲裁裁决。

被申请人海联公司在本案审查期间,经工商部门核准名称变更为德林公司,并提出不予执行意见如下:1. 根据双方交易习惯,相关税费均由中方代扣代缴,此前德林公司共支付3笔款项合计140万美元,分别为60万美元、20万美元、60万美元,3次付款均代扣代缴了相关税费,双方对此均予以认可,并经仲裁裁决确认;2. 根据法律规定,非居民企业在中国境内产生应税收入的,由支付人作为扣缴义务人进行代扣代缴,德林公司作为扣缴义务人,在进行支付时应当代扣代缴相应税

〔1〕该案例根据江苏省无锡市中级人民法院(2017)苏02民特105号民事裁定书整理。

款;3.德林公司在汇款给对方时,银行及税务部门均要求按照法律法规先代扣代缴相关税费后再汇款,否则无法汇款给对方,故德林公司已于2017年3月31日支付了167999.73美元,并代扣代缴了税费32000.27美元,合计20万美元,涉案仲裁裁决所涉的执行款项已经全部付清。

株式会社スタビロ对此认为,涉案仲裁裁决明确了德林公司的支付义务,并未涉及代扣代缴内容;申请执行内容是基于仲裁裁决,并不是正常的贸易往来,不存在代扣代缴的问题。审查期间,株式会社スタビロ确认德林公司在仲裁裁决生效后支付了技术转让费167939.73美元、律师费5000美元及仲裁费人民币67842.67元,尚余32060.27美元未予支付。

※**争议焦点:**对仲裁裁决执行的审查是否涉及实体性问题?

※**裁判结果:**无锡市中级人民法院裁定,上海国际经济贸易仲裁委员会(2016)沪贸仲裁字第553号裁决予以执行。法院认为,根据《民事诉讼法》第274条[1]人民法院在涉外仲裁裁决不予执行的审查中,审查范围局限于仲裁管辖权瑕疵和仲裁程序错误等程序性问题,并不涉及涉外仲裁裁决是否存在错误等实体性问题,更不涉及涉外仲裁裁决的执行标的是否应与相关债权进行抵销的事宜。本案申请人要求执行涉案仲裁裁决的申请,不违反该规定,应予准许。

第二百八十二条 【救济途径】仲裁裁决被人民法院裁定不予执行的,当事人可以根据双方达成的书面仲裁协议重新申请仲裁,也可以向人民法院起诉。

〔1〕 2021年《民事诉讼法》第281条。

第二十七章　司法协助

本章介绍

本章规定了民事司法协助的原则、范围、途径、程序；我国法院的生效裁判和仲裁裁决在外国的承认和执行；外国法院的生效裁判以及国外仲裁机构裁决在我国的承认和执行。

第二百八十三条　【协助原则】 根据中华人民共和国缔结或者参加的国际条约，或者按照互惠原则，人民法院和外国法院可以相互请求，代为送达文书、调查取证以及进行其他诉讼行为。

外国法院请求协助的事项有损于中华人民共和国的主权、安全或者社会公共利益的，人民法院不予执行。

条文解读

本条共有 2 款，是关于司法协助的原则和范围的规定。

司法协助，是指不同国家之间，根据自己国家缔结或者参加的国际条约或互惠原则，彼此之间相互协作，为对方代为一定的诉讼行为。司法协助的原则有：遵守国际条约原则、互惠原则和公共秩序保留原则。互惠原则适用于国家之间既无司法协助协定又没有共同参加的国际条约，但是有外交关系的情形。本条第 2 款规定的是公共秩序保留原则，如外国法院请求协助调查的事项涉及我国主权、安全或者社会公共利益的，人民法院不予执行。司法协助的范围包括两个方面：一是代为一定的诉讼行为，如代为送达诉讼文书、代为调查取证等；二是接受外国法院的委托，代为执行外国法院的判决或者外国仲裁机构的裁决。

关联法规索引

《最高人民法院关于依据国际公约和双边司法协助条约办理民商事案件司法文书送达和调查取证司法协助请求的规定》

第二百八十四条 【协助途径】 请求和提供司法协助，应当依照中华人民共和国缔结或者参加的国际条约所规定的途径进行；没有条约关系的，通过外交途径进行。

外国驻中华人民共和国的使领馆可以向该国公民送达文书和调查取证，但不得违反中华人民共和国的法律，并不得采取强制措施。

除前款规定的情况外，未经中华人民共和国主管机关准许，任何外国机关或者个人不得在中华人民共和国领域内送达文书、调查取证。

条文解读

本条共有 3 款，是关于司法协助途径的规定。

根据本条第 1 款的规定，请求和提供司法协助的途径有：(1)依照我国缔结或者参加的国际条约所规定的途径进行。对于已经与我国签订司法协助协定的国家，或者与我国共同参加涉及司法协助内容的国际条约的国家，无论是我国人民法院请求外国法院给予司法协助，还是外国法院请求我国人民法院给予司法协助，均应按条约规定的途径进行。(2)没有条约关系的，通过外交途径进行。目前，通过外交途径进行司法协助仍占多数。

本条第 2 款规定外国驻华使领馆可以向该国公民送达文书和调查取证。但存在一定的限制如下：(1)只能向其本国公民送达文书和调查取证；(2)不得违反中国的法律；(3)不得采取强制措施。

本条第 3 款是禁止性规范。除第 2 款规定的外国驻华使领馆可以向该国公民送达文书和调查取证外，未经中华人民共和国主管机关准许，任何外国机关或者个人不得在中华人民共和国领域内送达文书、调查取证。

第二百八十五条 【文字要求】外国法院请求人民法院提供司法协助的请求书及其所附文件,应当附有中文译本或者国际条约规定的其他文字文本。

人民法院请求外国法院提供司法协助的请求书及其所附文件,应当附有该国文字译本或者国际条约规定的其他文字文本。

第二百八十六条 【协助程序】人民法院提供司法协助,依照中华人民共和国法律规定的程序进行。外国法院请求采用特殊方式的,也可以按照其请求的特殊方式进行,但请求采用的特殊方式不得违反中华人民共和国法律。

第二百八十七条 【申请外国法院承认和执行】人民法院作出的发生法律效力的判决、裁定,如果被执行人或者其财产不在中华人民共和国领域内,当事人请求执行的,可以由当事人直接向有管辖权的外国法院申请承认和执行,也可以由人民法院依照中华人民共和国缔结或者参加的国际条约的规定,或者按照互惠原则,请求外国法院承认和执行。

中华人民共和国涉外仲裁机构作出的发生法律效力的仲裁裁决,当事人请求执行的,如果被执行人或者其财产不在中华人民共和国领域内,应当由当事人直接向有管辖权的外国法院申请承认和执行。

第二百八十八条 【申请承认和执行外国法院判决、裁定】外国法院作出的发生法律效力的判决、裁定,需要中华人民共和国人民法院承认和执行的,可以由当事人直接向中华人民共和国有管辖权的中级人民法院申请承认和执行,也可以由外国法院依照该国与中华人民共和国缔结或者参加的国际条约的规定,或者按照互惠原则,请求人民法院承认和执行。

条文解读

第 288 条是关于外国法院的生效裁判的申请承认和执行的规定。

外国法院生效裁判请求我国法院承认和执行主要有两种途径:(1)当事人直接向我国有管辖权的中级人民法院申请。(2)依照国际条约或者互惠原则由外国法院提出请求。根据《最高人民法院关于适用〈中华人民共和国民事诉讼法〉的解释》第 542 条的规定,当事人直接向我国有管辖权的中级人民法院申请承认和执行外国法院作出的发生法律效力的判决、裁定的，如果该法院所在国与中华人民共和国没有缔结或者共同参加国际条约，也没有互惠关系的，除外国法院作出的发生法律效力的离婚判决外，我国法院裁定驳回申请；当事人可以向人民法院起诉，由有管辖权的人民法院作出判决，予以执行。与中国没有司法协助条约又无互惠关系的国家的法院，未通过外交途径，直接请求人民法院提供司法协助的，人民法院应予退回，并说明理由。

配套法规及解读

《最高人民法院关于适用〈中华人民共和国民事诉讼法〉的解释》(2022年4月1日)

第五百四十一条　申请人向人民法院申请承认和执行外国法院作出的发生法律效力的判决、裁定，应当提交申请书，并附外国法院作出的发生法律效力的判决、裁定正本或者经证明无误的副本以及中文译本。外国法院判决、裁定为缺席判决、裁定的，申请人应当同时提交该外国法院已经合法传唤的证明文件，但判决、裁定已经对此予以明确说明的除外。

中华人民共和国缔结或者参加的国际条约对提交文件有规定的，按照规定办理。

第五百四十二条　当事人向中华人民共和国有管辖权的中级人民法院申请承认和执行外国法院作出的发生法律效力的判决、裁定的，如果该法院所在国与中华人民共和国没有缔结或者共同参加的国际条约，也没有互惠关系的，裁定驳回申请，但当事人向人民法院申请承认外国法院作出的发生法律效力的离婚判决的除外。

承认和执行申请被裁定驳回的，当事人可以向人民法院起诉。

※法规解读：上述条文是对申请承认和执行外国法院判决、裁定的细化规定。第541条规定了申请人应当提交的文件和材料。第542条规定了申请承认、执行外国法院判决、裁定，该法院所在国与我国没有缔结或者共同参加的国际条约，也没有互惠关系的，裁定驳回申请，但本司法解释增加规定了外国法院作出的发生法律效力的离婚判决除外。这是因为离婚判决只需承认即可，不涉及执行的问题；而对离婚判决不予承认则可能引发重婚的问题进而危及公共秩序。

第二百八十九条 【审查对外国法院裁判的承认与执行的申请】 人民法院对申请或者请求承认和执行的外国法院作出的发生法律效力的判决、裁定，依照中华人民共和国缔结或者参加的国际条约，或者按照互惠原则进行审查后，认为不违反中华人民共和国法律的基本原则或者国家主权、安全、社会公共利益的，裁定承认其效力，需要执行的，发出执行令，依照本法的有关规定执行。违反中华人民共和国法律的基本原则或者国家主权、安全、社会公共利益的，不予承认和执行。

第二百九十条 【外国仲裁裁决的承认与执行】 国外仲裁机构的裁决，需要中华人民共和国人民法院承认和执行的，应当由当事人直接向被执行人住所地或者其财产所在地的中级人民法院申请，人民法院应当依照中华人民共和国缔结或者参加的国际条约，或者按照互惠原则办理。

配套法规及解读

《最高人民法院关于适用〈中华人民共和国民事诉讼法〉的解释》(2022 年 4 月 1 日)

第五百四十三条 对临时仲裁庭在中华人民共和国领域外作出的仲裁裁决，一方当事人向人民法院申请承认和执行的，人民法院应当依照民事诉讼法第二百九十条规定处理。

※法规解读：临时仲裁是相对机构仲裁而言的仲裁制度。当事人自己依协议组建仲裁庭，或即使常设仲裁机构介入，仲裁机构也不进行程序上的管理，而是由当事人依协议约定临时程序或参考某一特定的仲裁规则或授权仲裁庭自选程序，这种形式的仲裁即临时仲裁，又称特别仲裁或随意仲裁。临时仲裁庭处理完争议即自动解散。临时仲裁是当今世界各国普遍承认的仲裁方式，尤其在国际仲裁制度中占有十分重要的地位。我国加入了 1958 年联合国《承认及执行外国仲裁裁决公约》，该公约于 1987 年对我国生效；其明确规定了缔约国或者参加国对在其他成员方境内作出的临时仲裁裁决有承认和执行的义务。必须指出的是，在我国国内法上不承认临时仲裁，本条规定的是在域外的临时仲裁庭所作的仲裁裁决。

《最高人民法院关于审理仲裁司法审查案件若干问题的规定》（2017年12月26日）

第三条　外国仲裁裁决与人民法院审理的案件存在关联，被申请人住所地、被申请人财产所在地均不在我国内地，申请人申请承认外国仲裁裁决的，由受理关联案件的人民法院管辖。受理关联案件的人民法院为基层人民法院的，申请承认外国仲裁裁决的案件应当由该基层人民法院的上一级人民法院管辖。受理关联案件的人民法院是高级人民法院或者最高人民法院的，由上述法院决定自行审查或者指定中级人民法院审查。

外国仲裁裁决与我国内地仲裁机构审理的案件存在关联，被申请人住所地、被申请人财产所在地均不在我国内地，申请人申请承认外国仲裁裁决的，由受理关联案件的仲裁机构所在地的中级人民法院管辖。

※法规解读：本条第1款、第2款分别规定了被申请人住所地及其财产所在地均不在我国内地，外国仲裁裁决与我国法院或我国仲裁机构审理的案件存在关联，申请人申请我国法院承认外国仲裁裁决时的管辖法院应如何确定。此前，在司法实践中出现了被申请人住所地、财产所在地均不在我国境内，基于审理关联案件的需要，申请人又需要我国法院承认外国仲裁裁决的效力，而根据《民事诉讼法》相关规定又无法确定可以受理当事人申请的管辖法院的情况。可见，本条规定的由受理关联案件的人民法院或者仲裁机构所在地的中级人民法院管辖，能够更充分地保护当事人的合法权益。同时，考虑到就人民法院受理的关联案件而言，受理人民法院可能是从基层人民法院至最高人民法院的任何一级法院，鉴于受理申请承认外国仲裁裁决案件的法院应为中级人民法院，该条进一步规定受理关联案件的人民法院为基层人民法院的，申请承认外国仲裁裁决的案件应当由该基层人民法院的上一级人民法院管辖。受理关联案件的人民法院是高级人民法院或者最高人民法院的，由上述法院决定自行审查或者指定中级人民法院审查。由受理关联案件的人民法院进行管辖不仅在审理方面更为便利，同时有助于增加司法审查案件的可预测性，防止同类案件出现多个不同的结果。

关联法规索引

《最高人民法院关于适用〈中华人民共和国民事诉讼法〉的解释》第544~548条

典型案例

日照兴裕嘉贸易有限公司、艾地盟亚太贸易有限公司申请承认和执行外国仲裁裁决案[1]

※案情简介：艾地盟亚太贸易有限公司（以下简称艾地盟公司）和日照兴裕嘉贸易有限公司（以下简称兴裕嘉公司）因买卖合同纠纷，经位于伦敦的国际油、油籽和油脂协会于2015年11月19日作出第4438号仲裁裁决。兴裕嘉公司怠于履行该仲裁裁决。由于该仲裁裁决在英国伦敦作出，中国和英国都是1958年《承认及执行外国仲裁裁决公约》的成员国，因此，艾地盟公司向兴裕嘉公司住所地——日照市中级人民法院申请承认和执行该仲裁裁决。本案由日照市中级人民法院受理，并作出民事裁定。后兴裕嘉公司不服该裁定向山东省高级人民法院提起上诉。兴裕嘉公司提出上诉请求：将本案移送至临沂市中级人民法院管辖。兴裕嘉公司认为其在注册地没有经营业务，部分经营业务在沂南县岸堤镇，该镇为临沂市辖区。根据《最高人民法院关于执行我国加入的〈承认及执行外国仲裁裁决公约〉的通知》第3条的规定，本案应由临沂市中级人民法院管辖。

※争议焦点：申请承认和执行涉外仲裁裁决，被告住所地如何确定？

※裁判结果：山东省高级人民法院认为，本案为申请承认和执行外国仲裁裁决管辖权异议纠纷，兴裕嘉公司在工商营业执照上登记的住所及在21329790号销售合同中注明的公司地址均为山东省日照市莒县招贤镇驻地206国道西新华路南，该地址属于日照市中级人民法院辖区，兴裕嘉公司没有提交其他公司登记信息。根据《民事诉讼法》第283条[2]的规定，国外仲裁机构的裁决，需要中华人民共和国人民法院承认和执行的，应当由当事人直接向被执行人住所地或者其财产所在地的中级人民法院申请。本案中，兴裕嘉公司虽主张其主要办事机构在沂南县岸

---

〔1〕 本案根据山东省高级人民法院（2018）鲁民他1号民事裁定书整理。

〔2〕 2021年《民事诉讼法》第290条。

堤镇，除其自述外未提供证据证明其主张，因此对其主要办事机构不在注册地的事实不予认定，对其要求按照《最高人民法院关于执行我国加入的〈承认及执行外国仲裁裁决公约〉的通知》第3条的规定由主要办事机构所在地临沂市中级人民法院管辖本案的主张，不予支持。法院据此驳回上诉，维持原裁定。

第二百九十一条　【施行日期】本法自公布之日起施行，《中华人民共和国民事诉讼法（试行）》同时废止。